2019 年国家出版基金项目资助

佛國世界是現實社會
生活的折光反映

殷之傑

国家出版基金项目
NATIONAL PUBLICATION FOUNDATION

# 敦 煌

## 佛教石窟艺术图像解析

An Analysis of the artistic Images
of Dunhuang Buddhist Grottoes

［上］

胡同庆　著

文物出版社

**图书在版编目（ＣＩＰ）数据**

敦煌佛教石窟艺术图像解析 / 胡同庆著 . -- 北京：
文物出版社，2019.6（2021.3 重印）

ISBN 978-7-5010-6155-6

Ⅰ . ①敦… Ⅱ . ①胡… Ⅲ . ①敦煌石窟－美术考古
Ⅳ . ① K879.21

中国版本图书馆 CIP 数据核字 (2019) 第 102569 号

## 敦煌佛教石窟艺术图像解析

著　　者：胡同庆

选题策划：刘铁巍
责任编辑：陈博洋
封面设计：马吉庆
责任印制：陈　杰
责任校对：孙　蕾

出版发行：文物出版社
社　　址：北京市东直门内北小街2号楼
网　　址：http://www.wenwu.com
邮　　箱：web@wenwu.com
印　　刷：文物出版社印刷厂有限公司
经　　销：新华书店
开　　本：787mm×1092mm　1/16
印　　张：35.25
版　　次：2019年6月第1版
印　　次：2021年3月第2次印刷
书　　号：ISBN 978-7-5010-6155-6
定　　价：118.00元（全二册）

# 前　言

　　敦煌石窟艺术是由洞窟建筑、彩塑、壁画共同组成的一种综合艺术，与文学、音乐、戏剧等一样，都是反映人类思想和人类社会生活的一种文化载体。

　　作为一种文化载体，敦煌就像一座蕴藏着无尽宝物的神秘大山，吸引着无数人向往。

　　面对这座神秘大山，研究者和好奇者就如同探寻宝藏的人，由于人们的知识有限和阅历不同，进山的路径和关注点也不同，探寻宝藏的工具和方法也不同，所以人们看到的和获得的东西也可能自然不同。

　　"横看成岭侧成峰，远近高低各不同。"在灿烂辉煌、丰富多彩的敦煌石窟艺术面前，有的人眼里只有几身大佛、几身菩萨的形象，也有人注意壁画中供养人的服饰；有的人喜欢壁画中的动物或山水，也有人欣赏壁画中多姿多态的飞天；有的人欣赏壁画中的灿烂辉煌的宫殿，有的人关注壁画中的故事内容和相关背景，也有人关注壁画中流畅的线条和斑驳的色彩，等等，各有所爱，各有自己的收获。

　　有人比喻敦煌是大漠戈壁中的一颗明珠，实际上敦煌现在只是一块刚被剖切开一点点表皮便露出晶莹光芒的美玉原石。人们对敦煌石窟艺术的了解，通过几十年来几代人的不懈努力，虽然已取得众人瞩目的丰硕研究成果，但就像王安石在《游褒禅山记》所云："人之愈深，其进愈难，而其见愈奇。"到目前为止，人们对敦煌文化的认识，尚处于刚进入洞穴的初级阶段。因此，对敦煌石窟艺术的探讨，正如已故敦煌学家段文杰先生所云："敦煌学博大精深，必须有咬定青山不放松的精神。"

本书汇集的几十篇文章，选自笔者从事敦煌学三十多年来的部分研究成果，虽然其内容涉及敦煌石窟艺术体系、范围界定、题材内容考证、时代背景分析、宗教信仰探讨，涉及对其哲学思想、艺术风格、美学规律、继承创新的探索，也涉及古人的生老病死、衣食住行、婚丧嫁娶以及游戏娱乐等社会生活诸多方方面面的内容。但是这些所得，在博大精深的敦煌石窟艺术中，也不过是沧海中一滴水而已。有诗云：

一切去矣，曰止则止；万般来了，思观便观。

# 目
# 录
Contents

## 上册

## 下册

# 敦煌石窟艺术概述

## 一、敦煌石窟简介

敦煌石窟，指以莫高窟为主体的古敦煌郡境内的所有石窟。它包括今甘肃省敦煌市境内的莫高窟、西千佛洞，瓜州县境内的榆林窟、东千佛洞、水峡口，肃北蒙古族自治县境内的五个庙、一个庙等石窟。在古代，上述石窟都位于敦煌郡境内，其内容及艺术亦同属一脉，因此，我们总称之为敦煌石窟。

诸石窟基本情况如下：

莫高窟，俗称千佛洞，位于敦煌城东南 25 公里处鸣沙山东麓的断崖上，南北长约 1600 米（图 1-1）。始建于前秦建元二年（366 年），迄于民国二十四年（1935 年），绵历近 1600 年。在现存 492 个洞窟中（北区未计），保存着十六国、北魏、西魏、北周、隋、唐、五代、宋、回鹘、西夏、元、清、民国等时期的壁画 45000 多平方米，彩塑 3000 余身；以及唐、宋、清、民国时期的木构建筑十余座。另外，于 1900 年发现的藏经洞，曾保存了 4 至 11 世纪的写本、帛画、纸画、织染刺绣等文物约 5 万件（图 1-2）。

西千佛洞，位于敦煌城西 35 公里的党河岸壁上，因地处莫高窟之西而得名。据《沙州都督府图经》的记佛龛文推断，其开凿时代大概与莫高窟同时。现尚残存北魏、西魏、北周、隋、唐、五代、宋、回鹘、元、清、民国等时期修建或改建的洞窟 22 个。西千佛洞虽然规模不大，壁画、彩塑数量不多，但对于进一步了解、欣赏和研究近 1600 年的敦煌石窟艺术史，颇有参考价值。

榆林窟，又名万佛峡，位于瓜州城南 75 公里处的踏实乡境内，开凿在榆林河峡谷两岸断崖上。在现存 42 个洞窟中，保留有北魏、西魏、隋、唐、五代、宋、回鹘、西夏、元、清、民国时期的塑像和壁画。榆林窟开凿时代大概始于北魏，但大规模营造则在唐代。如中唐 25 窟，壁画保存完好，色彩犹新，艺术价值颇高，在整个敦煌石窟中亦属佼佼者。另外西夏时期凿建的第 2、3 窟，无论在内容还是艺术上都独树一帜，并弥补了莫高窟西夏艺术的不足（图 2）。

东千佛洞，位于瓜州县城东南 90 余公里之处（距桥子乡东南约 30 公里），

图1-1　莫高窟外景

图1-2　莫高窟外景

开凿在峡谷中的河床两岸，是西夏和西夏以后开凿的一个以表现密宗内容为主的佛教石窟寺。东千佛洞现有大小洞窟 23 个，其中有壁画、塑像的洞窟仅 9 个，主要反映了西夏、元代、清代三个历史时期的石窟艺术。密宗内容在这里有较多的系统性的表现，艺术价值亦颇高，和榆林窟一起可弥补莫高窟佛教密宗艺术之不足（图 3）。

水峡口，又名下洞子，位于瓜州城南约 50 公里处的踏实乡境内，距榆林窟约 25 公里，开凿在榆林河南北两岸断崖上。现存有塑像、壁画的洞窟 8 个，其中南崖的 1 号窟至 7 号窟尚存宋及清代的塑像或壁画，北崖的 8 号窟尚存五代壁画。

五个庙，位于肃北蒙古族自治县城南 20 公里处的狼湾里，最初开凿时代可能是北朝。该处并排有 5 个石窟（一个早年已毁，实为 4 个）。蒙古族将石窟称庙，所以称五个庙。其实包括残窟在内共有 20 多个石窟，可以说是一处具有相当规模的石窟群（图 4）。窟内尚保存不少五代、宋、西夏、元等时期的壁画，内容丰富，艺术精湛，可以补充和说明敦煌佛教艺术发展过程中的许多问题。

一个庙，该石窟位于肃北蒙古族自治县城北约 12 公里处党河东岸的吊水沟

图2 榆林窟外景

图3 东千佛洞外景

图4 五个庙石窟

北面的断崖上。现存洞窟2个，始凿年代可能在北朝或隋末唐初，尚残存曹氏归义军时期壁画、供养人题记和民国时期的绘画、游人题记，数量虽然很少，但于探讨有关时期的宗教艺术活动亦有重要的参考价值。

## 二、敦煌石窟艺术的概念

敦煌石窟艺术是敦煌学研究的三大对象之一，它是一种由建筑、雕塑、壁画三者紧密结合而成的综合体艺术。

我们这里所说的建筑，主要是指根据一定的宗教需要开凿在山崖间的石窟寺庙，它既是设置宗教雕塑和壁画的神殿，也是佛教徒（僧人或居士）从事宗教活动的场所。另外，其建筑也包括出于装饰、加固或其他宗教需要等原因修筑于石窟内外的木结构殿堂和古塔、窟前栈道等。

洞窟的主体是佛的塑像，位置显著。一般情况下，两侧都陪衬有弟子、菩萨的塑像，共同成为佛教徒顶礼膜拜的对象。

壁画是石窟艺术的重要组成部分。它在石窟寺中的作用主要有两种，一种是用形象的图画向佛教徒宣传、阐述佛教义理；二是以强烈的装饰性效果来感染信徒。也就是从内容上和艺术形式上与洞窟、塑像紧密结合，构成一个相对完整、独立的宗教世界，使人们走进洞窟犹如走进佛国，"人佛交接，两得相见"，在艺术美感的潜移默化中，"动人心志"，诱导人们信奉宗教。

敦煌石窟艺术与敦煌艺术的关系，前者是后者的一部分。敦煌艺术虽然主要指敦煌石窟艺术，但它还包括藏经洞出土的绢画、麻布画、纸画、写本（从书法角度）以及敦煌地区的其他文物艺术品，如古墓壁画、画像砖、汉简书法等。

## 三、敦煌石窟艺术的基本内容

### （一）敦煌石窟建筑的基本内容

人们为了某种宗教需要而建造的寺、庙等建筑空间，大部分是木结构建筑，如人们常见的一般佛寺、佛殿、佛账等。但由于受环境、条件以及心理、习惯等影响，也有许多是利用石崖凿建而成的。不过，两者的功能都是相同的。

敦煌石窟，特别是敦煌莫高窟，其前后绵延的时间之长，历代所凿洞窟之多，比起国内其他石窟，都是首屈一指的。

敦煌的石窟，其性质都属于佛教寺院。它的建造结构，虽然基本上是石崖结构，但由于许多原因（加固、装饰、宗教需要等），许多洞窟前增建有木结构窟檐，一些洞窟内也有木结构窟顶；同时，出于宗教需要某些洞窟内或窟区外部建有佛塔；另外，为了方便人们到洞窟进行宗教活动，各洞窟之间，即窟前修建有栈道。如此等等，均属于敦煌石窟建筑的范畴。为此，下面我们将从洞窟形制、木构窟檐、殿堂、窟前栈道、塔等几方面进行介绍。

### 1.洞窟形制

以莫高窟为主体的敦煌石窟，其洞窟形制，一般首先分洞窟前室和洞窟主室。

洞窟前室形制大致有三种：

（1）敞开式（不完整式）

莫高窟现存绝大多数洞窟的前室都是不完整的，即只有前室的左、右壁和后壁，后壁上接向前斜上的前室顶，没有前壁，向外敞开着。

莫高窟现存的敞开的前室，大体就是开凿时的原状。因此，前室窟前最初可能都有木结构窟檐以代替石质前壁。

（2）封闭式（完整式）

莫高窟现存这样的前室窟形极少，仅初唐第371窟的完整前室可视为特例。其前室作横向人字披，前壁厚约70厘米，前壁中央开窟门。

（3）甬道式（厚前壁）

与莫高窟地域邻近、石质一样的瓜州榆林窟，在洞窟主室之前大都有一个完整的前室，由岩面凿甬道通向前室前壁中央；甬道之长（即前室"前壁"之厚）通常达数米；在各窟的前室之间，还有横向甬道将各窟连通起来。

洞窟前室，是外部空间与洞窟空间之间的过渡，人们从人的世界进入到佛的世界的时候，在这里产生情绪上的转化。

前室的窟檐（木造的或石凿的）模仿殿堂的样子，显然具有亲切近人的气氛。

洞窟主室形制主要有六种：

（1）中心塔柱式

中心塔柱式是北朝洞窟的典型形制。中心柱窟又称"塔庙窟"，其形制为：平面作长方形；前部有"人字披"屋顶，横梁两端有木质斗拱承托，系模仿中原木构建筑；后部平顶中心凿留一方形塔柱，有塔柱的左右形成通道。

这种有中心塔柱，把全窟布置成前后两个空间的形式，是同当时宗教活动密切相关的。显然，前部是供信众"礼拜"的殿堂式的空间，相当于印度支提窟中的"礼堂"；后部是供"绕行"的甬道式空间，是专为佛教徒绕塔观像而设（图5）。

（2）毗诃罗式

"毗诃罗"为梵文的音译，意译则为"精舍""僧院""住所"，主要是供僧侣坐禅修行用的，因此这类洞窟又叫"禅窟"。其形制为：在主室两侧对称各开小窟（四个、八个不等），小窟一般见方一米余；窟门有的作圆券形，上沿画火焰门楣。

禅窟内一般无壁画，专供坐禅用。按照禅学的说法，僧众只要静坐敛心，止息杂念，专注于一境，久而久之，就能达到身轻心安，观照明净，而得自我解脱。

（3）覆斗式

覆斗式窟又称"佛殿窟"，是隋唐洞窟最基本的形制；该形制一直延续到元代。

图5　北魏第254窟内景

其形制为:平面呈方形,覆斗顶(即窟顶为倒"斗"形),后壁(西壁)开龛造像。

覆斗顶窟的窟顶,可能是模仿古代的"斗帐"建造。汉代刘熙《释名》说:"小帐曰斗,形如覆斗也。"在古代,帐是一种高级设置,一般只供王公贵族使用,有时还有等级的规定。

在覆斗式洞窟里,信徒们不再进行绕塔回行的礼仪,因此它主要为信徒作一般的供奉礼拜活动之用。

(4)涅槃窟

"涅槃"是梵文的音译。佛教说人生最苦。所谓"涅槃",就是修真悟道,成无上正觉,解脱生老病死和轮回之苦,进入不生不灭的境界而永享极乐的意思。为了宣传这一思想,就在洞窟里造释迦牟尼涅槃像(图6)。

涅槃窟的特点是将涅槃像作为洞窟的主体,前面没有遮挡而使卧像赫然横陈在观众面前。一般涅槃像都塑造得体态柔软、神情如睡梦般安详和宁静,所以该形制平面一般都作横长方形。

图6　中唐第158窟卧佛

（5）大佛窟

和涅槃窟一样，大佛窟也是应某一特定需要而开凿的特殊形制，规模很大，莫高窟96窟大像高达33米，130窟大像高26米，榆林窟第6窟大像亦高20米以上。

这些大像都没有直接暴露在外，而是在岩石内部凿出，石胎外敷泥，赋彩。容纳大佛的洞窟是一个高耸的空间，下大上小，下部平面呈方形，石窟向上弧转收小。窟底佛像前的地方并不宽阔，人在窟底距离大佛很近，仰视大佛，更显得佛的庄严伟大而感到自身的渺小。这类洞窟，通向岩外的通道都不只一条，而是分上下层共二至三条。上层的通道不但可供登临，以便就近瞻仰大佛面容，同时也是佛头部的光线来源。

（6）背屏式

背屏式洞窟主要见于五代、宋时期。其窟形接近覆斗式，也是方形平面，覆斗顶，但顶的四角常有稍稍凹进的弧面；四壁都不开龛，而将佛、菩萨等造像安置于窟内中央靠后的坛上，坛四周与四壁之间保持一定的距离，可作通道。所谓"背屏"，是凿窟之时在坛后沿正中留出的一面石壁，石壁由坛上直通窟顶，一般厚约一米，宽约四米；石壁前安置主尊，故习称此石壁为前屏。

（7）其他形制

另有一些次要的形制，如 275 窟平面纵长，顶作左右双披盝顶形；又如 423 窟采用了与中心塔柱式窟类似的窟顶，即由前部的人字披和后部的平顶组合而成，但它没有凿出任何塔形，只在后壁开一龛，如此等等。

2. 木构窟檐、殿堂、栈道

莫高窟现在的外观是 20 世纪 60 年代洞窟加固之后的面貌。现在窟崖上仅保存着 10 座唐、宋及清代、民国时期的窟檐。从这些窟檐建筑可以想见，千百年前人们出于宗教动机建的几百座窟檐殿堂，檐翼相接，画柱雕梁，十分壮观。

现存唐末宋初的木构窟檐共 5 座，其中完整的 4 座，另一座残缺。完整的 4 座是：第 427 窟建于宋初开宝三年（970 年），第 444 窟窟檐建于宋初开宝九年（976 年），第 431 窟窟檐建于太平兴国五年（980 年），第 437 窟窟檐虽无纪年，但其结构形式与第 427、431 窟窟檐相比较，时代接近；残缺的一座是 196 窟窟檐，它上部残毁，仅存四根檐柱及梁枋构件，造于晚唐末期，窟檐与洞窟是同时建造的。

另外清代、民国时期的木构窟檐、殿堂亦尚存 5 座，它们是：三层楼，即今 16 窟前之木建筑，始建于同治十二年（1873 年）以前，重建于光绪二十三年至三十二年之间（1897—1905 年），138 窟、454 窟，始建年代不详，但其窟外木构建筑系清代所建无疑；九层楼，又称"大佛殿"或"大云寺"，即今 96 窟，始建于唐初（最初为四层），共经 5 次修建，最后一次重建是民国 24 年（1935 年）。重建后的九层楼，高 43 米，窟檐 9 层，下面 7 层依山靠岩而建，上两层是保护 33 米高的弥勒像头部的顶盖。整个楼身的建造充分利用地形地势，巍峨绮丽，殊为壮观。九层楼建筑目前已成为莫高窟的象征。

另外，据 20 世纪 60 年代和 70 年代两次考古发掘，在莫高窟共发现窟前殿堂遗址 22 个，其中，属五代的有 98、100、108、85、22、44、45、46 等窟；宋代的有 61、55、53、25 等窟；西夏的有 35、38、39、467、27 至 30、130 等窟；经元代重修的有 61、22、85 等窟。

所谓窟前建筑遗址，是指紧接洞窟前修建的木构建筑的遗存，是以洞窟为主体的附属建筑物，与洞窟本身构成了统一的整体。它与洞窟前后相连接，绝大多数是相当于洞窟的前室。后室（主室）凿于崖壁内，前室则延伸到崖壁以外，而采用木结构建筑，故多数形成前殿后窟形式的建筑格局。

为了方便信众到洞窟中进行宗教活动，各洞窟之间，即窟前修建有木结构的栈道。这些栈道虽然由于洞窟加固已基本上看不到了，不过通过工程前的一些照片还可以了解到以前的一些建筑原貌。另外唐宋以来，有许多关于古代莫高窟建筑情况的文字记载，如唐《陇西李府君修功德碑记》就有如下记载："……凿为灵龛，上下云矗，构以飞阁，南北霞连。……檐飞雁翅；……前流长河，波映重阁。"《敦煌录》："前设楼阁数层，有大像堂殿，……其小龛无数，悉有虚槛通连，巡礼游览之景。"108 窟窟外南侧残壁五代人张盈润所书题记："傍通阁道，巡万像如同佛国。"在以上各文及其他记述莫高窟的文献中也屡屡出现如"悬阁""重轩""危楼""复道""朱栏""绣柱"等词语。这些文字的描述，使我们了解到：唐、五代、宋时，在莫高窟区域的整个崖面上，分布着许多窟檐，窟檐之间用栈道通连着。

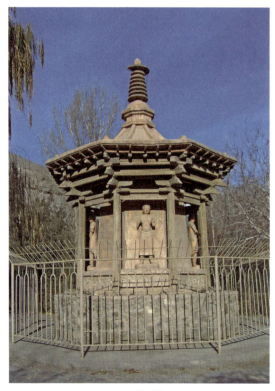

图7　慈氏塔

### 3. 塔

在莫高窟窟前园林中，现有一座小巧的亭阁式塔（原在三危山老君堂），木檐土身，单檐八角攒尖顶，上有覆钵相轮的塔刹；塔身正面有门，门额上墨书"慈氏之塔"，门内有方形小室，各壁及穹隆顶均有壁画；塔外有天王塑像。这种亭阁式的土心木檐的小塔，是我国遗存至今的唯一实例。根据塔形和结构特点分析，此塔可能建于宋初，比一般认为国内最早的应县木塔还要早（图7）。

离莫高窟不远的成城湾亦有一座宋塔，这是一座可能与

《华严经》有关的华塔。该塔八角单层，土筑，塔外有升龙等塑像，塔内有壁画，其格局与慈氏塔颇有相通之处。此塔巨大而奇特的浮塑塔顶形象在国内实例中很少见。

莫高窟附近还有二十余座土塔，其中有的是西夏所建造，也有的是元代喇嘛塔，也有清代王道士墓塔等，均有一定的历史研究价值。幢幢古塔屹立在沙丘之中，它们那古老的身影为莫高窟悠久的艺术生命力更增添了庄重、古朴、神秘的风姿，亦成为莫高窟窟外重要的游览胜景。

### （二）敦煌塑像的基本内容

敦煌石窟中的塑像，由于开凿石窟的崖壁是粗糙的砾岩，不易雕刻佛像，古代匠师就地取材，发展了敷彩的泥塑，故敦煌雕塑又称敦煌彩塑。

据不确切统计（暂依据《敦煌莫高窟内容总录》），莫高窟现存自北凉至民国时期近 1600 年的历代彩塑 3390 身。其中圆雕塑像 2088 身，影塑 1302 身；装饰性的龛楣龙凤等雕塑尚未计算在内。影塑均为北朝时期所塑；圆雕塑像中，北凉塑像 11 身，北魏 208 身，西魏 55 身，北周 86 身，隋 330 身，唐 549 身，五代 52 身，宋 53 身，西夏 39 身，元 8 身，清 697 身。

敦煌彩塑的题材内容可以分为以下十类：

### 1. 佛像

据初步统计，莫高窟现有佛塑像计 369 身，其中北凉 2 身，北魏 62 身，西魏 18 身，北周 21 身，隋 82 身，唐 146 身，五代 10 身，宋 13 身，西夏 14 身，元 1 身，未统计清代。这些佛像又可以分为以下内容：

（1）释迦牟尼坐像　在早期洞窟中，一般在中心塔柱四面塑释迦的苦修像、禅定像、降魔像、说法像，以极度概括的方式宣扬释迦牟尼佛的生平事迹（如北魏 257 窟）（图 8）。中晚唐洞窟里则主要塑释迦的说法像，一般释迦两侧有弟子、菩萨，构成一佛二弟子或一佛二菩萨或一佛二弟子二菩萨的形式（如隋 419 窟）。

（2）释迦、多宝并坐像　该题材主要表现释迦的神通广大。据《法华经》说，法华会上，有多宝塔涌现其前，释迦依会众之请，以神通开启塔门，多宝佛立即分半座请释迦佛入塔，二佛并坐（如北魏 259 窟）（图 9）。

图8　北魏第257窟中心柱东向面　说法佛

图9　北魏第259窟西壁　释迦多宝

（3）涅槃像　表现释迦死后的场面，俗称"卧佛""睡佛"。宣传通过修行断灭生死诸苦及其烦恼后获得的一种精神境界；并以佛死后的安详、恬静的神情及菩萨的泰然处之，与弟子悲痛举哀的行动进行强烈对比，借此宣传大乘佛教思想（如中唐158窟）。

（4）弥勒佛像　继承释迦牟尼佛位为未来佛的菩萨。佛经记载他原出于婆罗门家庭，后为佛弟子，先佛入灭，上生于兜率天宫，经四千岁（相当于人间五十六亿七千万年）降生人间，于华林园龙华树下成佛。在莫高窟，弥勒最初是以交脚菩萨的形式出现在北凉、北魏等早期洞窟中（如北凉275窟、北魏254窟），然后又和过去佛迦叶、现在佛释迦共同构成三世佛出现在隋代洞窟里（如隋427、244窟）。到了初唐、盛唐之际，一些佛教徒撰《大云经》附会武则天是"弥勒下世"，故出现了不少独立的、巨大的弥勒倚坐像（如初唐96、盛唐130窟）。

（5）阿弥陀佛像　是"西方极乐世界"的教主，与观世音、大势至菩萨合称为"西方三圣"。因能接引念佛人往生"西方净土"，故又称"接引佛"。在莫高窟的塑像中，阿弥陀佛与释迦佛的形象不易区别（如隋代 420 窟）。

（6）药师佛像　是"东方琉璃世界"的教主，与日光、月光二菩萨合称为"东方三圣"。药师佛曾发十二大愿，要满足众生一切欲望，拔除众生一切痛苦。其形象一般为手持一药钵于胸前（如 370 窟清塑）。

（7）过去七佛像　佛经记载释迦牟尼前有六佛：毗婆尸佛、毗舍婆佛、尸弃佛、拘楼孙佛、拘那含佛、迦叶佛，加上释迦牟尼，通称"过去七佛"（如盛唐 46 窟、中唐 365 窟）（图 10）。

（8）三世佛像　即过去、现在、未来三世之佛，在莫高窟，过去佛一般指迦叶佛（与释迦大弟子迦叶并非一人）、现在佛为释迦牟尼佛、未来佛为弥勒佛。造像中通常为三佛并坐或直立，释迦居中，迦叶、弥勒居左右（如隋 427、292、244 窟）。有时在涅槃窟中亦将迦叶、弥勒列于释迦涅槃像的左、右，如 158 窟，有立，有卧，有坐，是一种新的组合方式。实际上，宣扬三世佛主要是宣传未来佛，体现佛教法统的承传性，宣传佛教新陈代谢的必然性，即引导佛教徒既要正视过去和现实，更要注重和相信未来。

（9）千佛像　即按佛经所载的过去庄严劫、现在贤劫、未来星宿劫三世出生的三千佛之塑像。在莫高窟，主要以影塑的方式：或塑于中心柱龛顶部（如西魏288 窟），或塑于四壁（如北周 428 窟）。绘、塑千佛像，或抄、念千佛名号，都

图10　盛唐第46窟北壁　七佛龛

是非常重要的积功德活动。

（10）化佛　佛、菩萨等以神通力化作之佛形。例如据佛经说，无量寿佛就曾经使身后的圆光中出现"有百万亿那由陀恒河沙化佛"，观世音菩萨也曾在将成佛的人前"现佛身而为说法"。主要是宣扬佛教的神通力。在莫高窟，许多佛的头光、背光中及菩萨的宝冠上都绘、塑有化佛，如北凉275窟交脚弥勒菩萨头上即塑的是化佛冠。

### 2.菩萨像

据初步统计，莫高窟现有菩萨塑像计599身，其中北凉7身，北魏143身，西魏35身，北周34身，隋148身，唐177身，五代17身，宋20身，西夏13身，元5身。这些菩萨像又可以分为以下内容：

（1）弥勒菩萨像　尚未成佛前的弥勒像。莫高窟早期洞窟中的菩萨像主要塑的是尚未成佛的弥勒，一般以交脚或半跏思惟的形式坐于象征天宫的阙形龛中，如275窟北壁上方龛内菩萨。其寓意可能是预示未来佛（即救世主）即将降临（图11）。

（2）文殊菩萨像　佛教四大菩萨之一，为毗卢遮那佛或释迦牟尼佛的左胁侍。文殊博学广闻、多才善辩，是象征智慧的菩萨。形象特征为顶结五髻，骑狮表示智慧威武，有时又持宝剑表示智慧锐利；或立或半跏趺坐（如100、178、237窟）。

（3）普贤菩萨像　佛教四大菩萨之一，为毗卢遮那佛或释迦牟尼佛的右胁侍。表示所起万行欲达彼岸，须由此起，专司"理"德；曾起誓护卫佛灭后的《法华经》，以骑白象来除掉人间诸害。故形象或立或半跏趺坐，骑白象（如100、178、

图11　北凉第275窟北壁　交脚菩萨

237 窟）。

（4）观音菩萨像　佛教四大菩萨之一，亦与大势至同为阿弥陀佛的左右胁侍，合称"西方三圣"。观音为发大心、普救世人的大慈大悲菩萨，能显现三十三种化身寻声往救众生。主要特征为宝冠上饰坐佛，手持净水瓶或莲花或柳叶，如隋代 420 窟龛内迦叶左侧的观音即右手提净瓶，左手持柳枝。另外，观音尚有千手千眼观音、如意轮观音、不空绢索观音等形象，但在莫高窟主要见于壁画。

图12　北周第290窟中心塔柱南向龛　胁侍菩萨

（5）大势至菩萨像　阿弥陀佛的右胁侍，与阿弥陀佛、观音菩萨合称"西方三圣"。据《观无量寿经》说："以智慧光，普照一切，令离三涂，得无上力，是故号此菩萨名大势至。"形象特点为宝冠上有宝瓶，意为盛诸光明，普现佛世（如隋代 420 窟）。

（6）胁侍菩萨像　立于佛两胁之菩萨，即常侍佛赞佛化众生之大士。胁侍又作胁士、挟侍，"士"为大士、菩萨之译名。敦煌莫高窟中所塑菩萨，大部分即胁侍菩萨，如西魏 432 窟、北周 290 窟中心塔柱龛外两侧菩萨（图12）。

（7）供养菩萨像　以香花、饮食、衣服、幡盖、伎乐、合掌等事物供奉佛的菩萨。《无量寿经》曰："设我得佛，国中菩萨，在诸佛前，现其德本，诸所欲求供养之具，若不如意者，不取正觉。"莫高窟所塑供养菩萨多姿多态，如248窟中心柱东向龛上供养菩萨或合掌，或手捧莲蕾。

3.弟子像

据初步统计，莫高窟现有弟子塑像计292 身，其中北周30 身，隋94 身，唐147 身，五代9 身，宋8 身，西夏4 身。弟子塑像在莫高窟主要以下面两种形式出现：

图13　隋代第419窟西龛南侧　阿难

（1）两弟子像　即仅将迦叶、阿难塑于释迦佛的两侧，莫高窟中，此形式最为常见（如隋419窟、盛唐45窟）。迦叶是释迦的十大弟子之一，以苦行著称；阿难亦是释迦的十大弟子之一，以多闻著称，两弟子在释迦死后的结集中，曾是主张截然不同的两大派。在释迦佛的两侧塑迦叶、阿难，可能是以其强烈的对比手法来突出宣传佛教的兼容性（图13）。

（2）十大弟子像　即舍利弗、目犍连、摩诃迦叶、阿那律、须菩提、富楼那、迦旃延、优婆离、罗睺罗、阿难等十人的塑像。主要见于涅槃窟内释迦卧像的后面，众弟子或投地啼哭，或举臂嚎啕，其悲不自胜的姿态与佛、菩萨的欣慰、沉静、坦然的表情成对比，借此宣扬大、小乘之间的差异（如148窟）。

**4.天王、金刚、力士像**

据初步统计，莫高窟现有天王塑像计82身，其中北魏1身，隋4身，唐59身，五代9身，宋3身，西夏4身，元2身；有力士塑像计25身，其中北魏2身，北周1身，隋2身，唐10身，五代2身，宋8身。

天王，既指守卫须弥山腹的东方持国、南方增长、西方广目、北方多闻四大天王，亦特指随军护法的北方毗沙门天王（即多闻天王），另外似泛指其他威武勇猛的天将和天龙八部中天众之首领。四大天王亦称四大金刚。天王和力士的区别在于前者着铠甲，后者赤上身，如隋427窟、盛唐194窟（图14）。力士，大力之士；人们有时又称为金刚力士。《行宗记》曰："金刚者，即侍从力士，手持金刚杵，因以为名。"不过，各石窟中的力士形象，也有许多不持金刚杵的。天王、金刚、力士三者概念交叉，混杂，故有时不易区别。

### 5. 羽人、飞天像

羽人，即飞仙，是中国古代神话中能自由地飞来飞去的仙人。王充《论衡》云："图仙人之形，体生毛，臂变为翼，行于云。"如297窟龛楣羽人。但该羽人头上长双角，此羽人或许正是古代传说中"龙人"的形象。

飞天，是佛教艺术中能在空中自由飞翔的天人，她反映了古代人们渴求自由、盼望征服太空的美好愿望，敦煌莫高窟创造了大量的多姿多态的飞天形象。飞天

图14　盛唐第194窟西壁龛外南侧　力士

和羽人的主要区别是，羽人靠羽翼飞翔，飞天则仅凭身上长袖、长巾而凌空翱翔（如北魏437窟影塑飞天）（图15）。

### 6. 地神、天女像

莫高窟还有一些"地神""天女"等雕塑，如隋427、唐45窟天王脚下，塑有谓作"地神"的邪鬼；又如北魏260窟的影塑供养天女。

### 7. 禅僧、高僧像

在西魏285窟西壁两侧小龛内，塑有正在潜心修行的禅僧。另外，中唐357、晚唐139、五代137、宋代444窟亦塑有禅僧。晚唐17窟（即藏经洞）塑有唐代"河西都僧统、摄沙州僧政法律三学教主洪辩"的影像，亦作禅定状。但前者主要是礼拜者模仿的榜样，后者虽有榜样的意味，但主要属于纪念性的雕塑。

图15　北魏第437窟中心柱东向面　影塑飞天

8. 禽兽像

莫高窟内尚存十多身天兽像，其中有北凉所塑，也有唐、五代、西夏所塑，形象大多既似狮又似虎（如275窟）。

在许多龛楣、藻井图案中，塑有许多龙凤图像。如北魏254、257等窟龛楣中的龙首，西夏16窟窟顶藻井中的团凤四龙。

9. 建筑、装饰图案

早期洞窟中的阙形天宫，其建筑多为塑、绘结合，如254、257窟。另外大量的龛楣、藻井等装饰性图案中，除塑有龙、凤等图像外，还塑有不少莲花、忍冬、卷草、火焰、树木等绘样。如北周428窟中心塔柱东向龛浮塑的莲花龛柱、菩提树等。

10. 道教塑像

由于莫高窟的道教塑像很少，且均为清代、民国时期所塑，故将其作为一类介绍。

莫高窟的道教塑像虽然不多，但内容相对丰富，如第 5 窟塑老君、八仙，第 11、209 窟塑灵官及侍者、神将，第 13、211 窟塑孙悟空、唐僧像，第 131 窟塑真武及侍者，138、344、454 窟塑送子娘娘等人物及假山假水，350 窟塑赵公明像，366 窟塑玉皇像等等。

### （三）敦煌壁画的基本内容

敦煌壁画是敦煌石窟艺术的重要组成部分。莫高窟现存壁画 45000 多平方米，其内容非常丰富，是一座博大精美的民族壁画艺术宫殿，亦是一条绵延近 1600 年的历史画廊，更是一座规模宏伟的"墙壁上的图书馆"。

敦煌壁画的题材内容可分为以下十大类（注：为了叙述方便和避免重复，敦煌彩塑的分类较细，敦煌壁画的分类较粗）：

#### 1. 佛、菩萨、弟子等佛教偶像画

偶像画也可谓作尊像画。佛、菩萨是人们崇奉礼拜祈愿的对象，而佛、菩萨、罗汉更是佛教向人们宣传的不同层次的理想人格。

佛像画有：释迦牟尼佛、阿弥陀佛、药师佛、弥勒佛、过去七佛、三世佛、三世三劫千佛、十方诸佛、化佛，以及欢喜佛等等。其中最多的是千佛画像，各时期大多数洞窟的四壁都绘满千佛，有些洞窟绘三世三劫千佛，有些洞窟仅绘现在贤劫千佛。

菩萨画像有：观音、大势至、文殊、普贤、弥勒、地藏等著名菩萨，以及一般的胁侍、供养菩萨。和彩塑相比，不仅多了地藏菩萨的形象，观音的形象亦更加丰富、多样化，如十一面观音、六臂观音、千手千眼观音、如意轮观音、不空绢索观音、水月观音、白衣观音等等。

弟子画像：一是以两弟子的形象出现在一些说法图中佛的两侧（但迦叶、阿难的特征不明显），二是以十弟子的形象出现在涅槃变中。另外，亦以一些故事画的形式宣传释迦的十大弟子，如 257 窟的《须摩提女缘品》就逐一介绍阿那律、大迦叶等十个弟子的神通力，另外还有 254 窟的"难陀出家"，和 55 等窟的"劳度叉斗圣变"就着力介绍宣传弟子阿难、舍利弗的事迹。

2.天龙八部、外道等佛教护法神怪像

天龙八部，即天、龙、夜叉、阿修罗、乾闼婆、紧那罗、迦楼罗、摩睺罗伽等八大部众；是佛教的护法神，分别执管各类具体的事务，或维持秩序（天），或管理雨水（龙），或"守天城池门阁"（夜叉），或以力作战（阿修罗），或为佛施香作乐（乾闼婆、紧那罗、摩睺罗伽），或防除灾毒（迦楼罗），等。

其实，八大部众曾经大多是和佛对着干的外道，后被佛以力征服，才成为佛的部属。另外如 249 等窟描绘在佛两侧的鹿头梵志和婆薮仙，亦是被佛降服的两个外道。

天龙八部一般绘于佛龛南北两壁，位置较显著，一是突出其护法神的地位，二是衬托佛的威力无比，三是宣扬佛的不记前过，慈悲为怀，任人唯才。


3.佛说法图

据统计，莫高窟现存佛说法图 933 铺。这类说法图的具体内容，至今尚难确定。或是释迦说法，或是阿弥陀说法，或是弥勒说法，也可能是一些概括简练的经变画。

这些说法图大多描绘在洞窟的南北两壁，其形式或是一佛二菩萨，或是一佛二菩萨二弟子等；也有三佛二菩萨的，如 263 窟南壁所绘。


4.佛教故事画

主要指以佛经为依据的、具有相对独立性的连环画。故事一般委婉曲折，有头有尾，对观众有较强的吸引力。莫高窟的佛教故事画大体可分为三类。

（1）佛传故事画  即描绘佛教创始人释迦牟尼生平事迹的故事画。莫高窟现存各时期的佛传故事画计 37 幅，其中北凉 1 幅，北魏 5 幅，北周 4 幅，隋 7 幅，唐 17 幅，五代 1 幅，宋 2 幅（按：第 57、278、283 等窟的乘象入胎、夜半逾城分别计算为两幅），分布在 27 个洞窟之中。

早期的佛传故事画多为片断画面，如四相、八相或者仅画乘象入胎、夜半逾城两个代表性场面。北周时期才出现完整的、连环画式的佛传故事画。如 290 窟六条并列的佛传故事画，长达 25 米，主要内容有:乘象入胎、树下诞生、仙人占相、太子读书、太子比武、掷珠定亲、太子迎亲、出城游观、夜半逾城、树下苦修等，共八十多个画面，前后衔接，连通一气，是我国现存早期最完整的传记性连环画。

五代宋初曹氏画院时期，佛传故事画以屏风形式出现，描绘了 130 多个场面。在原有故事情节的前面增加了降怨王立城、云童子买花、燃灯佛授记、刹利王分田、茅草王学仙等；在原有故事情节的后面又增加了初转法轮、龙宫献偈文、布金造伽蓝、灵鹫山说法、双林入灭、百兽悲鸣、佛母下天、现身说法、均分舍利、分别造塔等。这些新内容，使佛传故事的内容更为丰富，亦更加中国化了。

（2）本生故事画　本生故事宣扬释迦牟尼前世或前若干世的各种善行。现存各时期本生故事画近 20 种，其中北朝洞窟就有 12 种 20 幅。如北凉时期的月光王施头、尸毗王豁肉贸鸽、毗楞竭梨王身钉千钉、快目王施眼；北魏时期的萨埵太子舍身饲虎、九色鹿舍己救人；北周时期的睒子深山行孝、须阇提割肉奉亲、善事太子入海求珠等等。

这些本生故事不仅故事曲折，情节生动，并且还包含有非常鲜明的善恶观念和丰富复杂的伦理思想，是研究佛教伦理思想的重要资料。

（3）因缘故事画　即描绘佛陀度化众生的连环画。它和本生故事画的区别是：本生只讲释迦本人前生故事，而因缘则讲佛门弟子、善男信女前生或今世之事。莫高窟现存各时期因缘故事画可能有十余种，其中北朝洞窟就有 10 种 12 幅，如北魏时期的须摩提女设斋请佛、释迦从弟难陀被迫出家、沙弥守戒自杀、弊狗因一比丘得生善心；西魏时期的施身闻偈、阿那律等共化跋提长者及姊、佛度水牛升天、五百强盗成佛；北周时期的微妙比丘尼苦难遭遇、梵志夫妇摘花失命等。

这些因缘故事画大多离奇，情节曲折，颇有戏剧性，亦反映了丰富复杂的佛教伦理思想以及当时的许多社会风俗习惯。


5. 佛教经变画

经变画，一切以佛经为依据的绘画，如前面介绍的佛教故事画，都可以称为经变或变相，而这里主要指按一部经绘成一幅画的巨型经变。

据不确切统计，莫高窟现存这类经变画 32 种，计 1218 幅，包括《法华经》的"见宝塔品""观音普门品"，《药师经变》中的"九横死""十二大愿"，《金光明经变》中的"长者子流水品""舍身品"等小型经变画五十幅；但《千佛名经变》的幅数尚未计算在内。其中，西魏 2 幅，北周 3 幅，隋 34 幅，唐 655 幅，五代 234 幅，宋 153 幅，西夏 129 幅，元 8 幅。由于诸多原因，这些数字和后面的具体介绍将有出入，仅供参考。

在石窟中绘制大量的经变画，其目的就是通过艺术的形式向信众宣扬佛教义理，也就是将信众很难理解的、甚至不认识的佛经文字转化为容易看懂的图画。

佛经，实际上就是佛教的理论，是佛教三宝中的一宝——"法"，是佛教中的一个非常重要的组成部分。经过选择，耗神费财费力而绘制的经变画，自然是窟主和设计者所认为的佛经中的精髓。因此，敦煌壁画中绘制的大量经变画，是了解敦煌乃至中国各时期佛教思想及有关信仰等问题的重要材料。所以，很有必要在此全面但有侧重地介绍莫高窟 32 种经变画的基本情况。

（1）福田经变　莫高窟仅见两幅，北周和隋代各一幅。据《佛说诸德福田经》中叙述，释迦在回答帝释天的问题时说，"广施七法"就等于在良田种福，可以收获无量。所谓"七法"就是做出七种施舍，以供奉僧人和便利百姓。北周第296 窟的经变画，就表现了"七法"中的五个场面：立佛图，建堂阁；植果园，施荫凉；施医药；近道作井；架设桥梁，过渡羸弱。

福田经变在莫高窟的出现，可能与北周武帝灭佛，三阶教面临"末法之时"，提倡苦行忍辱，主张"以时勘教，以病验人"、修缮故塔破庙、多做公益事有关。

（2）法华经变　以《妙法莲华经》为题材，最初有西魏时期的"见宝塔品"，继而有隋初的"观音普门品""序品""譬喻品"。盛唐出现了内容完备、结构严谨的法华经变。到了五代，《法华经》总共 28 品，而描绘在经变中的就达到 24 品之多。

据统计，莫高窟现存法华经变 70 幅，包括"见宝塔品"27 幅和"观音普门品"7 幅。其中西魏 2 幅，北周 1 幅，隋 8 幅，初唐 10 幅，盛唐 12 幅，中唐 9 幅，晚唐 12 幅，五代 10 幅，宋 5 幅，西夏 1 幅。

《法华经》主要强调"一切众生，皆能成佛"，弘扬"三乘归一"；特别是《观音普门品》中大慈大悲的观世音菩萨，能满足人们的各种需求。故该经变的出现和广泛流行具有极为重要的现实意义。

（3）弥勒经变　敦煌壁画中的《弥勒经变》始于隋，盛于唐，迄于宋，共计97 幅。其中莫高窟 92 幅，榆林窟 3 幅，五个庙 2 幅。按时代分，隋 7 幅，唐 65 幅，五代 11 幅，宋 14 幅。

《弥勒经》分上生经和下生经。上生经讲述弥勒菩萨上生兜率天为天人说法；

下生经叙述弥勒降世成佛，度众出家，弥勒世界丰盛太平。

从壁画内容来看，敦煌早期只流行上生信仰；隋唐以后，上生、下生信仰并行，而以下生为主。《弥勒经》涉及人们最实际的需求——衣食温饱、婚丧嫁娶、老有所养、死有所归，无人世险恶、社会奸诈等。

敦煌的《弥勒经变》，是研究古代历史和社会风俗习惯的珍贵形象资料。

（4）阿弥陀经变　该经变在敦煌莫高窟始于隋，讫于西夏，计71幅。其中隋1幅，唐38幅，五代9幅，宋2幅，西夏21幅。

《阿弥陀经》又称《小无量寿经》或《小经》，宣扬西方阿弥陀极乐净土的众生"无有众苦，但受诸乐"；只要一心称念阿弥陀佛的名号，死后可往生该净土。

（5）观无量寿佛经变　是敦煌经变画中幅数较多者之一。莫高窟现存84幅，其中初唐1幅，盛唐21幅，中唐34幅，晚唐18幅，五代4幅，宋6幅。另外西千佛洞有1幅，榆林窟有3幅。

《观无量寿佛经》，是一部叙说观想阿弥陀极乐世界依正庄严修行往生法门的经典，主要是宣讲有关如何通过三福、十六观而往生净土的理论。

（6）净土变　莫高窟尚有76幅净土变的具体内容待考。这些净土变的时代分别为：初唐3幅，盛唐1幅，中唐10幅，宋15幅，西夏47幅。

（7）药师经变　莫高窟计有该经变画111幅（包括独立的"九横死""十二大愿"十四幅在内）。其中隋4幅，唐70幅，五代21幅，宋9幅，西夏7幅。药师经变是根据《药师琉璃光如来本愿经》和《药师如来本愿功德经》绘制的，是"致富消灾"的大乘佛经。《本愿功德经》"序"说："忆念名称则众苦咸脱，祈请供养则诸愿皆满。至于病士求救应死更生，王者禳灾转祸为福，信是消百怪之神符、降九横之妙术矣。"

（8）涅槃经变　《大般涅槃经》是大乘教除《法华》《维摩》《华严》《无量寿》之外的另一重要经典。涅槃变与涅槃龛是佛教艺术中的重大题材，莫高窟尚存从北周到吐蕃时代的壁画11幅，涅槃龛（像）5座。

该经主要宣扬佛身常在和"一切众生，悉有佛性"等大乘思想。

（9）宝雨经变　敦煌壁画中仅初唐321窟绘有一幅。

《宝雨经》，又名《显授不退转菩萨记》。为唐代达摩流支主译，白马寺僧薛怀义任监译，参与译事的共31人。

《宝雨经》的基本内容是"重仪律""明六度""扬五大"，即由止盖菩萨向佛提出一百零一个问题，佛以十法答之。但经中最重要的内容实际上是：佛于伽耶山顶放光明，遍照十方，摄入面门，授记于日月光天子，当于支那国作女王。

《宝雨经》及《宝雨经变》的出现与武则天周革唐命有关。

（10）华严经变　莫高窟有该经变画 29 幅，其中盛唐 1 幅，中唐 5 幅，晚唐 9 幅，五代 8 幅，宋 6 幅。

《华严经》是唐代兴起的华严宗所奉持的重要经典。该经认为世界是毗卢遮那佛的显现，一微尘映世界，一瞬间含永远；宣说"法界缘起"的世界观和"圆信""圆解""圆行""圆证"等"顿入佛地"的思想。

（11）金光明经变　莫高窟尚存该经变画 10 幅。隋 1 幅，中唐 4 幅，晚唐 4 幅，宋 1 幅。其中除隋代 417 窟为依据《金光明经》绘制，其余均系据《金光明最胜王经》绘制。

《金光明经》共有 19 品，其中的主要故事一为"舍身品"，内容与早期的萨埵太子本生无异；二为《长者子流水品》，所述流水长者子救鱼故事。另外莫高窟绘制较多的除《序品》《梦见忏悔品》《大辩才天女品》等外，还有《四天王护国品》。经中说，凡诵读流布《金光明经》的国土，都将受到四天王诸神的保护。

（12）金刚经变　莫高窟现存该经变画 17 幅，其中中唐 8 幅，晚唐 9 幅。

《金刚经》宣扬世界上一切事物空幻不实，"实相者则是非相"，认为应"离一切诸相"而"无所住"，即对现实世界不应执着或留恋。

（13）楞伽经变　莫高窟现存该经变 11 幅，其中中唐 1 幅，晚唐 5 幅，五代 2 幅，宋 3 幅。

《楞伽经》，全称《楞伽阿跋多罗宝经》。"楞伽"，山名；"阿跋多罗"，"入"的意思，意谓佛入此山说的宝经。法相宗所依"六经"之一，宣说世界万有由心所造，认识的对象不在外界而在内心，并对如来藏和阿赖耶识问题有重点论述。

《楞伽经》是一部晚出的大乘经典，但在佛教中的地位相当重要，不仅法相宗将其作为基本经典，且明太祖朱元璋还曾规定该经与《心经》《金刚经》为僧人必习的三经。

（14）天请问经变　莫高窟现存该经变 31 幅，其中盛唐 1 幅，中唐 10 幅，晚唐 8 幅，五代 7 幅，宋 5 幅。另外，榆林窟尚有 3 幅。

《天请问经》是玄奘译的一部短小的经典，内容是释迦答复一位天神提出的九组问题，中心思想是"无生为乐""解脱诸欲""布施种福"等等。

《天请问经变》大规模出现于吐蕃围攻沙州的紧急关头，恐非偶然。经文中说："福能与王贼，勇猛相抗敌。"抗蕃军民在一定程度上将战争的胜败寄托在开窟种福上。

（15）思益梵天所问经变　此经变在莫高窟计12幅：中唐1幅，晚唐3幅，五代6幅，宋2幅。

此经是释迦牟尼借思益梵天及其他诸大菩萨等问法、解难而阐释大乘之宝义以破小乘之偏狭的一部经典。

（16）贤愚经变　莫高窟现存该经变画5幅，其中晚唐1幅，五代3幅，宋1幅。该经变画规模宏大，一般每幅画中都绘有30多品（全经69品）；每品一般绘一个因缘故事，绘于一个或几个屏风画中。

《贤愚经》，又名《贤愚因缘经》，即叙述因缘故事的典籍。该经最初称为《譬喻经》，北魏凉州名僧慧朗曾云："此经所记，源在譬喻；譬喻所明，兼载善恶；善恶相翻，贤愚之分也。前代传经已多譬喻，故因事改名号，贤愚焉。"

（17）报恩经变　此经变画在莫高窟始于盛唐，讫于宋，计32幅。其中盛唐2幅，中唐7幅，晚唐11幅，五代8幅，宋4幅。

报因经变相的盛行到消失，与当时中国，尤其是河西和敦煌的政治形势密切相关。

《报恩经》究竟是由天竺而来的"真经"还是由汉僧自撰、自编的"伪经"，历来虽然颇有异议，但其影响、意义甚大却是公认的。

《报恩经》是宣传上报佛恩、中报君亲恩、下报众生恩的经典，其中以报君亲恩为主。

（18）报父母恩重经变　莫高窟现存该经变画4幅，其中中唐1幅，晚唐1幅，宋2幅。

《父母恩重经》是东土僧人编撰的一部"伪经"，经中充满中国儒家孝道思想的说教。同时由于该经不是"真经"，故未曾收入大藏经。但是，这并不妨碍它在世俗民众中的广泛流行。在敦煌藏经洞出土的写本中，不仅有两种版本的《父母恩重经》，还有通俗的讲经文、佛曲、绢画等，可见其当时的影响之大。

（19）梵网经变　敦煌壁画中有此经变3幅，莫高窟2幅，榆林窟1幅，均为五代所绘。

《梵网经》，全称《梵网经卢舍那佛说菩萨心地戒品第十》，亦《菩萨戒本》，佛教戒律书。宣说十重戒（杀戒、盗戒、淫戒、妄语戒、酤酒戒⋯⋯谤三宝戒，犯此者逐出僧团）、四十八轻戒（不敬师友戒、食肉戒⋯⋯）。

（20）密严经变　该经变在莫高窟有 4 幅，晚唐 2 幅，五代 1 幅，宋 1 幅。

《密严经》，全称《大乘密严经》，亦称《厚严经》。是一部密宗经典，亦是法相宗所依"六经"之一。说佛在密严国（大日如来的净土）对金刚藏菩萨讲"如来藏"不生不灭以及八识、法相等。

（21）佛顶尊胜陀罗尼经变　莫高窟仅存两幅宋代的《佛顶尊胜陀罗尼经变》。

该经是一部密教经典，据说当时人们认为"禳罪集福，净一切恶道，莫急于《佛顶尊胜陀罗尼经》"，说是唯有此经能灭众生一切恶业；只要念诵佛顶尊胜陀罗尼经，即可解除一切厄运。

值得注意的是，两幅经变都绘制在归义军节度使曹氏家族出资修建的洞窟里。

（22）千佛名经变　在莫高窟中，几乎每个洞窟中都绘有千佛画，而这些千佛画，很大一部分是依据《三千佛名经》（《过去庄严劫千佛名经》《现在贤劫千佛名经》《未来星宿劫千佛名经》）或仅根据《现在贤劫千佛名经》等佛名经而绘制的。

据佛经说，通过描绘、供养、礼拜千佛，和"持讽读诵"或"书写为他人说"千佛名号，不仅自己"后生之处历侍诸佛，至于作佛而无穷尽"或"所生之处常遇三宝，得生诸佛刹土，六情完具不堕八难"，并且还能"使诸众生悉生彼刹"。充分显示出"自利利他"的大乘佛教思想。

虽然莫高窟中的大部分千佛画是依据《千佛名经》所绘制，但也有不少仅绘千佛像，无千佛名号榜题，这些不能谓作《千佛名经变》，只能称为千佛画像。

（23）劳度叉斗圣变　敦煌壁画中现存 18 幅"劳度叉斗圣变"，其中莫高窟 14 幅，西千佛洞 1 幅，榆林窟 3 幅。以时代论，北魏 1 幅，初唐 1 幅，晚唐 3 幅，五代 9 幅，宋 4 幅。

敦煌早期的"劳度叉斗圣变"可能依据《贤愚经·须达起精舍缘品》绘制，如 335 窟。而晚唐以后，则是依据《降魔变文》绘制。

佛经《须达起精舍缘品》虽然增加了舍利弗与外道斗法的情节，但仍以购园、起精舍为主要内容，具有浓厚的宗教布道性质和弘扬佛法的作用。变文具有文艺的娱乐性，所以《降魔变文》侧重点在斗法，即内容上将起精舍与斗法并重，目的是加强紧张激烈气氛，富有戏剧性和趣味性。

晚唐时期，"涅槃经变"突然中断，代之而起的是大量的充满喜庆色彩的"劳度叉斗圣变"，其背景大概与张议潮率众推翻吐蕃统治有关。

（24）维摩诘经变　莫高窟尚存该经变画 68 幅，其中隋 11 幅，唐 32 幅，五代 16 幅，宋 9 幅。

《维摩诘经》对中国士大夫阶层影响特别大，唐代诗人王维就曾以维摩诘自许。该经通过维摩诘居士以身说法，阐述了一套大乘空宗哲理，特别是强调居家修行的意义，认为要达到解脱不一定要过严格的出家生活，"示有资生而恒观无常，实无所贪；示有妻妾彩女，而常远离五欲淤泥"，并称此为"通达佛道"，是真正的"菩萨行"。

（25）观音经变　莫高窟现存该经变 17 幅，其中盛唐 4 幅，中唐 3 幅，晚唐 2 幅，五代 2 幅，宋 4 幅，西夏 2 幅。另外莫高窟还有自隋至西夏的"观音普门品变"7 幅。

《法华经》第二十五品《观世音菩萨普门品》曾以单行本流行，这就是后世所称的《观世音经》。重点宣扬观音寻声救诸苦难和三十三现身。

敦煌艺术中的"观音普门品变"和"观音经变"，都是根据《妙法莲华经·观世音菩萨普门品》绘制的。但两者的区别在于：前者一般是作为《法华经变》其中的一个附属部分或一品绘制的，没有脱离《法华经变》的主题而独立；而后者则在经变的中心位置出现了观音的说法像，形成了以表现观音为主题的经变。

（26）文殊变　莫高窟现存该经变画计 132 幅，其中初唐 5 幅，盛唐 3 幅，中唐 24 幅，晚唐 31 幅，五代 30 幅，宋 14 幅，西夏 21 幅，元 4 幅。

不过，该经变究竟依据何经而绘，待考。

（27）普贤变　莫高窟现存该经变画计 125 幅，其中初唐 6 幅，盛唐 2 幅，中唐 24 幅，晚唐 35 幅，五代 29 幅，宋 9 幅，西夏 18 幅，元 2 幅。

实际上，该经变与文殊变同为一体，究竟依据何经而绘，待考。

（28）地藏十王变　莫高窟现存该经变画 15 幅，其中中唐 1 幅，五代 9 幅，宋 4 幅，西夏 1 幅。

有关经变画可能是依据敦煌遗书中的《佛说地藏菩萨经》《佛说阎罗王经》《佛说十王经》等佛经而绘制。宣扬有关地藏及十王的信仰，主要是借此为人们指出一条如何消灾祛难、免除六道轮回的途径。

（29）千手千眼观音经变　莫高窟现存该经变画 40 幅，其中盛唐 3 幅，中唐 8 幅，晚唐 8 幅，五代 9 幅，宋 8 幅，西夏 2 幅，元 2 幅。另外，榆林窟西夏第 3 窟尚有 1 幅。

该经变系依据《千手千眼观世音菩萨广大圆满无碍大悲心陀罗尼经》而绘制。此经系密宗经典。佛经说，观世音菩萨发誓要拨济众生诸般苦难，广施众生百般利乐，于是长出千手千眼。"千"并非确指一千，而是以千喻多。千手，表示法力无边；千眼，表示智慧无穷。由于众生的苦难和烦恼形形色色，众生的愿望和需求各式各样，因此观世音为现出"一千宝臂，各执宝物"。

值得一提的是，榆林窟第 3 窟的该经变画内容非常丰富，利用观音之手，写实地描绘了大量西夏社会的生产工具、劳动状况以及音乐舞蹈、商旅生活、衣冠服饰等，是非常珍贵的图像资料。

另外，千手千眼经变反映了观音信仰由显宗转为密宗的过程。

（30）不空绢索观音变　此观音画像莫高窟计有 57 幅，其中盛唐 1 幅，中唐 8 幅，晚唐 15 幅，五代 16 幅，宋 12 幅，西夏 5 幅。

《不空绢索观音变》可能系依据《不空绢索神变真言经》所绘制。此经为密宗经典。

不空绢索观音，是六观音之一。该观音持不空之绢索钩取人天之鱼（众生）于菩提之岸。因使用的是四摄法，其绢索必有所获，故名不空。

（31）如意轮观音变　莫高窟现存该观音变有 65 幅之多，其中盛唐 1 幅，中唐 10 幅，晚唐 13 幅，五代 26 幅，宋 13 幅，西夏 2 幅。

该经变可能是根据《观自在如意轮菩萨瑜伽》绘制，这是一部密宗经典。经中说："手持如意宝，六臂身金色。"观音手持如意宝珠，以表满众生祈愿；持轮宝，表转法轮，故名如意轮。

（32）千手千钵文殊变　莫高窟现存该经变画 16 幅，其中唐 9 幅，五代 3 幅，宋 2 幅，西夏 2 幅。

该画像系依据《大乘瑜伽金刚性海曼殊室利千臂千钵大教王经》绘制。经中说，释迦在祇园精舍大道场说法完毕，授意文殊菩萨施展神通，文殊即当众变现丈六金色之身，坐于法界金刚性海百宝莲花座上，身着百宝璎珞天衣，头戴七宝佛冠，身上长出千臂千手，手中各持吠琉璃钵，钵中各有一化佛，千释迦同时出现。

### 6.佛教史迹画

佛教"中国化"的一个重要特点，就是注重史迹、嗣传的记载。在汉文佛藏中，除了大量的经、律、论、疏外，史传部是另一个极为重要的组成部分。敦煌莫高窟不仅保存了大量的佛教故事画、佛教经变画外，还保存了不少形象化的佛教史料。

佛教史迹画，是指根据史籍记载或民间传说而描绘的佛教历史人物、历史事件、佛教圣迹和灵应故事等内容的图画。佛教史迹故事在佛教中称为"感应事迹"，其中既有真人真事，也有想象虚构，但它们往往有较多的现实依据，具有历史、地理、宗教、文学等多种价值。敦煌佛教史迹画始于唐初，盛于吐蕃时期，终于北宋。据统计有 40 处 67 种之多，内容十分丰富，大体可分为以下五类：

（1）佛教历史画　主要描绘佛教史中重要或特殊的事件及其相关人物。如323 窟根据《魏书·释老志》画的《张骞出使西域图》，描绘了汉武帝甘泉宫礼拜金人，率群臣送别张骞，张骞持节西行到大夏等一系列有关张骞出使西域的情节。虽然图中有些细节不符合历史，但仍然真实地反映了中西文化交流史上这一伟大的历史事件和相关的重要人物。

（2）感通故事画　描绘的主要是一些表现因果报应的故事。如《康僧会的故事》中，吴王孙权问康僧会："佛有何灵瑞？"答："佛晦灵迹，遗骨舍利，应现无方。"又问："何在？"答："佛神迹感通，祈求可获。"

又如，孙皓不信佛，在铜佛像上撒尿，立刻遭到报应，周身红肿，阴部尤剧，痛楚号呼。待宫女劝其信佛后，顷刻即愈。323 窟《孙皓迎康僧会图》即表现了这一内容。

（3）高僧事迹画　以一些杰出、著名高僧的事迹为主要内容的图画。如《康僧会的故事》中一方面描绘了有关感通的故事，而从另一角度则记载和宣扬了高僧康僧会传教过程中的事迹。《佛图澄的故事》亦然。

323 窟还描绘了高僧昙延法师的故事。隋开皇六年（586 年）隋文帝杨坚迎昙延入朝，文帝问昙延天旱原因，昙延为文帝受八戒感天普降甘霖等。

南北朝时期的少数民族（稽胡）高僧刘萨诃，在河西走廊留下了许多事迹。莫高窟为他画了不少瑞像和绘制了大型的故事画。如 72 窟的《刘萨诃因缘变》，共画了 35 个场面，从凉州开山出像起，详绘他河西行化种种事迹。刘萨诃在当时影响颇大，在敦煌出土的圣僧画像手册中，他的名字与鸠摩罗什、佛图澄并列。

莫高窟还绘有泗州和尚、志公和尚等高僧的事迹。

（4）瑞像图　瑞像是作为祥瑞吉兆从天而降或能现灵异的佛、菩萨像或高僧像。敦煌藏经洞出土 S.2113 号写本，就是绘制瑞像图的文字设计，它记述了从南天竺、中印度到于阗、张掖、凉州、濮州的瑞像。而莫高窟 231、237 等窟中就绘制了大量的瑞像，其中就有印度的、尼波罗的、犍陀罗的，还有西域及河西张掖、酒泉的。如：

中天竺摩迦陀国放光瑞像

萨迦耶倦寺住瑞像

摩竭国须弥座释迦并银菩萨瑞像

天竺白银弥勒瑞像

盘和都督府御谷山盘和县北圣容瑞像

张掖郡影像月氏王时见

中天竺波罗奈国鹿野院中瑞像

于阗古城瑞像

酒泉郡释迦牟尼像

……

据不确切统计，莫高窟大约 20 个洞窟中绘有近 200 幅瑞像图。其中还有马头观音瑞像、龙女瑞像、天王瑞像等等。由于这些瑞像大多附有"灵异""圣迹"的传说，因此在中国佛教史上曾受到广泛的重视。

（5）佛教图经　指一些佛教地志和圣迹地图。如五台山图在莫高窟就有着特殊的地位。长庆四年吐蕃王朝曾向唐朝遣使求《五台山图》。吐蕃时代所建的第 159、222、237、361 等窟帐形龛内外的屏风画小型五台山图可能就是唐代"广行三铺"的"五台山图小帐"。

五代第 61 窟西壁的五台山图可以说是罕见的佛教图经，结合"古清凉传""广清凉传"等著作，它是我国最完备的佛教地志和圣迹地图。从于阗国王亲礼五台圣迹的记载来看，当时沙州一定有不少僧人也随着入朝使的行列到过五台山。他们回到敦煌之后以极大的热情叙述、讲唱和描绘他们亲眼所见的五台山。壁画上反映的社会情景，应该是反映 10 世纪社会历史的宝贵资料。

### 7. 供养人画像

供养人是指以钱财、田地、奴仆、经书等供养佛（实为寺庙僧侣）的一般佛教信徒。供养人画像则是为出资开窟造像的施主所画的功德像，属于肖像画。

敦煌壁画中的供养人像，现尚存约两三千身，大体可分为六类：

（1）地方官吏　即当时敦煌、河西及其他地方官员，上自王公贵族，下至官府小吏，以及他们的家属。

（2）戍边将士　即当时河西、敦煌、玉门关、阳关等地的节度使、军将、校尉等。

（3）寺院僧侣　包括阐扬三教大法师、都僧统、寺主、法师、比丘、比丘尼、优婆塞、优婆夷等。

（4）庶民百姓　如社人、农夫、铁匠、织师、猎夫、篙工、百戏艺人等。

（5）奴仆画像　如车夫、马夫、侍从、守卫及掌扇、持杖、牵衣、捧物人等。

（6）各民族人物画像　如匈奴族、汉族、鲜卑族、吐蕃族、回鹘族、党项族、蒙古族等。

供养人画像多以主仆结合成组出现，等级森严，主人像大在前，奴婢像小在后，排列成行，有的成百上千。画像大者高丈余，小者寸余。早期画像一般仅表现供养者虔诚恭敬之心。唐代肖像进入极盛时期，形象真实，个性鲜明，神态生动，繁华富丽。五代曹氏画院有肖像画师，出现了大量的瓜沙曹氏家族的肖像。一家一族，祖宗三代，如叙家谱。

晚唐时代的出行图是供养人画像的新形式。继张议潮夫妇出行图之后，还有张淮深夫妇出行图、曹议金与回鹘公主出行图以及榆林窟的慕容归盈夫妇出行图等。人物众多，场面宏伟，反映了封建贵族的豪华奢靡，亦是当时社会生活习俗的真实写照。

敦煌莫高窟的 492 个洞窟中，几乎都有供养人画像，且绝大多数都有榜书题记。据粗略统计，现存题记大约七千条。这些题记反映供养人的身份，都是当时真人真事的记录，且多为史籍所不载，对研究敦煌、河西及丝绸之路的政治、军事、经济、宗教、民族和中西文化交流的历史，都是难得的珍贵资料。

8.装饰图案画

即装饰洞窟建筑各个部分的形式和纹样。

装饰的部位和形式有藻井、平棋、龛楣、背光、头光、边饰、地毯、桌围、旗帜、服饰、器物等等。

装饰的纹样，有植物纹，如莲荷纹、忍冬纹、波状茶花纹、石榴卷草纹等；有天象纹，如星辰纹、云气纹、水波纹等；有几何纹，如棱格纹、方胜纹、龟背纹、圆环连珠纹等；有动物纹，如四灵纹、蹲狮纹、团龙纹、翔凤纹、双鸽纹、鸵鸟纹、祥禽瑞兽纹等；有人物纹，如飞天纹、力士纹、化生童子纹等；有结合纹，如人面鸟身纹、马头鸟身纹、兽头忍冬纹、莲荷忍冬纹、百花卷草纹等。所有纹饰都经加工变形，使其具有更浓厚的装饰美。

千年的装饰图案，汇聚成了一座具有特殊风格的装饰图案宝库。

9.古代传统神话题材画

这类题材主要出现在西魏时期，大多集中在一些洞窟顶部藻井四周。主要有伏羲、女娲、东王公、西王母、青龙、白虎、朱雀、玄武、开明、飞廉、雷公、羽人、方士等 10 余种 20 余幅。

伏羲、女娲是传说中创造人类的神。壁画中的女娲，头束高髻，身穿大袖襦，上身为人，下身为蛇。伏羲手持矩，胸悬月轮，内画蟾蜍；这与王延寿《鲁灵光殿赋》中所说："伏羲鳞身，女娲蛇躯"相符，曾是氏族公社的图腾形象。但其图像进入汉墓以后，则成了保佑死者升天的日月神。石窟中的这类壁画虽然是受汉晋墓室壁画的影响而来，但意义主要是表示祥瑞。

西王母、东王公是我国流传甚久的神话人物。《山海经·西山经》说："西王母，其状如人，豹尾虎齿而善啸；蓬发戴胜，是司天之厉及五残。"《神异经》说：东王公居住在石洞里，长一丈，"头发皓白"，"人形鸟面而虎尾"。都是人兽混合的怪物，显然还保留着原始社会图腾形象的特征。而敦煌壁画中，西王母乘凤辇，着大袖襦，是一"雍容和平的妇人"；东王公身着大袖长袍，乘龙车，成了冠服锦绣的帝王。他们成了"共管天下，三界十方"仙人的天神。

西王母、东王公一般位于窟顶南、北坡或西壁龛外南北两侧，面对洞窟的主体——佛像，相向飞行，似乎是欢迎佛的来临。

其他如青龙、白虎、朱雀、玄武、开明、雷公等灵异图像的出现，也都是作为一种祥瑞的象征，借此表示当时人们对佛教进入中国寄予了美好的希望。

### 10. 道教题材画

与塑像一样，真正的道教题材画在清代、民国才在莫高窟出现。其具体内容主要有：

第 11 窟龛内背屏绘墨龙，第 96 窟前室西壁门南、北绘门神八身和暗八仙等，第 138 窟前室窟顶绘暗八仙，第 150 窟前室西壁门南、北绘门神各一身，南壁绘神像七身，甬道南、北壁绘牛头、马面，主室西壁龛内绘山水、花卉屏风十扇，南、北壁绘十二星宿，东壁门南、北绘判官、钟馗、鬼卒等，第 454 窟佛坛南、北壁绘花鸟屏风十二扇。

虽然清代、民国的塑像、壁画的艺术价值不大，但它于了解、研究该时期的美术发展史、宗教发展史以及社会风俗等，均有重要的参考价值。

# 关于敦煌莫高窟艺术的下限的探讨

## 一、问题的提出

敦煌艺术究竟从何时起到何时止，这是一个不仅为专家、学者所关注的问题，亦是被所有对敦煌艺术有兴趣的人都非常关心的问题。稍为留心的人都会注意到，几乎所有探讨或介绍敦煌艺术的论著或通俗读物都提及敦煌艺术的上限和下限，而几乎所有到莫高窟参观的游人，也会问及敦煌艺术是从何时开始，到何时止。

然而，在这样一个重要问题面前，我们的许多专家学者，或是以"天下文章一大抄"的懒惰态度以讹传讹，或是受某种偏见的影响，不敢在事实面前讲真话，不敢以实事求是的态度坚持真理，反而委曲求全、随波逐流。为了说明有关问题意义的重要及其在社会上的影响之大，我们下面将不厌其烦地转述学者们的观点。

先看看一些发行量颇大的普及性读物的有关论述：

1956 年 3 月，潘絜兹先生在《敦煌的故事》中说："甘肃敦煌莫高窟的古代艺术文物是全世界著名的。这里面有公元四世纪至十世纪时候的绘画、雕塑、写本经卷文书和印刷品等。""时代在前进，产生莫高窟艺术的历史年代——公元第四世纪至十三世纪（北魏至元代），已经成为过去。"[1]

1959 年 10 月，敦煌文物研究所编印的《庆祝建国十周年敦煌莫高窟安西榆林窟艺术展览》中介绍道："敦煌……前秦建元二年……开始凿建石窟，……以后经过北魏、西魏、隋唐、五代、北宋、西夏、元各代的增修，在最盛的时候有窟室千余。"

1960 年 5 月，郭宗舒在《敦煌艺术》中说："莫高窟的洞窟，创建于公元四世纪的东晋时代，经 北魏、隋、唐、五代、宋、元各代的陆续开凿，成了一个

---

[1] 潘洁兹《敦煌的故事》"内容提要"，中国青年出版社，1956 年，第 54 页。

包罗万象的壁画和彩塑的艺术宝库。""莫高窟从开凿到结束，足足有一千年的功夫。"[2]

1985 年 2 月，由敦煌文物研究所团支部编印、宁强主编的《敦煌佛教艺术指南》中说："敦煌艺术由三大部类构成。即：敦煌美术、敦煌建筑和敦煌乐舞。……时间概念大致是从十六国晚期（366—439 年）到元代（1227—1368 年）。"

1987 年 6 月，《阳关》杂志编辑部编印的《敦煌（旅行·导游手册）》中"莫高窟简况"介绍道"莫高窟……现存最早的洞窟，其开凿的年代可以考见的大体上当在五世纪初的北凉同北魏、西魏和北周……以后又经历了宋、西夏薪火相传，至于元代而成为尾声。"

1987 年 8 月，钟学军、卢秀文在《敦煌胜迹》中说："敦煌莫高窟……至今仍然保留了十六国、北魏、西魏、北周、隋、唐、五代、宋、西夏、元各个朝代的洞窟 492 个，其中保存着壁画 4.5 万多平方米，彩塑 2400 余身，唐、宋木构建筑 5 座。"[3]

1988 年 2 月，由敦煌研究院编、马竞驰执笔的《敦煌莫高窟参观要览》中写道："莫高窟……保存下了上起十六国晚期，历经北魏、西魏、北周、隋、唐、五代、宋、西夏、元等十个朝代的四百九十二个洞窟，其中包括历代壁画四万五千多平方米，彩塑二千多身，唐、宋木结构窟檐五座。"[4]

1988 年 8 月，《文史知识》（敦煌学专号）介绍"敦煌石窟"时说："莫高窟始建于前秦二年（366 年），历经北魏、西魏、北周、隋、唐、五代、宋、西夏、元等朝代，……有壁画 45000 平方米，塑像 2300 余身……这些壁画、塑像，在不同程度上反映了我国从 4 世纪到 14 世纪，上下延续千年的不同时代的社会生产、生活、交通、建筑、艺术、民情风俗等情况。"

再看看一些论文、专著的有关论述、介绍：

1982 年 3 月，段文杰先生在《敦煌研究文集》"前言"中说："敦煌学的研究对象包括两个部分：一部分是敦煌石窟，窟内陈列着自十六国到元代一千多年间

---

[2] 郭宗舒《敦煌艺术》，中华书局，1982 年，第 2、10 页。

[3] 钟学军、卢秀文《敦煌胜迹》，甘肃人民出版社，1987 年，第 3 页。

[4] 敦煌研究院编、马竞驰执笔《敦煌莫高窟参观要览》，百花文艺出版社，1988 年，第 5 页。

的彩塑和壁画……"[5] 段先生同时又在论文《敦煌壁画中的衣冠服饰》中说："敦煌壁画不仅是一千年间的人物画宝库，也是从十六国到元代我国各民族衣冠服饰史珍贵的形象资料。"[6]

1982 年 3 月，史苇湘先生在《丝绸之路上的敦煌与莫高窟》中说："从公元366 年建窟，敦煌莫高窟一直修建到十四世纪（约在 1370 年前后）。这一千年中敦煌地方的历史在莫高窟留下了深刻的烙印。……按它的艺术风格和制作规律可分外：'十六国、北魏、西魏、北周、隋、唐（初、盛、吐蕃、晚）、五代、宋、西夏、元'十个大段。"[7]

1983 年 8 月，李浴先生在"全国第一次敦煌学术会议"上宣读的论文《我对敦煌壁画艺术本质的理解及其现实意义的几点认识》中说："敦煌莫高窟，由其历史、地理和社会的诸种条件，为我们保存了近百个石窟的艺术的遗迹，它构成了我国中世纪由十六国到宋元时代的佛教美术的陈列馆。"[8]

潘絜兹先生在同上会议中宣读的论文《接受敦煌艺术遗产》中说："敦煌艺术从十六国时期开始，迄于元代，绵历一千六百年。"[9]

姜亮夫先生在 1985 年 10 月出版的专著《莫高窟年表》中写道："莫高窟开窟于晋惠永熙……至宋道而淤塞，清光绪末而重开。"[10]

萧默先生在 1989 年 10 月出版的专著《敦煌建筑研究》中说："敦煌石窟是闻名世界的文化艺术宝库，保存着从北朝至元代的大量建筑形象资料。"[11]

再看一些具有资料性、权威性的内容总录和辞典的有关论述：

由史苇湘先生负责整理的《敦煌莫高窟内容总录》，虽然详细记录了清代修建的洞窟、修塑绘制的彩塑、壁画，但史先生在《关于敦煌莫高窟的内容总录》一文中，不仅只字未提及清代，而且反复强调莫高窟的上下限是"从前秦建元二

[5] 敦煌文物研究所编《敦煌研究文集》，甘肃人民出版社，1982 年，第 1、165、49 页。

[6] 敦煌文物研究所编《敦煌研究文集》，甘肃人民出版社，1982 年，第 1、165、49 页。

[7] 敦煌文物研究所编《敦煌研究文集》，甘肃人民出版社，1982 年，第 1、165、49 页。

[8] 敦煌文物研究所编《1983 年全国敦煌学术讨论会文集》（石窟艺术编下），甘肃人民出版社，1987 年，第192、205 页。

[9] 敦煌文物研究所编《1983 年全国敦煌学术讨论会文集》（石窟艺术编下），甘肃人民出版社，1987 年，第192、205 页。

[10] 姜亮夫《莫高窟年表》，上海古籍出版社，1985 年，第 2 页。

[11] 萧默《敦煌建筑研究》，文物出版社，1989 年，见"内容提要"。

年（366 年）到元朝至正二十八年（1368 年）的一千年间"，"莫高窟从十六国时期创建，经过北魏、西魏、北周、隋、唐、五代、宋、西夏、元约十个朝代的持续营建。"[12]

《辞海·艺术分册》中"敦煌石窟""莫高窟"条目中说："前秦建元二年……凿窟造像。历经隋、唐以至元代，均有所修建。现尚存有壁画和雕塑作品共四百八十六窟，计有壁画 12 万平方米，造像二千四百十五尊……这些作品反映了中国从四世纪到十四世纪的部分社会生活及历代造型艺术的发展情况。"[13]

《辞海·历史分册》中"莫高窟"条目中说："前秦建元二年……凿窟造像。历经隋唐以至元代，均有所修建。现尚存有壁画和雕塑作品共四百九十二窟，计有壁画四万五千多平方米，彩塑二千一百余尊……这些作品反映了我国从六世纪到十四世纪的部分社会生活及历代造型艺术的发展情况。"[14]（按：艺术分册中的"壁画 12 万平方米"，历史分册中的"六世纪"均为重大失误；同一出版社在同一套书对同一条目的解释矛盾重重，实在不该。）

1981 年 12 月出版的《宗教词典》"莫高窟"条目中说："始建于前秦建元二年（366 年），而现存最早的洞窟，其开凿年代应为北凉（五世纪初），此后历经北魏、西魏、北周、隋、唐、五代、宋、西夏至元……现存壁画总面积达四万五千多平方米，彩塑达二千四百多身。……反映了中国从六世纪到十四世纪的部分社会生活及历代造型艺术的发展情况。"[15]

唐明瑶、王兰城等人合编的《中国美术名词浅释》中"莫高窟"条目，一字不差地照抄《辞海·历史分册》，错误自然难免。[16]

特别重要的是，连有关文物保护的重要文件，也作如此结论。如国务院 1961年 3 月公布的"第一批全国重点文物保护单位名单（共计 180 处）"中，非常清楚地标明：

---

[12] 敦煌文物研究所整理《敦煌莫高窟内容总录》，文物出版社，1982 年，第 177、201 页。

[13]《辞海·艺术分册》，上海辞书出版社，1980 年，第 335 页。

[14]《辞海·历史分册》，上海辞书出版社，1982 年，第 324 页。

[15] 任继愈主编《宗教词典》，上海辞书出版社，1981 年，第 855 页。

[16]《中国美术名词浅释》，河北美术出版社，1985 年，第 263 页。

| 编号 | 分类号 | 名称 | 时代 | 地　址 |
|------|--------|------|------|--------|
| 35 | 2 | 莫高窟 | 北魏至元 | 甘肃省敦煌县 |

至于一些报刊的新闻报道，在谈及敦煌莫高窟的上下限时，更是天下文章一大抄，此处就不赘述了。

从以上各类材料可以看到，几乎所有的专家、学者都异口同声地认为敦煌莫高窟艺术的下限是元代，然而，凡是稍微认真考察过或参观过敦煌莫高窟的人，都会发现这个"定论"是非常荒谬的，而我们的许多专家学者、编者，在这个问题面前，其治学态度是非常草率，不负责任的。

上面，我们不厌其烦地引述大量内容相同的材料，一是证明有关敦煌艺术下限问题的影响极大，否则提出这个问题意义不大，二是指出许多专家学者编者的治学态度很不严谨。

下面，我们将根据自己所了解的材料，对敦煌莫高窟艺术的下限作一些探讨。

## 二、关于清代、民国的莫高窟艺术

其实，也有人注意到莫高窟艺术的下限不应是元代，而是清代。如孙纪元先生在《敦煌艺术画库·敦煌彩塑》中曾说道："莫高窟从北魏到清代，前后一千四五百年间……清代，莫高窟有一番兴修，塑像很多，但多非当代开窟造像，而是毁坏了不少的古代优秀作品，而重新塑造的，但也有极少部分清代彩塑还可以看出作者所花费的心机，如454窟送子娘娘，真实地塑造出一位朴实而生动的老媪的形象。"[17]

又如段文杰先生在《辉煌灿烂的敦煌艺术》一文中说："敦煌艺术，是佛教题材的艺术。以莫高窟为中心的敦煌石窟，上起十六国、下迄元、清历时千余年。"[18]

遗憾的是，上述比较正确的见解不仅未得到人们的公认和进一步发挥，反而受某种偏见的影响为人们或为本来持正确观点的作者自己所否定。如《中国美术辞典》中认为"清代在莫高窟仍有一些修造，但塑像拙劣，并且由于改塑、改绘，

---

[17] 孙纪元《敦煌艺术画库·敦煌彩塑》，中国古典艺术出版社，1958年，"前言"。

[18] 见敦煌研究院编《敦煌艺术精华》，香港广汇贸易有限公司，1989年，第1页。

还损坏了不少早期的作品"[19]，因此在概述莫高窟艺术上下限时就悄悄地把清代这一段历史抹去。又如何山先生在《西域文化与敦煌艺术》中，本来比较正确地指出："莫高窟……历经西魏、北周、隋、唐、五代、北宋、西夏、元、清等朝代，上下一千五百余年间的营建与修理。"但到了具体论述"敦煌各时期的风格特征"时，也把清代历史抹去不提。认为其"衰退期"是"从宋建隆元年（960年）至蒙古（元），即北元宣光三年（1372年），计四百一十二年。"[20]

又如段文杰先生在大型画册《中国石窟·敦煌莫高窟（五）》中认为："（元代）……此后，莫高窟的营建即告中辍。清代虽又一度增补和重修，但内容混杂、技艺低劣，徒然破坏了旧有的艺术效果，实不足道。就石窟艺术的发展而言，为数很少却描绘精湛的元代洞窟正是敦煌莫高窟艺术的尾声。"[21]

另外，最令人遗憾乃至令人不可理解的是，史苇湘先生在《敦煌莫高窟内容总录》中记录了清代修建的洞窟，特别是大量的清代修塑绘制的彩塑、壁画，并且还特别在"索引一·塑像"中列出了"清塑"一项，在此记录了分别在154个洞窟中有697身清代塑像，然而史先生面对着这么多的洞窟中的如此惊人数量的清塑，却视而不见，在介绍莫高窟时代及其艺术内容时只字未提。

不过在这里也要坦率地承认，虽然史先生等人在如何对待清代艺术的问题上面和我们的观点不一，但史先生负责整理记录的有关资料，却为我们发现问题，提出问题，进一步探讨莫高窟艺术的历史状况提供了非常重要的帮助，其功劳是不可埋没的。

顺便指出，由敦煌研究院编、贺世哲先生最后整理成书稿的《敦煌莫高窟供养人题记》一书及其书中贺世哲先生的论文《从供养人题记看莫高窟部分洞窟的营建年代》，也有类似的情况，这里就不多作评述了。[22]

那么，清代莫高窟究竟有些什么东西，又有何价值，值得笔者在此大惊小怪呢？现在，我们就清代以及民国的莫高窟艺术先作一些介绍，最后再在此基础上就有关问题进行分析、讨论。

---

[19] 见《中国美术辞典》，上海辞书出版社，1987年，第390页。

[20] 何山《西域文化与敦煌艺术》，湖南美术出版社，1990年，第251、396页。

[21]《中国石窟·敦煌莫高窟》（五），文物出版社·日本平凡社，1987年，第174页。

[22] 参见敦煌研究院编《敦煌莫高窟供养人题记》，文物出版社，1986年。

**（一）**

据初步统计 [23] 在现存 492 个洞窟中，有 221 个洞窟中有清代民国艺术的痕迹，占洞窟总数量的 44.9%。也就是说，在莫高窟的所有洞窟中，受清代民国历史所影响的洞窟将近一半。这些洞窟编号是：1、2、3、4、5、7、9、10、11、12、13、14、15、16、20、22、23、25、26、27、29、30、31、32、33、34、39、46、65、70、72、76、77、78、81、83、85、87、88、92、93、94、95、96、97、98、100、103、105、108、111、112、115、116、117、118、119、120、122、123、125、127、128、131、132、133、134、135、136、138、139、140、141、142、143、144、146、148、150、152、162、163、164、165、166、167、168、169、170、171、172、175、176、177、179、180、182、185、186、188、189、192、202、204、209、211、212、214、215、217、218、220、222、223、225、228、231、233、234、236、237、242、243、249、251、256、258、266、287、292、293、294、295、296、299、302、303、304、307、310、311、312、313、314、315、318、321、323、327、329、330、331、332、333、334、335、338、339、340、341、342、344、345、347、350、351、353、358、359、360、365、366、367、368、369、370、371、372、373、374、375、376、378、379、380、382、383、384、386、387、388、389、390、392、393、394、395、396、397、398、399、400、401、402、403、404、405、406、407、408、409、411、412、413、414、415、421、442、444、454。

**（二）**

据不完全统计 [24]，莫高窟现存彩塑为 3098 身，如果除去其中的小型影塑 1385 身，则只存较大型的彩塑 1713 身。然而在这 1713 身彩塑中，为清代或民国时期重修、重塑的塑像竟有 1182 身。其中清代（或民国）重新塑造的为 697 身；原作为隋、唐、五代等朝代塑，后为清代民国重修（重修包括两种情况：一为已残的原塑作修补、上彩，二为原塑上彩）的 485 身（佛像 135 身，菩萨 188 身，弟

---

[23] 暂时主要参考《敦煌莫高窟内容总录》。

[24] 暂时主要参考《敦煌莫高窟内容总录》。

子 119 身，天王像 27 身，力士 27 身，天兽 4 身）。

也就是说，清代、民国重修、重塑的塑像，在莫高窟全部雕塑中比例约为 38%，在大型雕塑中比例约为 68.8%。

这里尚须指出的是，由于以上数字资料主要依据《敦煌莫高窟内容总录》统计，而该总录所记录的内容尚有一些模糊的数字，如索引一：塑像中的"佛"栏目里，所云"第 39 窟西壁龛内，盛唐塑涅槃像，并身后弟子、菩萨等二十六身，清修"以及"第 148 窟西壁坛上，盛唐塑涅槃像，并弟子、天人、各国王子、菩萨等七十二身（后修）"等。笔者由于人力、精力所限，难以重新全面考察分类，故一些统计不完全精确。

又，"总录"中所列的"清塑"一栏，尚有两个问题，一是未标明是佛还是菩萨、弟子，只是笼统提及"第 1 窟西壁龛内，四身""第 4 窟中心佛坛上，十七身"；二是所谓"清塑"意思是这些塑像均为清代重新塑造，并非在隋、唐等原作雕塑基础上重修。然而据笔者实地考察，其中很大数量并非重塑，而是重修。也就是说，"总录"把很大一批隋、唐等时代的雕塑判断为清代雕塑。

又，"总录"中很多地方使用了"清塑"或"清修"的概念，但很少使用"民国"，而大批所谓清代重修、重塑的雕塑作品，实际上是民国时期所修、塑。

这些问题不仅与莫高窟艺术的下限有关，也涉及敦煌文物的数量、历史价值等重要问题，以后我们还将进一步分析讨论。

（三）

在有清代、民国艺术痕迹的 221 个洞窟中，其痕迹主要为重修或重塑的佛、菩萨、弟子、神仙等塑像，而为清代民国时期重绘或重描的壁画很少（按："重绘"指后来绘制的壁画，"重描"指在原壁画基础上勾描、上色），其洞窟仅 18 个。在 221 个洞窟中，比例仅占 8.1%；在莫高窟现存 492 个洞窟中，所占比例仅 3.6%。这些洞窟及其绘画内容是：

第 4 窟 背屏正面清绘背光，两侧绘团龙、云纹。

第 5 窟 佛坛清绘动物、花卉图案画。

第 7 窟 西壁龛内清绘头光、背光。

第 11 窟 北壁清绘云龙屏风。

第 12 窟　西壁龛内清绘头光、背光。

第 31 窟　西龛背光两侧清重描四弟子。龛外两侧清重描立佛。

第 32 窟　南壁西侧清重描地藏。

第 96 窟　前室西壁门北、门南民国绘十二属相、十六罗汉（部分）、暗八仙等。南北壁民国绘诸接引佛（在"文化大革命"中已被破坏）。

第 138 窟　前室窟顶清绘暗八仙，主室佛坛清绘壶门、伎乐。

第 143 窟　龛外两侧清绘力士。

第 146 窟　佛坛背屏下清绘丹凤朝阳。

第 150 窟　前室西壁门南、北清绘道教神将各一身。前室南壁清绘道教神将 7 身。甬道南、北壁清绘马面、牛头。西壁龛内清绘山水、花卉屏风十扇。西壁龛上清绘金龙 2 条（沥粉堆金）。帐门南、北侧清绘方格图案。主室南、北壁清绘道教十二星君 12 身。主室东壁门南、北清绘判官、鬼卒、钟馗等。

第 162 窟　西壁龛内背光两侧清绘竹石。

第 202 窟　西壁龛内两侧清重描弟子。

第 233 窟　佛坛下沿清绘供养人 26 身。窟顶木质天棚、梁柱清绘交枝卷草。

第 236 窟　帐门南、北侧普贤变、文殊变部分被清重描。

第 366 窟　前室西壁南北清绘门神各一身。

第 454 窟　　佛坛上清绘花鸟屏风计 12 扇。

按：上述一些所谓"清绘""清重描"的内容，有可能是民国时期所绘、描。暂不对此详考。

又按：为清代、民国时期所绘、所重描的壁画面积估计大概不会超过二百平方米。即在莫高窟总壁画面积四万五千平方米中，比例仅占 0.44%。


（四）清代、民国时期的道教艺术

莫高窟艺术主要为佛教艺术。虽然唐、宋等时期敦煌曾盛行过道教，藏经洞出土的写本中也有不少道教资料（如道教经典及关于敦煌道观的记载等），但在莫高窟自北凉到元代的洞窟中，虽然有一些中国传统神话的题材，却几乎没有道教艺术存在；只有清代、民国时期重塑、重绘的一些塑像、壁画中，据笔者初步调查，有一些真正的道教艺术。所在洞窟及其主要内容为：

图1　第5窟西龛南侧　清代或民国塑八仙（局部）

图2　第5窟西龛北侧　清代或民国塑八仙（局部）

第1窟　西壁龛内清塑二道教神仙像、二侍者像。

第5窟　西壁龛内、外清塑老君骑鹤、八仙（曹国舅、韩湘子、何仙姑等）（图1、图2）。

第11窟　龛内清塑灵官像及侍者二身，背屏清绘墨龙。

第13窟　龛内清塑孙悟空像。

第94窟　佛坛上清塑老君像。

第 96 窟　前室西壁门南、北民国绘门神八身及暗八仙等。

第 131 窟　西壁龛内清塑真武像及二侍者，南北壁清塑道教神像各二身。

第 138 窟　前室窟顶清绘暗八仙；主室佛坛上清塑假山，送子娘娘等 12 身。

第 143 窟　西壁龛前塑老君像。

第 150 窟　前室西壁门南、北清绘门神各一身；南壁清绘（疑为元绘）道教神像七身。甬道南、北壁清绘牛头、马面。主室西壁龛内清绘山水、花卉屏风共 10 扇；南、北壁清绘道教十二星宿；东壁门南、北清绘判官、钟馗、鬼卒等。

第 209 窟　主室中央三坛上清塑灵官像及二神将等。

第 211 窟　西壁龛内清塑玄奘像及二弟子。

第 222 窟　西壁龛内清塑一神仙像，龛外北侧清塑一神将。

第 344 窟　西壁清塑假山及送子娘娘一铺（塑像均毁无存）。

第 350 窟　西壁龛内清塑赵公明一身。

第 366 窟　前室门南、北清绘门神各一身；主室西壁龛内清塑玉皇一铺三身。

第 454 窟　主室中心佛坛上清塑假山，送子娘娘一铺 12 身（已被毁坏）；南、北壁清绘花鸟屏风计 12 扇。

按：上述这些"清塑"或"清绘"可能是民国所塑、所绘，具体时代待以后详考。

又按：一些塑像、壁画（如孙悟空、玄奘、送子娘娘像及门神、花鸟山水屏风画）与道教艺术的关系，亦待以后再论。


（五）清代、民国时期的木构建筑

在前述一些专家学者撰写的小册子和论著中，关于莫高窟的木结构建筑，亦异口同声地认为莫高窟只保存了"唐宋木结构窟檐五座"。

然而，莫高窟明明还保存着几座清代、民国时期的木结构建筑，也有学者曾对有关史实作过考证，这是谁也无法回避的事实。奇怪的是，众专家学者却偏要回避这个事实。更令人奇怪的是，如果说清代、民国的雕塑、壁画之所以被遗弃，是因为它们"粗俗低劣"，可是，这几座清代、民国的建筑，有的却是人们引以为骄傲，甚至已成为莫高窟艺术的象征之物！——如九层楼、小牌坊。——君不见几乎每一个游客的留影，以及许多画册的封面、扉页，许多电视录像的镜头？

据笔者了解，莫高窟现存清代、民国时期的木构建筑，至少有以下几座：

（1）九层楼 又称"大佛殿"或"大云寺"。殿内所塑的弥勒佛像，即莫高窟著名的"北大像"。

据李永宁先生考证，"大佛外之木构建筑自唐初始建到民国二十五年九层楼落成，共经五次土木"，"第一次，始建。……延载始建时应为四层建筑"，"第二次，改建。……改建在唐乾符元年到中和五年（874—885年）之间。……淮深增建为五层，使其'高低得所，适于大佛藏身'"，"第三次，修葺。……在宋乾德四年（966年）五月至六月。……这次工程是拆换下两层撑木。……仅十天之内就竣工，无论在技术或工效上都具有较高的水平"，"第四次，重建。……是在光绪二十四年（1898年）。……这次工程全部重修，历时五六年。但因'材木细小逾十余年倾欹。'其后道士王圆箓又谋重修，历十数年未成。民国十六年刘骥德等再议重修，终因工程浩钜，仅年余而'中途告退'"，"第五次，重建。……民国十七年至二十四年（1928—1935年），由子和等筹资，将原五层改为九层。"[25]

李永宁先生之考证颇为详细且比较客观，然可惜的是，李先生不曾在此基础上谈及莫高窟艺术的下限问题。

九层楼的第五次重建，与莫高窟艺术下限有密切关系，以后将再论及。

（2）三层楼 据李永宁先生考证："即今十六窟前之木建筑，共三层。下层为16窟及16窟甬道北壁之17窟（即藏经洞），中层为365窟（即七佛堂），上层为366窟。三层楼始建何时，无文可查。据推测，三层楼初建应在同治花门事变（同治十二年，1873年）之前。"[26]

据光绪三十二年（1906年）《重修千佛洞三层楼功德碑记》记载，由于"兵燹蹂躏，佛像屡遭毁废，龛亦沙压倾圮，梯级多断，攀缘莫逮"，于是"丁酉之岁（1897年），邑从九戴君奉钰首倡续修……始构大雄之殿，继兴大士之宫……"随后"园禄测度藏经佛龛，结造三层楼，仍属戴群奉钰提倡而振作之，庙貌焕乎维新"。

由此可知三层楼始建于同治十二年（1873年）以前，重建于光绪二十三年至三十二年之间（1897—1905年）。

---

[25] 李永宁《敦煌莫高窟碑文录及有关问题（二）》，《敦煌研究》试刊第2期。

[26] 李永宁《敦煌莫高窟碑文录及有关问题（二）》，《敦煌研究》试刊第2期。

（3）古汉桥牌坊　即今所谓"小牌坊"。据民国二十年（1931年）《太清宫大方丈道会司王师法真墓志》所载，王圆箓曾改建"三层楼、古汉桥、以及补葺大小佛洞，积卅余年之功力，费廿多万之募资"。据李永宁先生所考证，"碑中涉及之古汉桥，是指位于428窟前之下层地面直通428窟的土梯而言。土梯下有桥洞，可供底层洞窟之间穿行，此土梯桥取名古汉桥。后因进行洞窟危崖加固……于1964年拆除。原梯前有匾书'古汉桥'三字牌坊一座，目前牌坊犹存，但'古汉桥'三字木匾已毁，现以'莫高窟'三字代之"[27]。

由此可知"小牌坊"系光绪二十五年以后，民国二十年以前（1899—1931年）之间建造。

（4）太清宫　据《太清宫大方丈道会王师法真墓志》记载，王圆箓从酒泉来到敦煌，"纵览名胜，登三危之名山，见千佛之古洞，乃慨然曰：'西方极乐世界，其在斯乎！'于是建修太清宫，以为栖鹤伏龙之所。"据李永宁先生所考，"太清宫，即今下寺。与十六窟前之三层龙隔路相对，距离约二十余米，原为王道士法堂及居室"。[28]

根据碑文所记，太清宫修建于光绪二十五年（1899年）以前。

（5）138窟、454窟　此两窟均尚存木结构建筑。《重修千佛洞三层楼功德碑记》中提及："丁酉之岁，……始构大雄之殿，继兴大士之宫。"据李永宁先生考证，"所谓'大雄之殿'，指今九十六窟北大像窟及其外之木构建筑。……'大士之宫'，无据可考，难于确定。但据目前所知，清代在莫高窟未辟新窟，清窟均就前代洞窟改修。观现存清代改修古窟，且兴功较大者，除三层楼、大雄殿外，尚有454窟、138窟等。此两窟清时均修窟外木建筑，且在窟内建背屏、塑送子娘娘像，俗称'娘娘殿'。佛教谓观音有'求男得男、求女得女'之灵，是否清际将观音大士混称送子娘娘，而将娘娘殿称为大士宫。若如此，则'大士宫'可能属上述两窟之一。"[29]

李永宁先生的考证很客观，虽然138、454窟不一定就是大士宫，但其窟外木结构建筑为清代建造是没有什么疑问的。

---

[27] 李永宁《敦煌莫高窟碑文录及有关问题（二）》，《敦煌研究》试刊第2期。

[28] 李永宁《敦煌莫高窟碑文录及有关问题（二）》，《敦煌研究》试刊第2期。

[29] 李永宁《敦煌莫高窟碑文录及有关问题（二）》，《敦煌研究》试刊第2期。

（6）233窟　该窟窟内尚存木结构建筑。《敦煌莫高窟内容总录》中亦记载道："注：此窟顶为木质天棚，梁柱均画交枝卷草，天棚为清代重修。"[30]

甚有价值的是，该窟主室中心佛坛东面下层尚存清代供养人像26身、供养人题记21条。其供养人画像颇佳，并非"粗俗低劣"。

按：敦煌文物研究所曾于1986年对九层楼进行过维修，但性质纯属保护，与莫高窟的宗教及其艺术没有关系，故不提及。

又按：大牌坊虽然亦是清代建筑，但其系20世纪60年代从敦煌其他地方搬迁而来，原非莫高窟之物，故不列于此处。

又按：莫高窟现存清代、民国时期木结构建筑至少六七座，比莫高窟其他时期的总量还多。

（六）清代、民国（包括明代）时期的游人、供养人、画工题记及碑文

据初步统计[31]，莫高窟现存明代、清代、民国时期游人、供养人、画工题记276条，分布在31个洞窟之中（其中明代洞窟3个，题记21条；因所有介绍和论述莫高窟历史的只提及北凉至元代，故此处将明代一并补述）。现将有关洞窟及题记分布数量介绍于下：

5窟:7条　14窟:5条　23窟:3条　77窟:3条　98窟:11条　148窟:12条　152窟:2条

156窟:1条　166窟:2条　176窟:27条　202窟:4条　231窟:13条　233窟:21条

237窟:2条　285窟:3条　327窟:2条　342窟:20条　365窟:18条　388窟:1条

427窟:10条　428窟:15条　431窟:4条　437窟:3条　443窟:5条　444窟：3条

450窟：15条　454窟：50条　457窟：5条　463窟：2条　464窟：2条

天王堂：5条

上述大部分题记，于研究敦煌历史、莫高窟艺术及其宗教信仰等问题均有重要参考价值。如据5窟、77窟、98窟的明代游人题记记载，"正统十二年""张杰徐贵总兵二名到此"；"成化十三年六月初三日""指挥师英钦奉敕命统领官军二千员名到此沙州"。

---

[30]《敦煌莫高窟内容总录》，文物出版社，1982年，第81页。

[31] 主要依据《敦煌莫高窟供养题记》，文物出版社，1986年。

又如据 23 窟的塑工题记记载，有"陇西伏羌人北乡据城八十里小地名李家川兄弟同胞三人"于"中华民国四年""四月十七日"至"十一月初七日"，在"洞子十窟"中"动工塑佛像百躯"。

又如 365 窟的"民国十四年闰四月廿二日"题记写道："余关内靖远人，昨年随陆君警佐来敦，今携王什长警兵等住此，预防美国技师等，恐偷诸洞壁之画。""中华民国第十年，俄人来住千佛山。商民各界独心寒，军队保护得安然。"

如此等等，均于研究莫高窟历史提供了重要线索和证据。

莫高窟碑刻遗存至今者，为数不多。在李永宁先生所考证的十方碑刻中，有四方为清代、民国时期所立，现简介于下：

《重修千佛洞三层楼碑记》，该碑为木质阴刻，立于光绪三十二年（1906 年）。碑嵌于三层楼下层洞窟（即 16 窟）甬道南壁。

《重修千佛洞宝贝佛殿功德碑》，该碑为木质漆字，立于民国五年（1916 年）四月。碑嵌于 146 窟甬道南壁。

《太清宫大方丈道会王师法真墓志》，该"墓志"为木质阴刻，立于民国二十年（1931 年）。墓志嵌于莫高窟对岸王圆箓墓塔上。

《重修千佛洞九层楼碑记》，立于民国二十五年（1936 年），原嵌于 96 窟前室北厢西壁，现已毁，仅存原碑抄文。

按：有明代、清代及民国时期供养人（或游人、画工）题记的洞窟为 31 个，占全部的洞窟约十六分之一；题记为 276 条，占全部供养人题记（七千多余条）约二十分之一。

又按：清代、民国碑刻占全部碑刻的 40%。


## 三、综合性分析

前面就莫高窟清代、民国艺术的情况作了一些介绍，下面我们将这些材料归纳分析，并在此基础上就莫高窟艺术的下限问题作进一步的探讨。

如第一节中所述，几乎所有的专家学者都认为莫高窟艺术的下限是元代，然而笔者认为这个结论是错误的，是根本站不住脚的，后果也是严重的，其理由如下：

（一）从数量上看

从前面的材料来看，尚存清代、民国艺术痕迹的洞窟221个，占洞窟总量的44.9%接近半数。

为清代、民国时期重修或重塑的雕塑1182身，占雕塑总量的38%，占大型雕塑总量的68.8%。

清代、民国时期所绘的壁画大概二百多平方米，面积虽然不大，但与元代相比，也相差无几。

莫高窟尚存清代、民国时期的木结构建筑有六七座，比其他各个时期的总量还多。

尚存明代、清代、民国时期的供养人（或游人、画工）题记276条，占莫高窟全部供养人题记的二十分之一。

尚存清代、民国时期的碑刻四方，占莫高窟碑刻总量的40%。

试问：单就以上数字而论，遗弃莫高窟清代、民国时期的作品是否应该？

（二）从质量上看

虽然相对而言，莫高窟的清代、民国艺术作品大多拙劣，特别是与元代艺术作品相比，元代艺术少而精，清代民国艺术虽多却拙。但是，如仅是因为其艺术水平较差就该被遗弃的话，那么，又该如何对待五代、宋、西夏等时期的壁画呢？众所周知，如与隋唐艺术相比，五代、宋、西夏的莫高窟艺术则明显逊色，色彩单调，构图千篇一律，很少创造性，如段文杰先生所评述的："通观现存曹氏诸窟画像，除少数颇有个性而外，大多千人一面，缺乏内在的艺术生命力。""晚期经变画日益流于公式化。""到了曹元忠之后，无论墨线或土红线，变得柔弱无力，且时有战笔，有人称之为战笔水纹描，其实正是笔墨衰败，艺术修养不足的表现。""西夏壁画……内容更趋贫乏，形式上满足于装饰效果而不求深入。……色彩单调，颜料质量差，许多洞窟只剩下涂地的石绿不曾变色。"[32]

如按照"凡是拙劣或较差的艺术品都该舍弃"的逻辑，大量五代、西夏的壁画也该被遗弃了。

---

[32] 段文杰《晚期的莫高窟艺术》，《敦煌石窟艺术论集》，甘肃人民出版社，1988年，第230、236、245、246页。

图3　第454窟中心佛坛　送子娘娘（已毁）

倘若是因为五代、西夏等时期有一些比较好的作品，所以就承认并保存该时期的全部作品。然而，事实上清代、民国时期也有一些具有一定艺术价值的作品，如454窟娘娘殿在"文化大革命"中被毁弃的"送子娘娘"等雕塑，据史苇湘先生说，那都是塑得比较好的作品，孙纪元先生也曾对此评介过："也有极少部分清代彩塑还可看出作者所花费的心机，如454窟送子娘娘，真实地塑造了一位朴实而生动的老妪的形象。"[33] 当然，也有一些学者认为这些雕塑只是在清代作品中相对而言较佳，并不能同其他朝代作品相比。笔者也无意将它们拔高，但不管怎样，这些清代雕塑具有一定艺术价值是没有人能否定的。并且，这些清代作品实际上比西夏以前乃至北魏、隋唐的一些作品的艺术价值可能更高一些，例如，难道454窟的老妪像（送子娘娘）的保存价值就真的不如北魏时期任何一个小影塑吗？恕笔者斗胆认为：就莫高窟的情况而论，一个清代老妪像至少超过十个北魏小影塑的价值！（图3）

又如233窟佛坛下沿的壁画清代供养人画像，其服饰很具有时代特色，绘画技巧也不差，实在是非常珍贵的莫高窟供养人像资料（图4）。

至于民国时期重建的九层楼，请让我们讲其与重建前的五层楼建筑相比，其重建后的艺术价值就非常明显突出，更是谁也无法否定的。

（三）从内容上看

大量的道教题材。由于诸多原因，历史上的道教造像或绘画很少，虽然现在偶尔能见到一些隋唐道教造像，但和佛教造像相比，几乎等于零。道教艺术的发

---

[33] 同注 [17]。

图4　第233窟佛坛东面下沿清代绘男供养人

展很晚，其兴盛时期主要在元代，故元代及元代以后的道教造像和绘画都非常珍贵，都是我们研究道教及道教艺术发展史的重要形象资料。

莫高窟的道教艺术更少，从北凉到元代的洞窟中。几乎没有道教艺术存在（虽然有专家认为西魏249窟窟顶壁画系道教题材，但持不同意见的专家学者也不少，笔者认为称作"中国传统神话题材为佛教艺术服务"为妥）。但值得欣慰的是，在清代、民国时期的莫高窟艺术中，给我们留下了不少的道教造像和壁画。这些道教造像和壁画的内容题材很广泛，既有地地道道的传统道教题材，如玉皇、老君、真武、王灵官、八仙、赵公元帅等道教诸神，亦有一些原为中国民间俗神，后被道教吸收利用的形象，如钟馗、门神、唐僧、孙悟空等，还有源自佛教，后被道教吸收利用的形象，如送子娘娘、牛头马面、判官等。另外还有一些山水花鸟、暗八仙等特殊的道教题材。在此还特别需要补充的是，在敦煌石窟系列之一——榆林窟尚保存有更多价值的道教造像和壁画，如全真七子的造像、八仙的故事画等。

这些内容广泛的真正道教造像和绘画，虽然它们的塑绘时代不远，然而对于我们研究道教及道教艺术史，乃至研究所谓佛道合一、三教合一等重大问题，却能为我们提供有益的线索和帮助。

试问：如果我们把莫高窟艺术的下限仍定为元代，那么，这一批重要的道教形象资料岂不是也随之被遗弃了吗？

不管是专家、学者，还是一般游客，都非常关心敦煌艺术的制作者。可惜的是，"石窟艺术的创作者们付出了辛勤的劳动，但他们从不被社会所重视，画史上找不到他们的名字，仅在石窟题记中偶然留有当年作画时有意无意写下的一些文辞，内容也很含糊。"[34] 更遗憾的是，在敦煌莫高窟中，这些内容很含糊的工匠题记也极少，因此有关资料极其珍贵。然而，令人不解的是，尚存的几条清代、民国时期的画工、塑工题记，有的内容非常完整、清晰，既有工匠的姓名、籍贯、来自何地，也记载有从何时起到何时止，在多少洞窟塑了多少身佛像。然而，这些题记却一点未引起专家、学者们的重视。为此，我们摘录几条如下，让大家看看这些资料于研究敦煌艺术史究竟有无一定的参考价值：

> 第 23 窟　西壁龛内南壁阿难塑像西
>
> 　　　　　陇西伏羌人北乡据城八十里小地名李家川兄弟同胞三人李承广李
> 　　　　　继渊李绍广熏沐敬题
> 　　　　　绍广
> 　　　　　中华民国四年岁次乙卯　四月十七日动工塑佛像百躯洞子
> 　　　　　十窟十一月初七日完工并书
>
> 第 152 窟　甬道北壁供养人像列西向第二身菩萨像前
> 　　　　　……陕西省乾隆拾三年伍月十六日众信弟子新修斋房壹院又补修
> 　　　　　佛殿房一次
>
> 第 237 窟　东壁门南侧维摩变南下角
> 　　　　　嘉庆二十三年五月十四日张成林重苗（描）各国王子
>
> 第 285 窟　窟檐题字
> 　　　　　五月初六日未时山成工咸丰九年
> 　　　　　四月廿二日木工四个
> 　　　　　初一日出寿功德主布修染金佛
>
> 第 327 窟　甬道北壁

---

[34] 万庚育《珍贵的历史资料——莫高窟供养人画像题记》，敦煌研究院编《敦煌莫高窟供养人题记》，文物出版社，1986 年，第 190 页。

　　　　　　　五月初六日未时山成工

　　　　　　　咸丰九年四月廿二日木工四个

　　第365窟　窟门内侧上端

　　　　　　　光绪二年四月初三日起工安门

　　　　　　　朝山焚香弟子

　　　　　　　年禄　杜秀　周才

　　　　　　　安财章　殷思存

　　　　　　　杜茂林　叩献

　　　　　　　本工　周贵施钱壹两八钱

　　　　　　　姚克昌施钱陆钱

　　　　　　　唐贵施钱陆钱

　　第450窟　北壁龛东侧

　　　　　　　大清嘉庆岁次戊午甲子月望五日

　　　　　　　甘泉弟子塑工人李滋□

　　　　　　　武威画工□（杨）钧

　　　　　　　镇番画士吴正□

　　　　　　　大□（清）乾隆五年七□甘泉

　　　　　　　塑匠在此……行

　　　　　　　五十九年……大……

　　　　　　　李滋徒温如秀

　　第454窟　甬道北壁第一身供养像榜题上

　　　　　　　凉州武威县朝山施　画匠雷吉祥于雍正元年二月十五日功完

　　笔者承认，清代、民国时期的莫高窟艺术与此之前的各时期艺术相比，确实差得多，是一段落后的、衰退的莫高窟艺术史。然而，我们能因此抹杀掉这段历史吗？又如中国的政治、经济史一样，近代史是一段屈辱的历史，可是，谁也不曾想到要忘掉这段历史，相反，不仅要牢牢记住它，还要大量宣传它，研究它。如古人所说："有耻且格。"所以面对莫高窟的晚期艺术，我们必须正视现实，要敢于承认它，并深入研究它。我们暂且不管它们有多少值得借鉴的优秀成分，至少，我们可以研究它和前期艺术相比，为什么会衰退？和同期的其他地区的宗教艺术相比，又有什么同异？例如，榆林窟的清代艺术，在艺术性上，就明显比莫高窟更有价值，内容也有许多不同。那么，为什么莫高窟艺术与榆林窟在唐、五代、宋、西夏等时期的艺术风格、内容、水平都比较接近，而到了晚期清代，却反而疏远了呢？如此等等，都是一些很值得思考的问题。

至于从民俗、宗教、伦理等角度利用清代民国时期的莫高窟形象资料探讨有关问题，显然也是很有必要的。这里我就不赘述了。

### （四）从有关专家、学者的特长、兴趣来看

虽然很多专家、学者对莫高窟清代艺术持否定态度，然而，由于专家、学者们的特长、兴趣不同，对清代艺术的评价也有明显的不同。如：

从事雕塑专业并对敦煌彩塑进行过深入研究的专家，尽管对莫高窟清代艺术持否定态度，但却一致认为莫高窟艺术的下限不是元代，而是清代。如孙纪元先生虽然认为"清代……塑像很多。但多非当代开窟造像，而是毁坏了不少的古代优秀作品，而重新塑造的"，但首先肯定莫高窟艺术是从"北魏到清代，前后一千四五百年……"[35] 又如杜永卫先生也认为"宋代、西夏、元代、清代各期彩塑保持不多，佛像多枯板迟滞，缺少活力，通体繁杂驳乱，尤其清代甚至俗不可耐……"但亦肯定"敦煌莫高窟系统地保存了北凉至清代一千多年的二千余件彩塑珍品"，并明确地将清代划入敦煌彩塑艺术的第三个阶段。[36]

主要从事绘画专业，不是从事雕塑专业，但对敦煌彩塑进行过深入研究的专家，其态度则是非常矛盾的。如段文杰先生有时认为莫高窟艺术的时间界限是"上起十六国、下迄元、清，历时千余年"[37]"敦煌莫高窟……经历了北魏、西魏、北周……西夏、元、清等朝代，上下一千五百余年。"[38] 有时却又认为"元代洞窟正是敦煌莫高窟艺术的尾声"[39]，"敦煌石窟……陈列着自十六国到元代一千多年间的彩塑和壁画……"[40]

[35] 孙纪元《敦煌艺术画库·敦煌彩塑》，中国古典艺术出版社，1958 年，"前言"。

[36]《敦煌艺术小丛书之十六——莫高窟彩塑艺术》，甘肃人民出版社，1988 年，第 230、236、245、246 页。

[37] 参见注 [18]。

[38] 段文杰《敦煌彩塑艺术》，《敦煌石窟艺术论集》，甘肃人民出版社，1988 年，第 135 页。

[39]《中国石窟·敦煌莫高窟》（五），文物出版社、日本平凡社，1987 年，第 174 页。

[40] 参见敦煌文物研究所编《敦煌研究文集》，甘肃人民出版社，1982 年，"前言"。

主要从事资料、考古专业的专家，在具体搜集材料的时候，一般都尽量点滴不漏地汇集所有材料，可是一旦到了利用材料说明和论证有关史实的时候，却面对眼前的大量清代、民国史料视而不见，像忌讳什么似的，闭口对清代艺术只字不提。如具体负责《敦煌莫高窟内容总录》和《敦煌莫高窟供养人题记》两本书稿的史苇湘先生和贺世哲先生。

一些辞典或通俗读物的作者、编者，因为主要任务是介绍和编辑，其材料范围太广，没有能力和条件就全部材料作进一步的思考和分析，故只能你抄我，我抄你。如唐明瑶、王兰城等人编的《中国美术名词浅释》中有关条目就一字不差地照抄《辞海·历史分册》。

从以上有关专家、学者、编者的特长、兴趣可以看到，凡是对敦煌艺术，特别是对敦煌彩塑比较熟悉了解的人，以及对其研究分析愈深入，所得出的结论就更加接近史实，即承认或在一定程度上承认莫高窟的清代艺术。

### （五）莫高窟清代、民国艺术是否系破坏性

人们之所以不敢承认莫高窟的清代、民国艺术，主要源于两点，一是认为清代艺术粗俗拙劣，二是认为清代破坏了原有的早中期艺术。这是两个情结，导致人们的一种恐惧心理——近朱者赤，近墨者黑。人以类聚，物以群分。肯定粗俗拙劣者，自己必然也粗俗拙劣；肯定破坏者，自己也必然是破坏者。

我们暂且不对有关心理作分析，先搞清楚清代、民国莫高窟艺术的性质。有关清代艺术粗俗拙劣问题，前面已做过分析，此处只是就其所谓破坏性发表己见。

连在一定程度上承认清代艺术的孙纪元先生，也认为清代"毁坏了不少的优秀作品"，《中国美术辞典》也这样认为。因此，清代艺术的破坏性似乎是定论了。

然而，只要深入调查研究，结论正好相反。

首先，将清代、民国重修或重塑的雕塑数量与重绘、重描的壁画数量相比较，就会发现前者大大超过后者，即实际上莫高窟清代、民国艺术主要是彩塑（以及三层楼、九层楼等建筑艺术），而壁画极少。这里就产生了一个问题，为何清代、民国要重修重塑那么多塑像和重修一些木结构建筑，而重绘壁画很少？

原因很简单，即《重修千佛洞三层楼功德碑记》所记，是因为"兵燹蹂躏，佛像屡遭毁废，龛亦沙压倾圮，梯级多断"，又如《重修千佛洞宝贝佛殿功德碑记》

所云："迨同治年间花门变起，遂将佛龛半付灰烬，令人有不忍目睹之状。"据李永宁先生考证，"不可能是佛龛本身被火焚烧，而应当是指窟前木构建筑为火焚毁一事。"[41]

也就是说，重修三层楼、九层楼等建筑，是因为"佛龛半付灰烬"，重修、重塑佛、菩萨像等，是因为"佛像屡遭毁废"。事实正是如此。笔者注意到，在清代、民国艺术中，重修的佛、菩萨、弟子等塑像有 485 身，重塑的佛、菩萨、弟子等塑像有 611 身，而重塑的道教神像之类仅 86 身（包括 150、344、454 窟被毁者）。笔者还注意到，所谓重塑的佛、菩萨、弟子像，其中很大部分仍是在原作基础上重修，由于笔者精力、时间有限，未能全面重新考证，但估计可能有一半左右实际是重修（约 300 身）。也就是说，重修佛教塑像大约 800 身，重塑佛教塑像大约 300 身，而真正重塑的道教一类的造像不足 100 身。

从这些数字可以了解到当时的实际情况显然是：木结构建筑（即所谓"佛龛"）大部分被火焚毁了，于是只好重新修建；而面对塑像，则根据毁坏程度的不同或重塑，或重修，或重妆（我们前面将此亦谓作重修）。所谓重塑者，不管它是佛教造像还是道教造像，都是以前的塑像已全毁或毁坏程度太严重，实在无法修补，才重新塑造的，绝不可能是将以前的较好的塑像毁掉后重塑的，否则就不可能有另外的那么多的重修或重妆！——既然要将未毁的塑像毁掉，为何又要修补或重妆残破、褪色的塑像呢？暂且不论《敦煌莫高窟内容总录》中统计的重塑造像中可能有近半并非重塑，就以其统计的已基本确定的重修重妆的造像而论，也至少有 485 身是隋唐等时期的原作。

清代、民国时期所绘壁画很少，也证明清代、民国艺术的保护性质较多，破坏性质很少。因为敦煌的干燥环境，壁画较塑像不易毁坏，故不像塑像（以及木结构建筑）那样迫切需要修复。

相对而言，保护性质较少，破坏性质较多的，实际上是西夏以及五代、宋艺术。因为这些时期所绘的大量壁画都是在原壁画层上重绘的，并且原壁画不仅不曾毁坏，其色彩至今犹新，如 16、220、246、263 等窟皆是这种情况。仅笔者所知被西夏重绘（即覆盖）的壁画，至少有一千平方米以上的面积。而西夏时期所绘大

[41] 李永宁《敦煌莫高窟碑文录及有关问题（二）》，《敦煌研究》试刊第 2 期。

量千佛画，与所覆盖的早期壁画相比，也和清代一样，实在是粗俗拙劣。但奇怪的是，专家学者却只是否定清代艺术而对西夏艺术偏爱。

### （六）从否定莫高窟清代、民国艺术的后果上看

不承认或否定莫高窟清代、民国艺术，其后果是很严重的，我们这里暂且不论学术研究方面的巨大损失，仅从文物保护的角度披露一些令人痛心的情况。

有24身塑像在"文化大革命"中遭毁坏。据《敦煌莫高窟内容总录》记载，第344窟主室西壁平顶方口龛内清塑送子娘娘一铺及假山楼阁，第454窟主室中心佛坛上清塑送子娘娘一铺十二身，现假山、楼阁尚在，然两窟的送子娘娘等24身塑像已荡然无存（根据138窟、454窟所塑送子娘娘一铺都是十二身，推测344窟也是十二身）。据笔者调查，这些塑像都是在"文化大革命"中作为替罪羊被毁除（据说是为了象征性地破四旧，故选择"毫无价值"的清代塑像来走过场）。

有12扇屏风画在1979年7月至1984年5月期间被游客破坏。不恰当的宣传，可能导致不良的后果。由于许多讲解员在介绍洞窟内容时，都是带着愤怒的语气批评所有清代重塑或重修重妆的作品"大红大绿，粗俗丑陋，不值一提"，而未提及这些东西也是宝贵的历史文物，应该保护，故导致一些游客肆无忌惮地破坏敦煌文物。为了证明该问题的严重性，现将454窟屏风画被破坏的情况详录如下：

① 南壁东起第一幅上刀刻：

陕西　82 .7.10

② 南壁东起第二幅刀刻：

安徽淮北市郑张李、徐玉文留念80年5月25日酒泉游客留念

③ 南壁东起第三幅上刀刻：

到此拜佛一九八一年七月八日

北京

新疆毛金秀到此一游80年10 .25

④ 南壁东起第四幅上刀刻：

80年10月景毅到此一游

⑤ 南壁东起第五幅上刀刻：

张振国到此一游 83 年 9 月

⑥ 南壁东起第六幅上刀刻：

1980 年 11 月十四日多正英今日到此一游柳文到此一游 79.7.21

⑦ 西壁南起第一身塑像头光上粉笔书：

今游胜地金平 82 年 5 月四日

背光上刀刻：

吴平到此一游

⑧ 西壁南起第三身塑像头光上刀刻：

80 年郭到此一游

粉笔书：

82 年老马在此

⑨ 北壁西起第一幅刀刻：

82 年 5 月北京李志军拜佛

⑩ 北壁西起第三幅刀刻：

1984 年陈金德到此一游

⑪ 北壁西起第五幅刀刻：

80 年九月杭州

延安□某到此一游

⑫ 北壁西起第六幅上刀刻：

天、下之皇

黄万军 84 年 5 月到此一游

按：尚有不少内容未录，总之，全是像发狂的魔鬼一样在屏风画画面中央乱刻乱涂，而并非像清代、民国以前的游人一般都是尽量寻找不损坏画面的位置用毛笔认真墨书。

20 世纪 80 年代的游人与清代民国以前的游人相比，其文明程度相距十万八千里，真令人痛心疾首。

试问：究竟谁丑陋、谁粗俗？

据《敦煌莫高窟内容总录》记载，第 96 窟 "前室为九层楼第一层，西壁门上清画佛教画；门南、北清画禅门十二时及其他佛教画，并嵌有民国二十五年《敦煌千佛洞九层楼碑记》一方。南、北壁清画诸接引佛"。然而，《重修千佛洞九层楼碑记》及南、北壁清（按：应为民国）画诸接引佛已荡然无存。据调查系"文化大革命"中被毁。

按：姑且不论该碑记在学术研究上的重要意义，单就旅游价值而论，在九层楼门前嵌有这样一方碑记，也能为洞窟讲解和参观增添色彩。

《敦煌莫高窟内容总录》述及 454 窟清塑送子娘娘一铺十二身，在后面括号中注道："已清除。"所谓"清除"一词在这里的概念是中性或褒义的，至少认为这十二身塑像不应该存在，应该"清除"掉。

笔者曾询问过史苇湘、李永宁、杜永卫等先生，都认为 454 窟娘娘殿的塑像在所有莫高窟清代塑像中为最佳者。如此推论，莫高窟现存的其他 697 身清塑（仍依据《敦煌莫高窟内容总录》统计，暂不讨论这些所谓清塑中有一部分民国所塑，也有很大一部分可能是在隋唐等原作上重修，重妆）也应该被"清除"干净！

## 四、小结

前面，我们首先花了大量篇幅介绍了众专家学者是如何介绍和论述莫高窟艺术的下限，借此说明有关问题的重要性及其已造成的广泛的社会影响；然后比较全面地介绍了清代、民国时期的莫高窟艺术；随后在此基础上从不同角度分析了否定、抛弃清代、民国莫高窟艺术的错误性、严重性。那么，莫高窟艺术的下限究竟应定于何时为妥呢？虽然以前有些专家谈及清代艺术，但从我们前面介绍的资料来看，显然在民国时期还在一定程度上延续了莫高窟艺术的历史。因此，笔者认为莫高窟艺术的下限年代以《重修千佛洞九层楼碑记》为主要依据，将其定于民国二十四年，即公元 1935 年。其理由有以下几点：

九层楼已在一定程度上成为莫高窟的象征。如《敦煌旅行·导游手册》中介绍："当我们来到敦煌莫高窟，首先映入我们眼帘的是那倚山而立，九层飞檐，巍峨绮俪的大殿。"[42] 李永宁先生亦描述道："九层飞檐倚山而立，兽鸱伏脊，风

---

[42]《敦煌旅行·导游手册》，《阳关》编辑部，1987 年，第 99 页。

铎悬响；梁木交错，层覆垒叠，异峰突起，巍峨绮丽，殊为壮观。"[43] 笔者认为，这些介绍和描述很符合事实，并不夸张。也就是说，九层楼显然已成为莫高窟艺术中的一个不可缺少的组成部分。

九层楼的前身四层楼虽系唐建，但九层楼本身，确系民国时期重建之物。其重建工程浩大，历时"起民国戊辰至乙亥，八易春秋"，且"用金一万二千余元"。倘若将其仍谓作唐代艺术，恐怕谁也不会同意。也就是说，可以肯定九层楼系民国建筑艺术。

民国十七年至民国二十四年（1928—1935 年）重修九层楼时，对殿内弥勒造像曾以土红重涂袈裟，并以帝王袍服之龙云纹绘作边饰，我们可以撇其不顾，但前室西壁门上所画的"降龙伏虎"等罗汉图，特别是十二属相图及暗八仙图案画等壁画毫无疑问是民国重建九层楼之时所绘，而其中十二属相等图在艺术史上亦有较大的研究价值。另外，前室南、北壁曾经还绘有接引佛等画像（可惜已毁）。总之，九层楼尚保存民国时期壁画艺术。

《重修千佛洞九层楼碑记》中，不仅详细记载了寺庙僧人集合官绅农商各界共同筹备和修建九层楼的经过，及所耗费的人力、时间，特别提及该工程的竣工年代为"乙亥"，即民国二十四年，也就是公元 1935 年。这是我们确定莫高窟艺术下限的最重要依据。在此，我们非常感谢那曾在特别年代里抄录了该碑记的有心之人。否则随着该碑记被毁坏，能成为莫高窟艺术下限确凿证据的材料就只好利用民国五年（1916 年）的《重修千佛洞宝贝佛殿功德碑记》了。

最后，笔者认为以后概述莫高窟艺术时最好采用以下说法：

莫高窟俗称千佛洞。创建于前秦二年（366 年），迄于民国二十四年（1935 年），绵历近一千六百年。在现存 492 个洞窟，保存着十六国、北魏、西魏、北周、隋、唐、五代、宋、回鹘、西夏、元、清、民国等时期的壁画四万五千多平方米、彩塑三千多身，及唐、宋、清，民国时期的木构建筑十余座。另外，于 1900 年发现的藏经洞，曾保存了 4 至 11 世纪的写本、帛画、版画、织染刺绣等文物约五万件。

---

[43] 李永宁《敦煌莫高窟碑文录及有关问题（二）》，《敦煌研究》试刊第 2 期。

# 北凉时期：东、西方文化在这里碰撞

佛教进入中国初期，人们把"佛"看作是神，龙图像作为瑞像出现在北凉第272窟，反映了当时人们渴望新神能带来安宁稳定的生活；北凉第275窟中所塑的弥勒菩萨便是给人们带来希望的新神；不管是释迦佛还是弥勒佛，都是以帮助世间百姓脱离苦难为己任，代表了当时广大民众的利益；第275窟所绘有关国王请劳度叉说法的壁画故事，反映了佛教及佛教艺术必须适应中国本土的需要。从北凉第268窟来看，当时佛教徒所选择的成佛之道主要是坐禅苦修，佛教的禅修源于古印度婆罗门的苦行，与中国道教以及儒家的修身方法类似。

## 一、印度风格的佛、菩萨像与中国特色的龙图像

当我们走进莫高窟最早开凿的三个洞窟之一——北凉第272窟窟内时，立刻会感受到这平面呈方形的仅有几平方米的空间，就好像一个起居室，特别是头上那穹隆形的令人联想到帐篷的窟顶，似乎还带有西域游牧地区传来的遗意。显然，在洞窟建筑形制上，敦煌最早主要是继承了从西边传来的艺术形式。

再看正面西壁圆拱形龛内所塑的佛像，肩宽体壮，姿态雄健，身着袒露右肩的土红袈裟，胸露僧祇支；其衣纹以平列的凸起贴泥条为主，明显是从印度笈多时期的秣菟罗派造像发展而来（图1）。

龛内佛像南北两侧分别绘一形象较为突出的供养菩萨，面相椭圆，体态丰满，手臂细长柔软，十指纤细修长，特别用厚重的晕染突出乳房和腹部及肚脐，明显反映出印度壁画人物造型强调乳房和腹部的特征（图2、图3）。

西壁龛外南北两侧还对称描绘了两队动态极为优美的供养菩萨。分别为上下四组，每组五身，各自动态不一，婀娜多姿。每组相邻的两身动势连贯，互为因果，均向中间的佛陀塑像运动。两队供养菩萨的动势方向相反，形成强大的向心

图1　北凉第272西壁佛像

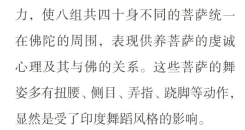

力，使八组共四十身不同的菩萨统一在佛陀的周围，表现供养菩萨的虔诚心理及其与佛的关系。这些菩萨的舞姿多有扭腰、侧目、弄指、跷脚等动作，显然是受了印度舞蹈风格的影响。

窟顶四披所绘天宫，也皆为穹隆顶的西域式建筑，门两侧有希腊式柱头，栏台用透视画法，立体感很强，这是中国古代绘画中第一次采用透视法描绘建筑。

如此等等，在莫高窟北凉第272窟，从内容到形式处处可感觉到西方文化

图2　北凉第272窟西壁龛内南侧　菩萨

图3　北凉第272窟西壁龛内北侧　菩萨

图4-1　北凉272西壁　龙首龛梁（南侧）　　　　　　图4-2　北凉272西壁　龙首龛梁（北侧）

的影响。然而，在西壁佛龛两侧，却分别绘有一个从内容到形式都纯粹是中国传统特色的龙首图像。两个龙首均为正面，黑头（变色），绿眼，白牙，舌是在黑底上用白线勾勒；龙身实际上是整个龛梁，构图非常简单。将其与沂南古画像石墓中室八角擎天柱两旁斗拱上的龙首对比，可以看到两者形象有相似之处。不同之处是前者为绘画，后者为雕刻；前者头上之角已漫漶不清，后者头上的独角、双角则很明显；前者系正面构图，牙、舌特别突出，后者衔物，牙、舌未显露。但从两者的头、眼、身（龛梁、斗拱）等基本特征都非常相似来看，敦煌北凉第272窟龙图像显然受汉代中原风格影响无疑（图4-1、图4-2、图5-1、图5-2）。

莫高窟早期洞窟中的龙图像，均受汉文化传统艺术表现形式的影响。现在我们想进一步知道，汉文化的东西为什么会进入佛教石窟，中国人眼里至尊至上的龙在佛教艺术中究竟扮演的是什么角色？

《山海经》中古人之注为我们了解龙图像之所以会进入佛教石窟提供了线索。如郭璞云："《归藏郑母经》曰：'夏后启筮：御飞龙登于天，吉。'明启亦仙也。"郝懿行云：《太平御览》82卷引《史记》曰："昔夏后启筮：乘龙以登于天，占于皋陶，皋陶曰：'吉而必同，与神交通；以身为帝，以王四乡。'"一个"吉"字，

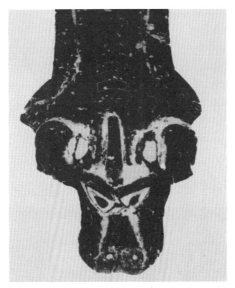 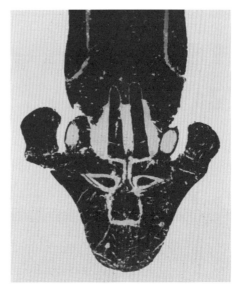

图5-1　沂南汉画像石墓斗拱南面的龙首　　　　图5-2　沂南汉画像石墓斗拱北面的龙首

道破天机。佛教石窟中塑绘仙人乘龙，"与神交通"——吉！佛（佛教）的到来，"以王四乡"——吉！

　　具体地说，佛教石窟中的龙图像与神有关，它是伴随着神而出现的祥瑞。据《后汉书·襄楷传》云："龙形状不一，小大无常，故《周易》况之大人，帝王以为符瑞。"王充《论衡》也载道："龙，潜藏之物也，阳见于外，皇帝圣明，招拔岩穴也。瑞出必由嘉士，佑至必依吉人也。"《论衡》又谈及龙与神的关系："世谓龙升天者，必谓神龙。不神，不升天；升天，神之效也。"

　　佛教进入中国初期，人们把"佛"看作是神，如《高僧传》卷9《佛图澄传》中谈到王度对石虎奏曰："佛出西域，外国之神，功不施民，非天子诸华所应祀奉。"而石虎则曰："朕生自边壤……，佛是戎神，正所应奉。"

　　在封建社会，人们有时又把"圣人""天子"作为神的化身，因此我们还可以把佛理解为人们渴望的"圣明天子"；人们渴望由"圣明天子"带来的安宁稳定、风调雨顺、五谷丰登的生活。

　　由此可见，龙图像之所以出现在早期佛教石窟，反映了当时人们对安宁生活的追求，对"圣明天子"的渴望；人们需要"神"，欢迎或许能带来希望的新神——佛的来临。龙图像就是在这样的历史条件下，作为一种祥瑞伴随着佛（神）进入了佛教石窟。

## 二、弥勒菩萨：给人们带来希望的新神

北凉第 275 窟中所塑的弥勒菩萨便是给人们带来希望的新神。

第 275 窟也是莫高窟最早开凿的三个洞窟之一，其窟形比较独特，是一个长方形盝顶形窟；窟顶南北两侧的人字披形上浮塑脊枋和椽子。该窟形似乎受到中国汉墓的影响。墓室是安葬死人的地方，同时也意味着一个人可能将从这里获得新生。许多墓室中所绘的升天图便表现了人们企望死者再生的想法。

不过，第 275 窟试图表现的不是期望死人升天，而是表现作为救世主的弥勒菩萨正从天而降来帮助活人。

紧贴正面西壁所塑的交脚弥勒像，高 3.40 米，在高不足 4 米、宽约 3.50 米、纵深约 6 米的空间中显得庞大威严，给人以很强的安全感和依赖感。此像头部方中带圆，鼻梁高隆，眼球外突，体态健硕，具有西域少数民族特点；而衣纹以平列的凸起贴泥条为主，则显示了犍陀罗造像风格的影响（图 6）。显然，一千六百年前出现在敦煌人面前的，是一个崭新面貌的充满力量的新神像。

但是，古代敦煌的艺术家并不满足于照搬西来的模式。洞窟南北两壁上部各开凿有三个小龛，靠里面的是两个阙形龛，龛内塑弥勒菩萨；靠外面的是一个双树圆券龛，龛内塑思惟菩萨。将弥勒菩萨所居住的天宫塑造成阙的形式，是受中国传统建筑形式的影响。阙的历史在中国至少可以上溯到周代，汉代中国各地建筑已广泛使用阙，如宫阙、城阙、墓阙、庙阙等，在考古发掘出的汉代画像砖和随葬明器中，也见到大量的阙的形象，如四川羊子山东汉墓出土的门阙图画像砖，与敦煌第 275 窟的阙形龛几乎一模一样(图 7、图 8)。后人有诗云："不知天上宫阙，今夕是何年？"反映出在中国诗人的心目中，天宫与阙是联系在一起的。

小龛内的弥勒菩萨虽然不是洞窟

图6　北凉第275窟西壁　交脚菩萨

图7　莫高窟第275窟阙形龛　　　　　　　　图8　四川羊子山汉墓出土门阙图画像砖

的主尊，但仍刻塑得细腻生动，如该窟南壁上部东侧阙形龛内的交脚弥勒菩萨，头戴三珠宝冠，肩披长巾，腰束短裙，双手交置于胸前，似正为惑者"决疑解难"。嫣然含笑的神情，优美自然的姿态，令人神往，使观者对富足美满文明的未来弥勒世界油然生出向往之情。

据鸠摩罗什译《佛说弥勒下生经》记载，在弥勒世界里，风调雨顺，社会秩序稳定，人民丰衣足食："种种树木，花果茂盛"，"雨泽随时，谷稼滋茂，不生草秽，一种七获"，"树上生衣"，有龙王"行于夜半，降微细雨，用淹尘土"，"时世安乐，无有怨贼劫窃之患；城邑聚落，无闭门者；亦无衰恼水火刀兵，及诸饥馑毒害之难。人常慈心，恭敬和顺。"

在欣赏佛教艺术时，要注意弥勒菩萨和弥勒佛的区别。莫高窟北凉第275窟的塑像为弥勒菩萨，而初唐第96窟、盛唐第130窟的塑像则为弥勒佛。

从概念上讲，弥勒菩萨与弥勒佛之间最大的不同在于层次、等级的差异。确切地说，菩萨的概念在这里具有"候补"性质。和现实不同的地方在于，候补很有可能候空，变数很大，而按照佛教的说法，弥勒菩萨将成为弥勒佛则是铁定的、不受任何因素影响的必然结果。

弥勒是释迦牟尼临终前任命的接班人。因为佛也会死，没有任何人能长生不老；佛位也有继承更替性，但佛位的传承也是任命制。不过，佛位不能由一个人或一家人垄断，佛位必须传给既有修行经历，又有一定政绩并将继续为人民造福的具有综合管理能力的德才兼备者。尽管这种任命制受原始部落首领传承方式的影响（如我国古代的尧任命舜，舜任命禹），但在必须由家族传承帝位的封建皇权时代，宣传这种任命制显然有要求改革的意味,反映了当时部分新兴贵族阶层对皇族垄断统治的不满。

弥勒思想给人以希望,给人以鼓舞,给人以力量,因为未来能给人以丰富的想象空间。因此,在研究弥勒菩萨像和弥勒佛像时,必须了解两者在层次、等级上的差异;另外所在的国土也不同,弥勒菩萨居于兜率天宫,弥勒佛则下生在阎浮提,前者在天上,后者在人间。莫高窟早期洞窟中的弥勒菩萨,一般便是以交脚坐的形式塑于洞窟内南北壁上方象征天宫的阙形龛中,预示未来佛(也是救世主)即将降临,如北凉第 275 窟的塑像即是。

### 三、神和佛,都是以帮助百姓脱离苦难为己任

从北凉第 275 窟正面西壁和南、北壁上方塑造的弥勒菩萨身上,我们看到了一千六百年前人们所期望的新神形象,同时也看到了当时老百姓那一双双充满企盼的眼睛。

其实,不管是神还是佛,都曾以帮助世间百姓脱离苦难为己任,都曾在一定程度上代表了当时广大民众的利益。

佛教的创建者释迦牟尼最初之所以出家修道,按照佛教的说法,也是因为哀悯众生,感悟人间之苦后而毅然出家修行的。

北凉第 275 窟南壁所绘佛传故事"出游四门",便是讲释迦牟尼在净饭王家为太子时,因久居宫中闷闷不乐,便骑马出游,在东、南、西、北四门分别遇见老人、病人、死人、僧人,悟人间诸苦,立志出家,最后终于成佛。

在构图上,南壁中段从西往东绘有四座城楼,即表现悉达多太子出游四门的情景。第一个画面中,一位白发苍苍的老人双眉紧皱,胡须颤动,抬眼望着马上的太子,似在诉说人老之后的各种痛苦;太子眉头微蹙,眼望老人似在倾听,如在思索。另外城楼内立一妇人,怀抱一婴儿,面向城外老人方向,似乎是暗示从新生婴儿到年迈老人这一人生历程(图9)。表现悉达多太子出游南、西、北三门的情景由于壁画损坏,人物形象不太清楚。

据《过去现在因果经》卷 2 记载,悉达多太子"出城东门"时,遇见一位"老人,头白背伛,拄杖羸步。太子即便问从者言:'此为何人。'从者答曰:'此老人也。'太子又问:'何谓为老。'答曰:'此人昔日曾经婴儿童子少年,迁谢不住,遂至根熟,

图9　北凉第275窟　出游四门（局部）

形变色衰，饮食不消，气力虚微，坐起苦极，余命无几；故谓为老。'太子又问：
'唯此人老，一切皆然？'从者答言：'一切皆悉应当如此。'"太子为此而感叹人
生之老苦。太子"出城南门"时，遇见一位"病人，身瘦腹大，喘息呻吟，骨消
肉竭，颜貌萎黄，举身战掉，不能自持，两人扶腋，在于路侧"，太子又为此感
叹人生之病苦。太子"出城西门"时，遇见一死人，由四人扶棺，用车拉着，并
用香花布洒在尸体之上。棺木之后，举家大小，号哭送行。于是感叹死者"刀风
解形，神识去矣，四体诸根，无所复知。此人在世，贪着五欲，爱惜钱财，辛苦
经营，唯知积聚，不识无常。今者一旦舍之而死，又为父母亲戚眷属之所爱念。
命终之后，犹如草木"。最后，太子"出城北门"时，遇见一位比丘"法服持钵，
手执锡杖，视地而行，在太子前。太子见已，即便问言：'汝是何人。'比丘答言：
'我是比丘。'太子又问：'何谓比丘。'答言：'能破结贼，不受后身，故曰比丘。
世间皆悉无常危脆，我所修学，无漏圣道，不着色声香味触法，永得无为，到解
脱岸。'"于是太子感悟到只有出家修行才能摆脱人间诸苦。

弥勒之所以出家修行，据《佛说弥勒大成佛经》记载，也是因为"谛观世间五欲过患，众生受苦沉没，长流在大生死，甚可怜愍。自以如是正念，观察苦空无常，不乐在家"，然后"剃发出家学道"。

过去佛之一的毗婆尸佛，据《长阿含经》记载，也是因为出门"见老、病人，知世苦恼；又见死人，恋世情灭；及见沙门，廓然大悟"，于是"即剃除须发，服三法衣，出家修道"。

出游四门是最经典的佛传故事，佛教信众都已熟知。故事的内容让每一个人都能联想自己的人生遭遇，环视自己周围的亲朋好友，感叹所遇、所见、所闻的一切，遥想自己和他人的未来，同时感念佛陀的慈悲。

为此，常常看到一些游客，站在第 275 窟南壁前面，一边看着壁画上正倾听老人述苦、眉头微蹙、陷入沉思的太子，一边听着导游娓娓深情的讲解，一边眉头微皱，眼睛微闭，也陷入长长的沉思……

可以想象，当时悉达多太子出家修行的心情正如《诗经·黍离》所云："知我者谓我心忧，不知我者谓我何求。悠悠苍天，此何人哉？"

## 四、佛陀出家的历史背景：复杂的社会矛盾

北凉第 275 窟南壁描绘的是佛教宣传的释迦出家的缘由，而该窟北壁所描绘的内容则与释迦出家的历史背景有关（图 10）。

让我们先了解一下北壁描绘的故事内容：

北壁中层最西端绘的是《毗楞竭梨王本生》，故事讲的是有一大王名叫毗楞竭梨，他为求妙法，让一个名叫劳度义的婆罗门在自己身上钉了一千根铁钉（图 11）。

此画东侧绘的《虔阇尼婆梨王本生》，也是讲一个名叫虔阇尼婆梨的国王为求妙法而让劳度叉在自己身上剜肉燃千灯（图 12）。

紧接《虔阇尼婆梨王本生》东侧的是《尸毗王本生》，描述了一个叫尸毗的国王为了拯救鸽子以自己全身之肉交换给老鹰的故事（图 13）。

东侧接画《月光王本生》，故事说有一个叫月光的国王乐善好施，被另一小国国王名叫毗摩斯那者心生忌妒，设法招募劳度叉去乞月光王之头。而月光王不

图10　北凉第275窟北壁　本生故事画

图11　北凉第275窟北壁　毗楞竭梨王本生

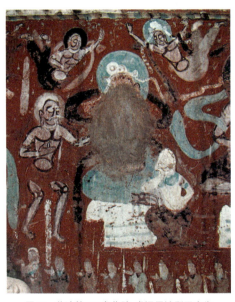

图12　北凉第275窟北壁　虔阇尼婆梨王本生

顾家人和大臣、百姓的反对，慷慨将自己之头让劳度叉砍去（图14）。

　　北壁东端所绘《快目王本生》，也是讲一个叫快目的国王乐善好施，其管辖下的一个小国的波罗陀跋弥王，自大傲慢，不遵从快目王的统管，于是快目王欲发兵讨伐。波罗陀跋弥王为了逃避打击，便派遣一盲婆罗门去乞求快目王的双眼。而快目王不顾众人的反对，叫人将自己的双眼剜出施舍给了盲婆罗门（图15）。

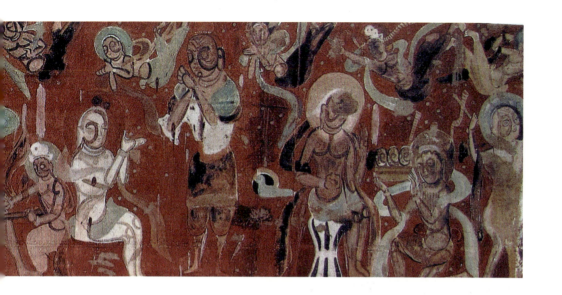

图13　北凉第275窟北壁　尸毗王本生

　　这组故事画选择了几个悲剧性的主题，如施头、挖眼、割肉等。而画家在描绘这些故事时又特别强调突出惨烈的场面，如刽子手持刀割人肉、行刑者挖眼等，以悲惨壮烈的画面来反衬故事主人翁的崇高——超人的痛苦，超人的忍受力，抛舍一切的狂热，执着赤诚的信仰。这种种交织着呻吟、叹息，同时又激昂、庄严、遥远而又沉重的历史回声，让我们知觉到人类的坚忍、毅力、勇气和大无畏的牺

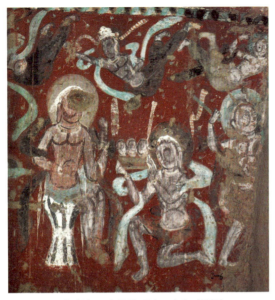

图14　北凉第275窟北壁　月光王本生（局部）　　　　图15　北凉第275窟北壁　快目王本生

牲精神。

　　然而，这几幅故事画的内容中，却有许多值得注意和令人思考的情况：

　　为什么国王们在劳度叉这个婆罗门面前毕恭毕敬，为什么国王们面对劳度叉和盲婆罗门的各种乞讨都有求必应，为什么国王们不顾一切地渴求所谓"正法""经法""妙法""大法"？并且要乞求一个凶残的婆罗门说法？

　　难道劳度叉"四方追学，劳苦积年"的"大法"是佛法？修行多年的佛法宣传者竟是一个贪婪凶残的恶棍？

　　透过现象看本质，原来这组画面反映的故事内容与释迦牟尼出家修行前的历史背景有关。

　　实际上，释迦牟尼，即悉达多太子出家修行有其复杂的社会背景。原来在三千年前的印度社会，随着生产力和生产关系的变化，出现了严重的职业分化和种族尊卑观念，形成了统治者与被统治者的关系。当时的第一种姓是从事文化教育和祭祀的婆罗门阶层；第二种姓为从事行政管理和打仗的刹帝利阶层；第三种姓为主要从事商业贸易的吠舍平民阶层；第四种姓为主要从事服务业的首陀罗贱民阶层。

　　实际上，面对劳度叉、盲婆罗门的乞讨有求必应，并不一定是国王内心乐善好施，而是印度当时的法律规定如此，印度《摩奴法论》规定国王"必须把所有的珍宝依资格布施给精通吠陀的众婆罗门"，"他应该把种种供享受的物品和钱施舍给婆罗门"，因为婆罗门的职责是"教授吠陀、学习吠陀、祭祀、为他人祭祀、布施和接受布施"，而国王，即刹帝利的"最好本业是保护百姓"，"是听从并执行婆罗门所制定的法"，婆罗门接受布施和刹帝利进行布施，这是当时各自应遵行的职责和法。

另外，从《摩奴法论》的内容来看，法的含义是"事物的秩序"，而国王的职责主要是"保护百姓"，也就是维护社会秩序。所谓百姓的利益，实际上主要是婆罗门种姓的利益，因此作为较次等级的刹帝利的国王必须听从最高等级婆罗门的指示来维护社会秩序。这就是国王必须"求法"，而又必须由婆罗门"说法"的缘由。

莫高窟第 275 窟北壁的佛教本生故事画，反映了印度早期佛教时期的各种社会矛盾，其中特别是婆罗门种姓与刹帝利种姓之间的矛盾。

原来，悉达多太子虽然贵为王族，但却是以保护婆罗门利益为第一己任的武士阶层。所以，出家修行的缘由其实与阶级利益有很大的关系。原来，悉达多太子通过出家修行，便有可能由刹帝利阶层转化为成为婆罗门阶层，就好像由资产阶级渴望成为贵族阶级一样。

### 五、禅修：源于古印度婆罗门的苦行

不管是缘于印度早期社会的各种社会矛盾，还是反映我国南北朝时期人们追求安宁生活，渴望"圣明天子"，人们除了寄希望于新的神灵外，还需要个人的努力。佛教的基本教义"苦、集、灭、道"四谛，其"苦"与"集"是对人生的认识，"灭"乃人生之目标，而作为人生之行为的"道"则是具体的，必须付诸实践的。

条条道路通罗马，成佛的"道"有很多种，从莫高窟最早的洞窟——北凉第268 窟（含 267、269、270、271 窟）来看，当时佛教徒选择的"道"主要是坐禅苦修。

第 268 窟是由窄长的通道式柱窟和左右两侧壁各两个禅窟组成，开凿极不规范，大小深浅参差不齐，显示出明显的探索特征（图 16）。窟顶为浮塑斗四平棋，

图16　北凉第268窟内景

西壁开一尖楣圆券形龛，内塑交脚佛像（图17）。

禅窟起源于印度的毗诃罗窟，"毗诃罗"为梵文的音译，意译则为"精舍""僧房"等，主要是供僧侣坐禅修行时用。印度和我国新疆地区还保存有大量这种类型的洞窟，因此可证敦煌佛教艺术受西方影响无疑。

第268窟的功能和第272、275窟很不一样，其中第268窟为禅窟，第272窟为供朝拜的佛殿，第275窟为用作教育和宣传的讲堂。

图17　北凉第268窟西龛　交脚佛像

从文献上看，莫高窟最早开凿洞窟的目的也是为了坐禅修行。据莫高窟第156窟前室北壁唐咸通六年（865年）所书《莫高窟记》云："秦建元之世，有沙门乐僔，杖锡西游至此，巡礼其山，见金光如千佛之状，遂□空□岩，大造龛像。次有法良禅师东来，多诸神异，复于僔师龛侧，又造一龛。"

当时许多石窟的开凿都和禅僧有关，如炳灵寺西秦第169窟的供养人中，有题记云："□大禅师昙摩毗之像。"昙摩毗即昙无毗，据《高僧传》卷11《玄高传》云："有外国禅师昙无毗，来入其国，领徒立众，训以禅道。"又云僧人玄高跟随浮驮跋陀禅师学法，妙通禅法，"乃杖策西秦，隐居麦积山，山学百余人，崇其义训，禀其禅道。"可见炳灵寺与麦积山的开凿都与禅僧有关。

修禅的目的是为了成佛，但当时成佛的境界并不只是辞典中解释的觉悟而已。我们前面说过，佛教进入中国初期，人们是把"佛"看作是神，人们欢迎具有超人能力的神佛。成佛的目的实际是为了成神，这和中国道教修炼的目的类似，也是佛教为中国广大民众接受的主要原因。如《高僧传》卷11《玄高传》中说玄高率徒众三百居住的河北林阳堂山，是"群仙所宅"，"禅慧弥新，忠诚冥感，多有灵异"，"应真仙士，往往来游"，而玄高的"学徒之中，游刃六门者，百有余人"，其中"有玄绍者，秦州陇西人，学究诸禅，神力自在，手指出水，供高洗漱，其水香净，倍异于常"，并且，"灵异如绍者又十一人"。如此等等，文中还有大量关于玄高神力的记载，均可说明当时修禅与仙、与神的关系。

佛教的禅修实际上源于古印度婆罗门的苦行，与中国道教的辟谷、导引、服丹等修炼方法类似，也和中国儒家宣传的饿其体肤、劳其筋骨、磨其心志的修身方法类似。"梅花香自苦寒生"，"吃得苦中苦，方为人上人"，是千百年来人们激励自己的至理名言。有失才有得，禁欲是为了更大或更主要的欲望。禅定的目的不是定，而是为了悟，所谓禅机即是。

第268窟中的四个禅室很小，每个面积大约为1平方米，高约1.3米，正好供人弯腰进去坐着盘腿修禅。禅室地面距主室地面，有的高约十几厘米，有的高约30厘米；通道式主室高约2米，虽然不高，但坐在禅室里面或走出禅室时，会有深邃、高远的感觉。特别是通道式主室窟顶所绘的平棋藻井图案，采用四方岔角套叠形式，共画有三个大小相异的藻井纹样，逐层缩小叠涩幅度，形成三个向上升腾的视觉空间，冲破了洞窟建筑内界面的空间限制，减少了由洞窟低矮造成的压抑感；而正中莲花的圆形，周围套叠的方形，方形错位叠压而成的三角形，构成渐次展开的丰富变化；旋转飞舞的飞天，则给静态的几何形以强烈的动感，不仅使禅修后的僧侣心胸豁然开朗，同时其心灵也会随着层层往上的藻井图案而向上升腾，并在想象的天国世界中得到净化（图18）。

莫高窟北凉时期虽然仅有三个洞窟，但内容丰富，内涵深邃。

图18　北凉第268窟窟顶平棋

# 北魏时期：佛教在血与火的洗礼中发展

公元 386 年，拓跋珪建立了北魏王朝。398 年，定都平城（今山西大同）。到了其孙拓跋焘时，于 431 年，又灭北燕冯氏，最后于 439 年再灭北凉沮渠氏，进而统一了整个黄河流域的北方广大地区，形成了与刘宋王朝相对峙的南北朝局面。

北魏王朝的统治者们大多笃信和弘扬佛教。在他们的倡导下，当时的佛教得到了空前的发展。虽然公元 432 年曾一度有过魏太武帝拓跋焘的灭法和排佛的活动，然而在当时佛教已逐步深入发展的历史条件下，也只能暂时地给佛教以表面上的打击，却不能从根本上动摇它的基础。公元 452 年，太武帝被弑，文成帝拓跋濬继位，佛教又得到了复兴，"略而计之，僧尼大众二百万矣，其寺三万有余"。

不过可以想象，在魏太武帝的灭法和排佛的时期，佛教僧侣集团中肯定会出现一些意志不坚定者。

指导佛教思想的理论基础是佛说四谛，发展佛教事业的核心力量是僧侣集团。佛教思想在与中国传统文化的不断磨合中逐渐被中国人接受，佛教组织也在血与火的洗礼中不断壮大。

北凉敦煌壁画反映的主要是中西思想文化的碰撞与磨合，北魏敦煌壁画反映更多的则是佛教组织的构建发展。

## 一、萨埵舍身饲虎，大无畏的献身精神

莫高窟北魏第 254 窟南壁的《萨埵舍身饲虎》，描绘了萨埵太子为了拯救饿虎而奉献自己生命的故事，是非常有震撼力的一幅壁画。

佛经说：某国有三个太子，最小的名叫萨埵。有一天，三人出游山林，见一母虎带数幼虎，饥渴交迫，行将死去。萨埵欲以生命救此饿虎，所以先让二兄返回，自己则横卧虎前，但饿虎无力啖食，萨埵又爬上山岗，以竹刺喉出血，投崖饲虎，

饿虎舔血后啖食其肉。二兄返回，见萨埵尸骨，悲痛不已，惊惶失措，赶忙骑马还宫报告父王。国王和王后赶至山林，抱尸痛哭，哀号闷绝。二兄收拾遗骨，藏于宝匣中起塔供养。

在第 254 窟南壁的画面中，第一个情节——遇虎，安排在画面上部，然后沿一条旋形结构线依次画萨埵刺颈、投崖、饲虎、二兄收拾尸骨、回宫报信，国王和王后哭尸、起塔供养等场面。此画将不同时间、空间所发生的事情，巧妙地组合在一个画面中，同时把"饲虎"这一中心场面画得较大，占了近三分之一的画面，成为全画的主体。画家还突出描绘萨埵被咬的身躯和张牙舞爪的饿虎如何啖食人肉，用细节来深化悲剧主题。与饲虎相对应的东上角是起塔供养的场面，尖塔之顶冲出矩形画幅，造成一种升腾感，用对角线的两端来隐喻萨埵饲虎与灵魂升天之间的因果关系。全图结构严谨，浑然一体。由于时间久远，色彩变得更加沉郁丰富，画面笼罩着强烈的悲剧气氛（图 1）。

萨埵太子即释迦牟尼的前生之一，据佛经记载，释迦牟尼曾问阿难等比丘："你们想不想看我往昔时修苦行后的舍利？"阿难等人回答："愿见。"于是释迦牟尼便"手按地六种震动"，让装有舍利白骨的七宝盒出现在众人面前，给大家观看，介绍"此之舍利乃是无量戒定慧香之所熏修"，讲述了上述萨埵太子舍身饲虎的故事，并强调"因此故得至成佛"。显然，这是释迦牟尼以己身说法，鼓励弟子们为了佛教事业要有献身精神。

榜样的力量是无穷的，只有身先士卒，以身作则，才能赢得弟子的尊敬、信徒的拥护，才能将大家聚集在自己的周围，才能宣传"要奋斗就会有牺牲"，从而鼓励人们为了自己认可的某一种利益或事业而愿意奉献自己的一切。

发展佛教事业的核心力量是僧侣集团，而僧侣

图1 北魏第254窟南壁 萨埵舍身饲虎

集团的构建离不开具有牺牲精神的信众，但若要信众具有牺牲精神，则首先需要集团组织的创建者也具有牺牲精神。

## 二、以血缘关系为纽带：难陀出家、初转法轮

北魏第254窟北壁东侧有一幅释迦强迫其弟难陀出家的壁画，这是一幅颇有情趣、耐人寻味的故事画。

难陀是释迦的异母兄弟，据佛经说，有一天，迦毗罗卫国王子难陀在家给美貌的妻子描眉涂香，听见释迦在门外化缘，想出门看看，其妻要他速去速回。难陀出门见了释迦，取佛钵盛满食物，但释迦一定要他亲自送到拘楼精舍（释迦住处），难陀只好照办。到了拘楼精舍后，释迦强迫难陀剃发出家，并将他软禁起来。过了一段时间，释迦进城化缘，难陀趁机逃往家中，在中途遇释迦归来，难陀躲到树后，树却飞到空中，使他无处可藏。释迦见到难陀，问他是否想念美貌妻子，难陀点头称是。释迦便带难陀到天上，见五百美妙绝伦的天女，都未婚嫁，说是专等以后难陀升天来作丈夫，难陀心里暗自高兴。释迦又带难陀到地狱，见一又老又丑的猴子，释迦说："这就是你那美貌的妻子。"又见一口沸腾的油锅，地狱小鬼说："如果难陀因情欲不能好好修行，死后将堕入地狱，这口沸腾的油锅就是为煮他而准备的。"吓得难陀毛骨悚然。回到人间后，释迦对难陀说："你好好修行，准备到天国享福吧。"难陀说："天国不敢奢望，只求不入地狱。"之后便安心修行了。

画面中，释迦坐在中间的大草庵内，两侧画飞天礼佛，诸菩萨侍立，诸弟子列坐小草庵中围绕听法。释迦右侧有持剃刀的戒师，左侧有持金刚杵的护法力士。画面左右两角各画一对携手抚肩、情意缠绵、依恋难舍的青年男女，而旁有一比丘使劲拉拽男子，试图将男子拉走（图2—图4）。

这幅画是敦煌莫高窟的孤品，特别珍贵。

大多观众看这幅画时，都未免感到释迦有些残忍，但我们同时感到释迦创建佛教之不易。从现实创业来看，许多创业者都知道要成就一番大事业，人才是最重要因素，人才难得。然而，能让创业者相信，能与创业者合作的人才更难得。许多事业最初都是依赖血缘关系，依靠家族集团管理，便是缘此。佛教僧侣集团

图2　北魏第254窟北壁　难陀出家

图3　北魏第254窟北壁　难陀出家（局部）

图4　北魏第254窟北壁　难陀出家（局部）

最初的基础力量也主要依赖血缘关系，才得以巩固和发展。释迦强迫异母兄弟难陀出家的故事，便是最好的例子。

　　北魏第260、263窟北壁所绘的初转法轮图，也表现了释迦最初创建僧侣集团主要靠的是可能具有血缘关系的家族类人才。据佛经说，释迦成道后，于鹿野苑首先教化曾经共修苦行的㤭陈如等五位侍者，而这五位侍者是释迦的父亲净饭王从亲族中选派出来的。具有亲族关系，并且是受命于自己的侍从，难怪释迦首先要对这五人说法（即初转法轮），正式将这五人收为弟子，创建僧侣组织。敦煌壁画中，释迦佛位于画面中央，作说法状；两侧绘五个比丘，即㤭陈如等五人；佛座下绘三个圆形法轮，另绘双鹿象征鹿野苑。

另外，释迦曾一度返回故乡迦毗罗卫城，除前面说的逼迫异母兄弟难陀出家外，其堂弟提婆达多、儿子罗睺罗也剃发出家。后来父亲净饭王驾崩后，释迦又再度回国，姨母波阇波提、妃耶输陀罗等也剃发出家，此为比丘尼教团之始，波阇波提则为佛教教团第一位比丘尼。

由此可见，释迦最初创建僧侣集团，是以血缘关系为纽带，吸收了一批亲族人员为基础力量，其中一些人甚至成了组织中的骨干、核心。

## 三、以身殉法、坚守戒律的小沙弥

莫高窟第 257 窟南壁《沙弥守戒自杀缘品》，也是一幅涉及男女之情的壁画，这幅画描绘了一个年轻沙弥不受美貌少女诱惑，以身殉佛教戒律的故事。

据佛经说，曾有一个虔诚信佛的长者，送儿子到一位德高众望的高僧门下，受戒为沙弥。平常，这位高僧和弟子的衣食，由本城的一位富有居士供养。有一天，居士外出，留其十六岁的妙龄女儿在家看守，而行前忘记了给僧人送饭。高僧候食不来，就派沙弥到居士家乞食。沙弥来到居士家敲门乞食，少女开门一看，见是一清俊的沙弥，顿时心生爱慕，在沙弥面前牵手拉衣，作诸娇态，倾吐衷情。而沙弥想到师傅教导的三皈五戒，"坚摄威仪，颜色不改"，为了保持清白，趁少女不注意之时，持刀自刎而死。少女见沙弥身亡，悲呼哀泣。待居士回到家中，少女述说了真情。印度当时风俗，僧人死在俗人家里，要交纳罚金一千。居士呈报国王，依法交纳罚金赎罪。国王听后，深为感动，为了表彰沙弥以身殉法的高尚行为，命用香木火化沙弥尸体，并起塔供养。

此画为横卷连环画式构图，情节从东往西顺序铺排，但画家依故事内容对各情节的长短作了不同处理：开始两情节——剃度和令沙弥外出乞食画得较长，节

图5　北魏第257窟南壁　沙弥守戒自杀缘品（局部）

奏较为舒缓；叩门乞食、少女诱惑、沙弥自杀等情节集中在画面中部，节奏强烈紧凑，形成高潮，少女将沙弥自杀故事告诉父亲以后，情节描绘拉长，节奏有趋于舒缓。全图情绪变化多端，疏密有致（图5、图6）。

无规矩不成方圆，要巩固一个组织，必须有相应的纪律制度。正如台湾佛光山星云法师所说："制度好像阶梯一样，让我们能够拾级而上，循序以进，唯有健全的制度，才能带动佛教的复兴。"

沙弥誓死坚守戒律，是佛教树立的一个榜样，随时提醒僧侣

图6　北魏第257窟南壁　沙弥守戒自杀图（局部）

集团的成员不要忘记组织的纪律制度——哪怕牺牲自己的生命也要坚守戒律。

纪律，大概是所有组织赖以维系的基本要素。

## 四、降妖伏魔：感受佛法威力，坚定对佛教的信仰

第 254 窟南壁东侧的《降魔变》是敦煌壁画精品之一，也是激励佛教徒信心，巩固佛教组织的重要内容。

"降魔"是佛传故事中的一个重要情节，讲述释迦牟尼在即将得道成佛之时，魔王波旬十分惊慌害怕，担心释迦成佛后，会阻止自己的行事，于是率领魔军前往释迦修行处骚扰，企图阻挠释迦成佛。先以美女诱惑，继之以武力威胁，均遭失败。最后，释迦以神通力使美女变成了老丑妇人，魔军亦被降服。

画面正中为释迦牟尼结跏趺坐，左手执衣裙，右手作"指地印"，神态泰然，镇定自若。下部右侧画魔王的三个女儿，着龟兹装，戴宝冠，披大巾，身着半袖外套背子，腰束长裙，正搔首弄姿，千娇百媚，顾盼有情，企图以女性魅力诱惑释迦；左侧则画三个皱纹满面、头面干瘪、白发覆顶的老太婆，表现释迦毫不动心，将三美女变成了沮丧的三丑妇。

画面上部，释迦两侧是魔军妖众，有象头、羊头、虎头、马面，甚至以乳为目，以脐为口，奇形怪异，狰狞怪异，杀气腾腾，或张弓搭箭，或操戈持剑，或吐火放蛇，企图用武力干扰释迦。据佛经讲，此时释迦泰然不动，略施法力，用手一指，魔军妖众便目瞪口呆，手僵脚硬，纷纷缴械投降，魔王波旬也跟着伏地皈依。

从艺术角度看，画面上部，两侧魔军之形象层层叠压，拥挤混乱，用"密"和"动"构成强大的张力，压向坐在中间的释迦；但释迦的背光和头光以外弧的多层拱形构成外扩的张力，与内压之力取得平衡，使中间坐的释迦更显得高大稳健，很好地表达了魔军必败的意态（图 7）。

画面下部，两侧所绘的极具对比性的三美女和三丑妇，则为紧张的画面增添了几分轻松幽默的气息，同时也增添了释迦必胜的气氛（图 8、图 9）。

魔众的惊慌丑态和失败，衬托了释迦的坚定镇静和胜利；喜剧性的画面，让观者即信众在幽默轻松的气氛中感受到佛法的威力，坚定对佛教的信仰，同时自然加强了以释迦为中心的佛教僧侣集团的凝聚力。

图7　北魏第254窟南壁　降魔变

图8　北魏第254窟南壁　降魔变中的三美女

图9　北魏第254窟南壁　降魔变中的三丑妇

## 五、九色鹿故事：谴责忘恩负义的告密者

告密，出卖，更是为所有组织不容且最为痛恨的行为。痛恨叛徒胜过仇恨敌人，有时，敌人的千军万马都无法摧毁一个组织，但一个叛徒的出卖行为却可能导致组织的土崩瓦解。

莫高窟北魏第257窟西壁的《九色鹿本生》是敦煌故事画经典作品之一，描绘了一个忘恩负义的溺水者告密、出卖九色鹿的故事（图10、图11）。

据佛经说，有一只身毛九色、双角如银的鹿，生活在一个水草丰美的河边。

有一天，一个行人掉入水中将被淹死，在水中挣扎呼救，恰逢九色鹿从河边经过，
闻声而至，奋勇入水，救起溺水人。为感谢九色鹿救命之恩，溺水人跪地请求，
愿做奴仆，听其使唤。九色鹿说："无须报恩，只是万万不可泄露我之所在。"溺
水人发誓遵其所言，然后离去。这天夜晚，此国的王后梦见美丽的九色鹿，贪欲
顿起，要求国王设法捕获九色鹿，剥其皮毛做裘衣，取其犄角做拂柄。于是，国
王命人张榜悬赏：若有捕获九色鹿者，愿分国土财富一半作为赏赐。溺水者见利
忘义，立刻进宫告密，并领国王入山捕鹿。此时九色鹿正在山林中安睡，全然不
知，惊醒时已被国王率领的围猎队伍包围，无法脱身。于是，九色鹿便毅然走到

图10　北魏第257窟西壁　九色鹿本生（局部）

图11　北魏第257窟西壁　九色鹿本生（局部）

国王面前，向国王述说了自己曾经如何救了溺水者、溺水者如何发誓等情况，并感叹现在自己竟被此人出卖。国王听后，深为感动，立刻谴责溺水者的卑鄙行为，同时下令全国禁止捕捉九色鹿。最后，溺水者遭毒誓报应，全身长疮，暴病身亡；王后也因私欲未达到，又羞又恼，恚愤而死。

这幅壁画打破了习惯上按时间先后为序的情节分布法。画面从南端往北描绘了：（1）溺水者在水中呼救；（2）九色鹿经过河边听见呼救声；（3）九色鹿救溺水者；（4）溺水者发誓不泄密；（5）九色鹿安卧山中。另外同时从北端往南画：（6）王后夜梦九色鹿并要求国王悬赏捕鹿；（7）溺水者告密；（8）国王带兵入山捕鹿。最后在画面中间描绘（9）王鹿对话，画中的九色鹿与国王分站南北两侧，"王鹿对话"成为连接两组情节的交点，以揭露告密者、谴责叛徒为故事的高潮、主题的核心，应该说这是九色鹿故事的深层内涵。

以前人们只注意这幅画所宣传的佛教因果报应思想，但如果结合南壁的坚守佛教戒律的《沙弥守戒自杀缘品》，以及北壁的以恩威并用争取支持者的《须摩提女缘品》，应该说这几幅画涉及如何巩固和发展佛教僧侣组织。

这幅画也是敦煌莫高窟的孤品，弥足珍贵。

## 六、恩威并用，彰显神通的《须摩提女缘品》

《须摩提女缘品》紧挨着《九色鹿本生》，绘于第 257 窟西壁北端和北壁上，描绘了佛教借其信徒须摩提女出嫁之机，展示佛法神通，征服信仰不同的满富长者一家及其所居地人们的故事。

据佛经说，印度舍卫城须达长者有一个女儿名叫须摩提，颜貌端正，为时人所叹，她与父亲都是释尊的虔诚皈依者。由于须摩提美貌非凡，端正贤淑，于是住在东方满富城的满财长者便设法娶她为儿媳妇。然而，满富城是信仰裸形外道的地方，凡是外地嫁到该城的新妇，也都要随俗地供养并宴请六千位裸形外道。当须摩提抵达满财长者家中时，依例也必须向前来赴宴的六千裸形修行者礼拜。但奉行佛教的须摩提女见这些赤身裸体，丑陋粗野，不信佛法，便闭门高卧，拒不接待宾客，弄得满财长者左右为难，只好听从好友的劝告，让须摩提女请其师释迦牟尼前来赴斋说法（图12）。果然，须摩提女便盛装打扮，登上高楼，焚香

图12　北魏第257窟北壁　须摩提女卧床不拜客和焚香请佛

请佛，满富长者一家恭迎庄外。香烟飘到佛处，佛知须摩提女的诚意，决定度化当地民众，于是派伙夫乾荼先背上炊具飞往满财家，接着又派十大弟子分别以神通陆续乘花树、青牛、孔雀、金翅鸟、龙、琉璃山、天鹅、黄虎、青狮、白马、大象等飞来，释迦牟尼及诸侍者随后飞临。通过神通威力，终使六千外道离开彼城。不仅满财全家成为佛教信徒，全城民众也全部皈依佛教，扭转了该国的外道信仰，使该地成为佛化地区。

　　这幅画采用了旋线型构图：（1）画面中部绘梵志赴宴；（2）往左画须摩提女卧床拒见来宾；（3）再往上画须摩提女焚香请佛；（4）然后往右转北壁东端画佛遥知女信徒有请，派弟子先行；（5）最后又往左画须摩提女一家跪迎佛及弟子（图13）。

　　此画一开始便将主要情节描绘，突出渲染须摩提女一家的矛盾冲突，气氛紧张，富有戏剧性，后面的两个情节则绘得较长，节奏舒缓轻快。全图张弛结合，起伏多变，很好地表现了故事的情绪变化。特别是在北壁显著的位置，长长地依

图13　北魏第257窟北壁　乘黄虎、青狮等展示神通的佛弟子

次描绘了十大弟子乘花树、青牛等展示种种神通的情景。

　　由此可见，在古代社会中，佛教要发展，首先必须赢得民众的支持，而要将民众变为信众，则需要展示自己的综合实力。这就好像现代社会里，某一个国家要想在国际社会说话有分量，必须有坚强的综合国力作后盾。

# 西魏时期：各路诸神聚居一窟，浑然一体

西魏的统治，虽短短20余年（535—556年），但由于文帝和丞相宇文泰都崇信佛教，所以这一时期不仅开窟造像之风兴盛，而且题材内容多样化，艺术水平很高，在美术发展史上，是一个重要阶段。

约公元525年，北魏宗室东阳王元荣出任瓜州刺史。元荣任期历北魏、西魏两代，曾在莫高窟开凿洞窟，将当时正流行于中原地区的"秀骨清像"之风带到了西北边地。由于统治者的大力提倡和敦煌人对中原文化的仰慕，这种风格立即进入佛窟，为佛教艺术注入了新的活力。

## 一、印度战神与中国神灵和谐相处

走进莫高窟西魏第249窟，最引人注目的是正面上方，即窟顶西披所绘的印度战神阿修罗王。

图中阿修罗王身形高大，赤裸上身，腰系短裙，四目四臂，其中二臂上举，一手托日，一手托月，双足立于大海之中，身后耸立着须弥山。须弥山腰有二龙缠绕，山顶为帝释天宫。左右两侧绘旋转连鼓的雷公、持铁钻的辟电、负风袋的风伯、吞云吐雾的雨师以及飞奔的乌获、朱雀、金翅鸟、飞天、羽人。大海两侧的山林中还有仙人修行、鹿麂饮水、猿猴觅食，天上人间，浑然一体（图1）。

阿修罗原为印度最古神话中诸恶神之一，常与帝释天率领之天族对抗。被佛陀降服后，又与天众、龙众、乾闼婆、紧那罗等同为天龙八部众，守护释尊。因常常作战，所以又被称为战神；后世也因此称战场为修罗场。

阿修罗王以身体高大、神通自在而著称，它身高八万四千由旬，其口纵广六千由旬，变化时可加大一倍。阿修罗与其他梵天是死对头，专门挑剔诸天王的毛病，待时机成熟时便发动阿修罗众，与四天王、忉利天等展开激战。

图1　西魏第249窟窟顶西披　阿修罗

　　阿修罗与诸天争斗的原委有二点：一是出于嫉妒，阿修罗王见日月、诸天皆在自己头上，因而愤懑不平，大发怒恚，于是"誓取日月以为耳珰"，所以壁画中阿修罗一手托日，一手托月。二是据说阿修罗男性极为傲慢善嫉，相貌凶恶丑陋，而阿修罗女性却极其貌美，比超天女，而阿修罗王有"一女，殊特端正，女德六十四种，无不具足。口吐香气，如优钵罗花，身出牛头旃檀之香，面色红白，见者爱乐"，于是帝释天"作是念言：此宫诸女，比阿修罗女，而皆不及。今我集兵，往伐取之"，阿修罗王听说后大怒，也"集兵于须弥山侧，坏曲脚天宫，次坏风天宫马宫庄严等诸天宫，乃至四门"，与帝释天展开大战。结果帝释天得到佛的帮助，诵念神咒，将阿修罗打败。"时阿修罗王以最可爱女奉上帝释，帝释即以甘露为报。阿修罗与天和好，共持如来三皈八戒。"后来，又因帝释天风流成性，"游欢喜园，共诸彩女，入池游戏"，阿修罗女知道后心生嫉妒，"遣五夜叉，还启其父。父即大瞋，兴四种兵往攻帝释。立大海中，踞须弥顶，九百九十九手同时俱作。撼喜见城，摇动须弥，四大海水一时波浪"，帝释天"惊怖惶恐，靡知所趣"。

　　再观第249窟西披壁画，此图正描绘了阿修罗站立大海中，手托日月，撼喜见城，摇须弥山的情景。而须弥山和阿修罗两侧的雷公、辟电、风伯、雨师、乌获、朱雀、金翅鸟、飞天、羽人以及牛头人身、猪头人身的神怪，大概便是阿修罗王调集的四种兵，一起"往攻帝释"。

阿修罗是印度古代神话中的战神、恶神，也是佛陀的护法八部众之一，而雷公、辟电、风伯、雨师、乌获、朱雀等却是中国古代传统神话中的神灵。然而，在这里，在敦煌莫高窟的洞窟里，他们竟和谐地相处在一起，浑然一体，难解难分。

## 二、北绝流沙，西登昆仑：东王公与西王母

莫高窟西魏第249窟中，更令人关注的是窟顶北、南披所绘的仙人东王公和西王母。

东王公、西王母是我国流传已久的神话中的人物。东王公又叫东王父、东公、木公，即周穆王，传说中最早居于"东荒山"的一个"大石室"中，"长一丈，头发皓白，人形鸟面而虎尾"，后来成了道教的"扶桑大帝，冠三危之冠，服九色云霞之服；居于云房之间，以紫云为盖，青云为城；仙童侍立，玉女散香；真僚仙宫，皆尊其命而朝奉翼卫"。而西王母又称金母、九天元女，传说中居于西边的昆仑山，最早"其状如人，豹尾、虎齿而善啸，蓬发戴胜"，曾是统管刀兵瘟疫的凶杀之神，后来演变为"雍容和平"，头饰大花髻，身穿汉式大袖袍，年约三十，"修短得中，天姿掩蔼，容颜绝世"的美人，也成了统管"天上天下，三界十方"的道教女仙。

关于东王公和西王母的故事，在《春秋左氏传》中已有记载，说周穆王西巡，造父为他驾车，"北绝流沙，西登昆仑，见西王母"，并宴请西王母于瑶池，送玄圭白璧和大量丝绸给西王母。宴席上互相唱和，"乐而忘归"。最后二人还在歌谣中抒情感怀，并渴望和许诺以后再相会。

在249窟北披的壁画中，东王公身着大袖长袍，乘四龙驾车，前有持缰御者，即"造父为御"。车上华盖高悬，旌旗飘扬，车前有乘龙方士引导，车后有天兽尾随。《拾遗记》里记载穆公巡游天下时说："驱黄金碧玉之车，傍气乘风，起朝阳之岳，自明至晦"，"王驭八龙之骏"，"按辔徐行"，"穷观天域"。画面下部绘山峦、树林、奔驰的野牛、成群的野猪以及射虎、追羊等狩猎场面，也表现了周穆王出游围猎的情景。

南披壁画中，西王母乘三凤驾车，着汉装袖手而坐，御者立其侧。四凤挽车，车顶悬重盖，车尾斜插旌旗，随风飘扬。车前有乌获、羽人、乘鸾仙姬、持节仙人引导，车旁有文鳐、白虎护卫，后有神兽开明簇拥随行。画面下部山峦、树林中，有漫游寻草的野牛、伸颈嚎叫的犀牛、惊慌逃窜的麋鹿、馋涎欲滴的豺狗、凶残欲扑的饿狼、踌躇不定的山羊，展现了一个广袤无垠的自然生态环境（图2）。

图2　西魏第249窟南披　西王母

东王公、西王母是我国远古神话中的人物，又是道教的仙人、神灵，如今也和雷公、辟电、风伯、雨师、乌获、朱雀等中国神灵一道出现在佛教的洞窟里，和印度神话中的战神、恶神，佛教的护法神阿修罗王同居一室，分布于洞窟窟顶四披，龙飞凤舞，电闪雷鸣，风来雨往，一会儿翻江倒海，一会儿莺歌燕舞，潇潇洒洒，热热闹闹。

### 三、诸天神王：禅修的守护者

更热闹的是莫高窟西魏第285窟四壁和窟顶让人看得眼花缭乱的众多神佛。

西魏第285窟和北凉第268窟一样，虽然都是禅窟，但却有很大的不同，一是第285窟要大得多，且洞窟的建筑形制也不同，其主室为方形覆斗顶，正面西壁开三个龛，中间大龛内塑一佛像，两侧小龛内各塑一禅僧；主室南、北壁各开有四个仅容一人的小禅室。二是第285窟不仅四壁都有佛说法的场面，并且还在西壁和窟顶安排有诸多护法神王以及各类神灵，保护僧人坐禅修行，不让妖魔鬼怪前来干扰破坏。

西壁中央佛龛南、北两侧分别均绘有三身诸天神王和两身天王。

佛龛南侧上层绘一身神王，名那罗延天。那罗延天在古代印度神话中叫韦纽天，或毗纽天，是婆罗门教的三大神之一。按照密教的说法，供养那罗延天，可以"消诸奸恶，摧灭邪见"，"所求皆得如愿"。每月初三是其"威力日"，那罗延天当班下凡，"宜摧敌除逆，调习象马"，平常出行时"捉贝、持轮、骑金翅鸟"。那罗延天下面一层又绘两身神王，南侧一身为帝释天，另一身可能是同受释迦佛嘱咐，前来保护僧人禅修的大梵天（图3）。

佛龛北侧上层也绘一身神王，名摩醯首罗天。摩醯首罗天源于印度神话中的湿婆神，是婆罗门教的三大神之一。按照密教的说法，摩醯首罗天神通广大，所以又叫大自在天，而凡欲修禅及消灾灭难者，当精勤供养摩醯首罗天及诵其神咒，便能得到"护助"。摩醯首罗天下面一层绘又两身神王，北侧一身名毗那耶迦，其形象为象鼻人身；另一身神王名鸠摩罗天，其形象面目清俊，四臂，左上手握长柄戟，右上手持莲蕾，左下手捉一白色小鸡，右下手持葡萄，半盘腿坐在孔雀背上（图4）。

佛龛南、北两侧下部各绘二身天王，合称四天王，皆身穿铠

图3　西魏第285窟西壁正龛南侧　诸天神王

图4　西魏第285窟西壁正龛北侧　诸天神王

图5　西魏第285窟西壁正龛南侧　天王

甲，手持兵器，赤脚立于莲座上（图5）。据密教的说法，东方天王提多罗吒"主诸灾横水火变怪"，西方天王毗留波叉"主诸逆贼怨家偷盗"，南方天王毗琉璃"主诸五瘟疲劳疫气恶毒斗争口舌"，北方天王毗沙门"主诸魑魅魍魉往来鬼神作灾异者"。另外，四天王还经常奉帝释天旨意，到人间伺察民情，扬善惩恶。

诸多的神王在身旁保护，确实有助于坐禅修行的僧人静心入定。如佛龛南北两侧小龛中，那禅僧恬静的神态，似乎深入禅定，已经悟得佛陀的真谛（图6）。

**四、日月互照，满壁生辉**

在第285窟西壁佛龛上方两侧隅角，还绘有两身在视觉上容易被观众忽略的神王，那就是日天和月天，即日神和月神，也就是我们大家都很熟悉的太阳和月亮。

在佛教中，日天和月天都隶属于四天王，再加上太阳和月亮本来就在高高的天空中，所以将他们分别绘在接近窟顶的两隅角是自然而然的。

日天,绘在西壁佛龛左上侧隅角处。绘三凤共驾一车,车厢内有二身穿短裤的力士,前者手持人面盾牌,奋力驱进,后者双手高举用力托一白色圆轮。圆轮内绘一车轮,车轮左右各有二马驭车,相背奔驰;车上坐一双手合十、着菩萨装者,即日天(图7)。

月天,绘在西壁佛龛右上侧隅角处,与日天相对呼应。绘三狮共驾一车,车厢内也有二身穿短裤的力士,前者手持盾牌,奋力驱进,后者双手高举奋力托一深褐色圆轮。圆轮内也绘一车轮,车轮左右各有二鹅驭车,相背奔驰;车上坐一形象似日天者,即月天(图8)。

日天源自古代印度神话中的太阳神,也叫日神,又译为苏利耶、苏梨耶等。古代印度吠陀诗篇中已有赞颂苏利耶的诗句:

> 你以光明普照生民大地,
> 充满诸天太空,
> 俯视一切万物。
> 七匹马为你引车,

图6　西魏第285窟窟顶北披　禅修僧人

图7　西魏第285窟西壁　日天

图8　西魏第285窟西壁　月天

使人目眩的苏利耶啊！

我国道教也尊崇日神和月神，如葛洪《抱朴子·内篇》中说：道士修炼"辟五兵之道"，即"但知书北斗字及日月字，便不畏白刃"，还举例说孙权"试左右数十人，常为先，登锋陷阵，皆终身不伤也"。

据密教典籍记载，日天高兴的时候，其发出的光芒温暖对万物有益，世间中的一切生物皆悉快乐；但日天发怒的时候，世间便黯淡无光，虽有眼目不能见物，寒苦匆逼。而月天高兴的时候，其冷光助物生长，人们也不会患热病；但月天发怒的时候，则万物皆衰、皆病矣。如果日月交替互照，便时节和融，利益众生。

所以，供养日天和月天，便"安立国土万姓安乐"。如供养日天和月天，"即得一切天龙等护也"。并且，在供养日天和月天的同时，还要供养他们的部众和眷属，即"日天与诸星众七曜诸执游空一切光神，俱来入坛场同时受供；月天与诸住空二十八宿十二宫神一切宿众，俱来入坛场同时受供"。

据密教典籍说，需要降魔时可以求助于摩醯首罗天，而"若求官位"则要依靠帝释天，"为富"依靠毗沙门，"为贵"依靠大梵天；"求智"则依靠日天，"求定"则依靠月天。"若欲除热寒病"则根据情况"随用日月天"，即日天除寒，月天除热，并强调月天能息除一切世间之毒热烦恼，施予清凉之乐。

由此可见，第285窟西壁绘日天、月天等神王很适应社会的需要；而绘在南、北两侧上方，更是表现了佛经所说的"日月互照，有大利益，时节和融"。

若观拜了西壁的诸位神王，特别是日月神之后，再回转身来，抬头观望窟顶东披所绘的另一组日月神——中国传统神话中的人类始祖伏羲、女娲，更令人有"日月互照，满壁生辉"的感觉。

## 五、伏羲女娲：从人类始祖到日月之神

当我们把视线转向第285窟的窟顶东披，当知道上面所绘的便是古代神话中的人类始祖伏羲、女娲时，一种只有在祭祖时才有的敬畏、惶恐、自豪、骄傲、寻觅、追思等复杂的心情油然而生。

然而，当你看到伏羲、女娲之间，所绘的是佛教理念中的莲花和摩尼宝珠，再看看四壁所绘的佛像、佛画，则会马上想到这是在佛教洞窟之中，于是一种更

为复杂、莫名的心情随之出现。

画面中，摩尼宝珠两侧的伏羲、女娲，皆人首蛇身，头束鬓髻，着交领大袖襦，披长巾；胸前圆轮中分别画金乌、蟾蜍，象征日月。伏羲一手持矩，一手持墨斗；女娲两手擎规，双袖飘举。他们在此已由人类始祖逐步演化为日月神（图9）。画面下部力士北侧有飞廉、开明，南侧有乌获、飞天等神灵，再下部的绘巍峨的山峦与丛林，有野兽在林间出没，两侧还各画四身禅僧在山岩间习禅。

值得注意的是，虽然汉代石刻中已有伏羲、女娲，但无日月形象，且多为交尾相对；但在敦煌壁画中则是胸佩日月，两两相对。

在中国古代神话传说中，人类是由伏羲、女娲兄妹相婚而产生，又传伏羲教民结网，从事渔猎畜牧，制作和食用熟食，创制八卦等。又传说女娲用黄土造人，炼五色石补天，断鳌足以立四极，积芦灰以治理洪水等。

然而在佛经中，伏羲、女娲却成了阿弥陀佛的从属菩萨，也是创造日月星辰的菩萨。说是在天地初开之时，没有日月星辰，人类生活在黑暗之中，于是阿弥陀佛便派遣他的两位菩萨，一名宝应声，一名宝吉祥，即伏羲、女娲前往第七梵天处取来七宝，创造日月星辰二十八宿，以照天下，并定春、夏、秋、冬四季。显然，这是佛教对中国神话中伏羲、女娲兄妹相婚创造人类故事的抄袭与篡改。

将中国神话人物改造为佛教人物，是适应佛教发展的需要。而将相关人物绘入佛教石窟之中，再加上还在全窟描绘了风、雨、雷、电、飞廉、开明、乌获等众多的中国传统神话的神灵，显然是为佛陀营造一个既能传授佛教思想，又适应中国本土风俗和审美心理的道场。所以这类壁画出现在西魏时期也绝不是偶然的巧合。长期以来，外来的佛教与中国传统的儒家、道教为在皇帝面前争宠，以便

图9　西魏第285窟窟顶东披　伏羲女娲

利用皇权的支持来扩大自己的势力，因而相互之间展开了一系列激烈的斗争。在斗争的过程中，佛教努力吸收儒、道思想以及中国的神话传说，但却又要把儒、道祖师以及中国传统的神话人物都置于佛教的从属地位。

大概，这就是为什么在莫高窟西魏第 285 窟中，要将伏羲、女娲分别绘在摩尼宝珠两侧，并在其胸部佩上日月标志，将其由人类始祖改造成日月之神的原因。

从人类始祖到日月之神，似乎提升了一个级别，然而，这却是明升暗降，因为日月之神，不仅是阿弥陀佛的部属，而且还被帝释天，甚至四天王管辖。显然，中国的人类始祖在这里为来自印度的佛教效劳。

### 六、放下屠刀：五百强盗成佛

在第 285 窟这个禅窟中，除了描绘大量的神灵来保护僧人坐禅修行外，同时还采取多种方式树立修禅成佛的信心。

南壁的《五百强盗成佛》图，便从众生皆有佛性的角度对信徒进行引导。

据佛经讲，印度古代摩伽陀国边境上有五百个结为一伙的强盗，拦路抢劫，枉杀无辜，断绝了与他国的道路。国王派遣大军围剿，强盗战败被俘后，受到割鼻、挖眼等酷刑，然后放逐山林。盲贼在山林中，悲哀恸哭，其声音传到佛祖说法处。佛祖怜悯，大发慈悲，以神通力，吹雪山之药使盲贼双眼复明，并现身说法；终使五百强盗放下屠刀，皈依佛门，剃度出家，隐居山林，参禅入定，最后成佛。

画面从东往西，以横卷连环画的形式展开故事情节。用官兵征战、强盗被俘、国王审讯、施以酷刑、放逐深山、香药医眼、佛祖说法、出家修行等八个场面，首尾俱全地描述了整个故事。以由动到静的描述手法，很好地表现了这一故事"放下屠刀，立地成佛"和"众生皆有佛性"的主题思想（图 10、图 11）。

图中许多细节刻画显示了画家深厚的艺术功力，如五百强盗被放逐山中，个个毛发直立，枯瘦如柴，悲天嚎地，表现出他们所遭受的巨大不幸和艰苦生活；而周围的黄羊、野兔等悠然闲适，并不惊惧，反衬出强盗们的不幸之深。

画中的山层层叠叠，用深浅不一的色彩描绘，看起来比北魏壁画中平列的带状群山显得更有空间感。但所有动物和植物的比例都夸大了，站立的一只鸟比山头大，狐狸一跃可跨过两座山峰，几根树就可以长满一座山……这就使画中的形

图10　西魏第285窟南壁　五百强盗成佛（局部）

图11　西魏第285窟南壁　五百强盗成佛（局部）

象看起来像童话一般。显然，佛教"众生平等""众生皆有佛性"和尊重一切有生命之物的思想对这一时期的壁画艺术是有影响的，山是无生命的，所以画得较小。

第 285 窟不仅是诸神的世界，更是诸佛的世界。虽然在很多地方，佛即是神，神即是佛，但在第 285 窟中，保护僧人禅修的神王，和在窟顶天界漫游巡视的仙灵，他们是佛的护法，是佛的瑞应，是佛的背景音乐。

佛是主体，成佛是主题。塑于西壁中央大龛中的释迦牟尼佛，绘于北壁的迦叶佛、拘那含牟尼佛、释迦多宝等八佛，绘于东壁两侧的无量寿佛，再加上这南壁所绘"放下屠刀，立地成佛"的五百强盗成佛，无处不显示佛的身影。

据佛经说，供养释迦牟尼佛、维卫佛、式佛、随叶佛、拘楼秦佛、拘那含牟尼佛、迦叶佛，在诸佛前至心忏悔，当灭生死之罪，永离三恶道。供养无量寿佛，可随意往生西方极乐世界。

忏悔，与放下屠刀属于类似的性质，就是只要你认识错误，承认错误，就有改过的机会，就有重新做人的机会。

从以上介绍可以看到，在敦煌西魏时期的佛教洞窟中，既有来自印度的纯属佛教内容的图像，也出现了大量我国本土传统神话中的各种图像，并且充分体现了外来佛教文化与中国传统文化的有机结合。

# 北周时期：本土梵音，佛教的中国化

公元 557 年，宇文觉废西魏恭帝，建立了北周政权（557—580 年）。北周在我国历史上只延续了 24 年，虽然它的时间较短，但由于北周统治者"东灭北齐，南侵江汉，西举巴蜀，北控大漠"的业绩和采取了一系列发展政治、经济和文化的措施，使当时的经济和文化得到了稳固和发展。公元 574 年，周武帝也曾排佛，但并未阻止佛教的盛行。因此，在当时北周统治的范围内，修窟造像之风仍方兴未艾。

北周王朝在我国古代文化发展史上，处于一个非常重要的变革时期。它上承魏晋以来的精华，下启隋唐文化的新风，使佛教艺术发展到了一个更具有我国民族特色的新阶段。北周时期佛教艺术的更新与变革，是形成以后隋唐时期佛教艺术更进一步民族化的基础。

## 一、在人间：释迦牟尼的生平事迹

星云法师曾说："我们要想了解一个宗教的内容，以及一个宗教是否为我们人生所需要，则我们一定先要了解一个宗教的教主。他的人格、智慧，是否值得我们崇拜？以及我们崇拜信奉了他，他是否真能指示我们解脱人生的烦恼痛苦？"

描绘佛教创始人释迦牟尼生平事迹的壁画，一般简称佛传故事画。北周第290 窟保存有一幅莫高窟最早、最完整、规模最大、内容最丰富的佛传故事画（图1—图 3）。

此画位于窟顶前部人字披东、西披，每面各分为三层，按"之"字形连接画面，总长达 27.5 米，共绘了 87 个画面。

所描绘的具体内容：王后摩耶夫人夜梦有菩萨乘象在音乐声中飘然而至，而后有妊，即所谓"乘象入胎"。怀孕十月，夫人游园，手攀无忧树，太子从右胁出生，

图1　北周第290窟人字披东披　树下诞生

图2　北周290窟人字披西披　相扑、举象

图3　北周290窟人字披西披 射箭

行走七步，步步生莲。时有九条神龙从天而降，为太子喷水沐浴。夫人抱太子乘龙车回宫，天人奏乐，诸神护送。王率百官迎接，抱太子入神庙。相师为太子起名悉达，太子回宫时现三十二祥瑞，一时间，物丰人善，一切怨恶悉皆消除。接着有阿夷仙人飞来宫前，求见太子，仙人为太子占相。国王为太子起四时殿，选五百名宫女弹琴歌舞，娱乐太子；又选五百仆人陪太子读书。但时光流逝，太子深居宫中，郁郁不乐，国王召大臣为太子议婚，欲娶善觉王之女裘夷为媳。

时有八国诸王皆为子求裘夷，善觉王为难，裘夷献计，令诸国王子竞技，优胜者许婚。比试时，先遇白象堵住城门无法通行，悉达太子举手掷白象于城外；又与其弟难陀相扑，一举获胜；太子挽弓箭射穿七重铁鼓，力大无敌；太子抛掷珠串，直落裘夷身上，二人遂结为夫妇。婚后，太子仍闷闷不乐，国王再为太子娶二妃，并令太子出城散心。太子出东、南、西、北门，遇老、病、死、僧；游观农务，见虫鸟相食，感生命无常。回宫思维，誓欲出家，夜不能眠，遂骑马出宫。太子在天神护卫下，夜半逾城，然后遣返仆人和白马，独自步入山林。最后菩提树下成道，在鹿野苑初转法轮，憍陈如等五人皈依，自此佛教兴起。

在第290窟壁画中，首先以大量画幅表现释迦降生时的种种祥瑞，竭力描绘释迦不同常人的超凡事迹，然后着重表现释迦不慕世荣、不重名位、坚持出家的行为，最后描绘释迦不仅自己大彻大悟，还教化众生，引渡世人。全图寄托并培养佛教徒对佛祖崇敬思慕的宗教感情，引导僧众以释迦为榜样，出家修行，诚心求法。

北周时期，佛、道两教斗争激烈，从佛法理论上尽量与本土传统伦理思想相结合，并引导信徒为现实社会多作公益事，再从正面塑造教主超世脱俗的典范形象，显然有利于佛教的巩固和发展。

尽管佛传故事中有许多神化的内容，但它依然给人一种亲和感，因为故事自始至终都在告诉人们：释迦牟尼出生在人间，生长在人间，成佛亦在人间。

## 二、割肉奉亲、孝慈复国的须阇提和善事太子

北周第296窟的窟主与画家在该窟里描绘了主题为"忠孝"和"善恶"的两幅佛教故事画，尽可能地和本土民族伦理观念相结合。

宣传"忠孝"思想的故事画，是位于北壁下方的《须阇提本生》（图4）。

据佛经说，特叉尸利国王有十个儿子,各领一小国。时有一大臣罗睺突然谋反，杀死国王，自立为王，并派兵消灭各小国王子。国王最小的儿子名叫善住，在最

图4　北周第296窟北壁　须阇提本生（局部）

边远的小国为王。一日夜里，药叉神突然出现，告诉他老国王及其他九位哥哥的死讯，和罗睺已发兵前来的消息。善住国王闻讯后惊恐万状，匆忙准备了七日干粮，携带妻儿，趁夜仓皇逾城，欲逃往邻国，借兵平乱。慌乱中误入需走十四天的道路，缺粮七日。中途粮尽，陷入绝境。善住为了复国报仇，欲杀王妃充饥以保全自己和小太子须阇提的生命。太子须阇提见父王拔剑，便哀求父王："勿杀我母，愿以己肉，供大家充饥。"于是，每日在身上割肉三块，奉献父母两份，自己食一份，继续往邻国逃亡。后来，邻国听说太子割肉奉亲，孝慈忠义，十分感动，便派兵马护送善住国王及妻儿返国，诛灭反叛；臣民拥戴须阇提太子为王。

宣传"善恶"思想的故事画，是位于窟顶西披南段和南披、东披的《善事太子入海品》（图5）。

图5　北周第296窟窟顶南披　善事太子入海品（局部）

据佛经说，波罗奈国国王有两个儿子，一个叫善事，一个叫恶事。兄弟二人虽为同胞手足，但秉性悬殊，善事温顺仁慈，恶事狡诈残忍。一天，善事出游，见穷人、病人心生怜悯，又见民众劳苦，众生相残，于是生慈悯之心，便求父王将王宫财物布施百姓。不久国库将空，善事听说海底有摩尼宝珠，能变出人们所需之物，于是决定入海向龙王求此宝珠。恶事闻说要求同行，二人便率领五百人分乘两条船前往大海深处寻宝。历经艰辛，到达金山、银山，恶事贪财且不愿吃苦，掘金挖银装满大船后，便与善事分手返航。善事坚持前进，终于到达龙宫，龙王钦佩善事的救世热情和坚韧不拔的精神，不仅赠送摩尼宝珠，还派部下将善事送回海岸。在岸边，善事遇到因贪婪超重，导致船破宝沉，只身一人侥幸活下来的恶事。恶事闻悉善事取得宝珠，心生嫉妒，趁善事熟睡时，用毒刺刺瞎善事的双眼，夺走宝珠。后遇一牧牛人赶牛经过，牛用舌头舔出善事眼中毒刺。善事随牧牛人流落异国他乡，因眼睛已盲，便请牧牛人为他做了一把琴，然后独自弹琴乞食为生。后帮助看管国王的果园，拉铃赶鸟，树下弹琴自娱自乐。有一天，公主入园游玩，遇善事一见钟情，结为夫妇。二人表爱心互相发誓，善事因此双眼复明。白雁传书，波罗奈国国王获知善事被恶事残害夺宝的真相，将恶事关进监狱。善事携妻回到故国，求父母宽恕恶事，找回隐藏的宝珠，焚香供奉，为人民企求所需各种物品。从此，波罗奈国繁荣富强，人民丰衣足食。

善有善报，恶有恶报，这是佛教所宣传的因果报应思想。但两个故事中宣传的割肉奉亲、孝慈复国，以及对善事的同情、褒扬，对恶事的谴责、鄙弃，显然符合本土传统文化中有关忠孝和善恶的伦理思想。

## 三、入乡随俗、忠孝仁爱的《睒子本生》

北周时期还出现了一个完全以"孝道"为主题、更与中国本土传统伦理思想吻合的故事画，即著名的《睒子本生》。特别值得注意的是，该题材在北周时期的第 299、301、438、461 四个洞窟中同时出现，可见其受欢迎之程度（图 6）。

图6　北周第299窟窟顶北披　睒子本生（局部）

据佛经说，迦夷国有一对盲人夫妇，生一儿子取名睒子。睒子自幼便"至孝仁慈奉行十善"，"奉事父母如人事天"。睒子成年后随父母进深山修道，结草庐而居，采野果汲流水以供饮食。睒子"以蒲草为父母作屋施置床褥，不寒不热恒得其宜"，父母饥饿时，便去摘"取百种果蓏"，父母口渴时，便身"着鹿皮衣提瓶行取水"。睒子还常常与"獐鹿众鸟"一起嬉戏歌唱，"以娱乐盲父母"。但有一天，迦夷国王进山狩猎，追赶鹿群至溪边，正遇睒子披着鹿皮衣在溪边汲水，国王拔箭射鹿，误中睒子。睒子大呼："谁持一毒箭射杀三道人？"国王闻声，立即下马来到睒子面前。看见自己射的是人，又听睒子讲述了与父母在山中修行二十余年的经过，国王更是悔恨自责。睒子原谅国王，但说自己性命虽然不足惜，只是死后留下衰老且双目失明的父母无人照顾，甚是放心不下。国王长跪向睒子悔过，并说如果睒子命终，自己便不再还国，一定留在山中供养睒子的盲父母。睒子听国王话之后，释然闭目。国王随即入山向盲父母报告睒子被射之事，并引双亲到睒子处。盲父母见睒子已死，伏尸恸哭，痛不欲生。由于睒子孝顺父母，感动天地，天神来到睒子跟前，以神妙灌入睒子口中，顷刻之间，毒箭自拔，睒子复活。同时，盲父母的眼前也呈现一片光明。显然，是睒子的至孝，国王的仁爱，感动了上天，让睒子重生，父母复明。自此以后，迦夷国人"悉奉五戒修行十善"，该地区也风调雨顺，国富民安，昌盛太平。

不仅敦煌石窟的北周时期绘有不少《睒子本生》故事画，新疆克孜尔石窟、天水麦积山石窟、云冈石窟等地区北朝时期也绘刻有不少《睒子本生》故事画。《睒子本生》之所以在这一时期大量出现，是佛教为了协调与本土统治者的关系，争取广大民众的支持，就从佛经中选择具有忠君孝道内容的故事，绘制、镌刻在佛教石窟中，大力宣扬，借此证明佛教也是主张忠君孝道的。佛经中，有关睒子的故事显然最具忠君孝道思想，故事表现了三种思想：其一，孝亲思想。睒子在深山中采果汲水，孝养盲父盲母20余年。其二，忠君思想。国王狩猎，误中睒子，但睒子在临终前，并不怨恨国王，只要求国王关照供养自己的父母。其三，仁爱思想。国王误射睒子，自责其罪，亲自到盲父母草庐前，忏悔谢罪，并遵照睒子遗愿，把二位老人供养终身。

入乡随俗，择有利而行之。世异则事异，事异则备变。变则通，不变则休矣。

## 四、劝人向善、经营福田的《福田经变》

北周第 296 窟窟顶北披东段所绘的《福田经变》，主要鼓励人们多做公益事业，宣传利人可以利己的伦理思想。观众在欣赏此壁画时，与现实社会的一些情况对比，会有更多的感慨。

据佛经说，一个人通过"种毫发之德本"，就可以"获无量之福"。也就是只要你随时随地多作善行，利益社会，就会得到很多很多的好处。具体的善行，是"广施七法"，即"一者兴立佛图僧房堂阁；二者果园浴池，树木清凉；三者常施医药疗救众病；四者作坚牢船济渡人民；五者安设桥梁过渡赢弱；六者近道作井渴乏得饮；七者造作圊厕施便利处"。

第 296 窟只绘制了《福田经变》的六个场面，画面分为两层，一开始就是建造佛图（塔），六个赤裸上身穿犊鼻裤的泥工，正在修建一座两层砖塔，一人和泥，两人砌砖，两人送料，一人手执矩尺在扬手指挥。下面正在建造一座小佛堂，庑殿起脊屋顶，下面有砖砌台基，佛堂四周围以栏楯，东西两面各有一身穿袴褶的画工正在挥笔作画，屋顶有一裸上身的泥工，正手接房下另一泥工用长竿递给的泥料，对即将完工的佛堂作最后的修整。紧邻是一座围墙环绕的果园，树木葱茏，有三个人正在树下休息。下层画一病人，由二人扶坐，正张口接受喂药，身后有人在用药臼捣制药物。其旁画有一辆卸辕的骆驼车，人畜都在水井边休息，水井的东面有人正在灌饮骡马、喂骆驼，形象描绘了干旱的西北古道上旷路遇井的活跃情景。紧接下层画两个身穿袴褶、头着帕首的北周商人，并骑，押着满载商品的队伍正在过桥，桥的另一面迎来一个高鼻深目的西方商人，领着商队在桥头相遇，十分生动地反映了 6 世纪时丝绸之路上东西交往的风貌（图 7）。

这幅画虽然没有绘出"船渡"和"造厕"，但却画了一个道旁小精舍，据《福田经》说，波罗奈国有一长者子，曾在道旁建立精舍，接待僧人食宿，由此而得"生天为天帝释，下世为转轮王各三十六次的报应"。这种小精舍也叫福德舍，实为旅舍，专为安歇长途旅客。画面上有一幢楼阁建筑，屋后有围墙环绕，屋内有二人饮酒，一人弹奏琵琶，这一情景反映了人们长途旅行中在旅舍休息时的闲适，正如北魏温子升的《敦煌乐》诗中所吟："客从远方来，相随歌且笑，自有敦煌乐，不减安陵调。"

图7　北周第296窟窟顶北披　福田经变（局部）

壁画真实反映了当时人们的现实生活，同时也真实反映了当时受佛教影响的行善者的思想和行为。

## 五、微妙比丘尼：一个改嫁多次的印度妇女

北周第 296 窟是一个面积约十平方米的小型殿堂式洞窟，但内容却非常丰富。描绘的故事画除了有《须阇提本生》《善事太子入海缘品》和《福田经变》外，另外最让观众感叹的是绘于西披和北披的《微妙比丘尼缘品》（图8—图12）。

据佛经说，曾有一个美貌的女子名叫微妙，嫁给一位门当户对的婆罗门青年。当生下第一个孩子不久，公婆相继去世。第二次怀孕时，丈夫护送她回娘家分娩，不料中途早产，只得露宿树下，没想到到了夜晚，血腥味引来毒蛇，咬死丈夫。微妙强忍悲痛，身背大儿子，怀抱婴儿，继续赶路。途中又遇河水猛涨挡道，微妙让大儿子在河边等待，先将婴儿送到对岸放下，回来再接大儿子，孩子见母返回，急忙迎上前去，不料失足落水，被河水冲走。待微妙再回到河对岸，却发现小儿子已被饿狼咬死吞食。转瞬间，夫亡子丧，只剩微妙孤身一人投奔娘家。途中又

图8　北周第296窟 微妙与第一任丈夫回娘家　　　图10　北周第296窟 微妙与长者子成婚（三嫁）

图9　北周第296窟，微妙被第二任丈夫虐待（二嫁）

遇一位娘家的老邻居，告知微妙娘家失火，全家人都被烧死，无一生还。老邻居怜她无家可归，便带她回自己家中，如亲生女儿对待。不久微妙改嫁给邻家一无业酒徒，一天夜晚，酒徒醉醺醺回家，恰遇微妙卧床分娩，无法起床开门，酒徒便破门而入，对微妙拳打脚踢，并油煎刚出世的婴儿逼令微妙吞食。微妙不堪忍受，夜半出逃，路过一墓园时，遇到一位新丧妻子上坟的长者子，二人同病相怜，患难相依，又结为夫妇。然新婚仅七

图11　北周第296窟　微妙与贼首成婚（四嫁）

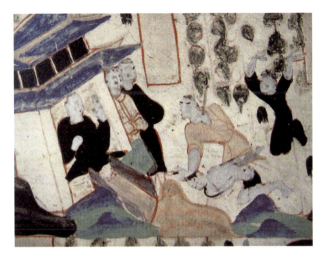

图12　北周第296窟　微妙的第四任丈夫贼首被处决

日，长者子暴病身亡。按照当地风俗，丈夫死后妻子必须殉葬，于是微妙被活埋。夜间贼来盗墓，微妙侥幸复活。贼首见微妙貌美，强迫为妻。不久贼首犯案，被判以死刑，微妙又被活埋。荒野中，饿狼扒冢吃尸，微妙再次生还。历经劫难，微妙不知如何活下去，于是去找佛陀哭诉自己一身悲惨遭遇，最后被佛度为比丘尼。

　　据佛陀对微妙的说法，她之所以有如此等等遭遇，是因前世曾用铁针刺入丈夫小妻所生婴儿的脑门致死，并发毒誓不承认，现在的遭遇便是前世所发毒誓的——报应。

　　在第296窟中，该故事画全长312厘米，高42厘米，画面分上下两层，故事情节作锯齿形上下铺叙，而从美学角度讲，"锯齿形状通常包含有痛苦和紧张"。故事从微妙前世害死婴儿，小妻质问大夫人，大夫人指天发誓，到微妙现世所受

——苦难，佛祖为其说法授戒为止，共画 23 个情节，首尾俱全，因果关系清晰。

微妙比丘尼故事的原始素材，产生于印度奴隶社会，也正是释迦创立佛教的年代。当时各种姓的妇女，都仅仅是丈夫的财产之一，根据《摩奴法论》记载，女子幼时由父亲监护，壮时由丈夫监护，老时由儿子监护，任何时候都不能独立。无论被出卖，或被离弃，妻子都不能从丈夫那里解脱。

虽然这个故事反映了一个妇女的悲惨遭遇，但对其多次改嫁的情况则认为属于正常，而这与当时敦煌地区对于妇女改嫁持宽容态度的情况也吻合。

如敦煌文献中的《放妻书》大多鼓励离婚后的妇女再嫁，P.4525《放妻书》云："自后夫则任娶贤妻，同牢延不死之龙；妻则再嫁良媒，合卺契长生之净虑"。S.0343《放妻书》云："愿妻娘子相离之后……选聘高官之主。"P.3730v《放妻书》云："相隔之后，更选重官双职之夫。"P.3212v《夫妻相别书》中云："自别已后，愿妻再嫁富贵得高夫。"S.0133《秋胡变文》中，秋胡几年不归，秋胡母便劝秋胡妻："不可长守空房，任从改嫁他人。"

由此可见，来自印度的佛教文化之所以能融入中国本土，其实是因为两者之间有其契合之处。

# 敦煌隋初壁画的艺术特色

公元 581 年，隋文帝杨坚取代北周政权，"削平天下，统一海宇"[1]，结束了近三百年南北分裂的局面，建立了统一的隋王朝。由于隋文帝采取一系列改革措施，实行均田、薄赋，减轻了由长年战乱带给人民的苦难，使人民得到了休养生息的机会，因此很快出现了"人物殷阜，朝野欢娱"[2] 的新局面。当隋文帝平定了南方的陈朝之后，立即进军西北，抗击突厥，打通丝路，经营西域。这不仅解除了来自西北的一大威胁，还打开了中西通道，发展了国际贸易。大业三年（607 年），隋炀帝杨广曾派黄门侍郎裴矩到敦煌招徕西域商人。大业五年（609 年），又派裴矩到张掖筹办二十七国"交易会"。隋炀帝亲自出巡河西，各国使者"皆令佩金玉，被锦罽，梵香奏乐，歌舞喧噪"[3]，张掖一带百姓"盛装纵观"，人马队伍，"连绵数十里"[4]，展现了河西经济的繁荣景象。繁荣的河西经济正是隋代敦煌文化发展的基础。

隋文帝和隋炀帝都倡佛崇法。在尼寺里长大的隋文帝，自幼深受佛教思想的熏陶。他曾云"我兴由佛故"[5]，因此即位后便大力提倡佛教。例如开皇十三年（593年），隋文帝令"于诸州名山之下各置僧寺一所，并赐庄田"[6]，仁寿元年（601 年）又下诏天下诸州起塔，并派"沙门三十人，谙解法相，兼堪宣导者，各将侍者二人，并散官一人，薰陆香一百二十斤，马五匹，分道送舍利，往前件诸州起塔……所司造样……限十月十五日午时，同下入石函，总管刺史已下，县尉已上……停

---

[1] 释念常《佛祖历代通载》卷 11《元念常集》。

[2]《隋书》卷 2《高祖纪下》。

[3]《隋书》卷 67《裴矩传》。

[4]《隋书》卷 1《高祖纪上》。

[5] 释道宣《广弘明集》卷 17《舍利感应记》。

[6] 释觉岸《释氏稽古略》卷 2。

常务七日，专检校行道，及打刹等事……[7]，他采用行政命令的方式，让刺史、县尉等官吏以推行佛教为公务，实为历代所罕见。隋炀帝杨广在笃信佛教上更甚于父。其在位时，除造像立寺之外，"在两都及巡游，常以僧、尼、道士、女官（女道士）自随"，[8] 并从全国各地搜寻名僧，据《大慈恩寺三藏法师传》云："初，炀帝于东都建四道场，召天下名僧居焉。其征来者，皆一艺之士，是故法将如林。"

隋朝平定中原以后，很快控制了河西敦煌，开皇三年（583 年）就罢永兴郡置瓜州，并将上大将军史万岁痛贬敦煌充戍卒[9]。仁寿元年（601 年），隋文帝诏令天下造灵塔，并派僧智颖送舍利到"瓜州于崇教寺起塔"[10]，而崇教寺即莫高窟[11]。由此可见远在边陲的敦煌佛教，也得到隋王朝的直接扶持。莫高窟尚存隋代洞窟多达七八十个，在一个短短三十七年的朝代，竟在敦煌留下了这么多的洞窟，实在令人惊叹，这显然和统治者的悉力倡导有密切关系。

国家的统一、经济的繁荣、中西交往的频繁，加上统治者的倡导，不仅促进了莫高窟隋代石窟艺术在量上的发展，同时也促进了其质的改革与创新。在莫高窟艺术史上，"隋代石窟处于石窟寺由产生向成熟时期发展的过渡阶段"[12]，"是承上启下，包前孕后的过渡时期"[13]，"隋代是我国佛教思想转向大乘教一统天下的过渡时期，是佛教人物形象典型化的探索时期，也是统一的民族风格的形成时期。因而在石窟形制、壁画内容和形象塑造上多有新意，是一个富有活力的历史时代。"[14]

开凿于隋代初年的第 302、303、304、305 窟，其第 302 窟的中心塔柱北向面座身发愿文中有墨书："开皇四年六月十一日"。第 305 窟的南壁龛下残存发愿文一方，前行墨书："□（开）皇四年三月十五日清信士宋显云香……"；北壁龛下东侧残存发愿文一方，首行墨书："□（开）皇五年正月……"；北壁龛下西侧

[7] 释道宣《广弘明集》卷 17《隋国立舍利塔诏》。

[8]《资治通鉴》卷 180。

[9]《隋书》卷 1《高祖纪上》。

[10] 释念常《佛祖历代通载》卷 11《元念常集》。

[11] P.2551《李君莫高窟佛龛碑并序》。

[12] 樊锦诗、关友惠、刘玉权《莫高窟隋代石窟分期》，《中国石窟·敦煌莫高窟（二）》，文物出版社、日本平凡社，1984 年，第 185 页。

[13] 李其琼《隋代的莫高窟艺术》，同上，第 170 页。

[14] 段文杰《段文杰敦煌艺术论文集》，甘肃人民出版社，1994 年，第 200 页。

残存发愿文一方，首行墨书："□（开）皇五年正月……"。第 303 窟与第 304 窟，在洞窟形制上"具有北周同类石窟的特点"，其塑像"造型特点接近于北周……塑像的衣饰基本因循北周样式"，故其建窟时代也系隋代初年[15]。

隋代绘制的壁画，在继承北朝模式的基础上，作了适合需要的变化，一方面在布局上将壁画中的故事画、经变画通通移至窟顶，另一方面在内容题材上，逐渐减少早期那种宣传忍辱牺牲、积累功德的本生故事，增加宣扬大乘净土思想的经变画。如第 302 窟将《尸毗王割肉贸鸽》《毗楞竭梨王身钉千钉》《萨埵太子舍身饲虎》等八种本生故事画移至窟顶东西披，而第 303 窟在窟顶东西披更是大胆革新，率先绘制新题材《法华经·观音普门品》。由此，"自隋至盛唐，是法华经变发生、发展而达于鼎盛的时期。"[16]

以《妙法莲华经》为题材，在莫高窟是从北魏造像上开始的，最初有北魏第 259 窟的释迦、多宝佛龛"见宝塔品"，然后有西魏第 285 窟南壁、北周第 428 窟西壁绘制的"见宝塔品"，继而便是隋初第 303 窟画在窟顶的"观音普门品"和北壁的"见宝塔品"。《妙法莲华经》是大乘佛教的一部重要经典，也是在中国流传最广、影响最大的佛教经典之一，因为它给人们指出了一条解脱苦难、满意如愿的最简便的办法，这就是"持观世音菩萨名号"；敦煌藏经洞出土的遗书文献中，《妙法莲华经》就占了两千六百多卷；而莫高窟的七十多幅《法华经变》中（包括"观音普门品"和"见宝塔品"），隋唐两代就占了四十多幅，由此可见开此先河的第 303 窟具有如何重要的意义。

第 303 窟的四壁上方的飞天伎乐、天宫栏墙与北周第 290 窟四壁上方的飞天伎乐、天宫栏墙，在造型、布局等方面都比较相似。这时"飞天的职能已从为佛陀张伞、抬花环、捧天盖的侍从而成为天国中的欢乐使者"，"佛的侍卫，天龙八部中的紧那罗"，"已从天宫阁楼中飞腾起来，与乾闼婆汇合在一起，形成了自由的飞天群和绕窟一周的飞天行列，她们千姿百态，自由活泼。"[17]（图 1）北凉、北魏时期的天宫的表现形式，一般是以一座座西域式圆券形城门相连排列一圈，

---

[15] 参见注 [12]，第 172 页。

[16] 施萍婷、贺世哲《敦煌壁画中的法华经变初探》，见《中国石窟·敦煌莫高窟（三）》，文物出版社、日本平凡社，1987 年，第 179 页。

[17] 同注 [14]，第 346 页。

图1  隋代第303窟窟顶 飞天

也有汉式宫门形式的，或西域式和汉式相间。门前有一条凹凸花栏墙，下承托梁，栏墙与西域式圆券形城门或汉式宫门上下相连组成"千门"式天宫。到了北周和隋代，"千门"消失了，但保留着一道凹凸花栏墙，表示花栏墙以上为天宫，这时伎乐活动的空间已不受城门建筑的限制，也不再是原地奏乐歌舞，而是怀抱各种乐器，或手捧莲花，或手握璎珞，自由自在地绕窟飞翔[18]。

第304窟覆斗顶中央所绘制的斗四藻井，为莲花井心，靠近井心的边饰图案为单叶藤蔓分枝忍冬纹，靠外的边饰图案为双叶交茎套联忍冬纹，均是沿用北朝纹样，其中的双叶交茎套联忍冬纹亦见于第303窟平棋边沿。但是值得注意的是，这贯穿于北朝始终、最活跃的图案纹样，至此也就终止了，所以可以说隋代第304窟的边饰图案在一定程度上具有划时代的意义。

第304窟龛西龛壁内外所绘的弟子像，神情、姿态各异，这些壁画笔触清晰，从中可看到当时晕染方法正在演变的情况。其人物面部的晕染，是沿用西域凹凸法叠染并结合中原传统染色法，也就是把晕染了脸的额、鼻、眼等部分，又以两圆形色块晕染脸的两颊，这一类型的染法是以前没有的，由此也可看到隋初竭力追求变革的探索精神。

第305窟的窟顶部分，其藻井特别是四披是该窟最有艺术感染力的地方。四

---

[18] 参见万庚育《敦煌早期壁画中的天宫伎乐》，《1987年敦煌石窟研究国际讨论会文集·石窟考古编》，辽宁美术出版社，1990年，第204—207页。

披的内容题材主要是继承了西魏第 249 窟，但部分内容和形象有些变换，在整体构图上，第 249 窟的四披以四条忍冬纹图案为界，四披之间有明确的框界，另外四披与上方的藻井之间也有忍冬纹图案为明显的框界，而第 305 窟则模仿西魏第 285 窟，四披上方与藻井之间是用藻井垂幔图像来产生框的效果。四披之间，也就是四角之处第 285 窟是以兽首衔玉佩、流苏、羽葆悬达于四披之间，第 305 窟亦是如此，只是减少了兽首。第 305 窟之所以舍去兽首，目的是为了加强四披的整体性，因为第 305 窟的四披中，虽然东西披各以摩尼宝珠为中心，两侧飞天均面向摩尼宝珠飞翔，但这并不妨碍我们在构图上把四披看成一个整体，主要原因一来是南北披的东王公、西王母均朝西披飞翔，但更重要的是飞翔于四披的飞天，当经过四角之间所悬挂的玉佩、流苏、羽葆时，毫无顾虑地穿行其间，一下子便把四披之间那种以图像暗示出来的框界冲破了，于是，潇潇洒洒飞行在四角的飞天在视觉上便成了连接四披的纽带，将四披有机地组合成了一个整体。而第 285 窟却不是这样，四披中的飞天等图像，都是分别向各披的中心飞翔，特别是在四角悬挂兽首、玉佩、流苏、羽葆之处，没有任何飞天或其他兽像穿越其间，而正好都是以此为界，回首相背，转向各披的中心。所以说第 285 窟的四披虽然在画面上也是一个整体，但四披又分别是四个画面、四个整体，这和第 249 窟窟顶四披的情况基本一样，所不同的是，第 285 窟各披中的图像是平行向各中心聚集，呈 "=="状，而第 249 窟东西披中阿修罗、雷神、霹电以及力士、玄武等形象，在画面的构图布局上呈 "<"状，南北披东王公、西王母的龙凤车、飞天、黄羊等，呈 "√"状，既表现出一种升腾感，又避免了西王母、东王公朝西飞翔遇到四披的忍冬纹图案外框时，将在视觉上产生冲突。第 305 窟四披中的飞天及龙凤车，南披均呈 "<"状，北披均呈 "√"状，于是产生出一种由天而降再徐徐飞翔的感觉，动感也增强了。

由此可见，西魏第 249、285 窟与隋初第 305 窟的窟顶四披，在画面构图布局上，既有相同之处，也有相异之处，第 305 窟在东王公、西王母及龙凤车等图像的基本造型上继承了第 249 窟，而在整体画面的框架布局上，则继承了第 285 窟，同时第 305 窟在这两方面又都有许多自己的创新。

另外窟顶中心的藻井，第 285 窟虽然是敦煌石窟出现的第一个华盖式藻井，但除去方井中层四角的火焰纹、藻井周围的双层垂幔以及四角的玉佩、流苏等外，其他形式与第 249 窟差不多，而第 305 窟的藻井，中心虽然和第 249、285 窟一样，都是斗四方井，但却大胆地将方井四角的莲花等图案改绘为飞天等，同时又继承了第 285 窟周围的垂幔与四角的流苏、玉佩等形式，另外独自在方井与垂幔之间又加了两个莲瓣纹。真可谓有继承又有创新，而继承时也不拘一窟一式。

第 305 窟四披壁画的色彩鲜艳丰富，给人以强烈的感受。谢赫云画有六法，其四便是"随类赋彩"，其五则是"经营位置"。上面我们便从"经营位置"的角度分析了第 305 窟与第 249、285 窟之间的关系。在第 305 窟四披画面上，与第 249、285 窟一样，首先跳入人的眼帘里的色彩是青色。最突出的是东王公、西王母所乘的龙凤车后飞扬的青色旗帜，然后是车前车旁神兽的青色羽翼以及飞天的青色长巾等。稍微不同的是从四披来看，第 249 窟所搭配的绿色多一些，而第 285 窟又较多地使用了灰褐色。在色彩搭配上，第 285 窟中飞天的长巾或是青色，或是灰褐色，形成较大面积的对比，第 249 窟的飞天、神兽、阿修罗、山峦等图像一般是青色和绿色相间，而第 305 窟的情况又有变化，飞天的长巾一侧赋予青色，飘转了方向的另一侧赋予绿色或土黄色，更加强了飘舞的动感。

第 305 窟和第 249 窟还有一个共同的特点，第 249 窟南披西王母所乘的凤车，其车后飞扬的旗帜、车旁的神兽、车前的驾车之凤以及前面持节方士所乘之鸾凤，所赋的青色正好在画面上形成一个倒三角形，第 305 窟东王公、西王母所乘的龙凤车，那车后的青色旗帜、车旁的蓝灰色神兽，车前的青色驭车龙凤和神兽，也在画面上形成一个倒三角形。显然，不稳定的倒三角形，有增强动感的效果。相较而论，第 305 窟四披画面的动势比第 249、285 窟四披更强烈一些，一方面是在构图布局上有所突破，另一方面便是在色彩搭配上有所创新，即将飞天长巾由石青或土黄单色改为石青与石绿或土黄相间，色彩感自然就更强烈了。康定斯基曾分析过，一个黄色的图圈会显示出"一种从中心向外部的扩张运动，这种运动很明显地向着观看者的位置靠近。而一个蓝色的圆圈，则会造成一种向心运动……其运动方向是背离观看者的"[19]，同时，"由于混合色具有种强烈的能动性质，它们的表现力就很强。"[20] "色彩能够表现感情，这是一个无可辩驳的事实"[21]，第 305

---

[19] 参见 [美] 鲁道夫·阿里海姆《艺术与视知觉》，中国社会科学出版社，1984 年，第 462 页。

[20] 同上，第 472 页。

[21] 同上，第 460 页。

窟四披那丰富的色彩，正表现了隋初那种躁动的、不安的、追求变革的思想情绪。

隋代壁画色彩的丰富，主要在于接受了来自中原和西域两方面的有益营养，例如壁画中人物面部的晕染，采用了西域式凹凸法和中原式染色法相结合的混合染法。所谓西域式凹凸法，即以明暗法表现立体感，此法先平涂淡淡肉色，然后根据形体的起伏，由浅入深，层层叠染二三次，形体最突出部分如鼻梁、眉棱、下巴、手臂则涂以白粉以示高光。所谓中原式染色法，主要是在形体突出部分如眼睛、鼻梁和两颊渲染以胭脂或赭红，着重表现肌肤的色泽。莫高窟北朝壁画主要技法之一是以素面绘供养人，以西域凹凸法表现宗教人物。自北朝后期出现"以浓色微加点缀"的素面菩萨开始，一种企图改变沿着肌肤边缘层层叠染而呈凹凸的尝试，经西魏、北周两代的探索，到了隋代，则逐步熔两者于一炉。例如第303、304、305窟的菩萨与供养人，即晕染了脸的额、鼻、眼等部分，又以两竖形色块晕染脸的两颊，也就是沿用西域凹凸法晕染并结合中原传统染色法。这时，人物面部晕染，除千佛图像还保持北朝"小字脸"形式而外，一般已不用白粉点染两眼和鼻梁的高光。隋初这几个洞窟中的千佛画像，面部和手部都是灰色底色，淡墨粗线勾描眉目轮廓，白粉点高光，手是淡墨竖点三笔示意。

隋初千佛图像色彩的排列组合，承袭了北周洞窟的特点，亦是四身一组（北凉、北魏、西魏一般是八身一组）。造型相同的佛像，按不同的色块有规律地排列组合，如第303窟千佛像的色彩组合情况是：袈裟为黑、蓝、红、灰黄，背光为灰黄、黑、蓝、白，头光为白、红、黑蓝，莲座为蓝、黑、红，莲座为蓝、黑（这是变色后的现状，如黑色最初应是红色）。第304窟千佛像的组合情况是：袈裟为黑、土红、赭红、蓝，背光为蓝、黑、土红、黄，头光为黄、蓝、黑、土红，莲座为蓝、黑、蓝、黑。第305窟的组合情况是：袈沙为黑、蓝、红、灰黄，背光为灰绿、白、蓝、黑，头光为白、灰绿、黑、蓝，莲座为蓝、黑、蓝、黑。色彩交错搭配，形成了绕窟倾斜旋转的光带，同时产生出跃动闪烁的光感，具有强烈的装饰性效果。

隋初洞窟注重装饰性效果，这不仅表现在四壁的千佛画，四壁千佛画下方的供养人行列，体形身姿俊美匀称，服饰式样丰富整齐，线条简洁飘逸，色彩清新明快，具有强烈的装饰意味。画工在描绘供养人形象时，选择了四分之三侧面的角度，以利于表现体态动作和最能反映人物特征的双眼及颧颊部位的轮廓，加上男女供养人手中所持的莲花等物，即增强了礼佛行列缓缓前进的节奏感和方向感，同时使供养人行列显得更加整齐统一，产生出更多的装饰性效果（图2）。

第305窟供养人行列下方的三角形垂帐纹和第303窟供养人行列下方的山水画，也具有很强的装饰性。第304窟西壁的火焰纹龛楣与龛内主尊背光中的火焰纹，不仅有很强的装饰性，并且在视觉上形成双重龛楣的效果。

值得注意的是，古代画工不仅注重装饰效果，同时尽可能避免单调和重复。如第303窟中心塔柱东、南、北向龛的龛楣显然是莲花图案，但在造型上均有所变化，而西向龛龛楣又改以火焰纹饰之。综观四龛龛楣的同异，以及各龛龛楣中的莲花或火焰纹图案，在造型和色彩上具有于对称中求不对称的特征，可以想见古代画工在竭尽己力避免单调的重复，刻意追求一种活泼、开放的情调。

第303窟四壁下方山水画装饰带中，所绘树木品种繁多、多姿多态，所绘山石奇形怪状、层次丰富，从中也可看到古代画工避免单调、追求复杂多样的意图（图3）。这正如威廉·荷加斯所说的："避免单调是绘画构图的一个不变的规则……

图2　隋代第62窟东壁北侧　女供养人

图3　隋代第303窟北壁下部　山林

单纯而不多样就会十分平淡无味，顶多也只是不使人讨厌而已。但是，如果使单纯与多样结合起来，单纯就会使人喜欢，因为它能提高多样给予人的快感，使眼睛能够更轻松地感受多样性。"[22]

第303窟四壁上方绕窟飞行的飞天，其装饰意味也是很明显的。这条位于洞窟四壁上方的飞天装饰带和位于洞窟四壁下方的山水画装饰带，在内容上形成对比，一个是象征天界的飞天，一个是表现地上人间的山石树林。而"内容对比是构图的一个重要手段"[23]，这样一来，洞窟内容和形式的整体感便大大增强了。并且相较而言，四壁上方飞天装饰带的节奏感较强，飞天的形态也表现出很强的动感，如北壁上部北起第三、四身飞天，前者身体胸部和脸部微微向上，后者上身与头部微微朝下，一起一伏，加上飘舞的长巾，从整体上增强了往前飞舞的动势；又如西壁上部北起第一身飞天，双手托供盘，曲身侧首回顾，形象与其所处的洞窟转角位置正好吻合，显得非常自然，由此增强了绕窟飞行的动势的连续性。四壁下方的山水画装饰带，虽然画中的山石树木在构图上也表现出节奏感，随风飘曳的树枝、在山林间觅食的动物以及正在狩猎或采果的人物，也都表现出一定的动感，但总的来说还是以静为主，特别是飞天长巾飘带质地的轻柔，和山石树木质地的厚重坚实，这种对比自然会在人的潜意识中造成一种在重量上具有三角形意味的稳重感。同时由于天空和地界在这个洞窟里被两条装饰带有机地联系在一起了，因此生活在人间的每一个人，要升到天空中像飞天们那样自由自在地翱翔，也是完全有可能的事。于是，人们的宗教信仰在这里达到了进一步的升华。

如果说第303窟四壁上下方两条装饰带只是在潜意识中给我们以稳重感，那该窟中心塔柱下方台座四面所绘的力士和狮子，则是从潜意识中给我们以稳重感（图4）。单从形状比例上看，力士、狮子的形象都大得多，加上力士那粗壮的体形和发达有力的肌肉，特别是那正曲身坐地，双手用力向上撑，双脚用力向下蹬的造型姿态，都给人一种力量感，一种安全感，而从洞窟整体的艺术构思来看，也就具有一种平衡感，一种稳重感（稳定感）。

隋初洞窟注重整体性，这一方面表现在壁画内容的布局，另一方面也表现在

[22] [英] 威廉·荷加斯《美的分析》，人民美术出版社，1986年，第29、31页。
[23] [美] 本·克莱门茨、大卫·罗森菲尔德《摄影构图学》，长城出版社，1983年，第195页。

图4　隋代第303窟中心塔柱台座东向面

一些经变画的绘制过程中。如第 303 窟窟顶前部人字披，东、西披皆绘法华经变观世音菩萨普门品，每披均为上下两段横幅长卷的形式，画面按经文内容顺序，首先是从东披上段南端起，绘至北端时，即从下段北端起返回到南端，随后又从西披上段南端起，到了北端时，亦从下段北端转回南端，在形式上正好构成连续性，具有整体感。

综上所述，从第 303、304、305 这三个洞窟所表现出来的艺术特色，可以看到隋初的莫高窟艺术，确实"在石窟形制，壁画内容和形象塑造上多有新意，是一个富有活力的历史时代"[24]，隋代的壁画无论在内容上，还是表现技法上都有大规模的变革和创新，这些有益的探索，无疑为灿烂唐画的形成，奠定了坚实的基础。

[24] 段文杰《段文杰敦煌艺术论文集》，甘肃人民出版社，1994 年，第 200 页。

# 敦煌北朝艺术中的凤鸟纹饰

凤鸟是一种与龙齐名的神异动物，传说中的凤鸟是鸡头、鸟身、蛇颈，翅与孔雀相似，是一种混合形的神异动物。

敦煌石窟艺术中，在保存有大量龙纹图像的同时，也保存有一定数量的凤鸟纹饰，其内容也丰富多彩，分布在自北朝至清代、民国等十多个朝代的敦煌艺术之中。这里先就敦煌北朝石窟艺术中的凤鸟纹样作一些初步介绍。

北魏时期，敦煌石窟中开始出现凤鸟图像，如北魏第254窟中心塔柱北向面的浮塑凤首龛梁（图1）以及北魏第260窟中心塔柱东向面的浮塑凤首龛梁（图2-1、图2-2）。这是莫高窟现存仅有的两处凤首龛梁，且均有残毁，如第254窟只剩下西侧凤首，第260窟只剩下北侧凤首。

从残存的凤首形象可以看到，虽然浮塑凤首龛梁没有浮塑龙首龛梁那么有气势，但漂亮的凤尾向上翘起，正好用它的尾羽来装饰龛楣，形成了向上的火焰纹样，增添了画面动感，也有几分妩媚，呈现了凤的吉祥美丽。

在麦积山北魏第133窟10号碑中，也雕刻有凤首龛梁，但其造型比较完整，两只展翅的凤鸟面向龛内，而不像敦煌第254、260窟的凤首是曲身向龛外两侧（图3）。顺便指出，麦积山第133

图1　北魏第254窟中心塔柱北向面　凤首龛梁（西侧）

图2-1　北魏第260窟中心塔柱东向面　凤首龛梁

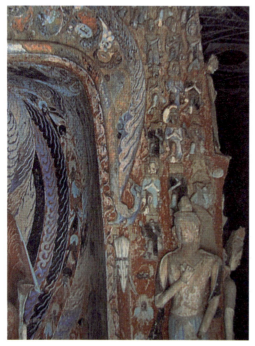

图2-2　北魏第260窟中心塔柱东向面　凤首龛梁（北侧）

窟10号碑刻有三层佛龛，龙首龛梁雕刻在上层，凤首龛梁雕刻在下层。

北魏第260窟中心塔柱北向面阙形龛的龛上还绘有两只凤鸟相对，其形象为鸡头，曲颈，挺肚，展双翅，凤尾上翘。两只凤鸟中间绘有一身化生（图4）。

在北魏第431窟平棋中，除了绘有龙纹边饰，还绘有凤鸟纹边饰（图5）。与变形龙纹一样，凤鸟纹也是变形纹样，其形象似孔雀，鸡头，高冠，上身卷曲，肚子上的花纹显著，展翅，尾平举，

图3　麦积山北魏第133窟10号碑　凤首龛梁

图4　北魏第260窟中心塔柱北向面龛上　对凤

图5　北魏第431窟平棋中的龙纹和凤鸟纹边饰

图6-1　北魏第431窟平棋中的凤鸟纹边饰

图6-2　北魏第431窟平棋中的凤鸟纹边饰（欧阳琳绘）

尾上雀眼历历在目，伸脚爪，侧身卧于边饰中，空白处有叶片衬托，形成一幅横条式的边饰图案。其构图设计巧妙，虽委曲于窄长的边条中，仍能显示出展翅飞翔的生动神态（图6-1、图6-2）。

另外，北魏第257窟北壁的《须摩提女缘品》故事画中，绘佛弟子罗云乘坐五百孔雀、大迦旃延乘五百白鹄（即天鹅）赴会（图7、图8）。画面中所描绘的孔雀、白鹄等，有学者曾将它们归于凤属禽鸟类纹样介绍[1]。这里简单提及，供读者参考。

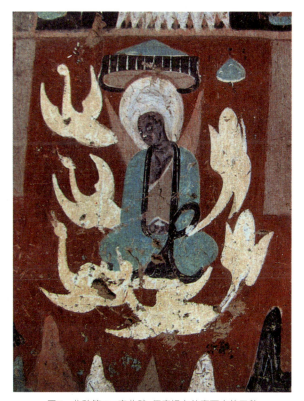

图7　北魏第257窟北壁　须摩提女故事画中的天鹅

西魏时期的凤鸟纹饰，与北魏时期相比，颇为丰富。在许多情况下，凤鸟图像是与龙图像相对应出现的。如与西魏第249窟窟顶北披东王公所乘坐的龙车相对应，是南披西王母所乘坐的凤车。略有不同的是东王公乘坐的是四龙御车，而

---

[1] 欧阳琳《敦煌壁画中的凤属禽鸟类纹样》，麦积山石窟艺术所编《石窟艺术》，陕西人民出版社，1990年，第58页。

图8　北魏第257窟北壁　须摩提女故事画中的孔雀

图9　西魏第249窟南披　西王母乘坐的凤车

图10　西魏第249窟南披　凤车前侧的乘凤仙人

西王母乘坐的是三凤御车。画面中，三只凤鸟拉着銮车，展翅在天空中向前飞奔。凤车前后，分别有扬幡持节的仙人乘坐一凤鸟作引导，在虚空飞翔（图9、图10）。

　　为了更好地表现天空世界，第249窟窟顶东披中在两力士捧托摩尼宝珠的两侧，除了在左右各绘一身飞天护持外，又各绘一只凤鸟相对飞翔（但也有学者认为绘的是朱雀和孔雀）（图11）。

图11　西魏第249窟东披　相对飞翔的凤鸟

又如西魏第 285 窟西壁南龛所描绘的日天下部画一辆三凤驭车，车厢内画二力士，身穿短裤，一前一后。前者一手持人面盾牌，一手举作赶车状；后者双手高举呈用力托日天状。三凤御车在两名力士的驾驭下，巡游太空，以示日天当空运行（图 12）。第 285 窟窟顶四披中，亦描绘有不少凤鸟在天空中飞翔或为仙人骑乘（图 13、图 14）。不过，也有学者认为这些凤鸟可能描绘的是朱雀。

敦煌壁画中的佛像头上多画有华盖，形状各异，丰富多彩。如西魏第 249 窟北壁说法图中，华盖两侧各绘一只凤鸟，两只黑凤作俯冲飞翔状，头、脖项、腹部之间作 S 形，青冠、鸡头、蛇颈，挺肚、展翅、翘尾而飞，口衔流苏，与南壁说法图中华盖两侧的龙纹装饰相对应，生趣盎然，同时也具有很强的装饰性效果（图 15、图 16）。

在敦煌壁画的许多装饰性图案中，绘有凤鸟纹样的画面很多，且多与植物搭配。如西魏第 285 窟南壁的龛楣中，绘两只凤鸟侧身相对而立，红喙蓝冠，挺肚、展翅，后有雉翎，尾羽飘动，四周画卷草纹蜿蜒缠绕，仿佛在天国宫苑中（图 17）。

又如西魏第 288 窟人字披前披中所绘的凤鸟莲花忍冬纹，莲花上站立着一只

图12　西魏第285窟西壁　三凤御车

图13　西魏第285窟西披　仙人乘凤

图14　西魏第285窟南披　凤鸟

图15　西魏第249窟北壁说法图中的华盖凤饰

青绿色凤鸟，头似鸡，有头冠，两眼圆睁，口衔忍冬枝，回首，侧身，挺肚，展翅，翘尾，两腿似鸡爪，尾上还有许多华丽的凤眼展示给观众，双脚站立于莲蓬上，周围有忍冬纹衬托（图18）。该窟人字披后披中所绘的凤鸟莲花摩尼宝珠纹，一瓶状的摩尼宝珠晶莹放光，顶端生出莲花，上栖凤鸟，口衔仙草，振翅欲飞。凤鸟、莲花、摩尼宝珠三者融为一体，既有很强的装饰性，又富有动感（图19）。

图16　西魏第249窟北壁说法图中的华盖凤饰（西侧）

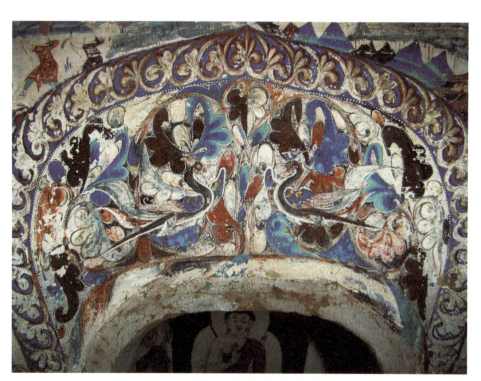

图17　西魏第285窟南壁 凤鸟卷草纹龛楣

图18　西魏第288窟前披　凤鸟莲花忍冬纹

图19　西魏第288窟后披　凤鸟莲花摩尼宝珠纹

北周时期的凤鸟纹饰，主要有御车之凤，其在构图上大体继承了西魏时期御车之凤的特点，如北周第296窟西壁龛南侧西王母乘坐的凤车，与西魏第249窟中西王母所乘坐的凤车相比较，由三凤御车变成了四凤御车。另外凤鸟造型也有所变化，头冠高耸，眼圆睁，嘴大张，挥舞双翅，形象显得活泼、张扬。其色彩搭配也变得较为复杂，如头冠和身体的色彩为赭黑、浅灰、土黄、石青，双翅的色彩为土黄、石绿、赭黑、浅灰。特别有趣的是凤车上的旗杆和华盖杆的顶端均为龙首，华盖杆顶端的龙首口衔长幡，旗杆顶端的龙首口衔铃铛，描绘得颇为细致。这幅画把龙与

图20　北周第296窟西壁龛南　御车之凤

凤有机地结合起来，可谓煞费苦心（图20）。

北周第296窟窟顶北披边饰中的凤鸟图案也非常活泼、生动，画面中凤鸟侧身、昂首、曲颈、挺肚、头冠高耸，口衔枝叶，双翅下垂、翘尾，神气活现地站立于忍冬枝叶丛中（图21）。

图21　北周第296窟北披边饰　凤鸟

从以上情况可以看到，敦煌北朝艺术中的凤鸟纹饰，虽然有种种变化，但在绘画技法上始终采用民族传统的凤鸟形象，使其具备艺术的夸张与适应审美的要求，并与相关的装饰图案以及故事画内容和谐融合在一起，成为敦煌佛教艺术中的一个值得关注的内容。

# 敦煌隋唐佛教艺术中的凤鸟纹饰

凤鸟是中国古老的神瑞动物之一。据《山海经》记载："有鸟焉，其状如鸡，五采而文，名曰凤皇。……是鸟也，饮食自然，自歌自舞，见则天下安宁。"[1] 又《说文》云："凤，神鸟也。天老曰：'凤之象也，鸿前麟后，蛇颈鱼尾，鹳颡鸳思，龙文虎背，燕颔鸡喙，五色备举。出于东方君子之国，翱翔四海之外，过昆仑，饮砥柱，濯羽弱水，莫宿风穴。见则天下大安宁。'"从历史记载中可知凤鸟很早以来便是一种综合性的灵异之鸟，是吉祥神圣之鸟，是鸟中之王。

敦煌石窟艺术中各时期都保存有一定数量的凤鸟纹饰，而隋唐时期相对较多，并颇有特色，主要分布在洞窟内的窟顶藻井、龛楣边饰以及经变画、服饰、器物、建筑等壁画之中，纹饰也多种多样。但与同时期的龙图像相比，凤鸟图像相对很少，故这些图像资料弥足珍贵。

下面，我们尽可能对敦煌隋唐时期的凤鸟纹饰图像资料作比较全面的介绍，以供有关专家和爱好者参考。

## 一、藻井图案中的凤鸟纹饰

敦煌北朝洞窟中，窟顶的凤鸟图像主要出现在平棋和人字披图案中，到了隋唐时期才出现在藻井图案中。如隋代第 401 窟窟顶的莲花飞天藻井，绿色水池的中央为八瓣大莲花，四周绘飞天、冀马和凤鸟。黑色鸡头的凤鸟，嘴尖利，白色高冠，展翅欲飞，尾巴上翘；白底凤尾上，描绘着土红色凤眼。凤鸟与飞天、冀马一起，在天空中飞奔、巡视（图1、图2）。

又如中唐第 116 窟窟顶的茶花藻井中，描绘飞凤卷草纹饰。凤鸟为鸡嘴雁身，

---

[1] 袁珂校注《山海经校注》，上海古籍出版社，1980 年，第 16 页。

图1　隋代第401窟窟顶　藻井中的凤鸟

羽冠竖起，伸颈展翅劲飞，尾羽形成卷草纹图案（图3）。

## 二、边饰图案中的凤鸟纹饰

图2　隋代第401窟窟顶　藻井中的凤鸟（局部）

边饰纹样是指受一定外形的周边所制约的边框纹样，可以是一个单位纹样单独出现，也可以是单位纹样的有限重复或首尾相接。在敦煌石窟的边饰图案中，凤鸟纹样一般和卷草、花枝等纹样组合在一起，如初唐第71窟西壁佛龛的边饰图案中，卷草纹中的凤鸟，凤头似鸡，嘴尖利，侧身，脖

图3　中唐第116窟窟顶 凤鸟卷草边饰

图4　初唐第71窟边饰图案 凤鸟（欧阳琳临）

细长而弯曲，脖子上套着环带，双翅展开，翅膀层层相叠，尾羽上翘，形成一朵重层花束。站立的凤鸟注视着前侧下方一只口衔花枝、正在飞行的小鸟，缠枝卷草将两只不同种类的禽鸟巧妙地组合在一起，颇有情趣（图4）。

又如晚唐第147窟西壁佛龛边饰图案中，其背景为稀疏的藤蔓花叶，凤鸟站立于圆形花蕊上，凤鸟形象为鸡头，鸡爪，细颈挺胸，纤细的脖颈上戴一颗火焰宝珠，双翅呈扇形展开，尾羽作波状高竖（图5）。

## 三、凭台图案中的凤鸟纹饰

凭台图案即是天宫建筑中的栏墙图案，隋代第427窟顶所描绘的凭台建筑中，两身凤鸟分别在一上一下的格子中相背而立，均口衔忍冬枝叶，展翅，翘尾，其尾是用忍冬枝叶代替，忍冬和凤尾融为一体，尾羽反转卷曲，加强了两只凤的动势（图6）。

初唐时期的天宫栏墙中，龙凤纹饰也交错出现在天宫栏墙中，如初唐第321窟西壁龛顶南侧描绘的散花天人所俯身凭靠的栏墙，为两层龙凤缠枝莲花纹饰。其上栏交错描绘龙凤纹，下栏绘缠枝莲花，两栏之间画白鸽口衔珠链。龙的形象为昂首吐舌，曲颈挺胸，龙体蜿蜒；凤鸟形象为鸡头，曲颈挺胸，挥舞双翅，凤尾飘逸上翘。龙凤纹样均以白线条描绘，犹如剪纸效果（图7-1、图7-2）。

## 四、佛像头光、背光中的凤鸟纹饰

隋唐时期，凤鸟纹饰开始出现在佛

图5　晚唐第147窟西壁龛沿 凤鸟边饰

图6　隋代第427窟窟顶凭台 凤鸟忍冬纹样（欧阳琳临）

图7-1　初唐第321窟西壁龛顶南侧　龙凤缠枝莲花栏墙

图7-2　初唐第321窟西壁龛顶南侧　天宫栏墙中的凤纹（局部）

像的头光和背光中，如榆林窟唐代第17窟中心柱南向面佛像头光中描绘的凤鸟卷草纹，以青绿色为主。凤鸟形象鸡头细颈，挺胸展翅，长尾后飘，与卷草纹交织在一起，显得非常灵动，生机勃勃（图8）。

晚唐第196窟佛坛背屏的佛光中，一对凤鸟共衔花枝，花中现出一朵石榴花，凤尾化为卷草纹样，流动舒展似飞翔展翅，色彩华丽如孔雀开屏。远看是花草，详看有禽鸟，是以卷草纹与禽鸟纹合成的一种纹饰，以卷曲流动的气势和色彩套叠的手法，形象清新明快（图9）。另外晚唐第16窟佛坛背屏的凤鸟纹饰的颜色

图8　榆林窟唐代第17窟中心柱南向面
凤鸟卷草纹

图10　晚唐第16窟　佛坛背屏　凤鸟纹　　　　　图9　晚唐第196窟背屏　凤鸟卷草纹（局部）

虽为宋代重绘，但基本还保留着唐代时的稿样（图 10）。

## 五、经变画中的凤鸟纹饰

　　初唐时期，凤鸟纹饰开始出现在经变画中。如初唐第 220 窟北壁《药师经变》下部的乐舞图两侧灯树的顶端，分别站立一凤鸟。凤鸟形象为侧身，头似鸡，有头冠，一脚提起，展开双翅，尾上翘，轻盈地站立于莲花上（图 11、图 12）。

　　凤鸟图像还出现在《涅槃经变》中，如初唐第 332 窟南壁《涅槃经变》中描绘释迦涅槃时，诸禽兽均为之悲鸣，其中画有一凤鸟挺胸展翅，尾羽高翘（图 13）。该经变在描绘出殡场面时，送殡队伍高举的幡幢顶端亦描绘龙凤形象，其中幡杆顶端的龙首张口吐舌，身后飘浮的幡条犹如蜿蜒的龙体；幢杆顶端的凤鸟则挺胸展翅，眼望前方（图 14）。

　　盛唐第 148 窟西壁《涅槃经变》的出殡图中，棺顶上站立一凤鸟，形象为鸡头、

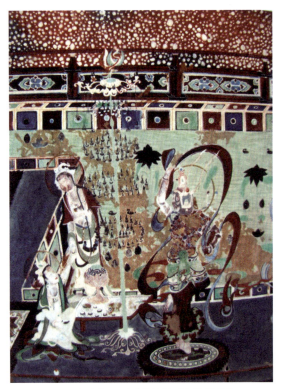

图11　初唐第220窟北壁西侧　灯树顶端凤鸟　　　图12　初唐第220窟北壁东侧　灯树顶端
　　　　　　　　　　　　　　　　　　　　　　　　　　凤鸟（欧阳琳临）

图13　初唐第332窟南壁　凤鸟

图14 初唐第332窟南壁 龙头幡与凤头幢

曲颈、挥展双翅、尾羽高翘，寓优美于刚劲之中，重点突出其威武的特性，以示其保护死者不受鬼蜮的侵扰。也有学者从民俗角度认为这是一只雄鸡，但从形象上看更像凤鸟（图15）。

盛唐第31窟窟顶北披《普贤赴会图》中，描绘普贤菩萨与文殊菩萨率领"八万摩诃萨菩萨"及天龙八部众赴王舍城耆阇崛山听释迦说《妙法莲华经》。画面中天龙八部之一的迦楼罗王头顶上饰一凤鸟，其形象为鸡头花冠、曲颈挺肚、展翅、垂长尾（图16）。

图15 盛唐第148窟西壁 出殡棺顶之凤

中唐第158窟西壁《涅槃经变》中，绘四大天王与天龙八部均前往拘尸城悲哀供养，其中天龙八部中的龙神和迦楼罗头上分别以龙和金翅鸟为标志。金翅鸟是印度神话中的一种类似鹫鸟、性情猛烈的神格化之巨鸟，谁也没有见过，因此

图16　盛唐第31窟窟顶北披　迦楼罗的头饰凤鸟

图17　中唐第158窟西壁北侧　天龙八部中的龙凤相对

中国佛教艺术中描绘的金翅鸟大多形似凤鸟。在第158窟西壁上方，天龙八部中两位神将头上的苍龙与凤鸟正在互相对望（图17）。该凤鸟形象类似鸭子，曲颈挺肚，展翅欲飞（图18）。

　　中唐第158窟西壁《涅槃经变》中，在画面上方娑罗树间描绘祥鸟，为首者为一凤鸟，凤鸟正口衔长茎花枝，展翅飞翔（图19）。

　　中唐第92窟窟顶北披《涅槃经变》中，前来举哀的百兽中有冀马、凤鸟和牛等。其中的凤鸟最为醒目，羽毛为黑色和紫红相间，挥舞双翅，正在空中飞翔

图18　中唐第158窟西壁北侧　天龙八部中的头饰凤鸟

图19　中唐第158窟西壁上方　口衔花枝的凤鸟

（图 20）。

中唐第 225 窟北壁龛内的《涅槃经变》中，卧佛背光边饰内描绘的凤鸟，鸡头，尖嘴，有冠带，眼圆睁；凤鸟盘踞于卷草中，侧身俯卧，与侧卧的佛像相呼应；凤鸟背上翅膀分作三层描绘，第一层翅膀卷曲如花叶，第二、三两层，层层相叠；凤鸟体态修长，尾羽往下延伸，亦凤，亦花、亦草，分不清凤和卷叶（图 21）。

晚唐第 196 窟西壁《劳度叉斗圣变》中，画面北侧右上角绘须达在舍卫国择园起精舍的故事。画面中祇陀园内地面部分已覆金砖，园内二人，为须达和祇陀太子因园地而争执；园外左侧，首陀天化作断事人评判；园外云头上外道仙人乘骑在凤鸟背上，咒方梁欲击舍利弗，被舍利弗令方梁悬空不动。仙人所乘骑的凤鸟，卧在云朵上，曲颈回头，嘴张开，腹部巨大，尾羽后扬，产生飞行感（图 22）。

## 六、服饰图案中的凤鸟纹饰

这一时期的服饰图案上也出现了凤鸟纹饰。如隋代第 427 窟

图20　中唐第92窟窟顶北披　凤鸟

图21　中唐第225窟北壁龛内　凤鸟卷草边饰

图22　晚唐第196窟西壁　乘凤仙人

彩塑菩萨的胸衣上，狮、凤、忍冬、花朵、联珠等纹样配合在一起，是一幅动植物纹样相结合的服饰图案。狮和凤鸟在菱形格子中，互相观望，相间交错。青色的凤鸟在花草丛中展翅而立，挺肚、尾平举，或双脚伫立，或一脚站立一脚前伸，姿态各不相同（图23）。

晚唐时期的凤鸟纹饰，更多的是出现在供养人画像中。如晚唐第9窟东壁南侧下部绘制一排女供养人，其中有的贵妇肩披淡色披帛，披帛上也饰以凤鸟纹样，淡红色的凤鸟们正展翅作飞翔状（图24）。

## 七、凤冠

初唐时期开始出现了凤冠，如初唐第220窟东壁《维摩诘经变》中的天女，头饰双凤冠，发髻高耸，发带飘飞，面色白如玉，两眉之间装饰一硕大的红色吉祥印，两眼平视，红唇，左手执扇，右手心贴花，着红裙，饰羽袖，静静地立于维摩诘的胡床之侧（图25）。

头饰双凤冠的天女也见于初唐第334窟西壁龛内北侧的《维摩诘经变》中。维

图23　隋代第427窟 菩萨胸衣上的凤鸟纹 　　图24　晚唐第9窟东壁 服饰上的凤鸟纹（局部）（欧阳琳临）
（局部）

图25　初唐第220窟东壁 双凤冠（欧阳琳临）　　图26　初唐第334窟西壁龛内北侧 双凤冠
（欧阳琳临）

　　摩诘帐前的一位天女头饰双凤冠，身穿广袖长衫，披绿色云肩，下着米色长裙，脚踏方头履，左手摇羽扇，右手挥洒天花，正在戏弄佛弟子舍利弗（图26）。不过，第220窟中与第334窟中的凤冠造型有所不同，前者是两只凤鸟相对站立，后者的两只凤鸟都面朝同一方向站立。

盛唐第130窟甬道南壁绘《都督夫人太原王氏礼佛图》中女十二娘头上戴的金凤冠，头两侧所插的步摇，造型为凤鸟口衔珠串。凤冠的造型为鸡头、曲颈、挺肚、展双翅，左翅与凤尾向上相接，构成美丽的鹅蛋形和火焰状；头部两侧的凤形步摇，左右对称，凤鸟两头略向下垂，胸部构成优美的弧线，长长的凤尾正好插进发内，两侧下垂的珠串所具有的流动感，使画面变得灵动、活泼，人物形象也更加鲜明（图27）。

中唐第158窟东壁门北《金光明经变》中所描绘的礼佛王妃，头梳抛家髻，戴凤冠，额饰花钿，双手合十作供养状。冠上的凤鸟形象为鸡头，曲颈挺胸，双翅下收，呈鹅蛋状；凤尾高翘，迸射出一股青春活力（图28）。

晚唐第12窟南壁《弥勒经变》"婚礼图"中的新娘，头戴凤冠，在亲友的陪同下正进行结婚拜堂仪式。凤鸟造型为鸡头曲颈，双翅收拢呈卧状，凤尾高翘（图29）。

晚唐第138窟东壁的女供养人，贵妇面饰花鸟纹花子，佩带环串等珠宝，头戴凤冠，饰金钗步摇，身穿有团凤花纹的大袖长袍，长袍上的凤鸟正展翅作飞翔状；头冠上的凤鸟展开的双翅和凤尾自然上扬呈桃形，具有装饰性且不失活泼（图30）。

图27　盛唐第130窟甬道南壁　凤纹头饰　　　　图28　中唐第158窟东壁门北　头戴凤冠的王妃
　　　（段文杰临）　　　　　　　　　　　　　　　　（段文杰临）

图29　晚唐第12窟南壁　头戴凤冠的新娘（段文杰临）

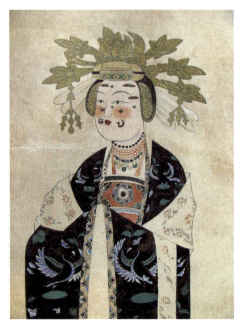

图30　晚唐第138窟东壁　凤冠和凤纹服饰（局部）
　　　（李其琼临）

## 八、御车之凤

　　隋代时期的御车之凤在造型和构图形式上继承了北周时期的御车之凤，亦为四凤御车。造型上也是头冠高耸，眼圆睁，嘴大张，挥舞双翅，形象颇为夸张。其色彩搭配也多种多样，如第305窟凤鸟头冠和身体的色彩有赭红、石绿、石青、赭黑等（图31、图32），而第401、419窟凤鸟的色彩主要是赭黑和石青相间（图33、图34），第423窟凤鸟的色彩则是赭黑、赭红、石绿

图31　隋代第305窟窟顶南披　御车之凤

图32　隋代第305窟窟顶南披　御车之凤（局部）

相间（图35）。另外第401窟凤车上的旗杆和华盖杆的顶端均绘龙首，与北周第296窟凤车类似，只是龙首均口衔长幡。

图33 隋代第401窟西龛顶南侧 御车之凤

图34 隋代第419窟后部平顶南侧 御车之凤

## 九、乐器装饰上的凤鸟纹饰

初唐时期，凤鸟纹饰出现在敦煌壁画的乐器中，如初唐第321窟西壁天宫栏墙下方描绘一迦陵频伽正在演奏凤首弯琴（图36）。

凤鸟纹饰也出现在中唐时期的乐器装饰上，如榆林窟中唐第15窟前室窟顶描绘一飞天正在演奏凤首弯琴。此飞天身披长巾，神态安详，一手握琴，一手拨弦，动作自然（图37）。榆林窟中唐第25窟南壁《观无量寿经变》中，所描绘的共命鸟乐伎也正在演奏凤首弯琴作演奏状，也是一手握琴，一手拨弦（图38）。这两幅壁画中的凤首弯琴都只有一根弦。

晚唐时期，凤鸟纹饰形象也出现在乐器装饰上面，如晚唐第14窟北壁《如意轮观音变》中，描绘一身供养菩萨正在演奏凤首弯琴，一手握琴，一手拨弦（图39）。晚唐第161窟窟顶西披的一身伎乐飞天也正怀抱凤首弯琴，一手握琴，一手拨弦，作演奏状（图40）。

图35　隋代第423窟后部平顶南侧　御车之凤

图36　初唐第321窟西壁　凤首弯琴（杨东苗临）

图37　榆林窟中唐第15窟前室窟顶　凤首弯琴

图38 榆林窟中唐第25窟南壁 凤首弯琴

图39 晚唐第14窟北壁 凤首弯琴

图40 晚唐第161窟窟顶西披 凤首弯琴（欧阳琳临）

图41 晚唐第17窟北壁 双凤团扇（局部）

### 十、扇面上的凤鸟纹饰

这一时期，扇面上出现了凤鸟纹饰，如晚唐第 17 窟北壁东侧比丘尼手持双凤团扇，椭圆形扇面上，左右对称各画一凤鸟。凤鸟相对而立，均挺胸站在莲花上，口衔花枝，尾羽高翘（图 41）。

从以上情况可知，敦煌隋唐佛教艺术中的凤鸟纹饰颇为丰富多彩，不仅出现在藻井、边饰、凭台等图案中，同时也出现在佛像的头光、背光和经变画中，而且还出现在人物的衣冠服饰之中以及交通工具、乐器、扇面等社会生活场景之中，将中国传统艺术中的凤鸟造型和佛教石窟艺术有机地结合在一起，富有情趣和美感，成为敦煌佛教艺术中一个不可忽视的内容。

# 敦煌初盛唐时期壁画中的女性形象

敦煌艺术博大精深，壁画中所描绘的内容丰富多彩，从不同角度反映了当时人们的精神面貌和社会生活。

虽然作为佛教艺术的敦煌壁画，其中描绘的女性形象与男性形象相比，相对较少，但与其他出土文物相比，则也可以说是丰富多彩，生动形象地反映了当时妇女生活的方方面面，对于研究古代妇女的社会生活，以及对于当代的艺术创作参考借鉴，都是非常珍贵的图像资料。

这里主要介绍初盛唐时期敦煌壁画中的女性形象，以供有关研究人员和美术工作者参考。

## 一、人们理想中的美丽女性

虽然按照佛教的说法，菩萨是没有性别的，或者说不是女性。但在佛教艺术中，出于信仰的需要，人们将许多菩萨描绘成女性，而且都非常美丽，是当时社会人们理想中的美女。

如莫高窟初唐第 57 窟被许多人称为"美人窟"，这是因为该窟南壁说法图中有一身胁侍菩萨，描绘得十分优美，可以说是一幅美人图。这身胁侍菩萨位于阿弥陀佛的右侧，头戴宝冠，饰耳珰、臂钏、璎珞，斜披绣花天衣，纱巾绕体下垂；左手往上轻依在肩前，似做支颐状，右手在胸前轻轻托着供品；细眉长目，鼻直唇红，肌肤细腻，体态婀娜；目光下视，若有所思，楚楚动人，惹人怜爱。从这身菩萨佩戴的璎珞和华丽的衣裙来看，俨然是一个贵妇人形象（图 1）。所以道宣说："造像梵相，宋齐间皆唇厚鼻隆目长颐丰，挺然丈夫之相。自唐以来笔工皆端严柔弱似妓女之貌，故今人夸宫娃如菩萨也。"说明画家在绘制佛国世界中的菩萨时，已普遍采用现实生活中的人物为蓝本。

又如初唐第 401 窟窟内北壁佛龛下方的一身供养菩萨，头戴宝冠，长发垂肩，身姿修长秀美，微呈"S"形，斜披天衣，腰系裹足长裙，身饰璎珞、耳环、手镯；头部微微右侧，一手持透明玉盘，一手向身后轻摆，风吹仙袂，巾带飘舞，佩环叮当；四周香花纷落，脚底莲花盛开。虽然壁画中有些颜料已经脱落或变色，但仍然可以看出当年赋彩的华丽。天花乱坠的空中，菩萨的面部已变色剥脱，而丰满修长的身姿，安详俯视的目光，表现出优雅潇洒的神情气质。与其说是天国的一身供养菩萨，不如说是唐代的一位风姿绰约的美丽少妇（图 2）。

初唐第 205 窟中心佛坛南侧有一身美丽的断臂菩萨塑像，人们把她称为"东方维纳斯"。这身菩萨塑像通高约两米，一腿盘坐莲台，一腿下垂做"游戏坐"姿势；上身祖露，胸饰璎珞，体态丰满而纤巧，腹部微鼓而富有弹性；姿态优雅，庄重大方，是一身有生命力的青春健美的形象。虽然面部和双肩惜已残损，但仍像维纳斯一样，给人以美感。她那微倾的头部，挺直的腰身，丰满而富有弹性的肌肤，贴身的长裙，不但体现出安详自信的神韵，而且表现出肉体和丝绸服饰不同的质感。此身塑像是莫

图1　初唐第57窟南壁　胁侍菩萨

图2　初唐第401窟北壁东侧　供养菩萨

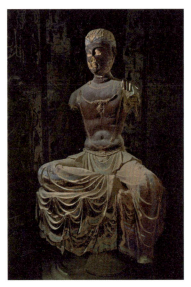

图3　初唐第205窟佛坛南侧　断臂菩萨

高窟初唐时期的圆塑精品，足以和维纳斯相媲美（图3）。

天女也是人们理想世界中的人物，不仅美丽，而且聪明智慧。如"天女散花"是《维摩诘经》中的一个故事，说维摩诘帐中有一天女，当维摩诘居士和文殊菩萨说法辩论时，天女将鲜花撒到众人身上。当鲜花散落到诸菩萨身上，便纷纷落地了。而当散落到佛弟子身上，却粘着不掉落。佛弟子舍利弗使用神力竭力想抖落身上的鲜花，花都牢牢地粘在他身上不掉落。天女便问舍利弗："你为何要抖掉身上的鲜花呢？"舍利弗回答："鲜花粘在身上不合佛门仪律。"天女说："不能这么说。花岂有心落与不落？那是你心里产生了分别落与不落的想法。你看菩萨身上不粘花，就是因为菩萨断除了一切分别之想。"天女以此嘲弄佛弟子尚无解脱俗世红尘。按照佛教的说法，"舍利弗于弟子中智慧第一"，然而却被维摩诘居士室内的一个小小天女所戏弄。

初唐第203窟西壁龛外南北两侧绘《维摩诘经变》，画面中天女立于维摩诘帐前，舍利弗立于文殊座前，二人隔龛相望。天女手执羽扇，神态自信潇洒，正面向舍利弗发问；舍利弗身上粘满鲜花，抖花不落，神态尴尬，欲言又止，与天女形成鲜明的对比（图4、图5）。

画工描绘的天女也勤劳、贤惠、文静。如初唐第323窟北壁的壁画《佛陀晒衣石》，描绘释迦牟尼佛常常在"三龙池"内洗涤衣服，然后将衣服摊在池旁的巨石上暴晒。久而久之，巨石上留下了衣纹十三条，成为当地的圣迹。外道对此非常愤恨，便跑来用脚踩踏，玷污亵渎佛陀的晒衣石。雷神见了震怒，将外道击毙于地。随后，天女自天而降，以清水将被外道踩踏过的晒衣石洗涤干净。画面中绘一巨形方石，一个外道正用脚践踏；上方雷神站在乌云中轮连鼓、发雷电；巨石下方一外道倒毙在地，另一外道跪在旁边；画面左侧有两位天女跪地，正用水清洗晒衣石。画中外道手舞足蹈，凶狠张狂；天女则目不斜视，文静专一，正在洗石的姿势给人感觉天女非常勤劳、贤惠（图6）。

图4　初唐第203窟西壁龛外南侧　维摩诘帐前的天女　　图5　初唐第203窟西壁龛外北侧　文殊帐前的舍利弗

图6　初唐第323窟北壁　晒衣石

## 二、对魔女的夸张描绘

大概是人们认为作为女性的魔女，其魔力主要来自身体容貌的魅力，其中特别是与性有关的身体特征，故在许多绘画中除了注重描绘其容貌、身材外，还常常在描绘中特别突出作为女性特征的乳房。

如初唐第335窟西壁龛内南侧《劳度叉斗圣变》中，在表现舍利弗与劳度叉在风树之斗中外道被风吹得惊慌失措的一个场景中，描绘了一个外道魔女被旋风吹倒在地，以袖掩面，强为挣扎。画师将这个魔女描绘得体魄健壮，圆脸大耳，丰乳细腰，身着窄袖衫裙，除了表现了当时以丰肥为美的审美观念外，极度夸张地表现了女性的胸部乳房，突出其女性的性特征（图7）。

而北魏第254窟南壁《降魔变》中的魔女，则主要从容貌和动作上刻画魔女。画面中，佛陀右侧下部，三个魔女身着龟兹装，戴宝冠，披大巾，腰束长裙，正搔首弄姿，千娇百媚，顾盼有情，企图诱惑释迦。佛陀左侧下面，则画三个皱纹满面、头面干瘪、白发覆顶的老太婆，表现释迦毫不动心，将三美女变成了沮丧

图7　初唐第335窟西龛内南壁　外道魔女　　　图8　榆林窟西夏第3窟东壁中央　照镜的魔女

的三丑妇，这是用美丽和丑陋两种容貌刻画魔女。

在榆林窟西夏第3窟东壁中央所绘制的佛传故事《降魔变》中，更是以丑陋的容貌刻画魔女。其中被释迦以神通力变成老丑妇人的魔女形象颇为特别，是一个正在照镜的魔女。画面中，变成老妪的魔女，老态龙钟，敞胸露怀，双乳下垂，皱纹满面，头发稀落，龇牙咧嘴，面容狰狞丑陋；正在手持铜镜照看的魔女，看到自己在镜中的形象，捶胸哀号，悲叹其容颜已衰，青春一去不复还（图8）。

### 三、宫廷中的王妃宫女

宫廷内的王妃是特殊的贵族阶层，宫廷的禁锢生活以及复杂的宫廷斗争必然会对她们的思想和行为产生影响，敦煌壁画中对此也有不少描绘。

如盛唐第445窟北壁《弥勒经变》中，描绘了翅头末城儴佉王率领王妃、太子、大臣、宫女们剃度修行的情景，其中众王妃和宫女们剃度的场面特别引人关注（图9-1、图9-2、图9-3）。

图9-1　盛唐第445窟北壁　女剃度图之一

图9-2　盛唐第445窟北壁　女剃度图之二

图9-3　盛唐第445窟北壁　女剃度图之三

画面中，在有围屏遮挡的场地内，比丘尼持刀正为王妃落发，被剃发的王妃正襟危坐，侍女在一旁或跪或站捧着器物接取从王妃头上削下的头发，前面地上摆满净瓶、盆盘等盥洗器物；在没有围屏的另一侧，则有比丘尼或宫女手提帷布遮挡。已经剃度的王妃跪拜礼佛，等候剃发的王妃、宫女们聚集在围屏里。其表情各异，或虔诚合十，或窃窃私语，或安详自然，或担心害怕。

在围屏外侧，有一男子持棍挑起帷布，向内窥视剃度的妇女。

这几组王妃和宫女们剃度的画面，从不同角度刻画了王妃、宫女们面对剃度以及防备偷窥者的各种心理活动。更重要的是，这些王妃、宫女接受剃度并非完全是出于她们的自愿，而是由于国王要剃度修行，她们之中则大多出于无奈，被迫随同。

也有自己希求出家为尼的。据佛经说，佛在迦毗罗卫国云游时，姨母摩诃波阇波提王妃找到他，乞求出家为尼。当时佛不同意女人出家、受戒、披法衣，就让她在家学道、修行。姨母再三哀求，都被佛拒绝。姨母伤心失望，立在门外，忍不住啼哭起来。这时，阿难刚好从门前经过，见状就上前询问原因。得知原因后，便答应替她去说服佛。阿难回去后，就据理力争，请求佛准许女子出家。佛告诉阿难说："我出生刚七天，母亲就去世了，是姨母把我养育成人的。现在我能成佛，可以说都是姨母的恩德。但女人出家，一定会影响佛的清净梵行。但是如果女人能够用毕生精力持八敬法，就准许她们出家吧！"摩诃波阇波提王妃是佛教史上的第一个比丘尼。她的出家开启了女子出家修行的大门，在当时印度社会鄙视女子的风气下是一件具有颠覆性意义的事情。

图10　盛唐第217窟西壁龛顶北侧　释迦牟尼返乡，姨母相迎

在盛唐第 217 窟西壁龛顶所绘释迦牟尼返乡的画面中，释迦牟尼率众弟子乘云降落在城门前，城门开启，姨母摩诃波阇波提王妃伸出双手相迎（图 10）。

也有反映因为宫廷斗争王后被儿子追杀的画面，如盛唐第 45 窟、171 窟、172 窟等洞窟中根据《观无量寿佛经》描绘的"未生怨"故事。据佛经说，从前，印度摩揭陀国国王频婆娑罗年迈无子，请来相师占卜。相师说，山中有一道人命终后，会投胎为你的太子。国王求子心切，派人杀死道人。道人死后却投生为白兔，国王又派人杀死白兔。白兔死后，王后果然有孕，后来生一太子，取名阿阇世。阿阇世太子长大以后，听信提婆达多的谗言，举兵政变，篡夺王位。将其父频婆娑罗王囚禁在七重室内，欲令其饿死。王后韦提希夫人，每日以探监为名，将蜂蜜炒面涂在身上，带到监牢内供给国王充饥。国王在牢内，每天遥礼释迦牟尼。释迦牟尼得知后，派遣弟子富楼那降入牢内为国王说法。时经三七二十一日，国王不但不死，而且精神旺盛，红颜悦色。阿阇世王子获知父王不死，是母后所为，心起恶意，杀死父王后，欲杀母后。在大臣们的劝阻下，才没有杀死母后。后将母后也幽闭于深宫，不准外出。韦提希夫人在深宫暗室内，遥礼灵鹫山，向佛祖祈祷。释迦牟尼得知后，和弟子目连、阿难一起来到韦提希夫人面前，为其讲经说法，并让韦提希夫人知道国王和自己遭受苦难，皆是前世因缘所造。随后，韦提希夫人便一心修行佛法。

第 45 窟北壁东侧所绘"未生怨"，由下而上分为四段，第一段画阿阇世太子问守门人父王的情况，被告知王后身涂蜜、面，用璎珞盛浆，往幽闭处私探国王；第二段画阿阇世太子手持利剑欲杀母后；第三段画王后韦提希夫人被幽囚，向佛遥拜，于是佛前来现身说法；第四段画佛嘱咐阿难告诉韦提希如何修行（图 11）。

## 四、等级森严的女供养人行列

供养人是指以钱财、田地、奴仆、经书等供养佛（实为寺庙僧侣）的一般佛教信徒。供养人画像则是为出资开窟造像的施主所画的功德像，多以主仆结合成组出现，等级森严，主人像大在前，奴婢像小在后，排列成行，人物众多，场面宏伟，反映了封建贵族的豪华奢靡，亦是当时社会生活习俗的真实写照。

如初唐第 375 窟南部下部绘长长的一列女供养人，分别由一身主妇及随从侍童、侍女成为一组；共有女供养人11身，侍童侍女20身。主妇皆头梳高髻，内穿圆领窄袖小衫，外套半袖裙襦，裙腰束胸，长裙曳地，披帛自双肩绕背垂于体侧；服饰的色彩有不同变化，或绿或红或赭黑（变色），交替变化。侍女的服饰较为简单，虽然也是窄袖长裙，但都没有披帛，色彩也较为单调，主要为赭黑色（变色），红色和绿色很少。贵妇们神情都很端庄，均面向前方，双手或捧鲜花，或捧供品与胸前；侍女、侍童或捧物，或执扇，但有的侧目，有的回头张望，表现出一种活泼可爱（图12-1、图12-2）。

又，盛唐第130窟甬道南壁曾有一幅非常精美且规模很大的女供养人礼佛图，即敦煌壁画中非常著名的《都督夫人太原王氏礼佛图》。这幅画高313厘米，宽342厘米。画面中，前面的都督夫人雍容华贵，身后率领两个女儿和九名婢女。都督夫人身高超过真人，后

图11　盛唐第45窟北壁东侧　未生怨

165

图12-1 初唐第375窟南壁下部 女供养人

图12-2 初唐第375窟南壁 女供养人

面的人物身高则递减，显示出一派等级森严的气氛。都督夫人身着织花石榴红裙，肩披多层轻绡薄縠披帛，绿色锦带长垂胸前，云髻高耸，发上簪花，并有钗梳插饰发间；身后二女或着绿裙，或穿黄裙，一梳高髻，一戴凤冠，朱白衫上，分别披有多层丝绢披帛；后面的九名侍婢均着男装，各依年龄，绾结出不同发式，或捧花，或执壶，或持扇，有的两眼前视，毫不在意，有的以纨扇触面，悠然自得，有的回头顾盼，窃窃私语，与前面主人手捧香炉或鲜花、恭谨虔诚礼佛的心情颇不相同。这幅以人物为主题的贵族妇女礼佛图，图中钗光鬓影，绮丽纷陈，人物描绘优美丰腴，神态生动。在人物背景上，又树以垂柳，植以萱草，花树之间绘

图13　盛唐第130窟甬道南壁　都督夫人太原王氏礼佛（段文杰临）

以蜂蝶，仿佛嗡嗡有声，在画面上构想出一片阳春三月、艳阳和煦的情景，为这群供养人营造了一个有声有色且香味飘溢的氛围（图13）。

**五、怀春的少女**

盛唐第45窟南壁有一幅根据《观世音菩萨普门品》描绘的"离淫欲"画面。经文内容是宣传佛教的禁欲观念，但壁画所绘实际上表现了人世间剪不断的男女之情。画面中，绘青山绿水之间，一青年男子手捧笏板，正躬身向一女子求爱。女子绿衣红裙，侧面而立，目视男子，似乎在等待着男子向自己求爱。男子躬身的姿势和弯曲的衣纹线条，巧妙地反映了其曲意讨好献殷勤的心理。女子红裙上流利的长线，则画出了少女的矜持。画中有榜题云："若多淫欲，常念恭敬观世音菩萨，便得离欲。"题为"离欲"，描绘的却是一幅男子向女子求爱的情景（图14）。

初唐第321窟南壁《宝雨经变》中也有一幅表现男女之情的画面。因为该画

图14　盛唐第45窟南壁 离淫欲　　　　　图15　初唐第321窟南壁 爱语图

面是依据《佛说宝雨经》卷3经文"应以爱语得调伏者，即现爱语而为说法"所绘，故又称作"爱语图"。画面中，山间路边，站立一对正在谈情说爱的男女年轻人。女子穿交领窄衫小袖长裙，方头履，头饰双髻，黑发抱面，右手指向前方，侧身面向男子喁喁低语；男子头戴幞头，穿圆领小袖长袍，系腰带，右手牵女子的披帛，左手似作告别状，跟随在女子身后。两人若即若离，若行若止，不愿离去。似乎在海誓山盟，颇有些"多情自古伤离别""执手相看泪眼，竟无语凝噎"之意境，生动表现了男女离别时的复杂情感（图15）。

　　虽然佛教主张禁欲，认为"一切烦恼，爱为根本，能生一切忧愁啼哭一切诸苦"，更认为"女色者，世间之枷锁，凡夫恋眷，不能自拔；女色者，世间之重患，凡夫困乏，至死不免；女色者，世间之衰祸，凡夫遭之，无厄不至"。但"食色，性也"，是人的生理本能。正如歌德在《少年维特之烦恼》中所说："青年男子谁个不善钟情？妙龄女人谁个不善怀春？"从敦煌壁画中可以看到古代画工对怀春少女的理解和同情。


## 六、婚礼场面中的新娘

　　敦煌壁画中依据《佛说弥勒下生经》绘制了不少婚礼图，其中所描绘的婚娶场面实际上是人间婚俗的缩影，是珍贵的古代婚姻形象资料。这些婚礼图中最引人关注的，是男拜女不拜的拜堂行礼方式。如盛唐第33窟南壁《弥勒经变》中，布幔围成的小院内，一顶人字披的帐幕，内有宾客对坐宴饮；帐前铺一地毯，新郎和新娘在上面行礼。只见新郎匍匐于地叩首跪拜，而新娘则站在一旁只是双手抱在胸前作揖行礼（图16）。另外在晚唐第12窟南壁《弥勒经变》的婚礼图中，新娘也只是站在跪在地上的新郎一旁，微微欠身作揖而已（图17）。这种面对家长及众亲友"男拜女不拜"拜堂行礼的方式，显示了当时妇女的较高地位，可能与唐代武则天执政尊尚妇女有关。

在等级森严的封建社会，为了区别不同人的身份、地位，在服饰、车乘、器物等方面都有具体规定，不得僭越。但在婚礼这种特殊场合，新郎新娘可以夸大自己的身份，可以按超越自己实际级别的礼仪行事，如士庶之辈可以穿戴卿大夫的冠帽，这就是"摄盛之俗"。《周礼》中明确规定："新迎亦当玄冕，摄盛也。"敦煌壁画中的婚礼场面，真实地展现了当时的摄盛之俗。如盛唐第116、148窟中的婚礼图，新郎头戴冕旒，身穿褒衣博带，这是帝王、诸侯的服饰。大多数新郎是头戴幞头，穿红色袍服，双手持笏，如晚唐第12窟婚礼图中所绘。袍笏加身是贵族官僚的服制。新郎的服饰反映了敦煌婚俗中的摄盛之俗，新娘的服饰也随着升级，不仅有满头珠翠花钿者，更有凤冠霞帔者，如盛唐第33窟中的新娘满头珠翠花钿（图18），晚唐第12窟婚礼图中的新娘头戴凤冠、身披

图16　盛唐第33窟南壁　婚礼图

图17　晚唐第12窟南壁　婚礼图

图18　盛唐第33窟南壁　婚礼图　满头珠翠
　　　花钗的新娘

图19　晚唐第12窟南壁　婚礼图　头戴凤冠的新娘

霞帔（图19）。唐时花钗礼衣是亲王纳妃之服，凤冠在汉代为皇后所专用，后世亦为命妇所用，是女冠中最为尊贵者。

## 七、从事生产劳动的妇女

敦煌壁画有不少描绘劳动妇女以及相关场景的画面，如初唐第321窟南壁《宝雨经变》中绘有一对正在推磨的母女俩。母亲身穿红色长裙，正用右手推动磨子上的曲柄摇手，左手往磨子中间加添需要磨细的粮食；女孩身穿土黄色长裙，正用左手前伸拉曲柄摇手协助推磨，右手前伸扶在磨盘旁。两人的身体都微微向内倾，做稍微弯腰状，与实际生活中的推磨动作非常吻合，生动形象（图20）。

又如盛唐第23窟北壁《法华经变·药草喻品》中描绘了一个农妇送饭到田间的情景。画面中，天空乌云密布，田间禾木药草生长茂盛，一头戴斗笠的农夫正冒着大雨挑着收获的稻谷急匆匆赶路，另有一头戴斗笠的农夫正在挥鞭驱牛耕地。画面下方中部，绘三人盘坐在地上，中间放着一个大钵，一头戴斗笠的农夫端着大碗正在大口吃饭；一头梳双丫髻的孩子两眼望着侧旁的母亲，也似在吃饭；头梳抛家髻、身着红色长裙的农妇看着吃饭的丈夫。围坐着的一家人其乐融融，充满生活情趣，生动形象地表现了农妇送饭到田头的真实情景（图21）。

另外在榆林窟中唐第25窟北壁《弥勒经变》中，画一个头梳半翻髻、身穿窄袖衫和束腰长裙、双手拿一长柄扫帚的农妇与一个头裹幞头、身穿缺胯衫、双手持耙的农夫正在打场，场地上空谷粒飞扬（图22）。

又如五代第61窟南壁《弥勒经

图20　初唐第321窟南壁　推磨的母女

图21　盛唐第23窟北壁　耕作图

图22　榆林窟中唐第25窟北壁　弥勒经变·打场

变》中，有男女二人正在扬场，左侧农妇站在凳子上，双手端簸箕，当风扬场；右侧农夫双手持长柄扫帚在将粮食扫成一堆（图23）。

另外壁画中还绘有经营旅店的女主人，如盛唐第23窟南壁描绘了丝路古道

图23  五代第61窟南壁 弥勒经变·扬场

上的一处规模颇大的庭院式旅店。画面上，庭院外筑有高高的夯土围墙，正面开
一大门。门道内有两个男子正往外走，似乎是出外迎送客人的伙计。庭院内，一
位上穿窄袖襦衣、下穿绿色长裙的女子站在门口，双手怀抱在胸前，双眼向外，
似在等待客人；看上去这位女子应该是旅店的女主人。庭院的屋内陈设华丽，旅
客们三三两两围坐在矮桌旁，似在用餐或闲聊。阶下的院落中有旅客对坐闲聊，
也有旅客似因过于疲倦而躺在地上休息，也有伙计正在忙碌。围墙外前后，分别
有数人骑着马匹，慢慢往山间小道骑行，表示这些旅客经过休息后，继续自己的
旅途。这幅画面，是当时人们行旅途中住宿休息情景的真实写照（图24）。

## 八、祈求生儿育女的妇女

佛教中的观音信仰之所以在中国受到普遍欢迎，与人们的求子心理需要有关。
敦煌壁画中大量的《观音经变》便反映了当时善男信女们渴望生儿育女的迫切心
情，如盛唐第45窟南壁中，绘一戴幞头、身穿圆领窄袖袍服的男子，双手合十，
虔诚祈祷，身后立一男童，榜题云："若有女人，设欲求男，礼拜恭敬观世音菩萨，

图24　盛唐第23窟南壁　旅店

便生福德智慧之男。"（图25）其侧又绘一头梳抛家髻、上穿赭色大袖襦衣、下着绿色长裙、双肩披紫色大披巾、足蹬尖头上翘履的妇女，身后立一头梳双丫髻的女童，榜题云："设欲求女，便生端正有相之女，宿植德本，众人爱敬。"（图26）这里将求男求女并列画在一起，在一定意义上反映了当时的男女平等思想，既想要男孩子，同时也想要女孩子。

另外壁画中也有描绘临盆分娩的画面，如北周第290窟中，分别绘有一幅摩耶夫人正在临盆分娩的画面。壁画中，摩耶夫人右手攀树枝，一婴儿从其右腋降生；摩耶夫人背后有一女侍抱腰，前面有一女侍跪着用盘承接（图27）。从腋下生孩子，似乎和现实不符合。但用形象相似的身体部位代替生殖器官，既符合人们的审美需求，又迎合人们的道德要求，同时也巧妙地解释了人们一般难以用语言或图画描述的产妇临盆分娩过程。实际上这是一种源于生活而高于生活的艺术借代手法。

## 九、养育、照料孩子的母亲

在古代，不仅生育孩子是女人的天职，养育和照料孩子也是女人的责任。如盛唐第31窟窟顶东披有一幅妇女怀抱婴儿的画面。画面中绘一简陋的小院，小院内有一歇山顶屋子，屋内一妇女席地而坐；头梳椎髻的一妇女怀抱一婴儿在院里走来走去哄逗孩子。从形象上看，屋内席地而坐的妇女可能是孩子的母亲，怀

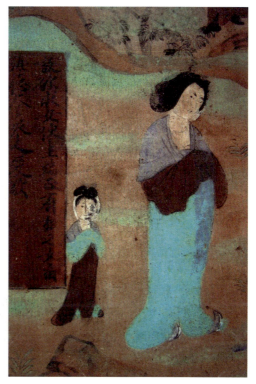

图25 盛唐第45窟南壁 求男得男　　　　　　图26 盛唐第45窟南壁 求女得女

抱婴儿的妇女可能是孩子的奶娘，也可能是让侍女抱着玩（图28）。给孩子找奶娘或让侍女照料，自古有之，这也是养育孩子的方式之一。

孩子生了病，是最令母亲焦急的事。盛唐第217窟南壁有一幅《得医图》，画面中绘一深宅大院内，一位雍容华贵的妇女，坐在胡床上，跟前有一中年侍女，怀抱婴儿，主仆均注视此孩子；另一年轻侍女正引导着一手拄拐杖、温文尔雅颇有儒医风度的医生来到台阶前，身后跟着一个双手抱药箱的医童（图29-1、图29-2）。整个画面的气氛显得非常沉闷、紧张。襁褓中的婴儿看上去目光晦暗、精神不振、反应迟钝、呆如木鸡，表明病重病急；抱患儿的中年侍女，愁锁双眉，如痴如呆地望着患儿，显示其内心的忧虑；坐在胡床上的贵妇，焦急万分，如坐针毡；院内正引导医生的年轻侍女，因为请来了医生，虽然也愁眉、焦急、担心，但似乎满怀着希望。画面生动表现了当时的就医场面，尤其是贵妇人和两个侍女都具有鲜明的个性特征，把不同身份、年龄的女性心理都表现出来了。

陪伴孩子玩耍也是养育孩子过程中的一个重要内容，敦煌壁画中也有不少描

图27　北周第290窟人字披东披　佛传·树下诞生

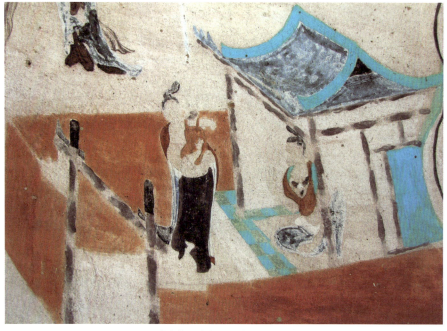

图28　盛唐第31窟窟顶东披　怀抱婴儿的奶娘

图29-1 盛唐第217窟南壁 得医图

图29-2 盛唐第217窟南壁 得医图（欧阳琳临）

图30　盛唐第31窟窟顶东披　玩木偶图

绘。如盛唐第31窟窟顶东披《法华经·序品》灵鹫会左侧下部绘有一幅"玩布偶图"，属于敦煌壁画中独一无二的珍品。画面中一个妇女正兴致勃勃地为一个小女孩表演布偶戏，从形象上看这应该是一对母女。母亲头梳高髻，右臂前伸，手举木偶，逗弄女儿玩耍。面前的女儿头梳双丫髻，张开双臂作索取状，憨态可掬；而母亲则似乎故意高举布偶，引逗女儿玩耍（图30）。这幅"玩布偶图"构图简洁，形象生动，显示了盛唐时期的画师不拘泥于经文，大胆创新的可贵精神。特别珍贵的是，此画很好地表现了大人与孩子互动的场面。母亲和孩子互动玩耍，不仅体现了一种母爱，同时也增强了母子之间的感情。

又如初唐第323窟南壁绘的佛教史迹画《西晋吴淞江石佛浮江》中，有一幅祖孙二人骑牛的画面非常有趣：迎佛的人群中，一中年男子在前面牵牛，牛背上坐着一老妇和一小孩，一中年妇人身背婴儿紧跟在牛屁股后面。从形象上看，牵牛者可能是骑牛小孩的父亲，牛背上的老妇可能是小孩的奶奶，跟在牛屁股后面的中年妇女可能是小孩的母亲。画面中，笨拙的大水牛，蹒跚而行；牛背上，奶奶头梳髻，身穿绿色长裙，上身微微前倾，一手紧紧拉着缰绳，一手持花，眼睛颇为紧张地盯着前方；小孙子身穿短袖衣，左手紧紧抓住奶奶的腰，头部朝后，右手也往后伸，似乎在呼喊后面的母亲；母亲头梳髻，上穿绿色窄袖衫，下穿赭黑色长裙，微微弯着腰，背着小婴儿，一步一步地跟在牛屁股后面（图31）。画面中几个人物的形象都非常生动，特别是两位妇女的神态让人一眼就感受到奶奶与孙子之间和母亲与孩子之间的亲情关系。这幅图是古代社会的父母（包括祖辈）与孩子出行游玩时真实情景的生动写照。

保护孩子也是养育孩子过程中的一个重要内容，如盛唐第217窟东壁根据《观世音菩萨普门品》描绘的"离淫欲"画面中，便表现了一位母亲尽力保护自己女儿不受伤害的情景。画面中，一个头戴幞头、身穿襕衫的男子，双手持笏躬身面

图31　初唐第323窟南壁　西晋吴淞江石佛浮江

向两位女子。两位女子都头梳高髻，但前面女子的年纪较大，上穿交领赭色窄袖衫，下穿束腰赭色花裙，衣裙的色彩较为深暗；头微低，双手合十于下颌前。后面的年轻女子上穿蓝色半臂衫，下穿束腰红色花裙，衣裙的色彩较为鲜艳；右手紧紧抱住前面女子的手臂，左手朝后抱着自己的头脖，表现出害怕恐惧的神态（图32）。从描绘的人物形象来看，男子可能是在向年轻女子求爱，女子可能感到这是被骚扰因而受到惊吓，赶紧躲在母亲身后，一手抓住母亲的手臂，一手抱住自己的头部；母亲此时挺身而出，

图32　盛唐第217窟东壁　离淫欲

挡在自己女儿的前面，同时用自己认为最有效的方法，即双手合十口念观世音名号，求助于菩萨保佑。画面中，女儿那畏缩在母亲身后的动作和神态描绘得非常

生动，将一个年轻女子遭遇到男人骚扰时担惊受怕的心理刻画得淋漓尽致；同时母亲站在女儿前面那毫不畏惧的形象，也让人感到母爱的伟大。

## 十、为患病家人念经求佛的妇女

在盛唐第 103 窟南壁，有一幅念经治病图（图 33）。画面中，一瘦骨嶙峋、赤裸上身、下穿红色长袍的患病老者，双手合十坐在地上。病人两侧各坐一妇女，亦双手合十。患者右侧的妇女上穿赭色交领宽袖襦衣，下穿土黄色长裙；患者左侧的妇女上穿赭红色宽袖襦衣，下穿绿色长裙。三人神情都非常虔诚，双眼充满期望做聆听状。患者的前面有一人跪地，双手展开佛经正在对着患病的老人诵读。身后站一男子拱手作揖礼。这是请佛教信士前来为患病的家人念经祛病祈福，正如《佛顶尊胜陀罗尼经》中所说："若人遇大恶病，闻此陀罗尼，即得永离一切诸病。"

一人患病，全家都要为他诵念佛经，因此患者身旁的两位妇女不仅在生活上护理照顾病人，同时也要一起念经祈求神佛保佑。

图33　盛唐第103窟南壁　念经治病图

**十一、吵架、劝架和被殴打的妇女**

初唐第321窟南壁《宝雨经变》中，有一组表现"拳打手搏刀杖损害""恶口骂詈""粗言会责"等内容的场面（图34）。

画面左侧房门外一男子正在拉扯房内的一女子，女子的衣裙在门外，头部在门内未画出。画面上部两房子之间的外面有一男一女正在争吵，男子握拳做要殴打女子状，女子退缩表现出害怕状。上部右侧房内主人正在责骂臂擎猎鹰的猎人，屋内一侧有两个女子似乎被外面的打骂情景吓得抱在一起。房子外侧后面一男子正在殴打一女子。画面下部有二人在相搏打斗，旁边一妇女似乎在劝阻。

这幅画中的人物形象都描绘得非常生动，是当时现实社会生活的真实反映。

图34 初唐第321窟南壁 吵架、劝架和被殴打的妇女

**十二、为释迦佛洗脚的女子**

这是盛唐第31窟南壁《金刚经变》中的一个画面。据佛经说，释迦牟尼佛从舍卫国乞食后回到祇树给孤独园，"饭食讫，收衣钵，洗足已，敷座而坐。"壁

图35　盛唐第31窟南壁　给释迦佛洗脚的女子

画表现的便是这个内容。

画面中，释迦牟尼佛内穿僧祇支，外穿袒右肩红色袈裟，坐于高座之上，右脚放在盆中；一个头梳双垂鬟髻、身穿宽袖长裙的女子正在为他洗脚（图35）。

实际上，该画面反映了现实生活中子女给父母洗脚、侍者给主人洗脚的真实场面。

**十三、行旅途中的骑驴妇女**

敦煌壁画中所绘当时人们的出行方式也是多种多样，既有徒步而行的，也有乘坐车辆和舟船的，同时也有骑马骑驴的。唐五代时期，骑马者主要是官员、有钱的商人或作战的兵士以及乘驿送信者等；骑驴者主要是仕途不达的落魄者、没中第或虽中第但无官的文人骚客，或山人隐士或俳优乐工以及一些妇女和老弱病残，如盛唐第103窟和217窟中便绘有不少妇女骑驴出行的画面。

盛唐第217窟和第103窟南壁《法华经变》"化城喻品"中，骑驴的妇女身穿大红长裙，脚穿乌靴，头戴黑色帷帽，帽上戴笠，仅露面部，笠沿垂网，前拥颈下，后披肩背（图36、图37）。这些骑驴妇女的形象非常鲜明，具有很强的地方特色。帷帽是用来障蔽风尘的远行之服，这种服装与西北地区多风沙有关，现在西北地区的妇女便常常用纱巾或头巾遮面，既障蔽风沙也遮挡强烈的日照。

**十四、对当代佛教艺术的反思**

从以上介绍可以看到，敦煌壁画中的女性形象生动地反映了当时妇女生活的

图36　盛唐第217窟南壁 化城喻品·骑驴妇女

图37　盛唐第103窟南壁 化城喻品·骑驴妇女

图38　香港志莲净苑　西方净土变

方方面面，内容丰富多彩，从不同角度反映了当时人们的精神面貌和社会生活。
都具有浓郁的生活气息和鲜明的时代特点。

　　然而，当我们反观当代的佛教艺术，除了在材料、颜料等表现形式方面能看
到一些时代特点外，在内容上几乎看不到一点与当代社会生活有关的东西。

　　只要留意，就会发现当代各地寺庙中的佛教塑像或绘画几乎都是模仿古代佛
教艺术所制作的，如香港志莲净苑中的壁画《西方净土变》系模仿莫高窟盛唐第
172 窟北壁的《西方净土变》所绘制（图 38），大同华严寺中的《千手千眼观音变》
系根据莫高窟元代第 3 窟南、北壁的《千手千眼观音变》（图 39、图 40），杭州中
天竺法净寺中的《阿弥陀经变》《药师经变》系根据莫高窟初唐第 220 窟南壁《阿
弥陀经变》和北壁《药师经变》所绘制（图 41、图 42）。虽然这些新绘制的壁画
均在原壁画的基础上有所变化，如在尺寸比例上放大或缩小，画面中的人物、建

图39　大同华严寺　千手千眼观音变

图40　大同华严寺　千手千眼观音变

筑位置有所调整，某些景物或人物造型借鉴了其他洞窟壁画中的经变画，色彩颜料也有所不同，但这些壁画严格地说都不是创作，而是有和原作略有差异的临摹品。

最重要的是，当代寺庙中绘制的壁画除了在材料、颜料等表现形式方面能看

图41　杭州中天竺法净寺　阿弥陀经变

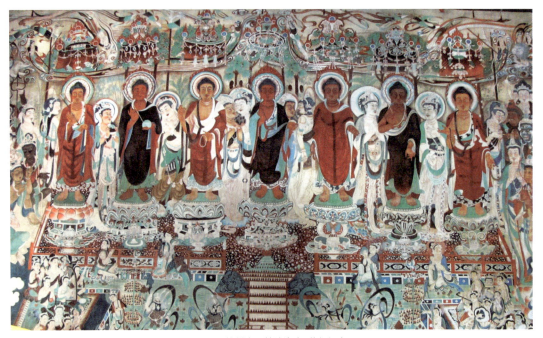

图42　杭州中天竺法净寺　药师经变

到一些时代特点外，在内容上几乎没有时代特色。尤其是壁画中的人物形象，古代佛教艺术大多都是当时社会中现实人物的写照，当代佛教艺术中根本看不到当代社会中现实人物的身影。

另外，背景中的建筑、家具、交通工具、生产工具等等亦是如此。

为此笔者认为，如何立足于佛教艺术特有的人文精神，将佛教艺术与当代社会现实生活相结合，这应该是当今佛教艺术创新和发展最值得关注的问题。

# 敦煌五代宋时期壁画中的女性形象

　　敦煌艺术博大精深，壁画中所描绘的内容包罗万象，从不同角度反映了当时人们的精神面貌和社会生活。因此，虽然作为佛教艺术的敦煌壁画，其中描绘的女性形象与男性形象相比，相对较少，但与其他出土文物相比，则可以说是非常丰富多彩，从不同角度反映了当时妇女生活的方方面面，下面我们就敦煌五代宋时期壁画中的女性形象作初步介绍。

## 一、为政治需要出嫁的女人们

　　公元 10 世纪，自朱温篡唐改国号为后梁起，中国进入大分裂时期，中原北方像走马灯一样，在半个世纪内更换了五个朝代、八家十四个皇帝，环绕五代疆域还有十多个分裂割据的小国。而西北地区虽有过民族间的暂时的隔膜和冲突，但以归义军为中心的各民族政权，不但能和睦相处，而且都是心向中原。

　　西北地区的安宁局面，应该归功于曹议金的和亲政策。为了和周边民族保持持久的友好交往，曹议金不仅自己做了甘州回鹘的女婿，并且还将一女嫁与甘州可汗为妻，一女嫁与于阗国王李圣天为妻。

　　今天，当我们走进莫高窟五代时期的洞窟中时，就更能体会曹议金和亲政策的用心良苦，同时也能看到各民族中的女性为此而所做出的牺牲和努力。

　　五代第 61 窟是曹议金之子曹元忠的功德窟，该窟东壁门南所绘的女供养人，是曹元忠的母亲和姐姐等人，但画像顺序的排列，则体现了曹氏东结回鹘、西联于阗的根本政策。

　　如东壁南侧的女供养人，第一身着回鹘装，榜题是"故母北方大回鹘国圣天的子敕授秦国天公主陇西李……"，这是曹议金的夫人。第二身也着回鹘装，榜题称"姊甘州圣天可汗天公主一心供养"，这是曹元忠的姐姐，嫁给甘州回鹘可汗为夫人。第三身头戴凤冠，饰步摇，着汉式大袖襦，榜题称"姊大朝大于阗国大政大明天册全封至孝皇帝天皇后一心供养"，这也是曹元忠的姐姐，嫁给于阗国王李圣天为皇后。第四身也着汉式大袖襦，榜题称"故慈母敕授广平郡君太夫人宋氏一心供养"，这是曹元忠的生母广平宋氏（图1）。

这四位女供养人的排列，很能反映曹氏的外交政策。如果不是出于政治的需要，按常理而论，广平宋氏应排在第一位。因为宋氏是曹议金的原配夫人，又是窟主曹元忠的生母，对"甘州圣天可汗天公主"和于阗皇后来说，广平宋氏即使不是亲生母亲，也是母亲一辈的长者。可是，她却被排在第四位，站在女儿辈之后。这说明此时曹家在对待回鹘、于阗的关系上，采取的是联姻、尊敬、礼让的态度。

又如五代第98窟东壁门南所绘的于阗国王李圣天像，高2.6米，高鼻大眼，留蝌蚪式八字胡，头戴汉式冕旒，上饰北斗七星，身穿衮龙袍，其服饰与中原帝王相同。于阗国王身后的皇后，即曹议金之女，头饰凤冠，穿回汉混合装。榜题分别为"大朝大宝于阗国大圣大明天子……即是窟主""大朝大于阗国大政大明天册全封至孝皇帝天皇后曹氏一心供养"。这些榜题中首先以"大朝"冠之，可见于阗国王与皇后时时都自觉不忘自己管辖的地方政权是中央朝廷统治下的一部

图1　五代第61窟东壁门南　女供养人

图2　五代第98窟东壁　于阗国王皇后曹氏供养像
　　　（李其琼临）

分。所穿戴的龙袍、凤冠等服饰也是其心向中原的表露，由此可见于阗国与曹氏归义军政权以及和中原政权之间的关系，同时也可以看到女性在和亲联姻政策中所起到的重要作用（图2）。

## 二、因为貌丑被锁在深宫的公主

五代第98窟南壁屏风画中，描绘了《贤愚经》中一个丑女变美女的故事。

据佛经说，波斯匿王没有儿子，只有一个奇丑无比的女儿，名叫波暗罗。波暗罗长得头大腰粗，皮肤黑皱粗糙，五官歪斜。虽早已到了出嫁年龄，但总没有人来求亲。国王为此深感忧虑，所以选择了一个无父无母的贫穷青年，向他讲明公主之丑后，招为驸马，赐予高官厚禄，并为之建造了有七道大门的宫殿，让驸马将公主深锁宫内，不让外人看见。

驸马每次出外参加宴会都是独自一人，而其他官员都带着夫人。众人觉得奇怪，问他为什么，他总是避而不答，最后在众人追问下，只好说出公主太丑的原因。众人将信将疑，有一天，几个好事的青年官员将驸马灌醉，然后偷偷潜入宫中偷看，却发现公主并不像驸马所说的奇丑无比，而是美丽无双。于是跑回去指责驸马欺骗大家，并述说了入宫偷看的经过。驸马不信，但回宫时，发现站在面前的是一位丰肌秀骨、玉面微红、脉脉含情的美丽少妇。定睛一看，确是自己的妻子。他大为惊奇，不知是怎么回事。

原来，公主是一位虔诚的佛教徒，被关在宫中时，天天吃素念经，焚香请佛，祈求赐给她美丽新颜，由于心诚感动佛陀，最后终于如愿以偿。

驸马将此事转告国王，国王与王后欢喜异常，接女还宫。此后，驸马与公主

图3　五代第98窟南壁　众大臣携女眷赴宴和驸马醉酒

相爱益深，同进同出，共享荣华。

壁画中，自上而下描绘了"成亲""驸马与大臣交往""驸马醉酒""丑女请佛""大臣偷窥""回宫""佛说因缘"等七个情节（图3、图4）。

这个故事虽然揭示了人类的爱美共性，但却暴露了王室的虚荣与冷酷，身为公主的波暗罗因为貌丑而被长期锁闭在深宫中，失去了起码的人身自由。

## 三、挤奶、煮奶的村女

五代第61窟北壁《佛传》第28扇屏风画中，有一个村女正在煮牛奶的画面。

图4　五代第98窟南壁　佛陀把丑公主变成美女

据佛经说，悉达多太子苦修六年之久，仍没有得道。于是心想："我每日仅喝一点豆羹赖以生存，弄得皮包骨头，如同枯木。这样的苦行已满六年，但却没有得道。看来解脱之事，不是靠肉体苦行就能做到；不能忘怀肉体，心就无法清净；心不能净，则一切私欲不能消除；私欲不能消除，怎能走上解脱的正道呢？"

悉达多太子于是放弃苦修，慢慢走入尼连禅河中，想让洁净的流水，洗净身上六年来积下的污垢。悉达多太子洗浴完毕，但因身体羸弱，无力爬上河岸。此时，净居天王从空而来，向河中投入一根很大的树枝，太子攀着天神投下的树枝，才爬上河岸，但终因体弱昏倒在地。

当时尼连禅河边的山林中，有两位名叫难陀和波罗的村女正在放牧牛羊。净居天王对牧女说："现在尼连禅河边有一位修行求道的太子，因断食苦修，已昏倒在河边，你们若给予供养，将来必有福报。"

牧女听后，立即挑选了十几头肥壮乳牛，赶入河中，洗净乳牛的皮毛身体，挤好牛乳，加入精米熬煮，煮成香甜的乳糜，盛入钵中，来到太子身边，献上乳糜。

悉达多太子接受了牧女的乳糜，食后很快恢复了体力，不久就在菩提树下悟道成佛。

第61窟北壁的屏风画中，画面右上侧绘一条母牛，前面有一小牛犊，一村女在母牛腹下挤奶；画面中部一村女坐在一大锅前煮乳糜，锅上冒着热气；画面左侧一村女双手捧钵跪地，正为太子奉献乳糜（图5）。

图5　五代第61窟北壁屏风画　二女献乳

图6　榆林窟宋代第38窟西壁 婚礼图（欧阳琳临）

画面中村女挤奶和煮奶的情景，是古代画工当时生活环境在壁画中的反映。

## 四、抱小孩施尿的母亲

榆林窟宋代第 38 窟西壁《弥勒经变》"婚礼图"中，有一个有趣的画面，在热闹的婚礼场面旁侧，画有一妇女身穿大袖襦和长裙，双手抱着一裸体婴儿，蹲在距离人群较远的旷野中，为婴儿施尿（图 6、图 7）。

这个画面具有非常浓厚的生活气息，但古代画家描绘此内容也是有佛经依据的。据

图7　榆林窟宋代第38窟西壁 婚礼图中抱小孩撒尿的妇女（欧阳琳临）

西晋竺法护译《佛说弥勒下生经》说在弥勒世界里："彼时男女之类，意欲大小便时，地自然开，事讫之后，地便还合。"

已故敦煌学专家史苇湘先生在研究敦煌壁画《弥勒经变》时也注意到这类画面，他在《论敦煌佛教艺术的想象力》中说："如《弥勒下生经》里说的'便利'（如厕）与'寿终'这两大无法避免的生活'弊病'，要画入壁画，艺术想象力是不能回避的，特别是拉屎撒尿，是一个使匠师们犯难的题目，在如此'庄严''神圣'的大经变里描画人们如何如厕，终不是'雅事'，但古代艺术家们却并不为此感到棘手，榆林窟第38窟《弥勒下生经变》里在婚娶图旁边，画着一位青年母亲抱着一个撒尿的婴儿。另一幅同题壁画上画了几个小孩在旷野里挺着胖肚子撒尿，大地裂缝承受。"

从壁画和相关佛经内容我们可以得知两点：一是古代画工没有回避人们的大小便问题，二是渴望有一个干净卫生的生活环境，幻想用大地裂开再合拢的方法来处理粪便等污物。壁画中的妇女抱着孩子远离婚礼场面，远离人群到偏僻的旷野为孩子施尿，应该说这在一定程度上反映了古代敦煌人的环保意识。

敦煌壁画中有"婚礼图"近40幅，但绘有妇女抱孩子施尿的画面仅此一幅，故非常珍贵。

## 五、坐在船尾的女人

榆林窟宋代第33窟南壁绘有一条双尾庐船，平底，小船上设圆顶草庐形内舱，无楫无帆。船头有一身穿白色衣衫的船工似在导路，船尾有一船工正在撑篙。船舱前的草庐内，坐一身着幞头襕衫的男子；而一身着宽袖长裙的女子，则坐在船尾即草庐的后面（图8）。这种男坐在前女坐在后的情况，在一定程度上反映了当时男尊女卑的观念。另外，这幅画也反映了当时人们以舟船为出行的代步工具。

据《唐六典》卷3户部度支郎中条记载："凡陆行之程：马日七十里，步及驴五十里，车三十里。水行之程：舟之重者，溯河日三十里，江四十里，余水四十五里；空舟溯河四十里，江五十里，余水六十里；沿流之舟则轻重同制，河日一百五十里，江一百里，余水七十里。"由此可知当时在一般情况下，以顺水之舟的速度为最快，因此舟船成了当时交通运输的重要工具。同时由于乘船比骑马坐车舒适，人们也就常常选择乘船出行。

图8　榆林窟宋代第33窟南壁　坐在船尾的女人

## 六、在病坊里照顾患者的女人

五代第61窟南壁《楞伽经变》中有一幅"治病图"，画面中一屋内有两名患者，坐于床上，身后各有一女人扶持；有一头梳双髻的童子正双手端药给一名患者（图9）。

图9　五代第61窟南壁　楞伽经变·病坊治疗图

据有关学者考证，认为这是表现古代敦煌的病坊场景，反映病坊内管理规范、护理专业，体现了当时对医疗的重视程度和较高的医疗水平；并考证敦煌在盛唐天宝年间（742—756 年）已设有病坊，相当于现代的医院或诊所。病坊是官办的，规模不大，全部资金为一百三十贯七十二文，其中三十贯七十二文是盈利所得，可见病坊是营业性的，病坊既可门诊也可住院，有四尺、八尺病床各两张，备有毡、被及餐具十套，病坊还提供制药的药杵、药臼、药罐等。

由此可知，画面中的两个女人应该分别是两个患者的家属，在病坊里陪伴照顾病人；而端药的童子则可能是病坊内做专门护理工作的医工。画面中描绘的情景和现代医院住院病房内的情况非常相似，大多数病人都有家属陪伴照顾，也有护士按时到病房里送药打针和观察病人的情况。

据敦煌文献记载，古代敦煌曾设有医学一所，专门培养医护人才。P.2005《沙州都督府图经》记载："医学。右在州学院内，于北墙别构房宇安置。"医学与官办的州学、县学组成一个建筑群。根据《大唐六典》的记载，下州置"医学博士一人，从九品下，学生一十人"。对此，敦煌文献 P.2657《天宝十载敦煌郡敦煌县差科薄》也有反映："令狐思珍，载五十一，翊卫，医学博士。"医学博士教授医学生，同时也行医。另外，敦煌寺院里还有僧医，如金光明寺的索法律和尚就是"神农本草，八术皆通"的僧医。


## 七、勾引、诬陷丈夫徒弟的师母

五代第 98 窟北壁屏风画根据《贤愚经》描绘了一个师母勾引丈夫的徒弟不成、恼羞成怒诬陷报复的故事。

故事说舍卫国波斯匿王辅相之子无恼，聪明过人，魁梧勇猛，力敌千人，纵身能擒飞鸟，疾行能追奔马，深得辅相喜爱。

辅相让儿子无恼拜一位聪明博达、多闻广识的婆罗门为师。无恼聪明过人，夙夜勤学。不久，即对所学尽悉通达，进退举止应对得体，婆罗门师非常喜爱。

婆罗门师的妻子见无恼才气过人，貌姿俊逸，心存爱慕。然而无恼总与师兄弟一起，没有机会倾吐爱恋衷情。一日，有一施主请婆罗门师赴法会。师欲领众徒同去。该妇人提出家中事务繁多，要求留无恼在家协助。师应其求，留无恼守家，带领众弟子赴施主之请。

妇人欣喜不尽，立即沐浴更衣妆饰打扮，去见无恼，以各种媚姿、语言挑逗，欲娆动其心意，但遭无恼严词拒绝。妇人怀恨在心密谋报复。

待师父返家，妇人即撕裂衣服，抓破脸面，躺卧在地。哭诉自众人出门后，无恼便调戏侮辱她。

婆罗门师听信了妇人所言，便设计陷害无恼。一日，婆罗门师对无恼说，如果你能在七天之内杀一千人，割下他们的手指结成花鬘，即可升上梵天。无恼听完婆罗门的话，百思不得其解。但还没容无恼多想，婆罗门已将利刀竖于地，口念咒语，蛊惑无恼。

在婆罗门的咒语蛊惑下，无恼丧失本性，六天之内，杀掉了九百九十九人。这时，人们害怕得都躲藏起来了，因此无恼到处寻找，也找不到一人。

无恼母亲见儿子失去本性，七天都没有回家吃饭，便带着食物到处寻找儿子。无恼逢见母亲，举刀正欲杀母亲，以补足一千人一千指之数。这时，佛化作一位比丘，从天而降，飞到无恼身边。无恼一见，便转而杀佛。佛放慢脚步徐徐前行，但无恼用尽了平生力气，也追赶不上。无恼正纳闷，佛就告诉他说：我诸根寂定，而得自在。你随从邪师，心中常起邪念，所以不得自在。你这样杀人，造下无数杀孽，将来只会坠入地狱，怎么可能往生天界？无恼听了佛的开示，恢复了本性，即放下屠刀，悔过自责，乞求出家。

画面中，由下而上描绘了辅相送子拜婆罗门为师、婆罗门师告别妻子与无恼外出赴会、婆罗门妻卧地诬陷无恼、无恼追杀母亲、佛陀引导无恼等情节（图10、图11）。

## 八、在地狱遭受折磨的目连之母

榆林窟五代第19窟前室甬道北壁所描绘的目连救母故事，除了宣传孝道外，同时也描写了一个妇女死后在地狱遭受各种痛苦折磨的情景。

据佛经说，目连的母亲青提夫人，家中甚富，然而吝啬贪婪，儿子却极有道心且孝顺。其母趁儿子外出时，天天宰杀牲畜，大肆烹嚼，无念子心，更从不修善。

目连之母死后被打入阴曹地府，受尽苦刑的惩处。目连为了救母亲而出家修

图10　五代第98窟北壁　婆罗门师告别妻子与无恼出门、其妻卧地诬陷无恼

图11　五代第98窟北壁　无恼欲杀母亲，佛陀化为比丘来救

行，得了神通，到地狱中见到了受苦的母亲。目连心中不忍，但以他母亲生前的罪孽，终不能走出饿鬼道，给她吃的东西没到她口中，便化成火炭。

目连无计可施，十分悲哀，又祈求于佛。佛陀便叫目连于七月十五日建盂兰盆会，借十方僧众之力让母吃饱。目连乃依佛嘱，于是有了七月十五设盂兰供养十方僧众以超度亡人的佛教典故。目连母亲得以吃饱转入人世，生变为狗。目连又带着变为黑狗的母亲到佛塔前，转诵了七天七夜的大乘佛经，使他母亲脱离狗身，进入天堂。

据敦煌变文《目连缘起》描述，目连母亲在地狱中，"一日万生万死，或刀山剑树，或铁犁耕舌，或汁铜灌口，或吞热铁火丸，或抱铜柱，身体焦燃烂坏，枷锁杻械，不曾离身，牛头每日凌迟，狱卒终朝来拷，镬汤煎煮，痛苦难当。"受尽了无穷无尽的折磨。

榆林窟第19窟的壁画中，描绘了目连"父母双亡、守孝""天宫寻父""过阎王殿""到奈河上""到五道将军处""遍寻地狱，依次过刀山剑树地狱、铜柱铁床地狱""母亲转生饿鬼"等情节。在"过阎王殿"的画面中，有几个鬼卒舞刀使棒，正在驱赶几个戴枷的亡人。行进最前面的一个女鬼，无枷，做回头状，赤裸的右腿鲜血淋漓，这便是目连的母亲（图12）。

**九、儿子偷盗判死刑，母亲向佛求情**

五代第72窟西壁龛内屏风画中，根据《贤愚经》绘有一位母亲因儿子犯偷

图12　榆林窟五代第19窟前室甬道北壁　目连救母（局部）

盗罪被判死刑、向佛求情的画面（图13）。

据佛经说，佛住在舍卫国祇树给孤独园时，一次到了乞食的时间，世尊穿着袈裟、手持饭钵，领着阿难进城化缘。当时有一位老母亲有两个儿子偷盗成性，结果被财主抓获，送到官府被判了死刑。在出城赴刑场的路上，正好碰见佛陀，

图13　五代第72窟西壁龛内　母亲向佛求情

这位母亲赶紧向佛陀求救，望世尊怜悯自己，救救两个儿子的性命。同时率领两个儿子跪在地上，向佛陀不断叩头哀求。

佛陀为这位母亲的母爱精神所感动，于是便派阿难去向国王求情。国王遵从佛陀的意愿，释放了他们。后来这母子三人一心信佛修行，终成正果。

画面中，释迦在城外一手持锡杖、一手托钵，做行乞状，身旁有两个弟子跟随。有两名公差正押解着一位妇女和一个带枷的男子出城行刑。城内阿难奉佛旨，请求国王赦免两名盗贼之罪。画面所绘与佛经内容略有差异，仅绘出母亲的一个儿

子，并描绘母亲也一同被押解。

在现实社会中，确实有许多母亲在儿子违法犯罪后，竭尽己力四处托人设法解救的情况。

### 十、二母争子的故事

五代第98窟北壁屏风画《贤愚经变》"端正王本生故事"画中，还有一个"二母争子"的故事。

故事说，端正王判了檀腻奇与邻居、马吏、木匠、酒店女主人、织布老人之子的案件后，接着又审理两个妇女争夺一小儿的案件。当时檀腻奇还未退走，准备答谢国王。此时，两个妇女走进王庭，为一个小儿争夺不休。她们都说小儿是自己所生。端正王见这两个妇女各执一词，于是告诉她们：把儿子放在中间，你们各挽小儿一只手，用力拖拽，谁能把儿子拉到自己身边，谁就是生母。

生母唯恐伤害婴儿，不肯用力。另一个女人则不顾婴儿的疼痛，将婴儿拽进怀里。国王说：爱惜亲子是人之常情，不忍心用力的，才是生母。于是将婴儿判给了未用力的妇女。另外一位妇女便以实相告自己的骗子之心，承认了自己的错误，端正王于是将两人都放走了。

第98窟壁画中所绘"二母争子"的情节，画面简单，仅绘二身穿宽袖长裙的妇人领一孩子，站在上身赤裸、下穿短裤的檀腻奇面前（图14）。

图14　五代第98窟北壁　二母争子

"二母争子"这种内容的故事，是古今中外文艺作品中的热门话题。基督教《旧约全书·列王记》，我国东汉《风俗通义》、元代李潜夫杂剧《包待制智勘灰栏记》、德国近代作家布莱希特戏剧《高加索灰栏记》等都以"二母争子"为主题。虽然争子的原因各有所不同，但处理亲子的方法都与端正王判案相同，都是根据纯真的母爱之心而作出判决。

## 十一、被人压死婴儿却得不到赔偿的母亲

五代第 98 窟北壁屏风画《贤愚经变》"端正王本生故事"中，有一个母亲的婴儿被人压死后却得不到赔偿的故事。

据《贤愚经》记载，古印度有一大国国王，名端正。他以道化治国，深得百姓爱戴。国中有一婆罗门名叫檀腻奇，向邻居借牛碾谷，归还时，未向邻居声明还牛，便直接将牛系在邻居门旁的大树上。牛主人虽见牛，但以为檀腻奇还要用牛，所以没有将牛赶进圈内。不久，牛挣脱了绳索跑了。邻居见檀腻奇迟迟不来还牛，上门索要。檀腻奇说他已经把牛还了，邻居说没有。两个人相互指责，争吵起来，只得去找国王评理。

途中，遇见国王马吏正在追赶一匹逃跑的马，呼唤挡马，檀腻奇掷石把马腿砸断了。马夫生怕国王怪罪，也抓檀腻奇去见国王。

三人行到河边，见一位木匠两手塞衣挽裤，口中衔着斧头，准备过河。檀腻奇问木匠渡口在何处，木匠张口回答，斧头一下坠入水中，遍寻不得。木匠也揪住檀腻奇去找国王评理，要求赔偿。

一日之间数案缠身，又没有吃饭，檀腻奇饥渴难忍，就在途中小酒店买了点酒，坐在床上自饮。不料床上被子下睡有酒店女主人的婴儿，檀腻奇将婴儿压死了。婴儿的母亲突然丧子，悲痛欲绝，要求檀腻奇赔她的儿子。于是牛主人、马夫、木工、婴儿的母亲一起拉着檀腻奇赶赴王宫。

快到王宫时，檀腻奇心里暗想：我众案集于一身，如果到了王宫，必死无疑，还是逃跑吧！当行至墙边时，他摆脱众人翻墙而过，谁知又压死了一位正在墙根织布的老人。老人的儿子见父亲无端丧命，抓住檀腻奇，也要扭送他到国王端正那里。

五位事主和檀腻奇一行六人到了王宫，事主一一向国王禀告了檀腻奇的过失，檀腻奇也一一做了解释。端正王听完后，逐一进行了裁决，说：你们都有不对的地方，都该判刑罚：檀腻奇不说明还牛，应该割掉舌头；牛主人见牛而不收圈，应该剜去双眼；马吏让檀腻奇堵马，应该断舌；檀腻奇打断马腿，应该砍手；木

匠不用手拿斧头，而用口衔，不合情理应该打掉门牙。酒店女老板把婴儿放在客人坐的地方，自己也有过失，现在既然婴儿死了，那就让檀腻奇与你婚配，再生一个儿子吧。织布老人的儿子失去了父亲，实在非常值得同情，那就让檀腻奇当你的父亲好了。

各位事主听到判决，都大吃一惊。虽然檀腻奇受到了惩罚，但对自己而言，则大不利，尤其是酒家老板的妻子和织布老人的儿子，不仅一无所得，反而将自己赔给檀腻奇当妻子、当儿子，弄得血本无归。于是众人都撤诉回家了。

第98窟壁画"端正王本生故事"中绘借牛、问渡口、酒店饮酒、压死织布老人、端正王判案等情节。其中酒店饮酒的画面中，檀腻奇赤裸上身，面带愁容，与之对坐的身穿大袖长裙妇女，便是酒店女主人，即被压死的婴儿之母亲（图15）。

图15　五代第98窟北壁　檀腻奇与酒店女老板

## 十二、花枝招展的女外道

五代第146窟西壁所绘的《劳度叉斗圣变》，展现了佛教与外道为了争夺势力范围而进行的生死搏斗。

据佛经说，舍卫国大臣须达赴王舍城辅相护弥家为子求媳，偶然遇到释迦说法，听后皈依了佛教。为了请释迦亲临舍卫国说法，须达出重金购太子祇陀园建造精舍，以作道场。六师外道闻讯，依恃国王权势，从中作梗，约佛斗法，以胜负决定是否建立精舍。外道推劳度叉出面，佛遣弟子舍利弗应约。若舍利弗胜，则外道皈依佛法，若劳度叉胜，则不准起精舍，且太子与须达亦将受诛。因事关两教在舍卫国的生死存亡，国王坐在北面作裁判，官吏百姓位于南面围观监督，舍利弗升狮子座于东，劳度叉身居宝帐于西，双方连续展开了惊心动魄的较量。

图16　五代第146窟西壁　女外道

在第六个回合中，劳度叉变作一棵参天大树，舍利弗则化作风神，放出狂风将大树连根吹拔。画面中，风神解开风囊，一场旋风，使草木随风倾倒，烈火顺风延烧；大树被拔起，金鼓被刮倒；劳度叉的宝座被大风吹得摇摇欲坠，一群外道手忙脚乱，打桩，牵绳，架梯，勉力撑持，狼狈不堪；特别是劳度叉座下的女外道，她们本来"严丽庄饰拟共惑舍利弗"，但突然狂风大作，诸女抱头掩面，惊慌失措，花容无色。这些女外道，头梳高髻，身着窄袖紧身花衫，束彩裙，虽然花枝招展，但也是当时平民女子的日常衣着（图16）。

从以上介绍可以看到，敦煌壁画中的女性形象，既有宫廷中的王妃宫女和地方贵族妇女，也有普通庶民百姓；既有因为政治需要而和亲出嫁的公主，有因为貌丑而被锁在深宫的公主，也有勾引丈夫徒弟的师母，还有挤奶的村姑；既有在家或病坊里照顾患者的女人，也有在地狱遭受折磨的目连之母，另外还有二母争子和母亲因为儿子偷盗判死刑向佛求情等与法律有关的故事，等等，从不同角度不同层面直接或间接地反映了当时中国古代妇女的生活状况。

# 论莫高窟晚唐第 9 窟探筹图非投壶图

莫高窟晚唐第 9 窟主室中心柱南侧平顶，依据竺法护译《大宝积经·密迹金刚力士会》绘 "密迹金刚力士会变"（或曰 "密迹金刚力士经变"）[1]。在该经变画下部的画面中，绘一巨大的宝瓶，瓶口盛数根筷状的细棒；宝瓶两侧各站立两个身穿大袖长袍的俗装人物，其中宝瓶右侧有一人正用左手去取瓶口的一根细棒；宝瓶右上侧有一榜题竖书："千子金瓶□时。"宝瓶左上侧也有一榜题，从左往右两行竖书："第九减中增劫 \ 时成世界水。"（图 1）对于这个画面，李重申先生和李金梅女士曾多次将其谓之 "投壶图"，现将有关论述摘引于下：

李重申先生于 2000 年在《敦煌古代体育文化》一书中述说："敦煌莫高窟晚唐第 9 窟中心柱南平顶 '密迹金刚' 中绘有投壶的情景。五代第 61 窟西壁《佛传故事》屏风画第 21 扇绘有投壶。画面表现出悉达太子与四释子围绕一台，台右上角有一壶，正进行着比赛。""敦煌遗书 P.3866《涉道诗》中描述了投壶是修道之人优雅的游戏。"[2]

李重申先生、李金梅女士于 2007 年在《忘忧清乐：敦煌的体育》一书中又述道："敦煌莫高窟晚唐第 9 窟中心柱南平顶 '密迹金刚' 中绘有投壶的情景。画面表现出悉达太子与四释子围绕一台，台右上角有一壶，正进行着比赛（图 144）。五代第 61 窟西壁《佛传故事》屏风画第 21 扇绘有投壶画面。""敦煌遗书 P.3866 李翔《涉道诗》中描述了投壶是修道之人优雅的游戏。"该书附有插图，其图 144 文字说明为 "图 144 投壶莫高窟第 9 窟主室中心柱南平顶晚唐"[3]。

李重申先生、李金梅女士于 2008 年在《丝绸之路体育图录》一书中再次重述："敦煌莫高窟晚唐第 9 窟中心柱南平顶中绘有投壶的情景。五代第 61 窟西壁佛传

---

[1] 梁尉英《敦煌石窟艺术·莫高窟第九窟、第十二窟（晚唐）》，江苏美术出版社，1994 年，第 19—22 页。

[2] 李重申《敦煌古代体育文化》，甘肃人民出版社，2000 年，第 151、152 页，该书中未附插图。

[3] 李重申、李金梅《忘忧清乐：敦煌的体育》，甘肃教育出版社，2007 年，第 116、117 页。

图1　晚唐第9窟中心柱南侧平顶　探筹图

故事屏风画第 21 扇绘有投壶。画面表现出悉达多太子与四释子围绕一台，台右上角有一壶，正进行着比赛。"敦煌遗书 P.3866 李翔《涉道诗》中描述了投壶是修道之人优雅的游戏。"该书附有插图，其图 512 文字说明为"图 512 投壶图甘肃敦煌莫高窟第 9 窟壁画，主室中心柱南平顶，唐"，另外插图还附有英文说明[4]。

这几本书一而再、再而三地述说"敦煌莫高窟晚唐第 9 窟中心柱南平顶中绘有投壶的情景"，更重要的是后面两本书中还附有图片与图片文字说明，特别是《丝绸之路体育图录》具有很强的资料性，会让其他研究者对此信以为真。又，《忘忧清乐：敦煌的体育》一书中在述说"敦煌莫高窟晚唐第 9 窟中心柱南平顶中绘有投壶的情景"之后，接着述说"画面表现出悉达太子与四释子围绕一台，台右

---

[4] 李金梅、李重申《丝绸之路体育图录》，甘肃教育出版社，2008 年，第 340、341 页。

上角有一壶，正进行着比赛"，虽然属于誊抄或排版过程中的文句颠倒，但会让人误以为是晚唐第9窟的内容，实际应为五代第61窟佛传故事屏风画中表现的内容。又，"五代第61窟西壁佛传故事屏风画第21扇绘有投壶"也不准确，应改为"五代第61窟佛传故事屏风画第21扇绘有投壶"或"五代第61窟佛传故事屏风画西壁南起第12扇绘有投壶"。

　　不过，我们更关心的是：莫高窟晚唐第9窟中心柱南平顶中所绘内容，究竟是不是投壶的情景呢？这是本文需要解决的问题。

　　其实，早在1994年梁尉英先生就指出："（晚唐第9窟中心柱）南侧平顶的是一幅构图一体的经变画，依其所据，应称之为'密迹金刚力士会变'或'密迹金刚力士经变'。"[5] 并在相关图版说明中介绍："此图所绘是《大宝积经》卷八《密迹金刚力士会》关于贤劫千佛于宿世抽签决定名号和兴世次第的内容。图绘释迦牟尼佛在王舍城灵鹫山说法，下为盛签的金瓶，勇郡王及王后、太子供养千佛名号，大海示'劫欲成时世界尽为一水'（《大悲经》卷三），即贤劫之世。右绘楼至佛啼泣，左绘密迹金刚降魔护法（榜题书作楼至佛）。右侧和上方（整个平顶）均为千佛，各有题名。此变相与一般经变不同，由于壁面所限，画面主体的说法图和千佛抽签受记的主要情节画面在平顶西端，画面小，形象小，而千佛占据绝大部分壁面。"[6]

　　与榜题和画面内容相关的佛经为《大正藏》第11册第47—52页的《大宝积经》卷第九："时有转轮圣王，名曰勇郡王……其王正后玉女宝及诸婇女，皆发无上正真道意。王有千子，具足勇猛与众殊异端正超绝……其王诸子，志性安和无放逸行，常以至心供奉如来听受经典……于是勇郡转轮圣王，独处宴坐在于清净高阁按露，自心念言：'是吾诸子皆发无上正真道意。今当试之。何所太子先当逮致无上正真之道为最正觉者。'便敕工师作七宝瓶极好团圆，作七宝显现微妙，又高七刃为四十九尺，使诸千太子各各疏（书）名，作七宝筹，着瓶中，举瓶着上，咸共夙夜七日供养……时转轮王过七日后，取是七宝瓶，在中宫夫人婇女诸太子众前，举着紫金案上使人举瓶，令诸太子各各探筹。有太子名曰净意，得第

[5] 梁尉英《敦煌石窟艺术·莫高窟第九窟、第十二窟（晚唐）》，江苏美术出版社，1994年，第22页。

[6] 梁尉英《敦煌石窟艺术·莫高窟第九窟、第十二窟（晚唐）》，江苏美术出版社，1994年，第213、214页。

一筹……则拘留孙如来是也；从次太子名离名闻兵，则拘那含牟尼佛是也……有太子名意无量，得最后筹，是王太子当在最后成行觉道……得最后筹穷底成佛……名曰楼由如来至真等正觉……法意太子曰：'吾自要誓诸人成得佛时，当作金刚力士，常亲近佛在外威仪，省诸如来一切秘要，常委托依，普闻一切诸佛秘要密迹之事。'……从拘留孙为始作佛，至楼由竟千佛也。其法意太子，则今金刚力士名密迹是也。"从经文内容可以得知，有关画面应该是"探筹图"，而非"投壶图"。

关友惠先生在 2001 年出版的《中国敦煌壁画全集 8：晚唐卷》中的相关画面的文字说明也写道："经说，过去很久以前有转轮圣王，王有千子，知道他们'皆发无上正真道意'，即设七宝瓶，令诸子书名筹签投入瓶内，供养七日后，再令诸子探筹，依此决定将来成为贤劫千佛出世的先后和名号。图为竖长条幅，下半是佛说法和七宝瓶，瓶内有筹签，宝瓶左右是十方天子辅佐供养。大海表示此时劫，世界海形成之时，即贤劫千佛出世之时。图右上角小坐佛驾云从大海中升起，是王太子'净意'，得第一筹，为'拘留孙佛'。左上角小坐佛是太子'离名阅兵'，得第二筹，为'拘那牟尼含佛'。右侧的一人是太子'意无量'得最后一筹，为'楼至佛'。因最后成佛已无众生可度，而哭泣了。左侧执金刚杵者是楼至佛发愿去做佛的护法。图上半都是次第受记的千佛，一种是坐金刚座于圆拱形塔内，另一种是坐莲花座于菩提树华盖之下。"[7]

从梁尉英先生和关友惠先生的论述介绍来看，晚唐第 9 窟中心柱南侧平顶所绘内容应该是与贤劫千佛有关的"密迹金刚力士会变"或"密迹金刚力士经变"，而该经变下部绘有宝瓶和俗装人物的画面内容则应该是表示"令诸太子各各探筹"的情景，即梁尉英先生所说的"贤劫千佛于宿世抽签决定名号和兴世次第"。因此单就画面图像而言，可以将其谓作"探筹图"或"抽签图"。

令人不解的是，李重申先生《敦煌古代体育文化》中述说"晚唐第 9 窟中心柱南平顶投壶图"时，提及"密迹金刚"，可见李重申先生看过梁尉英先生编著《敦煌石窟艺术·莫高窟第九窟、第十二窟（晚唐）》一书。李重申先生、李金梅女士于 2007 年出版的《忘忧清乐：敦煌的体育》和 2008 年出版《丝绸之路体育图录》，也晚于关友惠先生 2001 年出版的《中国敦煌壁画全集 8：晚唐卷》多年。

---

[7] 关友惠《中国敦煌壁画全集 8：晚唐卷》，天津人民美术出版社，2001 年，第 84 页图版说明。

李重申先生、李金梅女士长期坚持认定此幅画面是"投壶图"，可能是不同意梁尉英先生和关友惠先生的观点，但却未提出自己的考证依据。或是仅根据画面中所绘宝瓶装有筷状细棒，便将其定为"投壶图"；或是认为经文中所说的"探筹"便是"投壶"。

为此，我们有必要搞清楚什么是探筹，什么是投壶。

所谓"探筹"，探，本义为摸取，《尔雅注疏》郭璞注："探者，摸取也。"[8]《新五代史·南唐世家》："取江南如探囊中物尔。"[9]即从深处取物之意。筹，木、竹或象牙等制成的小棍或小片，用来记数或作为领取的物品的凭证，即记数和计算的用具，《汉书·五行志下之上》："筹，所以纪数。"[10]也是古代投壶所用的矢，《礼记·投壶》："筹，室中五扶，堂上七扶，庭中九扶。算长尺二寸。"[11]

在佛经中，"筹"亦指以竹、木、铜、铁等做成之细棒，长约一寸，粗如小指，多用于僧团举行布萨或灭净时计算僧众人数。《四分律删繁补阙行事钞》云："行筹者，为檀越问僧不知数，佛令行筹，不知沙弥数，行筹数之……筹极短并五指，极长拳一肘，极粗不过小指，极细不得减箸。有客来不知，行筹收取数之，一人行一人收，乃至收已数之，知数已唱言：'比丘若干，沙弥若干，出家人和合若干。'"[12]

探筹，即今天所说的抽签。《荀子·君道》："探筹投钩者，所以为公也。"王先谦《荀子集解》引郝懿行曰："探筹，剡竹为书，令人探取，盖如今之掣签。"[13]佛经中也有许多关于探筹的记载，如《法句譬喻经》卷4："罗刹瞋恚出宫尽欲杀人……食饮当得人肉……国老共出宣令人民皆共探筹，以此为次家出一小儿，生用作食，食罗刹王。三四千家正有一户，为佛弟子，居门精进，五戒不犯，随民探筹，得第一筹有一小儿，当先食。"[14]又如《经律异相》卷19记载："昔有沙门，随商人渡海，半路船回，不复得去。众人佥曰：'船中当有不净洁者，探筹出之。'

[8] 阮元校刻《十三经注疏》（下），中华书局，1980年，第2577页。

[9]《新五代史·南唐世家》，中华书局，1974年，第778、779页。

[10]《汉书·五行志下之上》，中华书局，1962年，第1476页。

[11] 吴树平等点校《十三经全文标点本》（上），北京燕山出版社，1991年，第935页。

[12]《大正藏》第40册，第34页。

[13] 王先谦《荀子集解》，中华书局，1988年，第230、231页。

[14]《大正藏》第4册，第607页。

道人三得出筹,自投海中。"[15] 这里面的"探筹",都是"抽签"的意思。

　　而投壶则属于射击类活动,如《投壶仪节》:"投壶,射礼之细也,燕而射,乐宾也。庭除之间,或不能弧矢之张也,故易之以投壶,是故投壶射类也。"[16] 其使用的工具如《礼记·投壶》记载:"筹,室中五扶,堂上七扶,庭中九扶。算长尺二寸。壶,颈修七寸,腹修五寸,口径二寸半,容斗五升。壶中实小豆焉,为其矢之跃而出也。壶去席二矢半。矢以柘若棘,毋去其皮。"[17] 一般在较远的地方用筹对准目标投射,如晋人孙盛《晋阳秋》记载:"王胡之善于投壶,言手熟闭目。"[18]《晋书》记载:"石崇有妓,善投壶,隔屏风投之。"[19]

　　从以上文献记载可以看到,虽然探筹和投壶所使用的筹都是细长的小棍棒或小片,但探筹所使用的筹上一般都书写有内容或作有记号,而投壶所使用的筹则只是类似箭一样的物体;两者的主要区别在于"探"和"投","探"是在较近的地方摸取"筹","投"则是在较远的地方用"筹"投射目标。更重要的是,探筹主要靠运气,而投壶主要靠技巧。

　　现在,我们再来看晚唐第 9 窟主室中心柱南侧平顶的有关画面:盛装数根筷状细棒的宝瓶两侧,各站立两个身穿大袖长袍的俗装人物;宝瓶右侧有一人正用左手去取瓶口的一根细棒,其与宝瓶的距离及形象特征都和文献记载的探筹活动完全吻合,而与投壶活动的记载不符。

　　综上所述,对于晚唐第 9 窟主室中心柱南侧平顶的有关画面,根据相关文献与图像对照,笔者认为正确的定名应该是"探筹图"或"抽签图"。另外,晚唐第 9 窟主室中心柱北侧平顶也有类似画面,应该也是探筹图,这里就不再讨论了。

---

[15]《大正藏》第 53 册,第 107 页。

[16] 汪禔编辑《投壶仪节》,《丛书集成初编》,中华书局,1985 年,第 13、14 页。

[17] 吴树平等点校《十三经全文标点本》(上),北京燕山出版社,1991 年,第 935 页。

[18] 李昉《太平御览》(第四册),中华书局,1960 年,第 3343 页。

[19] 李昉《太平御览》(第四册),中华书局,1960 年,第 3343 页。

# 论莫高窟中唐第 7 窟弈棋图非双陆图

　　莫高窟中唐第 7 窟东壁门南的《维摩诘经变》中，绘有一幅弈棋图，画面中绘一矮桌上布一棋盘，矮桌两侧各坐一人正作对弈状，矮桌后侧中央有一观棋者（图 1）。

　　莫高窟宋代第 454 窟东壁门南的《维摩诘经变》中，也有类似画面，并书有榜题："若至博戏辄以度人，受诸异道不毁正信，虽明常乐佛法。"根据其榜题，

图1　莫高窟中唐第7窟东壁 维摩诘经变·弈棋

可知该画面为依据鸠摩罗什译《维摩诘所说经·方便品》中"若至博弈戏处辄以度人，受诸异道不毁正信，虽明世典常乐佛法"经文所绘制[1]。

不过，经文中没有说"博弈戏"是具体的哪一种，所以要判断壁画中究竟画的是什么内容，要根据具体情况作具体分析。

面对莫高窟中唐第 7 窟东壁的这幅弈棋图，有一些专家学者反复坚持认为是"双陆图"，如谭蝉雪编《敦煌石窟全集·民俗画卷》第 52 页中介绍"双陆"时说："双陆的棋路必须画十二条直线，左六右六，这就是双陆（双六）之意。"其图版说明为"图 35 双陆 中唐 莫 7 东壁门南。二人对弈，中坐者是维摩居士，棋盘左右各六路，乃双陆博戏，尚未对阵，正拟开始。"[2]

又如李重申著《敦煌古代体育文化》中云："莫高窟第 7 窟东壁门南，绘有一幅二人对弈的双陆博戏图。"[3]

又，李重申、李金梅著《忘忧清乐——敦煌的体育》中云："敦煌莫高窟中唐第 7 窟东壁门南，绘有一幅两人对弈图。画面中坐者是维摩居士，棋盘左右各六路，乃双陆博戏，两人正在对弈中。"其图版说明为"图 114 双陆 莫高窟第 7 窟东壁门南，中唐"[4]。

又，李金梅、李重申著《丝绸之路体育图录》："敦煌莫高窟中唐第 7 窟东壁门南，绘有一幅两人对弈图。画面中间坐者是维摩居士，棋盘左右各六路，乃双陆博戏，两人正在对弈中。"其图版说明为"图 403，弈双陆图，甘肃敦煌莫高窟第 7 窟壁画，东壁门南，唐"[5]。

又，谭蝉雪著《盛世遗风——敦煌的民俗》中介绍"双陆"时说："双陆的棋路必须是十二条直线，左六右六，这就是双陆（六）之意。……（图 34，二人对弈，中坐者是维摩居士）。"其图版说明为"图 34，双陆图，莫高窟第 7 窟，东壁门南，中唐"[6]。

然而，当我们仔细观察，就会发现莫高窟中唐第 7 窟的这幅弈棋图与古代文

[1]《大正藏》第 14 册，第 539 页。

[2] 谭蝉雪编《敦煌石窟全集·民俗画卷》，（香港）商务印书馆，1999 年。

[3] 李重申著《敦煌古代体育文化》，甘肃人民出版社，2000 年 6 月，第 87 页。

[4] 李重申、李金梅著《忘忧清乐——敦煌的体育》，甘肃教育出版社，2007 年，第 95、94 页。

[5] 李金梅、李重申著《丝绸之路体育图录》，甘肃教育出版社，2008 年，第 268、267 页。

[6] 谭蝉雪著《盛世遗风——敦煌的民俗》，甘肃教育出版社，2008 年，第 33 页。

图2　元代陈元靓《事林广记》中的"打双陆图"

献和考古发现中的双陆图，有很大的差别。如宋末元初人陈元靓《事林广记》中刻有当时流行的"打双陆图"，对双陆的棋具、格式、布局以及场景等，都有形象生动的描绘。其棋盘为长方形，左右各刻有一个半月形门，门的两边各刻六个圆点（图2）。又如1973年新疆吐鲁番阿斯塔那唐墓中出土的一件双陆棋盘，长方形的棋盘上，用螺钿镶成的花眼来标示棋格，每边的左右各有六个；棋盘长边的中央有月牙形的门（图3）。又如1974年辽宁法库县叶茂台7号辽墓中出土的一副双陆棋具，其棋盘长52.8厘米，宽25.4厘米，左右两个长边各以骨片嵌制了12个圆形的"路"标和一个新月形的"门"标；棋子为尖顶平底中有束腰，高4.6厘米，底径2.5厘米，共30枚，一半为白子，一半施黑漆为黑子（图4-1、图4-2）。又如1980年甘肃省武威市南营乡青嘴湾弘化公主墓出土的21枚唐代双陆棋子，这些棋子形状为半球体，底部圆平，顶部另嵌圆球形短柄（图5）。

　　从文献和考古实物可以看到，双陆的棋盘其最大的特点是棋盘一般为长方形，左右各刻有一个半月形门，半月形两侧有六个圆点；而棋子或为尖顶平底中有束腰，或为半球体、底部圆平、顶部另嵌圆球形短柄，"大抵如今人家所用捣衣椎状"[7]。而这些特点，在莫高窟中唐第7窟弈棋图中都未见到。

[7] 洪遵《谱双》卷5，《丛书集成初编》，中华书局，1991年，第41页

图3　新疆阿斯塔那唐墓中的双陆棋盘

图4-1　辽宁法库县叶茂台7号辽墓出土　双陆棋具　辽宁省博物馆藏

图4-2　辽宁法库县叶茂台7号辽墓出土　双陆棋具中的骰子　辽宁省博物馆藏

图5 武威南营乡青嘴湾弘化公主墓出土 唐代象牙双陆棋子

其实，只要对照敦煌其他洞窟《维摩诘经变》的相同画面，就很容易辨别莫高窟第7窟《维摩诘经变》中弈棋图的具体内容，如榆林窟五代第32窟北壁《维摩诘经变》中也有一幅弈棋图，画面中绘一长条状棋盘，棋盘中纵刻有11条线，横刻有17条线；棋盘两侧各有一弈棋者，有一人正举手走棋，另一人则凝神观局；棋盘后方有一旁观者（或许是裁判）（图6）。又如莫高窟宋代第454窟东壁《维摩诘经变》中的弈棋图，绘一矮桌上布棋盘，棋盘上纵横均有9条线；矮桌两侧各坐一人，均以右手正欲布子；画面右侧绘一人旁观（图7）。而这两幅弈棋图显然与双陆图无关，而与围棋图基本相同，只是棋盘上所刻的纵横局道和棋子的布局均并非写实，大概是不会下围棋的画工所绘。另外，第454窟中心佛坛上清代绘屏风画内的一幅弈棋图，画面中棋盘横有14条线，纵有12条线；黑红棋子的色彩、布局和数量也非写实（图8）。新疆吐鲁番阿斯塔那唐墓出土绢画《贵妇弈棋图》中棋盘上纵横均刻17条线，可谓写实，但黑白棋子的布局与数量则显然是不会下围棋的画工所绘（图9）。

重要的是，李重申、李金梅等专家学者一直将榆林窟五代第32窟北壁、莫高窟宋代第454窟东壁《维摩诘经变》以及第454窟中心佛坛上清代绘屏风画和新疆吐鲁番阿斯塔那唐墓出土绢画《贵妇弈棋图》中的弈棋图定名为"弈围棋

图6　榆林窟五代第32窟北壁　维摩诘经变·弈棋

图7　莫高窟宋代第454窟东壁　维摩诘经变·弈棋

图8 莫高窟第454窟佛坛上清代绘屏风画 弈棋

图9 新疆阿斯塔那 唐墓出土 贵妇弈棋图

图"[8]。而莫高窟中唐第7窟东壁《维摩诘经变》中的弈棋图，与这些"弈围棋图"基本相同。

又，唐代湛然《维摩经略疏》卷3释云："若至博弈戏处辄以度人，博谓博塞弈是围棋之类。"[9] 此也可作为莫高窟中唐第7窟东壁《维摩诘经变》中所绘弈棋图为"弈围棋图"的间接佐证。

最后得以确切佐证的是，经笔者仔细辨认，莫高窟中唐第7窟《维摩诘经变》中的弈棋图，所绘棋盘上横有9—11条线，纵有14条线，并非所谓的"左右各六路"。问题在于，即使棋盘上确实是左右各六路，我们也不能因此断定其为"双陆图"；关键是要看棋盘上有无半月形和其两侧的六个圆点，以及棋子是否类似捣衣椎形状等特征。

由此可以完全肯定，莫高窟中唐第7窟《维摩诘经变》中的弈棋图，绝不是"双陆图"，而是"围棋图"或"弈围棋图"。

[8] 李金梅、李重申著《丝绸之路体育图录》，甘肃教育出版社，2008年，第273—278页。
[9]《大正藏》第38册，第600页。

# 敦煌壁画中的唐代女性发髻

最初，人们为了便于劳作，对头发进行梳理、捆扎，于是产生了发髻。后来在阶级社会里，发髻被用以"分尊卑、别贵贱、辨亲疏"，成了人们社会地位和阶级属性的标志，同时也体现了不同的审美情趣。敦煌壁画中保存有大量不同时代的发髻，式样繁多，这里只介绍其中唐代女性的发髻。

敦煌壁画中唐代女性的发髻多式多样，既有承袭前期之式，也有刻意创新之形，具体有以下一些形式：

"椎髻"，如初唐第329窟东壁的女供养人和晚唐第196窟中的魔女"一撮之髻，其形如椎"（图1）。椎髻在壁画中颇多，初唐第331窟的女供养人、中唐榆林窟第25窟南壁东端《十六观》中的王后等也均作椎髻。椎髻也可以谓作高髻，即高耸头顶之髻，是古老式样的一种新发展，汉代就有"城中好高髻，四方高一尺"的说法。北魏高髻多作圆球形，唐初高髻形式多样，形成了一时风尚。高髻之风在社会上产生很大的影响，唐太宗也曾加以斥责，但太宗近臣令狐德棻认为，头在上部，地位重要，高大些也有理由，为其辩解。因此高髻不受法令限制，更加多样化。敦煌藏经洞出土 P.4638《孔公浮图功德铭》中有"盛椎髻而孤标"之语，另外在西安、洛阳、太原、新

图1　初唐第329窟东壁　女供养人（段文杰临）

217

疆等地出土初唐墓壁画和陶俑中，多有此种不着花钗的椎髻，可见这是一种流行时间长、地域广的时妆。

灵蛇髻属"椎髻"之一种，始自魏、晋时期，髻式变化无常态，随时随形而梳绕之。特点是将发分几股，似拧麻花地把头发扭转，盘结于头顶或两侧。据《采兰杂志》记载："甄后既入魏宫，宫廷中有一绿蛇，口中恒吐赤珠，若梧子大，不伤人，人欲害之，则不见矣。每日后梳妆，则盘结一髻形于后前，后异之，因效而为髻，巧夺天工，故后髻每日不同，号为灵蛇髻，宫人拟之，十不得一二也。"视蛇之盘形而得到启发，因而仿之为髻。如晚唐第196窟的魔女中有两人就头梳此髻（图2）。盛唐第445窟《弥勒经变》中的女性有两位就在额前梳有似蛇盘曲的髻，这种贴切的样式看上去灵活旋动，可随时随形而梳绕之，具有时尚感，故很受当时妇女的喜爱。

图2　晚唐第196窟 魔女（欧阳琳临）

抛家髻，是开元、天宝时代的新妆，两鬓抱面，余发束于头顶，作各式朵子。据《新唐书·五行志》记载："唐末，京都妇人梳发以两鬓抱面，状如椎髻，时谓之'抛家髻'。又世俗尚以琉璃为钗钏，近妖服也。抛家、流离，皆播迁之兆云。"

隐喻安禄山叛乱之后，唐王室流离失所，百姓抛家外逃之意。唐·段成式《髻鬟品》也有记载："长安城中有盘桓髻、惊鹄髻，又抛家髻及倭堕髻。"抛家髻在壁画中颇多，如初唐第205窟女供养人，盛唐第217窟《得医图》中的妇女，盛唐第445窟《弥勒经变》中的妇女，盛唐第130窟都督夫人及其女儿均梳抛家髻（图3）。这种不插或者少插花钗的头饰，大约就是敦煌曲子词《倾杯乐·窈窕逶迤》中所说的"素绾乌云髻"。

惊鹄髻，属于反绾式之一。其梳法是将头发拢上反绾，成惊鸟双翼欲展之势，生动而有趣。据《中华古今注》记载："魏宫人好画长眉，令作蛾眉惊鹄髻。"惊鹄髻在壁画中也有表现，如盛唐第39窟西壁龛内的佛母摩耶夫人与天子，四人均梳惊鹄髻，状如飞鸟羽翼。盛唐第217窟北壁《十六观》中的王后也头梳惊鹄髻（图4）。

半翻髻，发髻高耸如翼而向一边倾斜。半翻髻又叫"刀形半翻髻"，按其形状、制法可能属于假髻。唐初时流行于宫中，段成式《髻鬟品》里有"高祖宫有半翻髻、反绾髻、乐游髻"之语。如初唐第375窟南壁下层女供养人中的主人头梳刀形半翻髻，身穿窄袖衫，长裙，肩披长巾，手捧莲花作虔诚供养状（图5）。婢

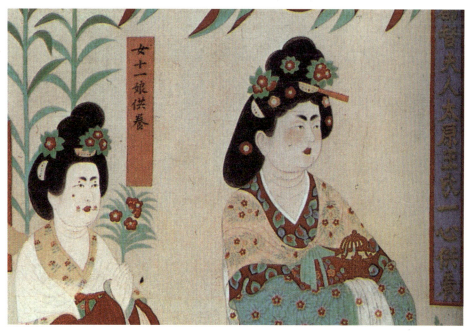

图3　盛唐第130窟　都督夫人（段文杰临）

女饰双丫髻，窄袖衫裙，持扇披巾，跟随身后。形象的大小，有年幼之别，也有主仆身份地位之分。初唐第209窟西壁南、北侧故事画中的女性以及榆林窟中唐第25窟北壁《弥勒经变》中的劳动妇女亦头梳半翻髻。由此可见半翻髻也是唐初的新式样。而盛唐第445窟《弥勒经变》中女性的发髻就有好几种，其中比较典型的是梳有特别高的刀形半翻髻，以及在额前绾成回心髻的样式，看上去给人的感觉是不但美，而且还很新异，非常有个性（图6）。

双鬟望仙髻，是一种高状作双环形的发髻。《妆台记》有"开元中梳双鬟望仙髻"语。流行于初唐及盛唐时期，梳结方式是由正中分发，将头发分成两股，先在头顶两侧各扎一结，然后将余发用丝绦束缚成环形，高耸于头顶或头之两侧，有瞻然望仙之状。据

图4　盛唐第217窟北壁　十六观中的王后

图5　初唐第375窟南壁　女供养人

图6　盛唐第445窟　弥勒经变中的妇女（史苇湘临）

段成式《髻环品》载，唐玄宗时，宫中盛行双环望仙髻，后为贵族妇女所喜尚，宋时仍流行。敦煌壁画见于中唐第154窟北壁《报恩经变》"树下弹筝图"中公主的头饰，以及榆林窟中唐第25窟南壁西端"未生怨"中韦提希夫人和北壁《弥勒经变》中的玉女便头饰双鬟望仙髻（图7）。

花髻，是将美丽的鲜花插之于髻上的发式，从属高髻。盛唐第130窟《都督夫人太原王氏礼佛图》中的都督夫人就是非常典型的头作花髻（参见图3），还

图7　榆林窟中唐第25窟北壁　玉女

221

图8　盛唐第45窟　未生怨故事中的王后（欧阳琳临）

见于盛唐第45窟未生怨故事中的王后，双手合十，头顶一朵硕大的菊花（图8）。正如李白《宫中行乐词》有："山花插宝髻。"万楚《茱萸女》有："插花向高髻。"唐人用鲜花或假花饰于髻上显示其妩媚，可谓美上加美。

这些高大的发髻，并非都是真发梳成，大多是假髻，唐代店铺里有各式假髻出售，新疆唐墓中出土了用漆纱制成的随葬假髻。《新唐书·五行志》里说："杨贵妃常以假髻为饰，好服黄裙。"因此盛唐以来特别流行。壁画中贵族妇女的"高髻险妆"自然大半也是戴上去的假髻。发髻高给人的感觉是不但夸张了发饰美，而且还夸张了人体比例美。

双丫髻，又称之为"双角髻"或"双童髻""总角"等。顾名思义，这种髻式即是将发在头顶两边各扎成一个小髻，其状如丫而得名。这种髻多为侍婢、童仆或男女儿童常梳的发式，未婚的青年女子也有梳这种发髻的，但一般为贫家女儿，如"江头女儿双髻丫……，插髻烨烨牵牛花"，便是北宋诗人陆游《浣花女》一诗中对渔家女儿发髻的生动描写。敦煌壁画中也多为侍婢梳双丫髻，如初唐第375窟南、北壁下层女供养人中的侍女或梳双丫髻，或梳椎髻，身穿窄袖衫裙，或持扇，或捧物，或合十，跟随在主人身后。晚唐第156窟中抱盒侍女也是或梳

图9　晚唐第156窟 抱奁婢女（李其琼临）

双丫髻，或梳椎髻（图9）。

双垂鬟髻，将头发分成两部分，在头的两侧各盘卷一髻垂下的发式。有鬟而下垂者，叫作双垂鬟髻；无鬟而又不下垂，并梳于头两侧的发式，则直谓曰双髻。一般未婚女子或侍女、婢伎、童仆等都梳这种发式，自汉至明在民间较流行。唐杜甫诗："至老双环只垂颈，野花山叶银钗并。"说唐代女子"至老"还没出嫁，仍"双环垂颈"（双垂环髻）。壁画中如盛唐第130窟《都督夫人太原王氏礼佛图》中的四个侍女便鬟垂双鬟（图10），晚唐第9窟的女供养人身后的少女也梳此髻。敦煌藏经洞出土 S.1441 曲子词《柳青娘·青丝髻绾》云："青丝髻绾脸边芳。"正是对双垂鬟髻的形象描写。

双髻垂鬟，是将发顶平分两大股，将一部分发梳结成对称的髻，束结于顶，余发再辫发鬟在两耳下垂的式样。壁画中如晚唐第17窟北壁的近侍女为典型的梳此种发髻（图11）；晚唐第156窟抱奁侍女中的一位也梳此髻。由此可见这种将双髻与双鬟融为一体的发式便成为唐以后历代属于侍女、婢仆阶层的固定发式了。

另外还有平髻式，是指介于高髻与垂髻之间的一类发髻形式。即既不似高髻那样耸竖于头顶上，又不似垂髻式那样分垂于头的两侧或偏于一侧。据文献记载

图10　盛唐第130窟　都督夫人图中的侍女（段文杰临）

图11　晚唐第17窟北壁　近侍女

似兴于魏晋而盛于隋与初唐，到了盛唐以后则已不多见。这种发髻形式曾在隋与初唐社会的贵族妇女中比较流行，在敦煌壁画中也见于盛唐第445窟《弥勒经变》中的几位女性（参见图6）。

　　总之，敦煌壁画中唐代女性的发髻，随着社会或社会风俗的演变、易化而渐趋繁复、庞杂，不仅反映了人们对发式美的追求，同时也是古代人们精湛技艺的体现，同时还为今天的美发研究者与设计者提供了不可多得的图像参考资料。

# 敦煌壁画中妇女的插梳方式

古代的梳子，既是一种必备的梳理用具，又是古代妇女的一种重要的妆饰品。作为人类物质创造和精神创造的综合产物，梳子不仅记录了社会生活状态的变化，同时也记录了人们审美观的变化。

敦煌壁画中的贵妇们不但重视变化发髻的样式，而且还在发髻上装饰各种金银珠宝、翠玉花钿，最常见的是在发髻上插梳子，贵妇讲究的是用金、银、犀、玉、象牙梳子，插入发髻，显露梳背，别有风韵。

梳子在敦煌壁画中主要以不同的插梳方式来表现，其妇女的插梳方式可分为以下几类：

## 一、在前额上方正中插一把梳

这种插法是最简单最实用的插法，可固定额部前的头发，又具有装饰作用。初唐第 220 窟的女供养人、中唐第 159 窟西壁佛龛下女供养人及侍从（图 1）、中唐 159 窟《挤奶图》中左下角的妇女、盛唐第 130 窟《都督夫人太原王氏礼佛图》中的女十三娘都是这种插法。女十三娘头上的梳子比较特殊，整个梳齿和梳背都露在发外，最耀眼的是梳背上镶嵌有四颗宝石，红、绿、蓝，色彩鲜艳，看上去更衬托出女十三娘的雅致和高贵（图 2）。

图1　中唐第159窟　女供养人（常沙娜临）

225

图2　盛唐第130窟 女十三娘　　　　　　图3　晚唐第107窟 女供养人（李其琼临）

　　镶嵌是指将各种光辉耀眼的小型片状或圆状物，嵌到梳子之上作为装饰，其构思巧妙，明快醒目。镶嵌的材料，主要有金属、玉石、珍珠、珊瑚等。这种装饰手法，自史前时期开始出现，一直沿用到明清时期。上述敦煌壁画中盛唐第130窟《都督夫人太原王氏礼佛图》中表现得尤为突出。唐周昉《簪花仕女图》中画一插梳贵妇，其鬟发的梳背上也镶嵌着十分耀眼的红色和蓝色宝石。

　　榆林窟中唐第25窟北壁的《老人入墓图》中的三身妇女、盛唐第45窟北壁王后与女眷、晚唐第9窟东壁的女供养人第二、三身，与身后的女侍从以及晚唐第144窟的女供养人、晚唐第12窟嫁娶图中的妇女、晚唐第107窟东壁北侧下部的女供养人的发髻上，都能见到这种插法。第107窟中的女供养人为身份低下的婢女的画像（图3），这说明插梳在唐代已经相当普及，不仅表现在贵妇们的发髻上，一般妇人的发髻上也有所表现，正体现了爱美之心人皆有之。

　　此种插法延续到五代、宋，如五代榆林窟第20窟南壁女供养人、榆林窟第38窟西壁女供养人、宋第76窟北壁女供养人的发髻上都能见到这种插法。

　　敦煌藏经洞出土绢画中也绘有此插法，如唐代咸通五年（864年），《四观音文殊普贤图》中最下方二身女供养人（此画是斯坦因收集的画中年代最早的作品）、唐代《佛传》图中释迦降生时摩耶夫人身旁的二侍女头正中均插一黄色梳，颜色看上去还闪闪发光，估计此梳为黄金打造。北宋《报父母恩重经变图》中释迦儿时骑母亲肩上，图中的母亲发髻正中也插一梳。

## 二、在前额上方正中插一对梳

其中分为两种插法，一种为两梳一上一下梳齿相对而插，这种插法见于晚唐第144窟东壁女供养人及其身后年长女仆（图4）、晚唐第196窟女供养人的发髻上。

敦煌藏经洞出土唐代绢画《引路菩萨图》（9世纪末）中的贵妇人（亡灵）也是此插法。

其二为两梳一上一下梳背相对而插。这种插法见于初唐第220窟的女供养人（图5）和晚唐第9窟女供养人（贵妇人）的发髻上，头上所插的两把梳子各有十齿（图6）。

## 三、在前额上方与头两侧各插一梳

图4　中唐第144窟东壁　女供养人（段文杰临）

图5　盛唐第220窟　女供养人（赵俊荣临）

这种插法见于盛唐第130窟《都督夫人太原王氏礼佛图》中的都督夫人和女十一娘的头上。都督夫人前额上方为一长柄梳，柄为橘黄色，色彩鲜艳，可能为目前敦煌壁画中唯一的一幅带柄梳。梳背上镶有四颗宝石。颜色为红、绿、蓝，右侧所插梳的形状为无柄。梳背均为半圆形（图7-1）。女十一娘头饰插梳的梳背上镶有六颗宝石。颜色为红、绿、蓝，非常鲜艳（图7-2）。因人物是侧面像，脸部左侧见不到，但推测在左侧也应插有一梳，颜色也应为红、绿、蓝。呈对称式

图6　晚唐第9窟　女供养人（常沙娜临）

图7-1　盛唐第130窟　都督夫人（段文杰临）

图7-2　盛唐第130窟　女十一娘（段文杰临）

图8　中唐榆林窟第25窟北壁　妇女

分布。同样呈对称式分布的还见于中唐榆林窟第25窟北壁的《老人入墓图》中的一着蓝色长袍的妇人，头上可见正中有一梳和左侧一梳，推测右侧可能也应插有一梳，但画面上不见插梳的痕迹，不知是由于变色之故，还是其他原因（图8）。

晚唐第9窟东壁女供养人中的第一身贵妇的头上，在前额上插一对梳，两梳

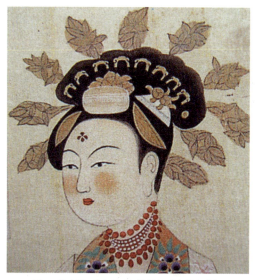

图9　晚唐第9窟东壁 女供养人（史苇湘临）　　　　　图10　五代绢画 女供养人

一上一下相对而插，并在左鬟上插一把似簸箕形的梳，看上去很别致（图9）。

　　敦煌藏经洞出土绢画中也绘有此插法，如五代天福八年（943年）《千手千眼观音菩萨画》下的女供养人也是此插法。梳齿向上插，中间梳最大，两边梳稍小，梳体均为簸箕形。最为特殊的是居中的梳背有一装饰品，造型别致。三梳虽为白色，但从贵妇头上的装饰来看，三梳极有可能是玉制品（图10）。贵妇头顶正中所插的一朵大红鲜花正好把线描的梳子衬托出来了，使人一看便对贵妇产生一种清新脱俗之感。

## 四、在前额上方与两鬟上共插三对梳，每梳一上一下相对而插

　　这种插法见于晚唐第138窟女供养人头饰。其贵妇前额居中一对梳的上梳有十齿，下梳的梳背上还绘有绿色的几何图案，半圆形的梳形正好和贵妇的两鬟发相吻合，使人物脸部看上去更显得饱满和完美（图11）。

　　也见于五代第61窟曹氏家族女供养人头饰，其头饰居中一对梳属于平直大梳，下梳的梳背为绿色，在其梳背上有一似云气纹的图案，非常突出。两边的一对梳相对中间梳要小三分之一左右。居两侧梳的颜色是上梳的梳背为绿色。其余三把梳均为白色。从画面上看颜色分布（排列）为：左上绿左下白，中上白中下绿，

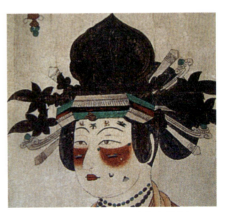

图11 晚唐第138窟 女供养人（李其琼临）　　　　图12 五代第61窟 曹氏家族女供养人

图13 五代第98窟东壁 贵妇（范文藻摹）

右上绿右下白。绿、白色交替并以对称形式出现，给人以清新脱俗之感。有专家认为绿、白色很可能是以珍珠和翠玉制作的（图12）。

五代第98窟东壁归义军节度使曹议金家族的女眷头戴凤冠、花钗冠和白角冠，她们均头饰三对梳，有的梳背上有三瓣小花的图案，有的梳背上有似云气纹的图案。颜色有蓝、白、土黄（图13）。整幅画看上去富丽堂皇，一望便知是豪门贵族。

同样的插法还见于五代至宋初，榆林窟第19窟甬道的凉国夫人翟氏、莫高窟第427窟甬道的凉国夫人、第454窟南壁节度使曹延恭夫人、第108窟东壁的二贵妇以及宋代第256窟东壁、第192窟东壁和第175窟的女供养人头上均插有三对梳。

敦煌藏经洞出土绢画中也有此插法，如五代至北宋时期（10世纪中期至末期）《法华经普门品变相图》下方女供养人发髻上插三对梳，梳背为红色。北宋太平兴国八年（983年）《地藏菩萨画》下的女供养人，主人与侍从均是此种插法（三对梳）。唯一区别的是主人头上的梳是彩色的，而三位侍从的梳均为线描（黑白），画的也比较简单。主人头上梳的颜色，按画面从左到右的顺序依次为：上白下绿，上绿下白，上白下绿。同样的画面还见于五代（10世纪）《观音曼荼罗画》最下方的女供养人（贵妇）的头饰。北宋太平兴国八年（983年）铭，《观世音菩萨像》画面下部的六身贵妇也均插三对梳，梳背是红色和蓝色。《父母恩重经变相图》（10世纪末）下方的女供养人也头插三对白描梳。

### 五、在后脑插一把梳

这种插法见于中唐第468窟西壁龛下北侧的女供养人（图14），还见于中唐榆林窟第25窟北壁的三少女，他们头梳中唐流行的抛家髻，两侧鬓发抱面，发髻上插绿花钗，在第一身与第三身少女的后脑还依稀能看见插有一梳的痕迹（图15）。

敦煌藏经洞出土绢画也有此插法，如唐代《引路菩萨图》（9世纪末）中的贵妇人（亡灵）也是此种插法，在她左脑侧后能见到一红色梳背。五代《引路菩萨图》（10世纪初）中的贵妇人（亡灵）也正是此种插法，小小的一把梳更衬托她的宁静而恬美（图16）。

图14　中唐第468窟西壁龛下北侧　女供养人（李之檀临）

图15　中唐榆林窟第25窟北壁　少女

图16　五代绢画　亡灵

从藏经洞出土绢画中也可看出，去世的人都要把梳子作为一种心爱之物带走，由此可见梳子对人的重要性，亦是人们生活的必需品。

## 六、在后脑插多把梳

这种插法见于中唐榆林窟第25窟北壁三少女中的一人，从她的后脑上还依稀能看见左侧和中间的位置插有两梳的痕迹，颜色为黑色，可能是变色之故。画面上因见不到头部右侧，但估计右侧可能也插有一把梳。这正是所谓"蛮鬟椎髻"，而满头施小梳，也是中晚唐最流行的时髦装饰（图17）。

敦煌壁画中所绘妇女的插梳方式，正如唐人王建《宫词》中的"玉蝉金雀三

层插，翠髻高耸绿鬓虚；舞处春风吹落
地，归来别赐一头梳"之语，温庭筠《菩
萨蛮》中的"小山重叠金明灭，鬓云欲
度香腮雪"，元稹《梦游春七十韵》中的
"丛梳百叶髻，金蹙重台屦"及《恨妆成》
中的"满头行小梳，当面施圆靥"之语，
白居易《琵琶行》"钿头云篦击节碎"，
温庭筠《游庐寺》"宝梳金钿筐"，等等，
都是针对当时妇女发间的插梳篦而咏。

唐代时期梳篦的工艺考究，制作的
材料丰富，从唐代的诗词中也可略知
一二。玉梳，见元稹《六年春遗怀八首》：
"玉梳钿朵香胶碰，尽日风吹玳瑁筝。"

图17　中唐榆林窟第25窟北壁　少女（局部）

犀梳，见杜牧的《张好好诗》："赠之天马锦，副以水犀梳。"象梳，见毛熙震的《浣
溪沙》："慷整落钗金翡翠，象梳欹鬓月生云。"金篦，见李商隐的《和孙朴韦蟾
孔雀咏》："约眉怜翠羽，刮目想金篦。"银篦，见花蕊夫人的《宫词》："斜插银
篦慢裹头。"白角篦，见罗隐的《白角篦》："白似琼瑶滑似苔，随梳伴镜拂尘埃；
莫言此个尖头物，几度撩人恶发来。"在唐代的诗词中用玉、水犀、象牙、金、银、
白角等各种材料制作的梳篦，可谓应有尽有，一应俱全。

可以看到，五代时期敦煌妇女的插梳子的方式，在唐的基础上又有新的发展，
出现了新的时代特点，在敦煌壁画中反映得比较具体：一般在冠的两侧装有饰物，
以掩住双耳及鬓发，其长度大多及颈，也有下垂至肩的。在冠的顶部，往往饰有
金色朱雀，四周则插以簪钗。梳子的安插部位，通常在额的顶部，少则四把，多
则六把，插时上下两齿相合，左右对称。

而妇女头饰最具特色的是冠梳，所谓冠梳，是北宋时期妇女发髻上最有特点
的一种装饰。一般用漆纱、金银及珠玉等制成两鬓垂肩式高冠，然后在冠上插以
数把长梳。这种妆饰初见于宫中，后普及于民间，并成为妇女的一种礼冠。

从文献上也可以看到，宋代妇女崇尚插梳，几乎达到如醉如痴的程度。据陆
游《入蜀记》记载，西南一带的妇女，"未嫁者率为同心髻，高二尺，插银钗至六只，

后插大象牙梳，如手大"。据《东京梦华录》《燕翼贻谋录》等书记载，北宋时期的京都妇女，以漆纱及金银珠翠等制成发冠，冠上插白角梳，梳大逾尺。由于梳子过长，左右两侧插得又多，所以在上轿进门时，只能侧首而入。以致引起朝廷的注意。皇祐元年，宋仁宗下令改制，《燕翼贻谋录》记："皇祐元年十月，诏禁中外不得以角为冠，梳冠广不得过一尺，梳长不得过四寸。"这样，冠梳的情况才有所收敛。但仁宗一死，"侈靡之风盛行……，梳不特白角，又易以象牙、玳瑁等"。直到南宋，妇女插梳的现象仍十分普遍。

随着时代的发展，今天很难见到妇女插梳的头饰，而敦煌壁画中妇女崇尚插梳的风气则真实地再现了当时的历史，尤其是她们插梳的方式为我们今天探讨古时人们的妆饰和民俗礼仪等，提供了宝贵的最为原始的资料。

# 敦煌壁画中的唐代妇女面妆

    人的面部是最为生动、最能反映个性的部位，女性尤其突出。敦煌壁画中的唐代女性不仅在头饰上追新求异多变，而且还尽可能地在脸上精心做各种妆饰，以迎合当时的审美观和心理。因此，开额、画眉、制蝉鬓、涂胭脂、抹铅粉、点口脂、晕额黄、贴花钿、画花子等风俗广泛流行。

    开额，就是把额前的头发剃掉，让发际线上移，使得额头部分变大。这相当于在额头上腾空了一个宽阔的舞台，舞台上由那对描画出来的眉形唱主角。

    唐代妇女画眉之风非常流行，不管是宫廷女性还是民间女性，都非常热衷。画眉的形状，有形如柳叶的柳眉，有形如弯月的月眉，还有干脆将原眉剃掉，根据自己的爱好和时尚，画上或宽或窄或长的各种眉形。唐玄宗曾命画工绘《十眉图》。明杨慎《丹铅续录·十眉图》："唐明皇令画工画十眉图。一曰鸳鸯眉，又名八字眉；二曰小山眉，又名远山眉；三曰五岳眉；四曰三峰眉；五曰垂珠眉；六曰月棱眉，又名却月眉；七曰分梢眉；八曰汲烟眉；九曰拂云眉，又名横烟眉；十曰倒晕眉。"[1]《十眉图》是画工根据当时流行的眉型，经过归纳、加工、整理而成，具有强烈的时代特色。

    敦煌壁画中女性的眉主要有两类：一类是长眉，以黑或黑与石绿画成，即白居易《上阳白发人》诗中所谓"青黛点眉眉细长"。初、盛唐时期所绘的菩萨和女供养人多作此种黛眉或翠眉，通称娥眉（蛾眉）。如初唐第329窟、中唐第159窟、晚唐第138窟中的女供养人（图1）。敦煌曲子词《倾杯乐·窈窕逶迤》中亦云："翠柳画娥眉。"一类是短眉，元稹《有所教》一诗中说："莫画长眉画短眉，斜红伤竖不伤垂；人人总解争时势，都大须看各自宜。"可见各式各样的短眉，也是盛唐时期的一种时妆。盛唐第130窟都督夫人一家及侍婢，均作短眉，宽而浓（图2）。

---

[1] 杨慎《丹铅杂录（及其他二种）》，《丛书集成初编》，中华书局，1985年，第93页。

图1 中唐第159窟 女供养人（常沙娜临）    图2 盛唐第130窟 侍女（段文杰临）

此类短眉也见于晚唐第107窟的女供养人和藏经洞出土的绢画《引路菩萨》中的仕女等。《簪花仕女图》中的眉，也是短眉的一种，或者就是《十眉图》中的垂珠眉。

蝉鬓，古代妇女的一种发式，据记载最初由魏文帝曹丕的宫人莫琼树所制，它是两鬓的装饰，将两鬓梳得很薄而透明，形如蝉翼，故称"蝉鬓"。古诗中形容妇女经常有"云鬟雾鬓"之句，薄而透明的蝉鬓与厚而高实的发式结合与对比，使妇女的发型富于变化而别致。因此，蝉鬓既是发式也是面饰。隋唐时期流行蝉鬓，隋代薛道衡《昭君辞》："蛾眉非本质，蝉鬓改真形。"白居易《长相思》："深画眉，浅画眉，蝉鬓鬖鬖云满衣。"敦煌曲子词《南歌子·奖美人·斜倚朱帘立》："蝉鬓因何乱？"敦煌壁画中如初唐第71窟北壁《阿弥陀经变》中的菩萨、盛唐第445窟南壁《阿弥陀经变》中的伎乐、盛唐第45窟北壁"未生怨"中的侍女、榆林窟中唐第25窟北壁"老人入墓"中的妇女，其两鬓似梳饰蝉鬓（图3）。

唐代妇女多使用胭脂，李贺《贺复继四首》："燕脂拂紫绵。"岑参《敦煌太守后庭歌》："美人红妆色正鲜，侧垂高髻插金钿。"敦煌曲子词《柳青娘·碧罗冠子》中亦云："故作胭脂轻轻染，淡施檀色注歌唇。"敦煌壁画中的女子涂胭脂，多涂在面部的两颊，绘成蛋形，如莫高窟盛唐第217窟的仕女、中唐第159窟和晚唐第9、12、138、144窟中的女供养人两颊均涂胭脂晕染（图4），亦如敦煌曲子词《南歌子·奖美人》所描述："翠柳眉间绿，桃花脸上红。"

抹铅粉，唐白居易《代书诗一百韵寄微之》云："铅粉凝春态，金钿耀水嬉。"王仁裕《开元天宝遗书》记载："宫中嫔妃辈，施素粉于两额，相号为泪妆……"南宋吴文英《花犯·郭希道送水仙索赋》亦云："小娉婷清铅素靥，蜂黄暗偷晕，翠翘敧鬓。"莫高窟如中唐第159窟《挤奶图》中手捧钵站立门前的妇女（图5）、盛唐第445窟的宫女、盛唐第217窟《得医图》、第45窟《未生怨》故事中的妇女，脸部多涂素粉，不施胭脂，头上也多不作钗饰。这种素妆更显得自然妩媚，玉骨轻柔，如玄宗皇帝《梅妃写真诗》云："铅华不御得天真。"杜甫《虢国夫人诗》云："却嫌胭脂涴颜色。"也正如敦煌曲子词《浣溪沙·髻绾湘云》里所云："髻绾湘云淡淡妆，早春花向脸边芳。"

点口脂，又叫点唇，就是以唇脂涂抹在嘴唇上。点唇早在先秦就

图3 榆林窟第25窟北壁 老人入墓中的妇女

图4 盛唐第217窟 仕女（段文杰临）

图5 中唐第159窟 挤奶图中妇女（段文杰临）

已兴起，然而直到唐代，它才特别地为女性所垂青。形式各不一样，有所谓"石榴娇、大红春、嫩吴香、半边娇、万金红、圣檀心、露珠儿、内家圆、天宫巧、洛儿殷、淡红心……"等名目。唐崔颢《卢姬篇》诗云："卢姬少小魏王家，绿鬓红唇桃李花。"北宋秦观《南乡子》词云："妙手写徽真，水剪双眸点绛唇。"敦煌曲子词《内家娇·丝碧罗冠》亦云："嫩脸红唇，眼如刀割，口似朱丹。"敦煌壁画中的菩萨、供养人等人物画像，多以朱红点染嘴唇，形式主要有两种：一种是口唇薄小，如晚唐第138窟、144窟、9窟的女供养人（图6）、盛唐第130窟都督夫人及其女儿、盛唐第45窟《未生怨》中的妇女、敦煌藏经洞出土的绢画《树下说法图》中的女供养人等均为樱桃小口。另一种口唇厚圆，唇型突出，唇色鲜艳，如初唐第220窟、晚唐第9窟中的天女（图7）、中唐第159窟的女供养人等。

晕额黄。南北朝至唐时，妇女爱在额间涂以黄色，作为点缀。南朝梁简文帝萧纲《戏赠丽人》诗："同安鬟里拔，异作额间黄。"唐李商隐《蝶》诗："寿阳公主嫁时妆，八字宫眉捧额黄。"据文献记载，妇女额部涂黄主要有两种方法，一种为染画，一种为粘贴。染画是用毛笔蘸黄色染画在额上，如新疆吐峪沟出土的唐代绢画中的侍女额间所绘（图8）。粘贴法较染画法容易，是用黄色材料剪制成薄片状饰物，使用时粘贴于额上即可。由于可剪成星、月、花、鸟等形，故又称"花黄"。南朝陈徐陵《奉和咏舞》诗"举袖拂花黄"，北朝《木兰辞》"当

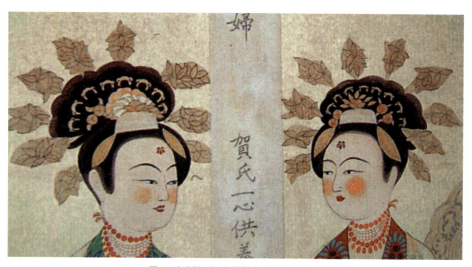

图6　晚唐第9窟　女供养人（欧阳琳临）

图7 晚唐第9窟 天女（李其琼临）　　　　图8 吐峪沟出土唐代绢画 侍女

窗理云鬟，对镜贴花黄"，唐崔液《踏歌词》"翡翠帖花黄"等，都指的是这种饰物。严格说来，它已脱离了染额黄的范围，更接近花钿的妆饰。

　　贴花钿。花钿是贴在眉间或脸上的妆饰。关于花钿的起源，据宋高承《事物纪原》引《杂五行书》说南朝"宋武帝女寿阳公主，人日卧于含章殿檐下，梅花落额上，成五出花，拂之不去，经三日洗之乃落，宫女奇其异，竞效之"。因故称之为"梅花妆"或"寿阳妆"。古时候做花钿的材料十分丰富，有用金箔剪裁成的，还有用纸、鱼鳞做成的，甚至蜻蜓翅膀也能用来做花钿！花钿的颜色有红、绿、黄等；形状除梅花状外，还有各式小鸟、小鱼、小鸭或各种图案。敦煌壁画中，如盛唐第130窟都督夫人的女儿和晚唐第9窟的女供养人和侍从、天女，额上都有五瓣梅花。特别是晚唐第138窟的女供养人，两鬓抱面，额上绘有对称的如扇状的五个花瓣，花瓣中心为绿色心形，在眉梢处也绘有同样的花瓣，两颊涂淡赭黄晕染，鼻子两侧的晕染处绘有对称的展开双翅作飞翔状的飞鸟，在嘴角两边也绘有对称的站立小鸟，另外还散落点缀着几颗宝石般的绿色圆点，真可谓丰富多彩（图9）。

　　画花子，是用各种颜料画在眉间或脸上的妆饰。如敦煌初唐第220窟东壁《维摩诘经变》中的天女，额间就画有一硕大的云头花钿（图10）。中唐第231窟东壁

图9　晚唐第138窟　女供养人（李其琼临）

图10　初唐第220窟　天女（史苇湘临）

图11　中唐第231窟　吐蕃侍女（李其琼临）

门北《维摩诘经变·赴会者》中的吐蕃侍女，也表现出面饰花子的中原时尚，两位侍女的眉间、眼尾处、鼻梁上、脸上都画有像孔雀（鸟）羽毛状的红白图案，非常漂亮。由此也可见蕃汉人民和谐共处、生活习惯互相影响之一斑（图11）。

由于敦煌壁画都是用颜料所绘，因此一些女性眉间或脸上的妆饰，究竟是贴的花钿还是画的花子，很难确切判断。

不论怎样，我们从敦煌壁画中唐代妇女的面妆情况，可以看到在追求时尚方面，古代妇女确实是多彩多姿。

# 高贵典雅的饰物——戒指

　　戒指原称"指环"，又称"驱环""约指""手记""代指"等，是一种套在手指上做纪念或装饰用的小环。用金、银、铂等金属或翡翠、玛瑙等玉类制成，是首饰中较重要而常见的一种。

　　戒指一物究竟属于哪一国家的发明创造，还无定论。在中国，戒指的使用由来已久。如果我们借助文物考古材料，就不难发现，在原始社会时期，指环作为一种装饰品就已产生。以"大汶口文化"命名的山东省泰安市大汶口遗址为例，仅 1959 年的第一次发掘，就发现了二十件指环。其中有九枚仍套在死者的指骨上，是用骨头与玉石等材料制作的。从出土情况看，在迄今四五千年的原始社会中，指环的佩戴不分男女，也不分左右。

　　从大量文献来看，秦汉时期，我国妇女已普遍佩戴指环。至于称其为"戒指"，似乎还是明代以后的事情。明王圻《三才图会》说："后汉孙程十九人立顺帝有功，各赐金钏指环……即今戒指也。"为什么要把指环这种饰物称之为戒指呢？那就要从"戒"字的含意说起了。

　　明都卬《三余赘笔》记称："今世俗用金银为环，置于妇女指间，谓之戒指按《诗》注：古者后妃群妾以礼进御于君，女史书其月日，授之以环，以进退之。生子月辰，以金环退之；当御者，以银环进之，著于左手；既御者，著于右手。事无大小，记以成法，则世俗之名'戒指'者，有自来矣。"清顾张思《土风录》卷五："妇女喜戴戒指，男子渐亦效之。或金或玉或玛瑙、蜜蜡、翡翠。按卫宏《汉旧仪》：宫人御幸赐银指环，令数环计月也。许慎《五经要义》云：古者妃妾当御以银环进之，娠则以金环退之，进著右手……，则戒指乃以幸女子者。"原来指环在古代不单是一种饰物，它还是宫廷妇女用以避异的一种标记，当一个宫女有了身孕或处在月辰（月经）期间，不能接受君王的"御幸"时，则在左手套上金环，以示禁戒。平常则用银环，套在右手。这种做法与古代宫女点丹于面的做法相同，

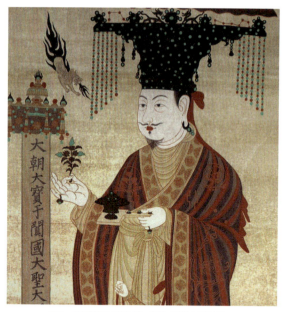

图1　五代第98窟东壁　手戴戒指的于阗国王

图2　五代第98窟东壁　手戴戒指的于阗国王（局部）

两种风俗，如出一辙。

　　关于戒指还有一个有趣的传说：从前有个皇帝脾气暴躁，遇到不称心的事，就拍案砸桌，吓得群臣瑟瑟然，过后又后悔莫及。但遇到不称心的事却又故技重演。后来，他做了一个铜圈套在手指上，如再发脾气拍桌子，手指就疼痛不堪。久之，发脾气拍桌子的习惯被戒掉了。这个方法很快被群臣效仿。后来，戒指被发展成为由金银玉器制成的装饰品了。虽然称为戒指，却不再用于制怒了（引自《中国妇女报》1985年4月24日版）。

　　关于帝王戴戒指，《真腊风土志》有记载："唯国王可缠纯花布，头戴金冠如金刚头上所戴者；或有时不戴冠，但以线穿香花如茉莉之类，周匝于发间，顶戴大珍珠三斤许，手足及诸指上皆带金镯指环，上皆嵌以猫儿眼睛石，其下跣足……"这段记载与敦煌莫高窟五代第98窟东壁南侧于阗国王的服饰也很吻合，壁画中，于阗国王双手的小指上都戴有蓝宝石指环（图1、图2）。于阗以盛产玉石闻名，所以国王从宝冠到指环都是宝石装饰。另外，按于阗的习俗，于阗国王李圣天还配饰垂耳珰。

　　戒指一物，除用做装饰和避忌之外，还可充当婚姻的信物。现代男女互联婚姻，常有赠送"婚戒"之举，这种风气就是从古代流传下来的。

从文献记载来看，早在东汉时期，中国民间就已经出现将指环当作寄情之物的做法。三国魏繁钦《定情诗》有"何以致殷勤，约指一双银"的说法。南朝刘敬叔《异苑》中记载沛郡人秦树在冢墓中与一女子婚合，临别时，"女泣曰：与君一睹，后面无期，以指环一双赠之，结置衣带，相送出门"，见指环如见其人，指环之重在这里表现得淋漓尽致。

据《晋书·西戎传》记载："其俗娶妇人先以金同心指环为娉。"又《北堂书钞》卷 136 引《胡俗传》云："诸娶妇结婚，先遣人间贯酒肉三反，相然许者，便下金同心指环。"徐珂《清稗类钞·服饰》也云："大宛娶妇，先以同心指环为聘。今乃以为订婚之纪念品。"

《全唐诗·与李章武赠答诗》中说唐时有书生李章武与华州王氏子妇相爱，临别时王氏子妇赠李章武白玉指环，并赠诗道："捻指环，相思见环重相忆。愿君永持玩，循环无终极。"后来李章武再去华州，王氏子妇早已忧思而死，指环只是空留怅惘。

到了晚唐时，戒指渐渐由男女互赠变为只由男子赠予女子，这和今天中西方戒指的赠馈方式类似。范摅《云溪友议》中写书生韦皋少时游江夏期间，与少女玉箫从相识到相恋的故事。韦皋临回家乡前送给玉箫一枚玉指环，发誓少则五年，多则七年后会来娶玉箫。然而七年光阴过去了，薄幸的韦皋却不复再来，痴情的玉箫绝望地悲呼："韦家郎君，一别七年，是不来矣！"竟绝食而死。人们怜悯玉箫这一场悲剧，就把韦皋送给她的戒指戴在她的中指上入葬。很多年以后，韦皋官运亨通，做到西川节度使，才辗转得知玉箫的死讯，他悔恨不已，于是广修经像，以忏悔过去的负心。后来有人送给韦皋一名歌姬，名字容貌竟与玉箫一模一样，而且中指上有形似指环的肉环隐现，韦皋知道是玉箫托生又回到了他的身边，二人终于以再生缘的形式实现了隔世的结合。

经过唐宋时期的传承，至明代尤为盛行。冯梦龙《古今小说》中就有这方面的描写。如第四卷："（小姐）便将手指上一个镶宝石戒指儿退将下来，传于碧云，吩咐道：'你替我将这物事，寄于阮三郎，将带他来见我一见，万不妨事。'"明凌濛初《二刻拍案惊奇》中也有类似的情节，书中女子在给她的情人书信中写道："徒承往复，未测中心。拟作夜谈，各陈所愿。……先以约指一物为定。言出如金，浮情且戒！如斯而已。"由此可见，"戒"字的含意，不仅可理解成戒禁房事，而且还隐喻着"务戒浮情"——切勿朝秦暮楚这样一层含意。

敦煌变文中也有把戒指作为婚姻信物的记载，如 P.2999《太子成道经》便叙及以指环订婚，文中说太子长大，净饭王想为他娶妻以使他依恋人间，"太子闻说，遂奏大王，若（与）儿取其新妇，令巧匠造一金指环，（儿）手上带之，父母及儿三人知，余人不知。若与儿有缘，知儿手上金指环者，则为夫妇"。后来摩诃那摩女耶输陀罗说了出来，于是"太子当时脱指环"，娶耶输陀罗为妻。

如 S.4633《太子成道变文》中亦记载女性主动给男性戴指环以示"纳眷"，说耶输陀罗"施与太子指环。其悉达太子，收在怀中。散后告说父王夫人，只此耶殊彩女纳眷"。

敦煌文献中也有铜戒指的记载，推测可能是作为给寺院的供品，如 P.2706《年代不明某寺常住什物交割点校历》："……铜指环壹……"

敦煌壁画中还绘有一幅非常有意思的菩萨戴戒指的图像，那就是初唐第57窟北壁中央说法图中的大势至菩萨，菩萨双手小指上均戴颜色为赭红色的宝石戒指，造型很精致（图3）。但此处的菩萨戴戒指只是画工为增加美感而绘，还是与佛教文化有关？此处不敢妄论。

不过，就一般观感而言，第98窟于阗国王所戴的戒指，显示更多的是高贵；而第57窟菩萨所戴的戒指，显示更多的是典雅。

如今，戒指作为一种古老的饰品与信物，普遍受到人们的喜爱，其佩戴也不分男女。戒指也同其他首饰一样，作为点缀，作为装饰，作为一种个性与风度的表现。

图3　初唐第57窟北壁　手戴戒指的大势至菩萨

# 古代敦煌的奇异美甲习俗

古代文献中有很多关于女子染指甲的记载，但不曾见有关男子染指甲的记载；相反，在敦煌壁画中发现有不少男子染指甲的图像，既有少数民族人物，也有中原人士，但却未曾见有女子染指甲的图像，颇为奇异。

大约在唐代以前，我国妇女中已经出现了染指甲的习俗。唐李贺《宫娃歌》中"蜡光高悬照纱空，花房夜捣红守宫"，唐张祜《听筝》中"十指纤纤玉笋红，雁行轻遏翠弦中"，都是对妇女染指甲习俗的描写。前者描绘了妇女在烛光下制作染指甲材料的情景，后者则描写了十指浸染后的情况，"玉笋红"即指娇艳鲜红的指甲。所谓"守宫"，本指壁虎。因为它经常守伏在宫室之壁，捕食虫蛾，故名。相传古人将它养在盛放朱砂的盒中，等它吃了朱砂，全身都变红以后，便将它捣碎。据说用这种"红汁"点在女子身上，可检验妇女是否保持贞操。如果没有发生过房事，红色终身不灭，只要进行过一次性生活，那么红色立即会消失。按理说这种"守宫"与妇女染指甲没有关系，只是因为它的颜色及制作方法与妇女染指甲的材料较为相近，所以被牵扯在一起，逐渐变成妇女染指甲材料的代称。

元代诗人杨维桢有两首诗与染指甲有关，其一《美人红指甲》："金凤花开色更鲜，佳人染得指头丹。弹筝乱落桃花瓣，把酒轻浮玳瑁斑。拂镜火星流夜月，画眉红雨过春山。有时漫托香腮想，疑是胭脂点玉颜。"其二《凤仙花》："金盘和露捣仙葩，解使纤纤玉有暇。一点愁疑鹦鹉喙，十分春上牡丹芽。娇弹粉泪抛红豆，戏掐花枝缕绛霞。女伴相逢频借问，几番错认守宫砂。"极意描写妇女嫣红的指甲，其中"弹筝乱落桃花瓣"一句，形容染红指甲的女子弹筝时，手指上下翻动，好似桃花瓣落纷纷。

古代的妇女，每到七月七日那天晚上，总要聚集在一起，用她们自制的染料，将十个指甲染得通红。如清朱象贤《闻见偶录》记载："七夕，妇女采凤仙花捣染指甲，红如琥珀可爱。"

图1-1　初唐第335窟北壁　维摩诘

我国一些少数民族也有染指甲的习俗，如维吾尔族妇女特别是年轻妇女都喜欢在春夏季节，把手指甲染成橘红色，甚至把脚趾甲也染成橘红色，觉得这样很美。尤其在逢年过节等喜庆的日子里，更是如此。如清赵翼《陔余丛考》云："凤仙花，红者捣碎，入明矾少许，染指甲，用片帛缠定过夜，如此三四次，则其色深红，洗涤不去，直至退甲方渐失之，回回妇人多喜此云云。今俗则不特回回妇人也。"

　　以上文献中只见关于女子染指甲的记载，但在敦煌壁画中，染指甲却是男子的爱好和习俗。如初唐第335窟北壁《维摩诘经变》中，维摩坐在帐内，文殊坐于莲台，两人遥遥相对。文殊座下为帝王出行行列，维摩帐前为各国王子礼佛。维摩身体微微前倾，目光炯炯有神，右手握扇，左手放在扶手上，五个指甲都清晰可见涂有黑色，露在衣袍外的脚指甲也涂有黑色（图1-1、图1-2）。位于维摩

图1-2　初唐第335窟北壁　维摩诘（局部）

图2　初唐第335窟北壁　维摩诘经变·各国王子（局部）（段文杰临）

帐座下方的少数民族王子，赤脚上涂有黑色的脚指甲也清晰可见（图2）。黑色最初应该是红色，由于日长月久长期氧化而渐变成黑色。

文殊菩萨座下方帝王前的二大臣头插羽毛，正兴致勃勃地交谈着，其中一人双手指甲涂有黑色（图3）；帝王左侧二大臣中的一人左手微微上抬，露出的手指甲也涂有黑色；帝王身后的一大臣双手相握，露出的拇指和食指甲均涂有黑色。

又如初唐第220窟东壁门南《维摩诘经变》下方的少数民族王子的手指甲也涂有咖啡色（图4）。

再如西夏第409窟东壁南侧绘有一幅西夏王的供养像，回鹘王左手持香炉的大拇指甲涂黑色，右手指甲全涂黑色。旁站有一端盘人右手四指甲均涂黑色，身后持伞、扇等物的各侍

图3　初唐第335窟北壁　维摩诘经变·大臣（段文杰临）

图4　初唐第220窟门南　维摩诘经变·各国王子
（李其琼临）

图5　西夏第409窟东壁南侧　西夏王
（段文杰临）

从手指甲也都均涂黑色（图5）。从以上男性的手指甲上都可以清晰地看到涂染有黑色，而黑色都可能是变色所致。

　　从壁画中看出染指甲的不仅仅是少数民族人物，也有中原人士，这说明在当时染甲是非常流行的风气。爱美，是人的天性。我国古代人民尤其是广大妇女很重视打扮自己，敦煌壁画中绘有许多妇女图像，却不见有染甲的妇女图像，所见都是男性染指甲的图像，颇为奇异。

# 敦煌壁画中少数民族的佩饰——荷包

由于敦煌地接西域，壁画中西域各族的人物较多。衣冠佩饰具有鲜明的民族特色，即便是小小的荷包既能反映出不同的民族特色，还能显示出民族间的互相交往。

荷包，是中国传统服饰中，人们所随身佩带的一种装零星物品的小包。荷包的造型有圆形、椭圆形、方形、长方形，也有桃形、如意形、石榴形等等；荷包的图案有繁有简，花卉、鸟、兽、草虫、山水、人物以及吉祥语、诗词文字都有，装饰意味很浓。

荷包的前身叫"荷囊"。荷者，负荷；囊者，袋也。所谓"荷囊"，就是指用来盛放零星细物的小袋。因古人衣服没有口袋，一些必须随身携带的物品（如毛巾、印章及钱币等），只能贮放在这种袋里。最早的荷囊，在使用时既可手提，又可肩背，所以也称"持囊"或称"挈囊"。以后渐渐觉得手提肩背有所不便，才将它挂在腰际，并形成一种制度，俗谓"旁囊"。制作荷囊的材料，一般多用皮革，故又有"鞶囊"之称。如敦煌莫高窟西魏第285窟北壁，一群男供养人头裹平上帻小冠，身穿红、绿、黑色裤褶，腰系蹀躞带，脚登靴。最前一人的腰带小环下悬挂一椭圆形荷囊（荷包）、短剑等物。从衣着分析，他们是鲜卑族地位不高的武官和士庶（图1）。

人们所佩的鞶囊，一般悬挂于革带之下。原为西域少数民族骑士所用，南北朝以后传入中原，亦为汉族采用，并被列入服饰制度。据《隋书·礼仪志》："鞶囊……今采梁、陈、东齐制，品级尊者，以金织成，

图1　莫高窟西魏第285窟　男供养人

图2　莫高窟盛唐第445窟　女剃度图

二品以上服之。次以银织成，三品以上服之。下以纻织成，五品以上服之。分为三等。"唐代放官印、鱼符（龟符）的佩袋与状细物的佩囊分开使用，据《旧唐书·五行志》："上元中为服令，九品以上佩刀砺等袋，纷帨为鱼形，结帛作之，以鱼像鲤，强之意也。则天时此制遂绝，景云后又佩之。"刀砺袋，鱼形袋，新、旧《唐书》称之为"鱼袋""蹀躞七事"。七事谓佩刀、刀子、砺石、契苾、真哕、厥针筒、火石袋等物。人们所佩的荷囊，并非全用皮制，也有用丝织物做成的，但仍然沿用鞶囊的名称。唐代妇女尤喜佩之。一般做成圆形，上绣图纹。佩挂鞶囊的妇女形象，如敦煌莫高窟盛唐第445窟的女剃度图中，一身胡服打扮的侍女，双膝跪地，双手托盆正接着被剃掉的头发，此侍女的左腰上就挂有一圆形荷囊，颜色为白底墨绿色边，上有简单的图案，看上去小巧玲珑（图2）。在公元7世纪，李贤墓墓室前壁南铺观鸟扑蝉图中，也有穿圆领窄袖长袍的胡服打扮的侍女，她右腰上同样佩挂有一心形荷囊，红颜色看上去还非常鲜艳（图3）。

唐代，佩带荷囊的少数民族在敦煌壁画中也有非常形象的描绘，如莫高窟中唐第158窟的各国王子举哀图中，便能清楚地看到有两个少数民族人物的腰上挂有荷囊，而且所制作的荷囊都很有特色。如第一排中的单腿跪地、正作割鼻状者，其左腰上挂一心形荷包，看上去就像是一朵云彩。第二排中正双手将刀插胸者的左腰上挂一花腰形荷包，颜色为白底湖蓝色边。这两个荷包看上去都非常精致，做工非常考究（图4）。

据记载，荷包成为珍贵赠物始于唐代。唐封演《封氏闻见记·降诞》："玄宗开元十七年，丞相张说遂奏以八月五日降诞日为千秋节，百寮有献承露囊者。"

图3　唐李贤墓壁画中的侍女　　　　　图4　莫高窟中唐第158窟 各国王子举哀图

杜牧《过勤政楼》诗："千秋令节名空在，承露丝囊世已无。"承露囊，即荷包，由眼明囊演变而来（眼明囊是古俗农历八月初一凌晨，妇女以彩帛之囊盛装树木花草上的露水，相传以此洗眼，能使人一年之内保持目明）。百官献袋囊名曰"承露囊"，隐喻为沐浴皇恩。民间仿制为节日礼品相馈赠，用作佩饰，男女常佩于腰间以盛杂物。

　　古人对佩饰十分重视。在一条腰带上，往往系挂着许多饰物。这种饰物，有的具有实用价值，如巾帨、荷包、香囊、玉镯等，俗称事佩；有的则无实用价值，仅用于装饰。此类佩饰，在敦煌壁画中也有描绘，如莫高窟五代第409窟东壁，回鹘王礼佛图，回鹘王腰带上就挂有很多东西，其中所挂的荷包造型别致，像葫芦形，但上口呈喇叭状，底部呈圆形，上大下小。颜色为白色，可能是褪色所致（图5）。造型相同的荷包也见于榆林窟同时期第39窟的甬道回鹘贵族礼佛图中。

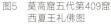

图5 莫高窟五代第409窟
西夏王礼佛图

图6 莫高窟元代第332窟供养人

莫高窟五代第 220 窟甬道北壁的于阗王牵狮人，左腰革带上佩挂一圆形荷包。

莫高窟元代第 332 窟甬道的蒙古族供养人画像中，前面二人的腰两侧也垂有黑色荷包（图 6）。

彭金章先生在莫高窟北区考古中，发掘有荷包的实物。据考古专家彭先生考证，北区 B43 窟的绣花回纹荷包，当为唐代物。标本 B43∶5，绮呈黄色，回纹，每平方厘米经线 68 根，纬线 44 根。以回纹绮为底绣花。由于河水浸泡，绣花原颜色多不可辨，现在可辨者只有蓝色。荷包系缝制。残长 12.5、宽 9.0 厘米。

再如北区 B40 窟的丝绸绣花荷包，其时代当为元代。标本 B40∶34，用双层丝绸缝制，在表层丝绸上用粉红色丝线绣花，用蓝色和绿色丝线绣枝叶，现仅存部分枝叶和花朵。由于荷包曾为洪水浸泡，荷包底色和绣花均已变色。从绣花脱落处可看到墨线，应是绣花前在丝绸上墨绘的纹样。荷包口长 12.8、底长 16.0、深 10.5 厘米。

从以上情况可以看到敦煌壁画中佩带荷包的民族不仅有汉族，也有鲜卑族、吐蕃族、蒙古族、回鹘族等，而从佩带荷包的汉族人物同时身穿胡服这一情况来看，荷包似乎更为其他少数民族所偏爱，由此可证荷包确系由西域少数民族骑士传入中原。

# 唐代敦煌的婚嫁风俗

敦煌壁画中保存有 46 幅婚娶图，其中盛唐 9 幅，中唐 17 幅，晚唐 9 幅，五代 6 幅，宋代 4 幅，西夏 1 幅。这些婚娶图主要依据《佛说弥勒下生经》绘制，据经文说，在弥勒世界，"人寿八万四千岁"，"女人年五百岁，尔乃行嫁"。为了反映这一经文内容，古代画家以人间婚俗为蓝图，把抽象思维具象化。因此这些壁画所描绘的婚娶场面实际上是人间婚俗的缩影，是珍贵的古代婚姻形象资料。同时，敦煌藏经洞出土的大量历史文献中，如 S.2200、P.3284、P.2646 等卷《新集吉凶书仪》（又称《张敖书仪》），S.3877、S.5515、P.2976、P.3550 等卷《下女夫词》，S.0343、S.6537、P.3730、P.3212 等卷《放妻书》以及 S.0133《秋胡变文》等文献，也有许多关于当时婚俗情况的文字记载。

## 一、摄盛之俗的婚礼

在等级森严的封建社会，为了区别不同人的身份、地位，在服饰、车乘、器物等方面都有具体规定，不得僭越。但在婚礼这种特殊场合，新郎新娘可以夸大自己的身份，可以按超越自己实际级别的礼仪行事，如士庶之辈可以穿戴卿大夫的冠帽，这就是"摄盛之俗"。《周礼》中明确规定："新迎亦当玄冕，摄盛也。"敦煌壁画中的婚礼场面，真实地展现了当时的摄盛之俗。

如盛唐第 116、148 窟中的婚礼图，新郎头戴冕旒，身穿褒衣博带，这是帝王、诸侯的服饰（图 1）。大多数新郎是头戴幞头，穿红色袍服，双手持笏，如晚唐第 12 窟婚礼图中所绘。持笏不是普通庶民的装扮，笏又名"手版"，唐代以来是品官朝会或出使时所持，把该办理的事情写在上面，起备忘录的作用，袍笏加身乃是贵族官僚的服制。新郎的服饰反映了敦煌婚俗中的摄盛之俗，新娘的服饰也随着升级，有满头珠翠花钿者，有凤冠霞帔者，如盛唐第 33 窟、晚唐第 12 窟婚礼

图1　盛唐第116窟　婚礼图

图2　盛唐第33窟 婚礼图

图中的新娘（图2、3）。唐时花钗礼衣是亲王纳妃之服，凤冠在汉代为皇后所专用，后世亦为命妇所用，是女冠中最为尊贵者。

　　敦煌文献中也有关于的摄盛之风气的记载，如《下女夫词》中，男傧相陪伴新郎到达女家门前时，唱词极力炫耀和夸大新郎的身份地位，说是"长安君子，进士出身，选得刺史，故至高门"，"敦煌县摄，公子伴涉，三史明闲，九经为业"。刺史乃州一级的最高长官，又怎样成为敦煌县摄，更不是以九经为业，很明显是即兴编造。

　　摄盛之俗不仅在敦煌，从春秋以来一直在社会上流行。到了清代，还有"新郎三日大"之说，在婚礼的三天之内，哪怕

（局部）

图3　晚唐第12窟　婚礼图

（局部）

是目不识丁的劳作者，亦可红顶花翎，他人不得干涉。

## 二、繁缛的婚事程序

虽然因为摄盛之俗，新郎新娘可以夸大自己的身份，可以按超越自己实际级别的礼仪行事，但婚事的基本程序还是必须按照一定的要求进行，有其比较严格甚至烦琐复杂的礼仪规范。据《张敖书仪》等敦煌文献记载，婚事全过程分为通婚和成礼两个阶段。通婚阶段是先由男家向女家发出"通婚书"，向女方家长致意问候并正式提出婚事，同时携带聘礼送往女家；女方受函接受聘礼，回以"答婚书"。

成礼阶段最为隆重，成礼之夜男女双方必须各自进行告别父母的仪式，并且祭祀先灵，读《祭先灵文》，然后才能由傧相送出。又据《下女夫词》记载，新郎到女家接新娘时，女方要请新郎下马，并要念一通"请下马诗"，而新郎则故意摆架子，说是"地上不铺锦"，就不肯下马。新郎进女家大门时，要行拜门礼，对女家的大门、中门、堂基、堂门、门锁及土堆都要分别吟诵五言绝句一首，敦煌名曰"论女婿"，相当于后世的"难新郎"。其中"论女

图4 盛唐第445窟 婚礼图戏舞

家大门词"中说："柏是南山柏，将来作门额；门额长时在，女是暂来客。"意味你家女儿不能长久待在家里不出嫁。而此时颇有意思的是，女家故意在院里设土堆，然后给工具叫新郎铲去，新郎则要高高兴兴地去干这件事。男家在女方等待时，"向女家戏舞，如夜深即作催妆诗"。既表示欢庆，也是打发时光、等待新娘盛装的最佳方法。敦煌壁画再现了戏舞的场面，如盛唐第445窟婚礼图中，画面中心有一红衣髫辫儿童正翩翩起舞，旁有六人乐队伴奏（图4）。

当女方最后同意新郎把新娘接走时，女家铺设帐仪："凡成礼，须在宅上西南角吉地安帐。"所设之帐又叫"青庐"，为一种小型穹庐，覆以青缯、青幔，为避煞场所。青庐铺设好后，即行撒帐，诗云："壹双青白鸽，绕帐三五匹。为言相郎道，先开撒帐盒。"接着把盒中盛放的果子、金钱向青庐撒去。撒帐以后，"即以扇及行障遮女子于堂中，令女婿傧相行礼"。面对家长及众亲友拜堂行礼的方式，在敦煌壁画中，或是男女站立作揖行礼，或是男女跪拜行礼，或是男女相对互礼，或是男跪女揖行礼。其中"男拜女不拜"的画面尤其引人注目，显示了当时妇女的较高地位。"礼毕升堂奠雁"，以示阴阳往来、妇人从夫、相互偕老等义。

　　婚礼最后还有几个重要的程序，如"同牢""去帽""除花""合发""梳头""系指头""发誓"等。所谓"同牢"，是新郎新娘必须同吃一盘羊肉或猪肉，具体仪式为：一、夫妻先各吃三口；二、然后由傧相或侍者喂食；三、饮"合杯酒"，饮酒前用五色锦带将新郎新娘的四只腿捆扎在一起，表示从今双方都要受到婚姻和道德的约束。所谓"去帽"，其意在"少来鬓发好，不用帽或遮"，以消除新郎新娘之间男女界限。所谓"除花"，则强调结婚的"新"意，"一花卸去一花新，前花是假后花真；假花上有衔花鸟，真花更有采花人。"又有"合发诗"曰："盘龙今夜合，交颈定相宜。""梳头诗"曰："暂借牙梳子，笄发却归还。"最后夫妻系手指头，互相宣誓永不变心，意义亦如《下女夫词》中所云"巧将心上系，付以系心人"，"夫妇一团新"。

　　以上的青庐、行礼、奠雁等内容在敦煌壁画中都有生动描绘（图5）。

## 三、体现"和离"的《放妻书》

　　古代敦煌称离婚为"放妻"，这一方面是沿袭春秋之际的"出妻""弃妻"之习，

图5　晚唐第9窟　婚礼奠雁图

另一方面与当地的风土人情有关，晚唐归义军时期敦煌施行"放良"，即将奴婢释放为自由民，"放良"由贱民身份一变而为良民，而离婚的"放妻"也意味着给妻子以解脱和自由。

离婚在敦煌又称"夫妻相别"，这反映了唐代婚姻中的"和离""两愿离"制度。《唐律疏议》卷14《户婚律》"诸犯义绝者离之"条中规定："若夫妻不相安谐而和离者不坐。"又阐释说："若夫妻不相安谐，谓彼此情不相得，两愿离者，不坐。"

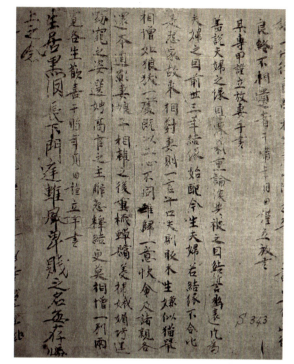

图6　S.0343 放妻书

敦煌古时的离婚，无须通过官方机构，亦不须动用法律，而是民间自行处理，但这并不等于个人可以擅自为之，而是相当慎重地分为两步，第一步是把夫妻双方、两家父母及亲眷、当地村老等有关当事人召集到一起商议。第二步是立书为凭。经过商议同意离婚后，即可立书，谓之"放妻书"或"相别书"。

离婚的原因多为"夫妻不相安谐""彼此情不相得"，如 S.0343《放妻书》的内容为（图6）：

某专甲谨立放妻手书

盖说夫妇之缘，恩深义重，论谈共被之因，结誓幽远。凡为夫妇之因，前世三年结缘，始配今生夫妇；若结缘不合，比是怨家，故来相对。妻则一言十口，夫则反木（目）生嫌，似猫鼠相憎，如狼犬一处。既以二心不同，难归一意，快会及诸亲，各还本道。愿妻娘子相离之后，重梳蝉鬓，美扫娥眉，巧逞窈窕之姿，选聘高官之主。解怨释结，更莫相憎。一别两宽，各生欢喜。于时年月日谨立除书。

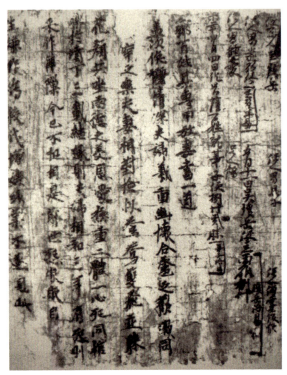

图7　P.3730v　放妻书

这篇离婚书强调的是"结缘不合"，两人最终如"猫鼠相憎"，看来主要是性格不合；妻则"一言十口"，夫则"反目生嫌"，渐渐便"二心不同，难归一意"，因而要"一别两宽，各生欢喜"，于是"会及诸亲"来作证人，立此文书。最后希望"解怨释结，更莫相憎"，达到"和离""两愿离"的目的。

P.3730v《放妻书》内容为（图7）：

盖以伉俪情深，夫妇义重，幽怀合卺之欢，须□□（同）牢之乐。

夫妻相对，恰似鸳鸯，双飞并膝，花颜共坐。两德之美，恩爱极重，二体一心。共同床枕于寝间，死同棺椁于坟下。三载结缘，则夫妇相和。三年有怨，则来作仇隙。今已不和，想是前世怨家。眅目生嫌，作为后代增（憎）嫉。缘业不遂，见此分离。聚会二亲，夫□妻□，具名书之。□归一别，相隔之后，更选重官双职之夫，弄影庭前，美逞琴瑟合韵之态。解□舍结，更莫相谈。三年衣粮，便献柔仪。伏愿娘子千秋万岁。时次某年某月日。

这是结婚三年的一对夫妻，终因感情不和而分道扬镳。

也有指责妻子，认为是妻子不良行为造成家庭不和的，如P.3212v《夫妻相别书》中云（图8）：

盖闻人生一世，夫妻语让为先。世代修因，见存眷属。夫取妻意，妻取夫言。恭敬□□事（侍）奉郎姑叔伯，新妇便得孝名，日日即见快活。今则夫妇无良，便作五（忤）逆之意，不敬翁嫁（家），不敬夫主，不事六亲眷属，污辱泉（家）

门，连累兄弟父母。前世修因不全，弟兄各不和目（睦）。今仪（拟）相便分离，不别日日渐见贫穷，便见卖男牵女。今对两家六亲眷属，团坐亭（停）腾商量，当便相别分离。自别已后，愿妻再嫁富贵得高夫，某不再侵凌论理。……

不论是"放妻书"还是"相别书"，其基本内容是类同的：首先从正面阐述夫妻应彼此恩爱相亲，接着转到当前的实际生活，

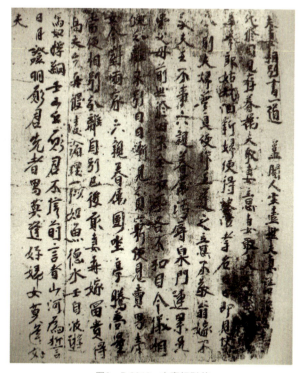

图8　P.3212v　夫妻相别书

历数夫妻关系存在的各种问题，而且是无法和解的，夫妻已无法继续共同生活，其后果是导致家庭不和、家业破散，唯一的出路是夫妻分离，各奔前程。至于婚后家庭财产的分配，敦煌民间婚俗显然持公平态度，如S.6537《放妻书》中云："所要活业，任意分将。……两共取稳，各自分离。"要求双方不用斤斤计较，而是"任意分""共取稳"。又如P.3730v《放妻书》中所说："三年衣粮，便献柔仪。"这是财产分配的又一形式，即由男方再负担女方三年衣粮，而且在离婚后一次"献"完，"伏愿娘子千秋万岁"，离婚才算告终。但只字不提儿女之事，可见当时的离婚习俗是女方一人离开男家，这就是"出妻""放妻"，儿女一律留在夫家。

"放妻书""相别书"末尾是祝福之词，如"□归一别，相隔之后，更选重官双职之夫"，"愿妻再嫁富贵得高夫"，说明离婚后可以男娶女嫁，互不干扰；同时也反映了"和离""两愿离"的气氛。"放妻书""夫妻相别书"一经约定，离婚便正式生效，并以此为凭证，相当于现在的离婚证。

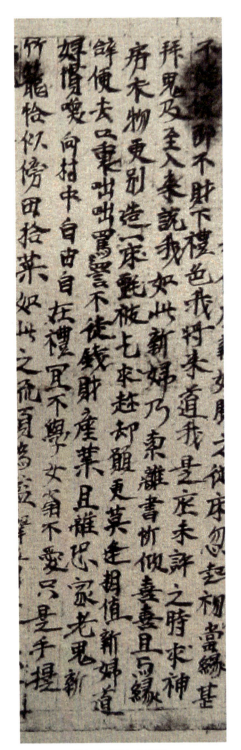

图9　P.2564　新妇文

## 四、妇女再嫁随己意

唐时敦煌民间妇女与男子的地位相对较为平等，所以也经常有妇女主动提出离婚，并按照自己的意愿改嫁的。如敦煌变文 S.4654、P.2721《舜子变》中云："后阿娘亦见舜子，五毒嗔心便起。自从夫去辽阳，遣妾勾当家事，前家男女不孝，东家酒席常开，西院书堂常闭，夜夜伴涉恶人，不曾归来宅里。……解事把我离书来，交我离你眼（远）去。"这自然是后娘提出的要挟之词，她提出离婚的目的，是想迫使瞽叟去杀舜。又如 S.4129、P.2564、P.2633《㚰斪书》云："新妇乃索离书：'废我别嫁可曾夫婿。'翁婆闻道色（索）离书，忻忻喜喜。且与缘房衣物，更别造一床毡被，乞求趁却，愿更莫逢相值。新妇道辞便去，口里咄咄骂詈：'不徒（图）钱财产业，且离怨家老鬼。'"（图9）这也是"㚰斪"妇提出的要挟之词，她提出离婚的目的，是想迫使不务正业的丈夫改邪归正，结果丈夫向她认错，她又回到家中。虽然上述两例中的女子都是以离婚为要挟试图达到其他目的，但从中也可以看到当时的妇女可以主动提出离婚。

唐朝时期，对寡妇改嫁持开明态度。《通典》卷89"父卒为嫁母服"中记载："父卒母嫁当服周。"儿子对改嫁的母亲，其丧服是一周年，如不改嫁是三年，这明显是对寡妇改嫁的贬抑。据《通典》卷89"齐缞杖周"记载，至天宝六载才赦文："虽存出母之制，顾复之慕，何伸孝子之心。其出嫁之母，宜终服三年。"这才为寡妇的改嫁取得了合法的、平等的地位，但寡妇改嫁应在三年服制满后。但夫妻的丧制无平等可言，"妻为夫斩缞三年"，"夫为妻齐缞杖周"，在时间上丈夫为妻守丧只一年，而妻子为夫守丧则须三年；在丧服上夫为妻是齐缞，而妻为夫是斩缞。齐缞与斩缞从表面现象看只是丧服的缉边与毛缝之差，但实质上二者在丧制上却有着级别、轻重之分，斩缞是五服中最重的一种，与父母之丧相同；而齐缞虽在五服之内，但次于斩缞。据《唐会要》卷83"嫁娶"记载："妻丧达制之后，孀居服纪已除，并须申以婚媾，令其好合。"在服制满后，夫妻均可婚嫁。

敦煌文献中的《放妻书》大多鼓励离婚后的妇女再嫁，如P.4525《放妻书》云："自后夫则任娶贤妻，同牢延不死之龙；妻则再嫁良媒，合卺契长生之净虑"。S.0343《放妻书》云："愿妻娘子相离之后……，选聘高官之主。"P.3730v《放妻书》云："相隔之后，更选重官双职之夫。"P.3212v《夫妻相别书》中云："自别已后，愿妻再嫁富贵得高夫。"

S.0133《秋胡变文》中，秋胡几年不归，秋胡母便劝秋胡妻："不可长守空房，任从改嫁他人。"可见当时敦煌地区对于妇女改嫁之事，实属司空见惯（图10）。

对于丈夫身亡的情况，妻子只要写一份《放良书》祭奠亡者，即可改嫁。如S.5706《放良书》中第一段是女子本人自述来此为妾的经过；第二段谈及其家庭破灭的原因是"犬戎大举，凌暴城池，攻围数重，战争非一，汝等皆亡"，同时说明她改嫁的原因；第三段表达了她要在逆境下生存下去的决心，为此"放从良兼改名"，即与亡夫脱离关系，改嫁从良，并获得改名的权利（图11）。

由此可见，当时敦煌地区妇女改嫁的情况非常普遍。

综上所述，我们通过大量的文献资料和生动形象的壁画，从婚礼场面、婚事程序以及离婚、改嫁等内容，对敦煌唐代时期的婚嫁风俗作了一些介绍，但敦煌婚姻文化有待介绍和进一步发掘的内容还有很多，此处挂一漏万，谬误之处，敬请方家批评指正。

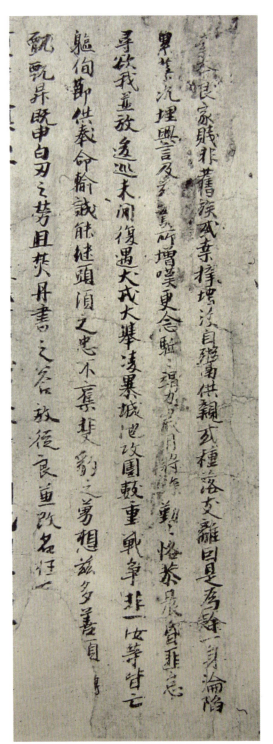

图10  S.0133 秋胡变文　　　　　图11  S.5706 放良书

2019 年国家出版基金项目资助

佛國世界是現實社會
生活的折光反映

殷文傑

国家出版基金项目
NATIONAL PUBLICATION FOUNDATION

敦煌艺术惠

# 敦煌

## 佛教石窟艺术图像解析

### An Analysis of the artistic Images
### of Dunhuang Buddhist Grottoes

［下］

胡同庆 著

文物出版社

# 敦煌壁画中所反映的佛教信仰

所谓"信仰",信即"信奉",仰"仰慕",信仰即瞻仰信奉之意。在社会生活中,信仰指人们对某人或某种主张、学说、主义的极度相信和尊崇,并把它奉为自己行动的榜样和指南。信仰是人类特有的心理现象,是人对自身之外的物质或者精神的信任和依赖。因此,信仰也是人们对世界观、人生观以及未来观的选择和持有。

敦煌壁画是佛教艺术,所描绘的内容必然与当时的佛教信仰密切相关,也必然会反映当时人们的世界观、人生观、未来观以及相应的祈愿求福等具体信仰活动。因此,探讨敦煌壁画中所反映的与佛教信仰有关的内容,对于我们今天的社会主义精神文明建设或许会有参考借鉴的意义。

## 一、以须弥山为中心的世界观

须弥山,是敦煌艺术中随处可见的图像,反映了古代敦煌人的世界观。

敦煌壁画中最早的须弥山图像见于西魏第 249 窟窟顶西披。画面中身形高大的阿修罗王赤裸上身,腰系短裙,四目四臂,其中二臂上举,一手托日,一手托月,双足立于大海之中,其身后耸立着巍峨的须弥山。须弥山腰有二龙缠绕,山顶为帝释天宫。画面左右两侧绘旋转连鼓的雷公、持铁钻的霹电、负风袋的风伯、吞云吐雾的雨师以及飞奔的乌获、朱雀、金翅鸟、飞天、羽人。大海两侧的山林中还有仙人修行、鹿麂饮水、猿猴觅食,天上人间,浑然一体(图 1)。这是一个人与自然和谐共处的世界,而须弥山只是这个世界中的一个部分,实际上是人们希望中的理想世界。

五代第 61 窟、第 98 窟《维摩诘经变》中所描绘的须弥山则反映了人们生活的现实世界与理想世界的关系,同时也进一步描绘了须弥山世界的具体构成和范围。画面中阿修罗王站在须弥山前的大海之中,手托日月,须弥山四周的海水中

图1　西魏第249窟窟顶西披　阿修罗

绘四大部洲，海水外是一圈铁围山为外部，山腰间二龙缠绕，山顶上绘四大天王、无动如来等，其上的建筑可能表示三十三天或兜率天宫。这便是《维摩诘所说经》中所描述的"铁围山川、溪谷江河、大海泉源、须弥诸山，及日月星宿天龙鬼神、梵天等宫，并诸菩萨声闻之众，城邑聚落男女大小乃至无动如来"[1]。最值得注意的是画面中有一道半圆拱形天梯，由下面的铁围山外侧往上连接到高高的须弥山顶部，即佛经中所说的"三道宝阶从阎浮提至忉利天，以此宝阶诸天来下，悉为礼敬无动如来，听受经法。阎浮提人亦登其阶，上升忉利天见彼诸天"[2]，表示阎浮提世界的人们和须弥山世界的天人可以通过这道天梯相互来往（图2）。

　　另外值得注意的是隋代第303窟中造型奇特的须弥山形中心柱。这里的中心柱，位于主室正中稍偏后处，其下半部仍保留方形四面龛的北朝模样，其柱顶连通窟顶，但中心柱的上半部却改作须弥山状，为上大下小的圆形七级倒塔，上六级尚存残损的影塑千佛，最下一级塑仰莲及四龙环绕。形状不同，功能自然也不

---

[1]《大正藏》第14册，第555页。

[2]《大正藏》第14册，第555页。

同。北朝在窟内设中心塔柱，主要是利用其塔柱与南、北壁后部及西壁形成的通道，作为一种"绕行""礼拜"的殿堂式空间；而隋初的这种须弥山形中心柱窟，虽然也有可"绕行""礼拜"的殿堂式空间意味，但更多的是在展示一种宇宙观念，即展示以须弥山为中心的佛教宇宙观（图3）。

第303窟的须弥山形中心柱，暗示这个洞窟是一个以须弥山为中心的小世界。中心柱代表须弥山，窟顶周围的圆形垂幔和中心柱座沿所绘水纹，可能表示"七山八海"，窟顶垂幔周围的垂角纹，可能表示铁围山；南、北、西壁的天宫栏墙、飞天及窟顶千佛等，可能表示须弥山顶上的三十三天；四壁的千佛画，可能暗示十方诸佛并意味大千世界的无限性；四壁下方的供养人和山林，及中心柱座四面所绘供养人，可能表示世人所处的阎浮提世界；中心柱座下方所绘药叉，可能暗示阿鼻地狱，也可能表示药叉在须弥山间守护诸天城门；窟顶前部人字披所绘《法华经·观世音菩萨普门品》，也与佛教宇宙观有一定关系，因为如果有人书写《法

图2　五代第61窟东壁　维摩诘经变　　　　　　图3　隋代第303窟内景

华经》，"是人命终"时，即可上生到须弥山顶的"忉利天上"[3]。

一个洞窟既可以看作一个天国，也可以看作一个世界。进入窟内前它给人的感觉是一个天国，进入窟内后它给人的感觉是一个世界，中心塔柱便是这个世界中心的须弥山。当人们站在敦煌莫高窟第303窟须弥山中心柱前时，便会感到只要沿着这须弥山攀爬上去，就能到达天国。

佛教的宇宙观，是以须弥山为中心，七山八海交互绕之，再以铁围山为外郭，此为一小世界。一千个一小世界称为一小千世界，一千个小千世界称为一中千世界，一千个中千世界为一大千世界，合小千、中千、大千总称为三千大千世界，此即一佛之化境。每一世界最下层为一层气，称为风轮；风轮之上为一层水，称为水轮；水轮之上为一层金，或谓硬石，称为金轮；金轮之上即为山、海洋、大洲等所构成之大地；而须弥山即位于此世界之中央。

须弥山又译为妙高山，因此山是由金、银、琉璃、水晶四宝所成，所以称妙，诸山不能与之相比，所以称高。此山为一小世界的中心，山形上下皆大，中央独小，四王天居山腰四面，忉利天在山顶，山根有七重金山七重香水海环绕之。七金山与须弥山间的七海（内海）充满八功德水，七金山与铁围山之间有碱海（外海）。碱海中的北面有郁单越洲，东面有弗婆提洲，南面有阎浮提洲，西面有瞿耶尼洲，即所谓的"须弥四洲"。

另外，敦煌文献P.2824《三界九地之图》原卷宽约30厘米，高约180厘米，从下往上描绘了虚空、风轮、水轮、金轮、地狱、九山八海、四大洲、日宫、月宫、欲界六天、色界十八天、无色界四天等；图像中间或两侧共计书写了约1200字榜题；画面顶端榜题："三界九地之图。"所谓"三界"，为欲界、色界、无色界；所谓"九地"，为欲界的五趣杂居地，色界的初禅离生喜乐地、二禅定生喜乐地、三禅离喜妙乐地、四禅舍念清净地，无色界的空无边处地、识无边处地、无所有处地、非想非非处地。这份文献比较全面形象地反映了佛教的世界观。

世人生活在须弥山四大洲之南洲，即阎浮提世界；人们通过天梯或其他方式可以到达须弥山世界的"忉利天上"，这就是敦煌壁画中所反映的佛教世界观，也可以说是古代敦煌人的世界观。西藏地区的丧葬风俗中，至今还流行在一些山

---

[3]《大正藏》第9册，第61页。

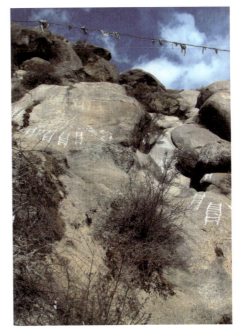

图4　天梯　　　　　　　　　　　　　　图5　天梯

岩间为死者描绘天梯，希望死者能通过天梯到达天堂，这或许便是受佛教世界观的影响（图4、图5）。

## 二、避苦求乐的人生观

在三千大千世界中，有一个对民众影响非常大的世界，那就是西方极乐世界。

人们追求的西方极乐世界，反映了佛教和广大民众的避苦求乐思想。据《佛说阿弥陀经》和《佛说阿弥陀经讲经文》等佛经说："有世界名曰极乐，其土有佛，号阿弥陀。""彼土何故名为极乐？其国众生无有众苦，但受诸乐，故名极乐。"[4]极乐世界里没有阶级，"无有刀兵，无有奴婢，无有欺屈，无有饥馑"，人民不再"纳谷纳麦，纳酒纳布"[5]，乃至"衣服饮食""所居舍宅宫殿楼阁"等等，各种物质利益，应有尽有[6]。

---

[4]《大正藏》第12册，第346页。

[5] 王重民等《敦煌变文集》（下），人民文学出版社，1957年，第475页。

[6]《大正藏》第12册，第272页。

　　极乐世界在物质利益上不仅满足人们的温饱，也不仅满足人们对一般财富的追求，还尽可能给人们以"现代化"生活方式的物质享受。例如在其用金、银、琉璃、砗磲、玛瑙、珊瑚、琥珀等材料所建的七宝池中，有一种功德水，不仅具有清凉、甘美、润泽、解饥等功能，并且这水和池合在一起还有一种功能，就是当有人跳进池中沐浴时，"意欲令水没足，水即没足；意欲令水至膝，水即至膝；意欲令水至腰，水即至腰；意欲令水至腋，水即至腋；意欲令水至颈，水即至颈；意欲令水自灌身上，水即自灌身上；意欲令水还复如故，水即还复如故"[7]，犹若现代家庭中的一个现代化的浴室。

　　在敦煌壁画中，对极乐世界有许多生动、形象的描绘。《西方净土变》（图6）中，巍峨壮丽的宫殿式建筑物，气势磅礴。阿弥陀佛居中坐在莲花座上，观音、大势至二大菩萨分列两侧。绿波浩渺的七宝池中盛开各色莲花，池中有许多童子，有的在莲花中合掌端坐，有的翻身倒立，有的在水中嬉戏。宝池上端一片碧空，彩云缭绕，天乐自鸣，飞天翩翩起舞，天花乱坠，一派歌舞升平的极乐景象！

图6　初唐第220窟南壁　西方净土变

---

[7]《大正藏》第12册，第305页。

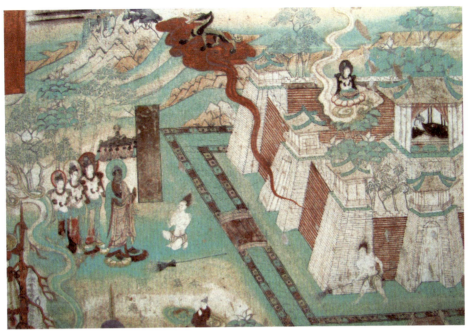

图7　榆林窟中唐第25窟北壁　弥勒经变·龙王洒水和夜叉扫地

在三千大千世界中，还有一个令民众向往的世界，就是未来世界中的弥勒世界。据《佛说弥勒下生经》中说："时阎浮地内，自然树上生衣，极细柔软人取着之。""果树香树，充满国内。尔时阎浮提中，常有好香，譬如香山，流水美好，味甘除患，雨泽随时，谷稼滋茂，不生草秽。一种七获，用功甚少，所收甚多。食之香美，气力充实。"另外，在弥勒世界里，有龙王夜叉常于夜晚洒扫街巷道陌（图7）。而且，"巷陌处处有明珠柱，皆高十里。其光明耀昼夜无异，灯烛之明不复为用。"治安环境以及邻里关系："时世安乐无有怨贼劫窃之患，城邑聚落无闭门者，亦无衰恼水火刀兵及诸饥馑毒害之难。人常慈心恭敬和顺，调伏诸根语言谦逊。"[8]

敦煌壁画中描绘了不少关于弥勒世界的生动图像。如莫高窟宋代第55窟南壁《弥勒经变》中，空地上一棵大树，有数人正从树上拿取衣服。又如榆林窟第38窟西壁五代绘制的《弥勒经变》中，道路旁有一搭满衣服的木架，其右侧有一人正在试穿衣服，画面下方有一人拿着一件长袍在身前比量，另有一人观看（图8），以表示"树上生衣"。又如榆林窟中唐第25窟《弥勒经变》描绘耕地、收割、

---

[8]《大正藏》第14册，第421-423页。

图8　榆林窟第38窟西壁五代绘　弥勒经变·树上生衣

打场、扬场等情景，以表示"一种七收"（图9）。

西方极乐世界和未来弥勒世界都反映了古代人对幸福美好生活的追求，是避苦求乐的人生观。

佛教创建者悉达多太子（释迦牟尼）之所以出家修行，目的也是为了帮助人们避苦求乐。据佛经记载，悉达多太子某日离宫出城东门时，遇见一位头白背驼、目光呆痴、形体羸弱、拄着拐杖一步一颤的老人，便感叹人生好比一瞬间的梦境，令人悲伤厌惧。而又离

图9　榆林窟中唐第25窟北壁　弥勒经变·一种七收

图10　北凉第275窟 出游四门（局部）

宫出城南门时，遇见路边有一个病人，身瘦腹大，呼吸急促，手足如枯木，眼里流着泪水，口里不住地呻吟，旁边还有两个人扶持着，便感叹人生好似一叶扁舟，航行在惊涛骇浪中，随时都会有灾难疾病降临，甚是悲哀。后又离宫出城西门时，遇见一死人，由四人扶棺，用车拉着，并用香花布洒在尸体之上，棺木之后，举家大小，号哭送行，于是感叹人生犹如草木。最后，当太子出城北门时，遇见一位"行步安详"，"已免忧苦"的僧人，便禁不住内心那避苦求乐的心情："善哉！唯是为快！"[9] 太子感悟到只有远离一切欲念、出家修行才能摆脱人间诸苦。敦煌北凉第275窟南壁便描绘了太子骑马出游，在东、南、西、北四门分别遇见老人、病人、死人、僧人的情景（图10）。

悉达多太子为避苦求乐出家修行，而在具体的修行过程中，本来也想同一些苦行僧一样，以毒攻毒，以苦行的办法来摆脱苦境，谁知在六年的苦行中，由于仅喝一点豆羹赖以活命，弄得皮包骨头，奄奄一息，于是"欲求好食"向村女乞

[9]《大正藏》第3册，第467页。

图11　五代第61窟北壁屏风画　二女献乳

求营养丰富的牛乳来滋补身体。这以后在有了健康的身体和愉快的精神的基础上，才在菩提树下悟出"四谛"，佛教也才由此而生。五代第61窟北壁的《佛传》第28扇屏风画中，便描绘了悉达多太子接受村女乳糜的故事。画面的右上侧绘一条母牛，前面有一小牛犊，一村女在母牛腹下挤奶；画面中部一村女坐在一大锅前煮乳糜，锅上冒着热气；画面左侧一村女双手捧钵跪地，正为太子奉献乳糜（图11）。

从悉达多出游四门所遇所感和出家修行之目的，又从悉达多本人在最初的修行（并非佛教的修行）中由苦行改为非苦行，均可看到佛教既不主张苦行，也不主张弃乐求苦，而恰好相反。

有了一定的人生观，才可能有相应的人生目标和行为。避苦求乐的人生观是一种积极向上的人生观，有利于人们树立积极的人生目标和规范自己的社会行为。

### 三、给人希望的天堂与地狱

有了美好的世界观，便会有美好的人生观，同时也就给人生带来希望和目标。佛教的美好世界，除了有西方极乐世界和未来的弥勒世界外，还有药师佛之东方净琉璃世界、弥勒菩萨所生之处的兜率天宫（即弥勒净土）等。在这些美好的世界里，人们不仅不愁吃、不愁穿，而且老有所养、老有所归，人可以活到八万四千岁，女人五百岁才出嫁，社会安宁，无人世险恶。

佛教的理想世界相当于人们常说的天堂或天国，天堂虽然是虚幻的景象，但它让世人憧憬、向往，给人以希望。同时给人以希望的还有地狱，虽然地狱的种种悲惨境况令人感到恐惧，但试图回避恐惧实际上也就成了一种希望。特别是为了躲避恐惧而所做的努力，对于人生更是不可忽视的意义。当今社会出现的一些犯罪分子肆无忌惮以及许多年轻人无端轻生自杀行为，究其根源，原因之一便是对死无所畏惧，而之所以对死亡无所畏惧，则是不相信来世，更不相信有地狱之说。确切地说，如果所有的人都对死亡无所畏惧，对于社会安定是没有好处的。

敦煌壁画中不仅描绘有大量让人向往的美丽天堂，同时也描绘有不少令人恐惧的黑暗地狱。如初唐第321窟前室西壁门南残存的《地狱变》中，描绘阎罗王坐堂审讯犯人，旁边有判官跪地宣读罪状，罪人披枷戴锁，站立受审，牛头鬼持

图12　初唐第321窟前室西壁 地狱变（局部）

275

图13　榆林窟五代第19窟前室甬道北壁　地狱变（局部）

刀杖站在一旁（图12）。又如榆林窟五代第19窟北壁所绘的《地狱变》（也有学者认为是《目连变相》）中，绘一城楼门口两侧有武士守门，一门官领着戴枷锁的男女入城；城内一大殿阎罗王当中而坐，殿前有鬼卒正在对犯人锯解施刑（图13）；又一画面绘四个鬼卒挥舞刀棒，正在驱赶八个亡人（图14）；画面中还绘有汤镬、石磨等刑具，正如据敦煌变文《目连缘起》描述地狱之中，"一日万生万死，或刀山剑树，或铁犁耕舌，或汁铜灌口，或吞热铁火丸，或抱铜柱，身体焦燃烂坏，枷锁杻械，不曾离身，牛头每日凌迟，狱卒终朝来拷，镬汤煎煮，痛苦难当。"[10] 犯罪之人在地狱中受尽无穷无尽的煎熬折磨，让人看后毛骨悚然。有所信仰者便有可能反思自己一生的所作所为，担心自己死后是否会遭受如此的酷刑折磨。

　　榆林窟五代第19窟南壁所绘的《六道轮回图》更是详尽描绘了佛教的因果

---

[10] 王重民等《敦煌变文集》（下），人民文学出版社，1957年，第704页。

图14　榆林窟五代第19窟前室甬道北壁　地狱变（局部）

轮回观念，画面中以圆轮的形式描绘"天""人""阿修罗""地狱""饿鬼""畜生"生死轮回的过程（图15）。另外北周第428窟南壁卢舍那佛像的法衣上也描绘了"三界六道"法界图，其胸部中央画须弥山，山顶画天宫、坐佛、飞天，山前画双手高举日月而坐的阿修罗王，表示天界。其胸部下方画山川、房屋、人物、农耕、牛马、禽兽、饿鬼等，表示人间。法衣下摆上画赤身裸体、狂奔悲号的恶人鬼怪，表示地狱。从横向上分为天上、人间、地狱三界。

图15　榆林窟五代第19窟前室甬道南壁
六道轮回图（残）

在三界中又细分为六道，天上两道：阿修罗头顶上的天宫、坐佛、飞天代表天道，阿修罗代表非天道（天界好斗的恶神）；人间三道：阿修罗下方的山川、房屋、人物代表人道，下方山林中的牛马、禽兽代表畜生道，禽兽旁侧的半裸体人物代表饿鬼道；法衣下摆上画的裸体恶鬼代表地狱道（图16）。

图16　北周第428窟南壁　卢舍那佛

轮回报应理论有效地破除了"人固有一死""人死不能复生"等世俗社会根深蒂固的死亡观念和经验逻辑，它对人类世界的构成方式和生存方式重新作了新颖的划分和大胆的预设。人的生与死的生命过程不再是线性的、暂时的、不可逆转的，而是永无停止的、循环的，就像车轮不停地旋转。轮回，用宗教的复活精神回避了死亡的必然性，帮助人们从畏死情绪中解脱出来，使人们心安理得地去迎接能够再生的死亡。由于人类社会需要在精神上需要想象性地构造一个死后再生的世界，而宗教在这方面具有特别的优势和不可忽视的力量。因此轮回思想对于人生来说，实际上具有非常重要的现实意义。

轮回，为人生树立了一个个具体形象的目标，就像航海途中的灯塔一样。地狱对于人生来说，也好像灯塔一样，引导人们绕过这些暗礁。

轮回过程中不仅有天道、人道、畜生道这些大目标，其中还有具体的小目标。如大足石窟《地狱变》中描绘了"刀山地狱""镬汤地狱""寒冰地狱""剑树地狱""拔舌地狱""毒蛇地狱""剉碓地狱""锯解地狱""铁床地狱""黑暗地狱""截膝地狱""阿鼻地狱""饿鬼地狱""刀船地狱""铁轮地狱""粪秽地狱"等十多种地狱中的情景，形象非常生动。

天国世界中也有具体的目标，如有人通过行善念佛命终遇"善知识"到达西方极乐世界时，会根据其生前的所作所为而化生到不同的品位，分别有"上品上生""上品中生""上品下生""中品上生""中品中生""中品下生""下品上生""下品中生""下品下生"九种，即"九品往生"。如初唐第431窟南壁《观无量寿佛经变》中描绘的"下品下生"，画一座房子，房内一人倚枕而坐，表示此人临终；前跪一人，表示遇到"善知识"。门外有刀山、剑树、油锅、铁蒺藜，表示此人本来应当入地狱。房屋上空，一人乘彩云飞去，表示此人临终"称名念佛"，因而免遭地狱之苦，并且进入西方极乐世界。盛唐第148窟描绘"下品下生"时，则只画了一朵莲花的花苞，花苞内一片混浊，表示往生者在莲花内须得等待"满十二大劫，莲花方开"之时，才可能往生西方极乐世界。

天堂和地狱，是人生中需要努力争取或躲避的目标。有目标，就有希望；有希望，就会有生活和奋斗的信心和动力。

### 四、心灵的慰藉：祈愿求福

据有关专家统计，在莫高窟十多个朝代的洞窟中，共绘制有9069身供养人画像。所谓供养人，就是信仰佛教、并为之出资出力、开窟造像的施主和捐助者。敦煌壁画和敦煌文献中不仅留下了他们的画像，还留下了他们的许多发愿文和功德记，从中我们可以清楚地看到希望和目标对于人生来说是多么的重要。

如西魏第285窟北壁无量寿佛说法图下面的发愿文中记载佛弟子滑黑奴"敬造无量寿佛一区并二菩萨""愿佛法兴隆，魔事微灭，后愿含灵抱识，离舍三途八难、现在老苦，往生妙乐，齐等正觉"。其主要愿望便是希望死后不堕入地狱受苦受难，而能往生极乐世界。

又如P.4640《翟家碑》中记载：

镌龛窟兮，福无边。五彩庄严兮，模圣贤。聿修厥德兮，光考先。

又如P.3490v《修佛刹功德记》中记载：

伏愿龙天八部，降圣力而护边疆；护界善神，荡千灾而程（呈）应瑞。河西之王，永播八方。神理加持，四时顺序。……合镇官寮，长承富乐。应有亡魂幽识，得睹弥陀佛前。各自宗亲，共保长年益算。狼烟罢灭，小贼不侵。路人唱太平之歌，坚牢愿千年不坏。（图17）

又如P.2641《莫高窟再修功德记》中记载：

伏愿君主万岁，社稷千秋，烽烟不举于三边，瑞气长隆于一境。（图18）

功德主们凿窟造像，绘制壁画，主要是为了消灾祈福、光宗耀祖等等具体的实在的目的。

敦煌壁画中绘制有大量的千佛图像，而绘制千佛图像的目的，正如《过去庄

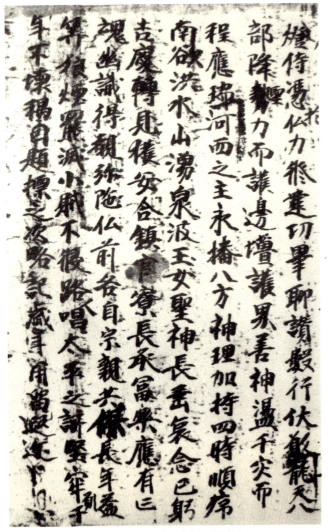

图17　P.3490修佛刹功德记（局部）

图18　P.2641莫高窟再修功德记（局部）

严劫千佛名经》中所说：

　　若有善男子善女人，闻是三世三劫诸佛名号，欢喜信乐称扬赞叹归命顶礼，复能书写为他人说，或能画作立佛形象……，是善男子善女人等……，所生之处常遇三宝，得生诸佛刹土……，持此功德……，所获果报巍巍堂堂，寿命无量。[11]

---

[11]《大正藏》第 14 册，第 375 页。

信仰千佛的目的，是希望未来"所生之处常遇三宝，得生诸佛刹土"，希望"果报巍巍堂堂，寿命无量"。

敦煌壁画中绘制的供养人画像，包括了当时社会各阶层、各民族的佛教信仰者，既有王公大臣、地方官吏、贵族妇人、寺院僧侣，也有戍边将士、庶民百姓、官私奴婢等；既有汉族，也有匈奴族、鲜卑族、吐蕃族、回鹘族、党项族、蒙古族等。从保留下来的大量功德记和发愿文中可以看到，人们之所以信仰佛教，主要是祈愿求福，或是为先亡七世父母"徵福"；或是为活着的父母眷属及本人祈祷，愿今后"殄除灾障""臻集福庆"，死后不堕入地狱受苦受难，往生极乐世界，"齐登正觉"；或是祈望"三农茂实，五稼丰登"；或是渴求"烽烟不举于三边"，"狼烟罢灭，小贼不侵，路人唱太平之歌"。

值得注意的是，从相关的史实可以看到，人们并非只是向神佛祈愿求福而不作为，他们一方面祈愿"三农茂实，五稼丰登"，同时也辛勤劳作和使用当时较为先进的生产工具、合理的水利灌溉设施；一方面祈求"狼烟罢灭，小贼不侵，路人唱太平之歌"，同时也加强军事防御力量建设和治安管理以及与周边民族的和睦关系。如五代时期，在归义军节度使曹议金支持下（图19），莫高窟得到全面的维修和发展，新凿洞窟40多个，重修前代洞窟多达240多个。曹氏还仿效中原，设立了画院，院中有凿窟的石匠、制作彩塑的塑匠和绘制壁画的画师等，对敦煌佛教寺院的兴建和石窟的开凿，起了很大的推动作用。同时，曹议金在位期间积极恢复与中原王朝的归属关系，并特别注意周边民族关系，曾娶甘州回鹘可汗的圣天公主为妻，并将一女嫁甘州可汗为妻，一女嫁于阗国王李圣天为妻。其曹氏家族统治达一百二十余年

图19　榆林窟五代第16窟甬道南壁　曹议金供养像

（914—1037 年）。曹议金家族以及当时的敦煌人民，虽然崇信佛教，经常进行佛教活动，祈愿求福，但在政治和经济上也积极努力，真正做到"三农茂实，五稼丰登"，"狼烟罢灭，小贼不侵，路人唱太平之歌"。

祈愿求福，是人们积极人生观的一种具体表现方式，给人们带来生活的希望和信心。

### 五、结语

综上所述，笔者从世界观、人生观、未来观以及人们的祈愿求福活动等角度探讨了敦煌壁画中所反映的佛教信仰。信仰是人的一种需求，有信仰的人会感到生活充实，没有信仰的人会感到生活空虚。正如《法苑珠林》云："生无信仰心，常被他笑具。"[12]

以须弥山为中心的世界是人与自然和谐共处的世界，三千大千世界给人们以无限的遐想。避苦求乐的人生观是一种积极向上的人生观，有利于人们树立积极的人生目标和规范自己的社会行为。天堂和地狱，是人生中需要努力争取或躲避的目标。祈愿求福，是人们积极人生观的一种具体表现方式，给人们带来生活的希望和信心。

有目标，就有希望；有希望，就会有生活和奋斗的信心和动力。正如歌德《上帝和世界》诗中所颂叹："辽阔的世界，宏伟的人生，长年累月，真诚勤奋，不断探索，不断创新，常常周而复始，从不停顿；忠于守旧，而又乐于迎新，心情舒畅，目标纯正，啊，这样又会前进一程。"[13]

---

[12]《大正藏》第 53 册，第 859 页。

[13] 引自上海外国自然科学哲学著作编译组译，[德] 恩斯特·海格尔著《宇宙之谜》，上海人民出版社 1974 年，第 1 页。

# 从天上到人间：敦煌艺术中的弥勒信仰

在敦煌石窟艺术中，关于弥勒信仰的造像和壁画很多。仅就经变画而言，便保存有《弥勒经变》多达 98 幅，同时还有大量的弥勒菩萨或弥勒佛塑像。这些壁画和造像，反映了自北朝至唐五代宋时期敦煌地区的弥勒信仰情况。

## 一、敦煌北朝艺术中的弥勒造像

约在公元二三世纪，印度和中亚地区已出现弥勒菩萨和弥勒佛的造像。随着佛教东渐，弥勒造像传入中国，到四五世纪，弥勒造像十分盛行。敦煌地处丝路咽喉，为佛教传入的必经之路，弥勒造像自然滞形于此，在北凉、北魏、北周等洞窟中所塑甚多。这与北朝盛行坐禅、求弥勒决疑的风尚有很大关系。

按照禅经的规定，禅僧坐禅时也要观弥勒像。据《禅秘要法经》卷下记载："佛告阿难，若有四众，修系念法……命终之时，必定得生兜率陀天……于未来世，值遇弥勒，龙华初会，必先闻法，得证解脱。"另外据佛经说，如果禅僧修行多年，入不了"定"，就必须请弥勒决疑。如《付法藏因缘经》卷 6 云："尔时罗汉即入三昧，深谛思惟，不能解了，便以神力，分身飞往兜率陀天，至弥勒所，具宣上事，请决所疑。"

莫高窟北凉第 275 窟西壁的主尊以及南北壁阙形龛内的交脚弥勒菩萨像，便可能与禅僧观像和请弥勒决疑有关。

北凉第 275 窟是莫高窟最早开凿的三个洞窟之一，窟形独特，是一个长方形盝顶形窟，窟顶南北两侧的人字披形上浮塑脊枋和椽子，似乎受到中国汉墓的影响（图 1）。墓室是安葬死人的地方，同时也意味着一个人可能将从这里获得新生。许多墓室中所绘的升天图便表现了人们企望死者再生的想法。第 275 窟形似墓室，正好与佛经中所说的"命终之时，必定得生兜率陀天"吻合。西

图1　北凉第275窟内景

图2　北凉第275窟西壁

壁所塑的交脚弥勒菩萨像，高3.40米，在高不足4米、宽约3.50米、纵深约6米的空间中，显得庞大威严，这身交脚弥勒菩萨像可能就是供禅僧观像所用（图2）。南、北两壁上部各塑两身弥勒菩萨在阙形龛内，"阙"是中国古代宫殿前的一种建筑物，人们常常将"阙"与帝王所居住的宫殿联系在一起，因此将弥勒菩萨塑造在阙形龛内，借此表示兜率天宫。后人有诗云："不知天上宫阙，今夕是何年？"反映出

图3　北凉第275窟南壁东侧阙形龛

在中国诗人的心目中，天宫与阙是连在一起的。小龛内的弥勒菩萨虽然不是洞窟的主尊，但仍刻塑得细腻生动，如该窟南壁上部东侧阙形龛内的交脚弥勒菩萨，头戴三珠宝冠，肩披长巾，腰束短裙，双手置于胸前，似正为惑者"决疑"解难（图3）。

　　莫高窟北朝时期的第251、254、257、259、260、435、437窟等洞窟中的阙形龛内，都塑有交脚弥勒菩萨像，反映了当时社会的弥勒信仰。

## 二、敦煌隋代壁画中的《弥勒经变》

　　如果说北朝时期是以阙形龛象征弥勒菩萨的兜率天宫，到了隋代，则以内容丰富的经变画形式描绘了弥勒菩萨坐在楼阁殿堂中说法、天女手执乐器竞起歌舞的场景。

　　关于《弥勒经变》，据画史记载，中原地区最早出现于隋代。裴孝源《贞观

图4 隋代第419窟后部平顶 弥勒上生经变

公私画史》云："弥勒变相图一卷……董伯仁画。"张彦远《历代名画记》卷8云：
"隋董伯仁杂画台阁样弥勒变……传于代。"根据经文和壁画分析，只有《弥勒上
生经》才有楼台殿阁，因此董伯仁所画应该属于《弥勒上生经变》。敦煌壁画中
的《弥勒上生经变》也始于隋，与中原同时出现。

据《佛说观弥勒菩萨上生兜率天经》云："尔时兜率陀天上，有五百万亿天子，
一一天子……以天福力造作宫殿。……亦有七宝大师子座，高四由旬。……宫四
角有四宝柱，一一宝柱有百千楼阁。……诸阁间有百千天女，色妙无比，手执乐器。
其乐音中，演说苦空无常无我诸波罗蜜。"敦煌壁画中所保存的七幅隋代时期的《弥
勒上生经变》，都是依据相关经文所绘制。其画面上一般绘弥勒身穿菩萨装，交
脚或倚坐在大殿中央，殿两侧楼阁内天人演奏乐器；另外大殿两侧可能绘有帝释
天、帝释天妃或维摩诘、文殊，画面内容有的比较丰富，有的比较简单。

如隋代第419窟后部平顶《弥勒上生经变》，图中所绘兜率天宫为五间歇山
顶殿堂，弥勒菩萨交脚端坐须弥座上，两侧侍立二菩萨、四天王，殿堂外侧起重
楼，高四层，内有诸天人做演奏乐器或合十供养状。大殿两侧分别画乘坐龙车的
帝释天和乘坐风车的帝释天妃，周围有飞天、人非人等簇拥随行，表示诸天神前

往兜率天宫赴会，画面内容丰富，充满欢乐的气氛（图4）。

又如隋代第433窟后部平顶《弥勒上生经变》中所绘兜率天宫为五间歇山顶殿堂，弥勒菩萨交脚端坐其中，两旁各有二身胁侍菩萨；殿堂两侧各画一座两间歇山顶建筑，分别坐维摩诘、文殊，二人身后坐满听众，但画面内容较为简单（图5）。

另外，隋代第417窟后部平顶《弥勒上生经变》帝释天龙车下侧，还描绘有弥勒授记的内容。据《佛说观弥勒菩萨上生兜率天经》云："佛告优波离，汝今

图5　隋代第433窟后部平顶　弥勒上生经变

图6　隋代第417窟后部平顶　弥勒授记

谛听，是弥勒菩萨于未来世当为众生，作大归依处。若有归依弥勒菩萨者，当知是人于无上道得不退转，弥勒菩萨成多陀阿伽度阿罗诃三藐三佛陀时，如此行人，见佛光明即得授记。"画面中，弥勒菩萨裸身，披巾，着裙，坐于束腰座上，伸手为一信士摩顶授记；信士跪在其前，合十俯首，虔诚受记（图6）。

隋承北朝信仰弥勒遗风，僧人中如玄景、智琳、静琬等都与弥勒信仰有密切关系。隋代时期也有许多人假借弥勒名义起事，隋文帝也曾自称白衣天子，统治天下。敦煌隋代壁画中的《弥勒上生经变》，应该与这一时期的弥勒信仰有关。

### 三、敦煌初盛唐艺术中的弥勒造像

假借弥勒名义从事政治活动且规模最大也最有成效的，当属初唐时期的武则天了。

武则天于公元684年当政，薛怀义和僧法明等僧人伪造《大云经》和《大云经疏》，伪称"一佛没七百年后，为女王下世，威伏天下"，说武则天就是弥勒下世，理应做"阎浮提主"，"当为李唐，入主天下"。公元690年，武则天登基称帝，自称"慈氏越古金轮圣神皇帝"，并下令在全国颁布《大云经》和《大云经疏》，在各州县建大云寺，造弥勒佛像供奉。

在全国广建大云寺、大造弥勒像的背景下，莫高窟也不例外。据晚唐第156窟前室北壁的咸通六年（865年）墨书《莫高窟记》记载："延载二年（应为证圣元年，公元695年）禅师灵隐共居士阴祖等造北大像,高一百四十尺。"据P.2625《敦煌名族志》记载，阴祖是当时敦煌的"耆旧"，"年八十四,扳授秦州清水县令,上柱国。"阴家是敦煌大姓之一。阴家为了迎合武周政权，在敦煌还编造了一些"瑞应"，如阴祖的侄儿阴嗣鉴、儿子阴守忠都编造过瑞应故事，有刺史表奏武则天。北大像就是现编为第96号的大像窟，即阴祖与禅师灵隐共同主持修建的大云寺。

初唐第96窟中的弥勒佛像高35.5米，为全国室内第一大佛。该佛像为石胎泥塑，先在崖壁上凿刻成大体的石胎轮廓，然后用草泥垒塑，再用麻泥细塑，最后用色料上彩。大佛依崖而坐，双腿下垂，两脚着地，双手支在腿上，挺胸抬头，目光微微下视，高大威严。大佛的右手上扬做施无畏印，意为拔除众生的痛苦；左手平伸做与愿印，意为满足众生的愿望。

容纳大佛的洞窟是一个高耸的室内空间，下大上小，这种窟形能让信众感到空间的高远；由于窟底佛像前的空间很窄，善男信女在地面仰视大佛时，倍感佛的庄严伟大和自身的渺小。

据晚唐第156窟《莫高窟记》记载，继北大像建成之后，又于"开元年中，僧处谚与乡人马思忠等造南大像，高一百二十尺"。敦煌文献 P.3721《瓜沙两郡大事记》详细记载："辛酉，开元九年（721年），僧处谚与乡人马思忠等，发心造南大像弥勒，高一百二十尺。"

南大像位于北大像之南侧约300米处，在现编盛唐第130窟内。该弥勒佛塑像高27米，形态与北大像大致相同，也是倚崖壁而坐，双腿下垂，两脚着地，左手抚膝，右腿上置经书，右手施无畏印，肘倚在经书上；佛头微俯，双眼微合下视，略含笑意，神情庄重慈祥（图7）。

莫高窟初唐第96窟和盛唐第130窟中的这两身弥勒佛大像，不仅反映了当时敦煌民间的弥勒信仰，同时也在一定程

图7　盛唐第130窟　弥勒佛（局部）

度上反映了弥勒信仰与武则天政权的关系。

### 四、敦煌初盛唐壁画中的《弥勒经变》

初盛唐时期敦煌民间的弥勒信仰，不仅反映在塑造巨大的弥勒佛像上面，同时也表现在丰富多彩的壁画中。这一时期的《弥勒经变》，无论形式还是内容，较之隋代都发生了根本性变化。在形式上除少数画面单独画《弥勒上生经变》或《弥勒下生经变》外，大多是将"上生"和"下生"同绘在一图中，内容也按照经文的主要情节描绘，丰富而细腻。

全面描绘弥勒上生所居住的兜率天宫和下生的阎浮提世界，反映了人们不仅希望弥勒帮助自己决疑，希望"命终之时"，能够"得生兜率陀天"，同时更希望改变现实的生活状况，追求美好的理想生活。为此，在《弥勒经变》的构图上，将画面划分为三等分。上约三分之一的画面绘制弥勒上生所居住的兜率天宫，下约三分之二的画面绘制弥勒下生的阎浮提世界的种种盛况。如初唐第329窟北壁《弥勒经变》中，画面上方中央为弥勒菩萨头戴宝冠，善跏趺坐，作说法相；身后建筑为五百亿天子所造的宫殿；座前有菩萨、神王、天子等席地做供养状，向弥勒菩萨发愿供宝；左右两组的佛、菩萨，可能表示弥勒菩萨在龙华菩提树下成佛时的三会说法。画面中、下方描绘弥勒世界天雨润泽、金沙铺地、慈心和平、长寿安乐的境况，以及儴佉王率王妃及王公大臣、宫娥彩女一同落发出家的场景（图8）。

不过，初唐时期的《弥勒经变》中的内容还是比较简略，如第329窟《弥勒经变》中便还没有画出一种七收、路不拾遗、五百岁嫁女等许多具体故事情节，而这些内容到了盛唐时期就有了丰富多彩的表现。如盛唐第445窟北壁《弥勒经变》中，不仅描绘了阎浮提世界中的一种七收、树上生衣、人命将终自然行至冢间而死、女人五百岁出嫁等情节，还描绘了弥勒托生父母修梵摩、婆罗门拆毁楼阁、翅头城中罗刹鬼夜间扫地以及儴佉王以七宝台献佛、儴佉王率王妃、太子、大臣、宫女剃度出家等情节。

这些画面中的形象非常生动，如其中众王妃和宫女们剃度的画面中，在有围屏遮挡的场地内，比丘尼持刀正为王妃落发，被剃发的王妃正襟危坐，侍女在一旁或跪或站捧着器物接取从王妃头上削下的头发，前面地上摆满净瓶、盆盘等盥

图8　初唐第329窟北壁　弥勒经变

洗器物；在没有围屏的另一侧，则有比丘尼或宫女手提帷布遮挡。已经剃度的王妃跪拜礼佛，等候剃发的王妃、宫女们聚集在围屏里。其表情各异，或虔诚合十，或窃窃私语，或安详自然，或担心害怕。在围屏外侧，有一男子持棍挑起帷布，向内窥视剃度的妇女。这些王妃和宫女们剃度的画面，从不同角度刻画了王妃、宫女们面对剃度出家以及防备偷窥者的各种心理活动（图9-1、图9-2）。

又如表现女人五百岁出嫁的画面中，宅院外的一侧搭起帐幕，并以屏风围成举办婚礼的场所，宾客满座，场内有一红衣髫辫儿童正翩翩起舞，乐队伴奏，新婚夫妇在乐舞中礼拜；与此同时，侍者往来忙碌，屏风外还有人探头偷看，富有生活气息，生动表现了当时婚礼场面的民俗风情（图10-1、图10-2）。

特别值得注意的是，不仅弥勒下生的阎浮提世界具有现实人间的生活气息，而且连弥勒上生居住的兜率天宫也变成了现实生活中普通百姓居住的院落。如第445窟北壁《弥勒经变》中为了表现弥勒居住的天宫，描绘了大小十座院落。这些院落绘在一座座祥云缭绕的悬崖峭壁上，形成一个个独立的院落，院内再分隔成一进或多进，随着地形变化呈圆形、心形、桃形或前圆后方等（图11、图

图9-1　盛唐第445窟北壁　弥勒经变·女剃度图

图9-2　盛唐第445窟北壁　弥勒经变·女剃度图

12）。院落全部有围墙环绕，形成座座围屋，颇似南方客家围屋形式的圆楼。

　　这一时期的敦煌地区的民间弥勒信仰，显然已经开始从天上来到了人间。

## 五、敦煌中晚唐壁画中的《弥勒经变》

　　中晚唐时期敦煌壁画中的《弥勒经变》，更是具有浓郁的人间生活气息。如榆

图10-1　盛唐第445窟北壁　弥勒经变·婚礼图

林窟中唐第25窟北壁《弥勒经变》中"一种七收"的画面，系根据经文"果树香树，充满国内。尔时阎浮提中，常有好香，譬如香山，流水美好，味甘除患，雨泽随时，谷稼滋茂，不生草秽。一种七获，用功甚少，所收甚多。食之香美，气力充实"所绘制，古代画工以当时的现实生活为蓝本，描绘了耕地、播种、收割、运载、打场、扬场、粮食入仓等情景，形象非常生动，如扬场的画面中，一个头梳半翻髻、身穿窄袖衫和束腰长裙、双手拿一

图10-2　盛唐第445窟　弥勒经变·婚礼图·戏舞

293

图11　盛唐第445窟北壁　弥勒经变·心形院落

图12　盛唐第445窟北壁　弥勒经变·圆形院落

长柄扫帚的农妇与一个头裹幞头、身穿缺骻衫、双手持耙的农夫正在打场，场地上空谷粒飞扬。又如耕地播种的画面中所描绘的"二牛抬杠"，其农耕方式竟然在今天河西地区还能见到（图13）。

这一时期的壁画内容也反映了当时的民俗民风，如榆林窟中唐第25窟北壁《弥勒经变》中的"老人入墓图"，是根据《弥勒下生成佛经》经文"人命将终，自然行诣塚间而死"所绘制。画面中，有一个宽敞场地的墓园，白色大门，赭色砖砌围墙，墓园内外都有松柏树和芭蕉环绕。一头戴幞头、须发皆白、身穿白色长袍、拄杖的老人坐在圆形墓茔中的土台上，安详地与亲人告别。墓茔前一小孩匍匐在地向老人叩别，墓茔旁侧有三位妇女或以巾拭泪，或以袖掩面，与老人依依相别。另外墓茔旁侧有仆人捧物侍立，墓园内外有亲友送别（图14）。

未死的老人在亲人的陪同下提前进入坟墓，其性质与寄死窟类似。如古代湖北等地有一种"寄死窟"，又叫"寄死窟""老人洞"等。窟体一般横向开凿，宽高各1.5米左右，长约2米；许多窟内石壁上凿有放灯的小龛及烟痕。关于"寄死窟"，当地民众说这是自古传下来的风俗，认为人老后不中用了，到了60岁就送进窟中，用土石把洞封死，只留一个小口送三天或七天饭，然后让老人食尽而死。由此可见，敦煌壁画中的"老人入墓"和湖北武当山一带的寄死窟有点类似，可能反映了当时社会的民俗风气。

又，敦煌壁画中保存有46幅婚礼图，这些婚礼图主要依据《佛说弥勒下生经》绘制。据经文说，在弥勒世界，"人寿八万四千岁"，"女人年五百岁，尔乃行嫁"。

图13　榆林窟中唐第25窟北壁　弥勒经变·一种七收

图14　榆林窟中唐第25窟北壁　弥勒经变·老人入墓

为了反映这一经文内容，古代画家以人间婚俗为蓝图，因此这些壁画所描绘的婚娶场面实际上是人间婚俗的缩影。如晚唐第12窟南壁《弥勒经变》中，一顶人字披的帐幕，内有宾客对坐宴饮；帐前铺一地毯，新郎和新娘在上面行礼。只见新郎匍匐于地叩首跪拜，而新娘则站在一旁只是微微欠身作揖而已（图15）。这种面对家长及众亲友"男拜女不拜"拜堂行礼的方式，显示了当时妇女的较高地位，可能与唐代武则天执政尊尚妇女有关。另外，

图15　晚唐第12窟南壁　弥勒经变·婚礼图

婚礼图中的新娘头戴凤冠、身披霞帔，也真实地展现了当时的摄盛之俗。

## 六、敦煌五代宋壁画中的《弥勒经变》

敦煌五代宋时期的《弥勒经变》，同样具有非常浓厚的人间生活气息。如榆林窟宋代第 38 窟西壁《弥勒经变》"婚礼图"中，有一个有趣的画面，在热闹的婚礼场面旁侧，画有一妇女身穿大袖襦和长裙，双手抱着一裸体婴儿，蹲在距离人群较远的旷野中，为婴儿施尿（图 15-1、图 15-2）。另外，这幅《弥勒经变》"树上生衣"画面中，道路旁有一搭满衣服的木架，其右侧有一人正在试穿衣服，画面下方有一人拿着一件长袍在身前比量，另有一人观看；有榜题为："尔时弥勒世时衣生价（架）上。"（图 16）由"树上生衣"变成了"架上生衣"，但符合现实生活。

图15-1　榆林窟宋代第38窟西壁 弥勒经变·婚礼图〔欧阳琳临〕

图15-2　榆林窟宋代第38窟西壁　弥勒经变·婚礼图中抱小孩撒尿的妇女（欧阳琳临）

图16　榆林窟宋代第38窟西壁　弥勒经变·树上生衣

图17　宋代第55窟南壁　弥勒经变·茅舍

另外，还描绘了普通百姓居住的茅屋小院。如宋代第55窟南壁《弥勒经变》中，简单的茅屋以带有枝杈的自然树干为柱，柱下有土台基；屋顶四坡用茅草重叠铺覆盖，在坡脊的交点，又用草把加盖；茅屋四周围用篱笆围护，系以自然小树枝编织而成（图17）。

这一时期的敦煌壁画在反映民俗风情的同时，还反映了当时社会的农业生产技术。如宋代第454窟窟顶东坡《弥勒经变》"一种七收"的画面中，描绘一个农民用三脚耧进行播种的情景：种子盛在耧斗中，耧斗与空心的耧脚相通，边行边摇，种子落下，形象生动（图18）。宋代梅尧臣在《和孙端叟寺丞农具十五首》第三首《耧（楼）种》曾描写道："农人力已勤，要在布嘉种。

手持高斗柄，嘴泻三犁
垄。"诗人所咏的就是三
脚耧，宋时已广泛使用，
但历史记载却无形象资
料，敦煌壁画三脚耧是
我国宋代播种耧的唯一
形象资料，为研究我国
宋代耧犁的构造提供了
重要依据，是研究中国
农业技术发展史的珍贵资料。

图18　宋代第454窟窟顶东披　弥勒经变·一种七收·三脚耧

## 七、小结

从以上情况可以看到，敦煌地区的北朝和隋代时期主要流行的是弥勒上生信仰，但表现形式有所不同，北朝大多是在象征天宫的阙形龛塑交脚弥勒菩萨像，内容较为简单；隋代则以壁画形式描绘弥勒菩萨坐在楼阁殿堂形式的兜率天宫中说法，并有天女手执乐器竞起歌舞等场景，内容较为丰富。初盛唐时期则"上生""下生"信仰并行，且以下生为主，表现形式既有倚崖壁而坐的巨大弥勒佛像，也出现了"上生""下生"同绘一图、情节较多、具有现实生活气息的经变画。中晚唐以及五代宋时期，也是"上生""下生"信仰并行，更是以"下生"为主，表现形式主要是情节更多、现实生活气息更为浓郁的经变画。之所以如此，是因为都向往太平盛世，希望安定和丰裕的生活，《弥勒下生经》所涉及的内容，正是人们生活中最实际、最切身的要求——衣食温饱、婚丧嫁娶、老有所养、老有所归，无人世险恶，无社会奸诈等等，因此，得到基层民众的广泛信仰。

所以，在敦煌艺术中塑造的从阙形龛内的弥勒菩萨到倚崖壁而坐的弥勒佛，和壁画中描绘的从兜率天宫到阎浮提世界，实际上反映了弥勒信仰从天上到人间这一过程，也正是所谓"高处不胜寒""何似在人间"。

# 敦煌佛教理想世界的衣食住行

本文根据佛经、敦煌壁画和敦煌文献中有关佛教理想世界的记载或描绘，比较全面地探讨和介绍了当时人们在衣食住行方面的追求和愿望。认为许多在当时看来是不可能实现的幻想现在已经变成了现实，希望古人的追求和愿望能给现代人一些启示。

## 一、衣饰

人与其他动物最明显的区别，即是否穿衣。人的进化之一，就是褪去身上的皮毛而穿上衣服。所谓站立行走、思维情感、饮食性爱等等，并非人之独有，其他动物也可能具有，只是程度、高低有所不同而已。

所谓"衣冠禽兽"，指穿戴衣帽但行为卑劣如同禽兽的人。由此可见衣饰是区别人与其他动物的标志物，亦可见衣饰对于人类的重要性。

衣饰，也是区别人与人之间差异的标志物，是人与人身份、地位差异的象征。如果衣服的功能仅仅是为了保暖，则人类保留身上的皮毛即可。

在佛教的理想世界中，也非常注重人的衣饰。如对于天宫中天人所穿之衣，有佛经还专门论及其重量，如《菩萨璎珞本业经》卷下云："净居天衣重三铢。"[1]又《长阿含经》卷20云："四天王身长半由旬，衣长一由旬，广半由旬，衣重半两。忉利天身长一由旬，衣长二由旬，广一由旬，衣重六铢。焰摩天身长二由旬，衣长四由旬，广二由旬，衣重三铢。兜率天身长四由旬，衣长八由旬，广四由旬，衣重一铢半。化自在天身长八由旬，衣长十六由旬，广八由旬，衣重一铢。他化自在天身长十六由旬，衣长三十二由旬，广十六由旬，衣重半铢。自上诸天，各

---

[1]《菩萨璎珞本业经》卷下，《大正藏》第24册，第1019页。

随其身而着衣服。"[2] 级别高的天人虽然身材愈加高大，衣服也随之加倍的宽长，但衣服的重量却反而愈加地轻盈。

又如《大智度论》卷 34 云："四天王衣重二两。忉利天衣重一两，夜摩天衣重十八铢，兜率天衣重十二铢，化乐天衣重六铢，他化自在天衣重三铢。色界天衣无重相，欲界天衣从树边生无缕无织，譬如薄冰光曜明净有种种色；色界天衣纯金色光明不可称知。"[3] 不仅谈论衣服的重量，还谈到衣服是"从树边生"，未经过"无缕无织"的生产过程，而且其色泽透明犹如"薄冰光曜明净"等。

又《法苑珠林》卷 3 "衣量部"云："六欲界六天中皆服天衣飞行自在，看之似衣光色具足，不可以世间缯彩比之。色界诸天衣服，虽号天衣其犹光明，转胜转妙不可名也。……欲界诸天衣服种种庄严不可具述，然化乐、他化二天，所着衣服随心大小，轻重亦尔。色界诸天不着衣服如着不异，头虽无髻如似天冠。"[4] 述及天人穿上衣服"飞行自在"，其"光色具足"，并且"衣服随心大小，轻重亦尔"，还述及头饰"虽无髻如似天冠"。

敦煌壁画中依据《佛说弥勒下生经》中经文"时阎浮地内，自然树上生衣，极细柔软人取着之"描绘了不少生动图像[5]。如莫高窟宋代第 55 窟南壁《弥勒经变》中，空地上一棵大树，有数人正从树上拿取衣服（图 1）。又如榆林窟第 38 窟西壁五代绘制的《弥勒经变》中，道路旁有一搭满衣服的木架，其右侧有一人正在试穿衣服，画面下方有一人拿着一件长袍在身前比量，另有一人观看；画面有榜题："尔时弥勒世时衣生价（架）上。"由"树上生衣"演变成了"架上生衣"（图 2）。"自然树上生衣"或"架上生衣"是言其数量上满足人们的需要，"极细柔软"是言其衣料质地甚佳。

在《妙法莲华经·马明菩萨品第三十》中，述及须弥山北面的"欝单越，地方四十万里。……树上生衣服及七宝璎珞……，生儿堕地抱于道边……，七日便得成人，往诣树下，仰头看树，七宝璎珞衣服着体。无有染色捣治之苦，亦无割截裁缝之劳。"[6] 树上不仅生产衣服，还生产饰品璎珞，还特别强调"树上生衣"

[2]《长阿含经》卷 20，《大正藏》第 1 册，第 133 页。

[3]《大智度论》，《大正藏》第 25 册，第 310 页。

[4]《法苑珠林》卷 3，《大正藏》第 53 册，第 286 页。

[5]《佛说弥勒下生经》，《大正藏》第 14 册，第 421。

[6]《妙法莲华经·马明菩萨品第三十》，《大正藏》第 8 册，第 1427 页。

图1　宋代第55窟南壁　弥勒经变·树上生衣

图2　榆林窟第38窟西壁五代绘　弥勒经变·树上生衣

没有"染色捣治之苦"，也没有"割截裁缝之劳"。

　　敦煌文献中也有关于佛教理想世界中衣饰的记载，如 P.2133《妙法莲华经讲经文》中谈"衣服供养"时说："若用名衣供养，功德无边无量，只将人世绮罗，裁作天宫模样。或添璎络身中，或缀宝冠头上，或者五色荧煌，或作轻盈晃浪。一生供养不曾休，长将疋段旋新羞，每把金襕安膝上，更将银缕挂肩头。冬天厚暖应难比，一月轻纱一切周，到老一生长供养，西方净土必遨游。"[7] 这里面特别强调衣料为绮罗，"金襕""银缕"饰之外，更注重配之以"璎

[7] 王重民等《敦煌变文集》（下），人民文学出版社，1957年，第506页。

络""宝冠"等贵重装饰物。

佛经《妙法莲华经·观世音菩萨普门品》中还着重谈及装饰物璎珞的贵重性：
"无尽意菩萨白佛言：'世尊，我今当供养观音菩萨。'即解颈众宝珠璎珞，价值
百千两金，而以与之。作是言：'仁者受此法施珍宝璎珞。'时观世音菩萨不肯受
之。"转而又将"其璎珞，分作二份，一份奉释迦牟尼佛，一份奉多宝佛塔"。[8]

敦煌文献 S.4571《维摩诘经讲经文》谈及衣饰时亦云："头冠耀处黄金蔟……，
顶戴珍珠，身严玉佩。……曜曜衣装百玉纹，遥遥宝彩金黄缕。"追求的重点也
是贵重的金银等饰品。

从以上佛经和敦煌文献的记载可以看到，古代佛教理想世界追求的衣着不仅
是解决温饱之温暖问题，同时注重衣料质地和装饰物的价值，追求华丽和珍贵，
也注重不同等级、地位之人穿戴之差异。


## 二、饮食

古人云："民以食为天。"又有俗语云："人是铁，饭是钢，一天不吃饿得慌。"
对于人类生存来说，悠悠万事，唯此为大。佛教的理想世界也不例外。

在敦煌壁画中，有很多反映当时人们的理想和愿望的内容。其中影响最大、
人们最为向往的恐怕便是依据《阿弥陀经》《无量寿经》《观无量寿佛经》所描绘
的《西方净土变》了。所谓"西方净土"，又叫"极乐世界"。"极乐"二字毫不
掩饰地表明了当时人们追求人生目标。壁画中有许多具体生动的形象描绘，在《西
方净土变》图中，最为醒目突出的绘有一绿波浩渺的七宝池，池中盛开各色莲花
（图3）。七宝池中有一种功德水，具有清凉、甘美、润泽、解饥等等功能。鸠摩
罗什译《佛说阿弥陀经》云："极乐国土有七宝池，八功德水充满其中。"而所谓
"八功德水"据《阿弥陀经疏》云："一澄净，二清冷，三甘美，四轻软，五润泽，
六安和，七饮时除饥渴等，八饮已长养诸根四大。准此水即具四尘，清净即色入，
冷软触入，甘美味入。"

敦煌遗书 P.2122《佛说阿弥陀经讲经文》描叙阿弥陀净土世界时说："化生

---

[8]《妙法莲华经》，《大正藏》第9册，第57页。

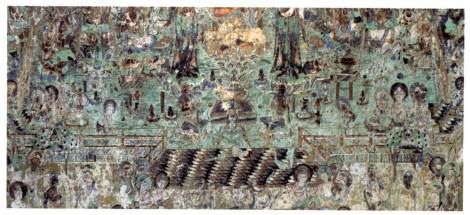

图3 初唐第220窟南壁 西方净土变（局部）

童子食天厨，百味馨香各自殊，无限天人持宝器，琉璃钵饭似真珠。"S.6551《佛说阿弥陀经讲经文》又云："地是黄金山是玉，林是琉璃水是茶，三春早吃频婆果，此间四月咬生瓜。"

有近代佛教徒在解释《阿弥陀经》中"饭食"时说得更具体："那西方世界，譬如想要吃了，那些吃的东西自然会到面前来的。想要吃甚么，就自然有甚么。也不要用钱去买，也不要用人去烧。并且味道都是非常鲜的。甜酸咸淡没有不随各人的意思的。要吃多少，就自然会来多少。也不会多，也不会少。装东西的碗盏，想用金银的，金银的碗盏，就自然会来。想用珠宝的，珠宝的碗盏，就自然会来。吃过了，就自然会化去的。等到下次要的时候，又会来了，也不要人去收拾的。不吃也不会饥饿，多吃也不会饱胀；吃了下去，也没有渣滓存留在肚里头，所以也没有大小便。讲到实在，西方极乐世界的人，只消看见了各种吃的东西的颜色，或是闻着了各种吃的东西的香味，肚子里也就觉得饱满适意了，不必要真正去吃的。"[9]

敦煌壁画《维摩诘经变》中的"香积佛品"，系根据鸠摩罗什译《维摩诘所说经》所绘（图4），经云：文殊于维摩诘辩论，时间已晚，舍利弗肚饥，于是心想："日时欲至，此诸菩萨当于何食？"维摩诘知其意，便使"神通力"让化菩萨到香积佛世界取回一钵"香饭"，其"化菩萨以满钵香饭与维摩诘，饭香普熏毗耶离城，及三千大千世界,时毗耶离婆罗门居士等闻是香气，身意快然，叹未曾有。"画面中，一般为数身菩萨腾云驾雾，穿山过岭，倏然降于画面中央，至文殊、维摩诘之间，

[9] 黄智海《阿弥陀经白话解释》，天台山国清寺法佛流通处印行，第62页。

图4　中唐第231窟东壁门北　向文殊倾倒香饭和向维摩献香饭的化菩萨

或向维摩诘倾钵倒饭，或向文殊倾钵倒饭，堆积如山，众人闻到饭的香味均立刻感到饱满适意。

《佛说弥勒下生经》中亦云弥勒世界里：“果树香树，充满国内。尔时阎浮提中，常有好香，譬如香山，流水美好，味甘除患，雨泽随时，谷稼滋茂，不生草秽。一种七获，用功甚少，所收甚多。食之香美，气力充实。”敦煌壁画《弥勒经变》所绘“一种七收”的内容，画面中一般绘耕地、播种、收割、运载、打场、扬场、粮食入仓等情景（图5）。

敦煌文献P.2133《妙法莲华经讲经文》中谈“饮食供养”时说：“或苏陁味甘露珍馐，玉盂成百味之馨香，金椀（碗）捧千般之美味。或乳糜酥酪，香饮朝严，同宝积之所陈，似纯陁之所戏（献）。山前林下，采仙果之青蔬。江上溪边，摘香新之莲藕。”[10]

如此等等，实际上反映了当时人们对饮食需求的一些具体美好愿望。首先是追求能吃饱，即一种七收，闻到饭香即饱；其次追求吃的品种，即想吃什么就有什么，百味馨香各自殊；也注意食物的质量，如味甘除患，食之香美，气力充实；

---

[10] 王重民等《敦煌变文集》（下），人民文学出版社，1957年，第505—506页。

图5　榆林窟中唐第25窟北壁　弥勒经变·一种七收

并注意蔬菜水果的新鲜，如山前林下，采仙果之青蔬。江上溪边，摘香新之莲藕；另外也注意盛装食物的餐具，如琉璃钵饭似真珠，玉盂成百味之馨香，金碗捧千般之美味。

## 三、居住

虽然吃饭、穿衣对于人来说是首要的，但追求安全感以及人的惰性和依赖性等等因素，又促使人们特别注重有一个属于自己的"窝"。所以人们常说安居乐业，由此可见居住对于人类的重要性。

有佛经专门论及天人的居住环境，首先是从安全角度考虑。如《法苑珠林》卷3云："天帝释所都大城，城有千门严饰壮丽，门有五百青衣药叉，勇健端严，长一踰缮那量，各严铠仗防守城门。""中央金城帝释住处……四面四百九十九门，复有一小门凡五百门。是城形相翼卫四兵，栅堑树池杂林宫殿。……是城中央宝楼重阁……其阁四边却敌宝楼，东边二十六所，三面各二十五所，凡一百一所。"[11] 有"药叉""各严铠仗防守城门"，"城形相翼卫四兵"，宫殿周围有"栅堑"，楼

---

[11]《法苑珠林》卷3，《大正藏》第53册，第287、289页。

阁四面还有瞭望敌情的"宝楼……一百一所……高半由旬以为观望"。

其建筑与装饰所用的材料为："城之四面为千门楼，是诸城门众宝所成，种种摩尼之所严饰。""帝释所住之处，并是琉璃所成众宝厕填。""有池亦名欢喜……，宝为砖垒其底岸。"[12]

而水池是如意池："八功德水弥满其中。"[13] 所谓八功德水，据玄奘译《称赞净土佛摄受经》云："何等名为八功德水？一者澄净，二者清冷，三者甘美，四者轻软，五者润泽，六者安和，七者饮时除饥渴等无量过患，八者饮已定能长养诸根四大。"[14]

居住的周边自然环境为："随欲四苑花鸟香林庄饰。""花果鸟林种种翔鸣。"[15]

城市街道路面的情况是："其地平坦，亦真金所成，俱用百一杂宝严饰，地触柔软如妒罗绵，于践蹋时随足高下。""市中间路软滑可爱。"[16]

城市的布局是："其城内四边住处。衢巷市廛并皆调直。是诸天城随其福德。屋舍多少众宝所成平正端直。是天城路数有五百。四陌相通行列分明。皆如基道四门通达东西相见。"[17]

并且特别注重城市的商业贸易功能："巷巷市廛宝货盈满，其中天上有其七市：第一谷米市，第二衣服市，第三众香市，第四饮食市，第五华鬘市，第六工巧市，第七淫女市，处处并有市官。是诸市中天子天女往来贸易，商量贵贱，求索增减，称量断数，具市廛法。"[18] 在敦煌壁画中，描绘了不少反映当时人们理想世界的居住环境。如《西方净土变》中，首先映入观者眼帘的，除了佛、菩萨等人物像外，恐怕就是那些规模宏伟的建筑物了。这些宫殿式建筑物，装饰华丽，气势磅礴，如《佛说阿弥陀经》所云："楼阁，亦以金银、琉璃、颇梨（玻璃）、车（砗）磲、赤珠、马（玛）瑙而严饰之。"[19] 其规模正如唐代杜牧《阿房宫赋》所云："五步一楼，十步一阁；廊腰缦回，檐牙高啄；各抱地势，钩心斗角。盘盘焉，囷囷焉，蜂房

[12]《法苑珠林》卷3，《大正藏》第53册，第287、289页。

[13]《法苑珠林》卷3，《大正藏》第53册，第287页。

[14]《大正藏》第12册，第348页。

[15]《法苑珠林》卷3，《大正藏》第53册，第287、289页。

[16]《法苑珠林》卷3，《大正藏》第53册，第287、289页。

[17]《法苑珠林》卷3，《大正藏》第53册，第289页。

[18]《法苑珠林》卷3，《大正藏》第53册，第289页。

[19]《大正藏》第12册，第346页。

水涡，蠹不知乎几千万落。长桥卧波，未云何龙？复道行空，不霁何虹？高低冥迷，不知东西。歌台暖响，春光融融；舞殿冷袖，风雨凄凄。一日之内，一宫之间，而气候不齐。"

居住环境的舒适实用，不仅现代人追求，古代人也颇为重视。《西方净土变》等经变画中的七宝池，池中的功德水不仅具有清凉、甘美、润泽、解渴等作用，并且当有人跳进池中沐浴时，就好像进入一个现代化浴室一样，可随意调节水量、水温。

更注重城市环境的清洁卫生。据《佛说弥勒下生成佛经》说，在弥勒世界里："街巷道陌广十二里，扫洒清净。有大力龙王名曰多罗尸弃，其池近城龙王宫殿，在此池中常于夜半，降微细雨用淹尘土。其地润泽譬若油涂。行人来往无有尘坌。……城邑舍宅及诸里巷，乃至无有细微土块。……有大夜叉神名跋陀波罗赊塞迦（秦言善教）常护此城扫除清净。"有龙王夜叉常于夜晚洒扫街巷道陌（图6）。更为有趣的是，人们要大小便时："若有便利不净，地裂受之，受已还合。"[20]

图6　榆林窟中唐第25窟北壁　弥勒经变·龙王洒水和夜叉扫地

[20]《大正藏》第14册，第423页。

照明亦是一大问题，现代城市人平常最害怕的就是停电停水。而《佛说弥勒下生经》中说，在弥勒世界里，"巷陌处处有明珠柱，皆高十里。其光明耀昼夜无异，灯烛之明不复为用。"[21]

另外也注重治安环境以及邻里关系等："时世安乐无有怨贼劫窃之患，城邑聚落无闭门者，亦无衰恼水火刀兵及诸饥馑毒害之难。人常慈心恭敬和顺，调伏诸根语言谦逊。"[22]

从以上情况可以看到，佛教社会理想中的"住"特别注重居住环境，不仅希望其建筑形式类似宫殿，追求的是豪华，甚至近于奢侈，同时追求舒适、实用、卫生、安全等；另外亦追求享受，如在建筑群中占重要位置的舞榭歌台，便和娱乐有密切关系。

## 四、出行

古代的人们一直梦想在天空中遨游飞翔，而佛教理想世界主要在天界，因此其出行方式也主要是在天空中飞行。为此有佛经专门论及天人的行，如《法苑珠林》卷3云："一切诸天有十别法。何等为十：一、诸天行时来去无边；二、诸天行时来去无碍；三、诸天行时无有迟疾；四、诸天行时足无踪迹；五、诸天身力无患疲劳；六、诸天之身有形无影……及有神力，腾虚飞游眼视无瞬。"又谈及天人使用的交通工具："欲界六天有仆乘。仆谓仆从。乘谓骑乘。……乘者以六欲天皆有杂类畜生，诸天欲游随意乘之。或乘象马，或乘孔雀，或乘诸龙。……忉利天已下具有象马凫雁鸳鸯孔雀龙等，自焰摩天已上悉无象马四足众生，唯有教放逸鸟实语鸟赤水鸟等。"[23]

从敦煌佛教壁画来看，古代人渴望的飞行方式主要有这样几种：

一是腾云驾雾。如敦煌遗书P.2324《难陀出家缘起》中云："足蹑祥云气异香。……足下彩云曳五色。"P.3093《佛说观弥勒菩萨上生兜率天经讲经文》："仙女千群乘彩雾。"S.4571《维摩诘经讲经文》："人与非人等……，一时空里降，

[21]《大正藏》第14册，第423页。
[22]《大正藏》第14册，第423页。
[23]《大正藏》第53册，第290、292页。

齐总下云来。"敦煌壁画《法华经变》中的赴会者，《弥勒经变》中前往兜率天宫供养的忉利天主、他化自在天主、乐变化天主，《阿弥陀经变》中乘云的佛、菩萨（图7），《维摩诘经变》中取香饭的化菩萨，以及第61窟甬道南壁元代绘炽盛光佛壁画中的乘云天人等（图8），皆是乘云驾雾而行。

二是借助功能似羽翼的长巾飘带。P.2122《佛说阿弥陀经讲经文》描写道："化生童子见飞仙，花落空中左右旋。"敦煌壁画中的飞天，大多描绘在窟顶华盖四周，她们置身于翻滚的云彩中，身披长巾在天空中自由轻盈地飞翔。敦煌飞天形象缘于我国古代的飞仙（羽人），王充《论衡·雷虚篇》云："飞者皆有翼，物无翼而飞，谓仙人。画仙人之形，为之作翼。"[24] 晋葛洪《神仙传·彭祖传》中也说："仙人者，或竦身入云，无翅而飞；或驾龙乘云，上造天阶；或化为鸟兽，游浮青云。"[25] 神仙家葛洪《抱朴子》内篇卷4又道："仙童仙女来侍，飞行轻举，不用羽翼。"[26] 那么，不用羽翼靠什么飞行呢？靠形状近似于羽翼的长巾飘带，敦煌壁画中的飞天图像

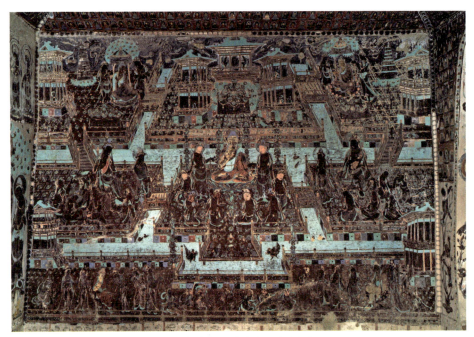

图7　初唐第329窟南壁　阿弥陀经变

[24] 王充《论衡》，上海人民出版社，1974年，第101页。

[25] 葛洪《神仙传·彭祖传》，载《丛书集成初编》，中华书局，1991年，第6页。

[26] 葛洪《抱朴子内篇全译》，贵州人民出版社，1995年，第97页。

图8　第61窟甬道南壁元代绘　炽盛光佛和乘云天人

就这样非常清楚地告诉了我们。不过，有时为了说明背景确实是在天空中，和烘托她们飞行的气氛，因此往往又在这些飞天的下方增绘上一些云彩（图9）。

三是借助龙凤车辇。晋王嘉《拾遗记》卷3记载周穆王："巡行天下，驭黄金碧玉之车，傍气乘风……王驭八龙之骏：一名绝地，足不践土；二名翻羽，行越飞禽；三名奔霄，夜行万里；四名越影，逐日而行；五名踰辉，毛色炳耀；六名超光，一形十影；七名腾雾，乘云而奔；八名挟翼，身有肉翅。"[27] 又云："西王母乘翠凤之辇而来。"[28] 敦煌莫高窟西魏第249、北周第294、296、隋代第305、401窟、麦积山北魏第127窟所绘东王公、西王母（帝释天、帝释天妃）均乘龙凤车辇在天空中巡行（图10）。借助龙凤车辇而飞行，实际上借助的是能飞行的龙凤。屈原曾在《离骚》中云："驷玉虬以乘鹥兮，溘埃风余上征。""驾八龙之婉婉兮，载云旗之委蛇。"又在《湘君》中说："驾飞龙兮北征，邅吾道兮洞庭。"[29]

[27] 王嘉《拾遗记》，中华书局，1981年，第60页。

[28] 王嘉《拾遗记》，中华书局，1981年，第65页。

[29] 朱东润主编《中国历代文学作品选》上编第1册，上海古籍出版社，1979年，第231、233、249页。

图9　隋代第305窟顶西披　飞天

图10　西魏第249窟南披　乘坐凤车的西王母

图11　隋代第278窟西壁南侧　夜半逾城

　　四是壁画中有不少乘马、乘象飞行的画面，如隋代第278窟、初唐第329窟、初唐第375窟等窟的"乘象入胎"和"夜半逾城"（图11）。据《修行本起经》记载，说摩耶夫人"于梦中见乘白象者空中飞来"[30]。又云悉达多太子决心出家，夜半之时乘马逾城，于是"四神接举足，令脚不着地。……皆令入虚空……于是城门自然便开。出门飞去"[31]。不过，这里主要是有四天神托举马足，依靠的是天神之力飞越。

　　五是也有乘牛、乘孔雀、乘虎、乘狮、乘象，甚至乘山而行的仙人，如莫高窟北魏第257窟北壁的《须摩提女因缘》。画面中依次绘佛弟子般特乘骑青牛、罗云乘骑孔雀、迦匹那乘骑金翅鸟、优毗迦叶乘骑龙、须菩提乘骑玻璃宝山、大迦游延乘骑白鹄、离越乘骑猛虎、阿那律乘骑猛狮、大迦叶乘骑白马、大目犍连乘骑六牙大白象在空中飞行，前往满富城（图12）。

---

[30]《大正藏》第3册，第463页。

[31]《大正藏》第3册，第468页。

图12　北魏第257窟北壁　须摩提女缘品（局部）

另外佛教所云五神通中的神足通，说是飞行自在，石壁无碍，似乎什么物体也不借助，只凭意念便能随意到某个地方。

由此可见，佛教理想世界追求的出行方式一是快速，二是无障碍，三是方便随意。

## 五、反思

从以上对佛教理想世界衣食住行的探讨，可以看到古代人对衣着的追求在解决温暖问题的基础上，注重衣料质地和装饰物的价值，追求华丽和珍贵，注重不同等级、地位之人穿戴之差异。对饮食的追求首先是能吃饱，然后是吃的品种、食物的质量与新鲜程度、装食物的餐具等。对于居住的追求，特别注重其周边环境，追求豪华，同时追求舒适、实用、卫生、安全等；另外亦追求娱乐享受。出行方式则主要追求快速、方便、无障碍等。

与古代人相比较，当代的人们对于衣食住行的追求虽然有不少相同之处，但更多的却是追求安全感。

如衣饰方面也注重衣料质地和装饰物的价值，也追求华丽和珍贵，但其衣料质地主要是关注是否是纯棉制品，担心化纤制品对皮肤会引起过敏；对装饰物则主要是关注其是否保值，担心货币贬值。对化妆品也主要是关注其是否含铅白过多，是否对身体有危害。连洗衣粉现在也是在宣传用皂粉，说是对皮肤没有刺激危害。总之，大多都是从安全角度考虑。

饮食方面，人们虽然也追求品种的多样化，追求色香味，关注食物是否新鲜，但更多的也是追求食品的安全性。如希望能给婴儿买到没有添加三聚氰胺的奶粉，希望能买到没有喂瘦肉精的猪肉，希望在餐馆吃的火锅、炒菜等里面放的不是地沟油，希望蔬菜、水果里面少一点农药残留，希望鸡鸭鱼蛋里面少一点激素，希望制作豆腐的小作坊里少一点苍蝇污水垃圾，等等。总之，人们理想的饮食是希望能吃到无公害的绿色食品。另外，一次性筷子和消毒碗筷也是从安全角度考虑。

居住方面，由于高房价的原因，因此有一套属于自己的房子是当代人们的第一愿望。从实际出发，小户型是许多人出于无奈的理想居室。在此基础上，人们关注住宅装修材料和家具的是否环保（即有毒有害成分相对较少一些），关注住宅内的天然气、水电、暖气等设施是否安全，关注住宅建筑周边环境的空气是否污染，关注住宅建筑是否豆腐渣工程会不会突然倒塌，等等。总之，更多的也是从安全角度考虑。

出行方面，当代人也追求快速、方便、无障碍。但如果是有汽车一族，最大的愿望是油价不要涨或涨得慢一点，其次是希望过路费、过桥费能减免一点，更希望汽车的安全性能有所保障，但愿不要遇到情况时刹车失灵、安全气囊打不开，也希望不要买到质劣的汽油、轮胎；而骑自行车者，则希望不要被汽车挤道、不要被电动车碰撞；行人则祈祷过斑马线时不要被汽车撞压，也祈祷不要被路旁的广告牌掉下来砸了。出远门乘汽车、乘飞机、乘高铁更是首先考虑是否买份人身保险，另外还祈愿路上的桥梁不要突然垮塌。如此等等，更多的也是考虑安全因素。

简言之，与古代人相比较，当代的人们对于衣食住行的追求虽然有不少相同或相异之处，但更多的却是追求安全感。

更为值得关注的是，由于当代人缺乏信仰，同时也缺少幻想，因此很难找到类似佛教理想世界的内容来相对应比较。虽然现在也有一些试图反映未来世界的科幻小说、影视，但其内容大多是有关地球人类可能遭遇毁灭的灾难片之类，更是反映了当代人时时刻刻都在追求安全感。没有信仰的社会，从表面上看人们的衣食住行都有很大的变化和提高，但却处处充满危机，缺乏安全感。没有信仰，人们也将对生活失去了希望。

以史为鉴，我们希望古人的生活方式以及相关追求和愿望，能给现代人一些有益的启示。

# 敦煌壁画中反映的人性"三毒"及其对治方法

　　敦煌壁画是佛教艺术，其绘制的目的自然是为了宣传佛教思想。因此，对于敦煌壁画的研究不能长期停留在考古或艺术分析的阶段，而很有必要对其宣传的佛教思想内容进行深入的探讨。

## 一、人之初：性本善还是性本恶？

　　这是一个众说纷纭的问题，几千年来人们都在讨论。然而，值得注意的是，人们在探讨这个问题的时候，都忽略了两个重要的概念，一是所谓"善""恶"，属于道德范畴，不同的人有不同的标准；二是"初"是时间概念，人之初的"初"是指尚未成为人但即将成为人的时候呢，还是指刚刚成为人的时候呢？也不明确。由此可见，这是一个伪命题。

　　其实，这本来是一个试图探讨人的本性的问题，即探讨人与其他动物不同的属于人类自身的特性，而且该特性与人类社会生活密切相关。对于这个问题，佛教则有其明确的看法。

　　佛教认为，人类的种种苦难（如烦恼、争斗等）主要来源于自身的贪欲心、嗔怒心和愚痴心，即所谓"三毒"。而"三毒"中，以"贪"为首，贪是佛教修行的大敌，是产生一切烦恼的根本。

　　所谓"贪"，是指染着于色、声、香、味、触等五欲之境而不离的心理活动，《大乘义章》卷5说："于外五欲染爱名贪。"[1] 就是指的这个意思。佛教认为，众生生活于世间，以眼、耳、鼻、舌、身等器官与外界相接触，产生色、声、香、味、触等感觉。这些感觉能引起众生的利欲之心，因此叫作五欲。于此五欲执着并产

[1]《大正藏》第44册，第570页。

生染爱之心，就成为贪。简单地说，贪欲是对财物、名利等自己所爱好的一切东西，永无满足地追求、占有的欲望，是人类最为特有的本性，与人类社会生活密切相关。

敦煌壁画中有不少生动形象的关于人之贪欲的画面，如北魏第 257 窟西壁的《九色鹿本生》，描绘了一个因贪欲忘恩负义的溺水者告密、出卖九色鹿的故事。据佛经说，有一只身毛九色、双角如银的鹿，生活在一个水草丰美的河边。有一天，一个行人掉入水中将被淹死，在水中挣扎呼救，恰逢九色鹿从河边经过，闻声而至，奋勇入水，救起溺水人。为感谢九色鹿救命之恩，溺水人跪地请求，愿做奴仆，听其使唤。九色鹿说："无须报恩，只是万万不可泄露之所在。"溺水人发誓遵其所言，然后离去。这天夜晚，此国的王后梦见美丽的九色鹿，贪欲顿起，要求国王设法捕获九色鹿，剥其皮毛做裘衣，取其犄角做拂柄。于是，国王命人张榜悬赏：若有捕获九色鹿者，愿分国土财富一半作为赏赐。溺水者见利忘义，立刻进宫告密，并领国王入山捕鹿。此时九色鹿正在山林中安睡，全然不知，这时树上的乌鸦高声叫喊道："九色鹿，快醒一醒吧，国王的军队捉你来了！"九色鹿从梦中惊醒，起身一看，已处在刀枪箭斧的包围之中，无法脱身。于是，九色鹿便毅然走到国王面前，向国王述说了自己曾经如何救了溺水者、溺水者如何发誓等情况，并感叹现在自己竟被此人出卖。国王听后，深为感动，立刻谴责溺水者的卑鄙行为，同时下令全国禁止捕捉九色鹿。最后，溺水者遭毒誓报应，全身长疮，暴病身亡；王后也因贪欲未达到，又羞又恼，恚愤而死。

《九色鹿本生》这幅故事画不仅强烈抨击了溺水者因贪财忘恩负义、不守信用的卑鄙行径，同时对贪婪自私的王后也给予了严厉的抨击和惩治（图 1）。

北周第 428 窟东壁门南描绘了一个因妻子贪要鲜花让丈夫从树上坠下丧命的故事。画面中，一片树林中有一棵树盛开着花，树上有一人一边往上攀爬，一边摘花抛下；树下一人盘腿而坐，左手执花，右手朝上指着树上的花（图 2）。据佛经说，古印度有一位家境富裕的青年梵志。他长大成人后，娶了一个美貌的女子为妻。夫妻二人十分恩爱，生活过得非常美满幸福。时值阳春三月，夫妻二人同去园中赏花游玩。园里的树木枝叶茂盛，鲜花怒放，犹如人间仙境一般。他们陶醉其中，流连忘返。这时，妻子看见一株高大的树上生长着一些奇异的鲜花，娇嫩可爱，便意欲获得此花。丈夫知道妻子非常渴望得到这棵树上的花，便立即攀爬上树为妻子摘取了一朵。青年梵志的妻子得到一朵花后，爱不释手，越看越

图1 北魏第257窟西壁 溺水者告密和王后要求国王寻捕九色鹿

图2 北周第428窟东壁 梵志夫妇摘花坠命

喜欢，又央求丈夫再摘一朵。丈夫为了满足娇妻的贪欲，又攀爬上更高的树枝去摘花，不料树枝突然折断了，丈夫从树上坠下，当场丧命。

在现实生活中，有不少女人为了虚荣，迫使自己丈夫或男友去冒险做事或贪污受贿的事例，其性质与上面讲的佛经故事有相同之处。

贪欲是人的本性，世人对此有许多认识和感悟，如明代朱载堉的散曲《山坡羊·十不足》云："逐日奔忙只为饥，才得有食又思衣。置下绫罗身上穿，抬头却嫌房屋低。盖了高楼并大厦，床前缺少美貌妻。娇妻美妾都娶下，又虑出门没马骑。将钱买下高头马，马前马后少跟随。家人招下十数个，有钱没势被人欺。一铨铨到知县位，又说官小职位卑。一攀攀到阁老位，每日思想要登基。一日南面坐天下，又想神仙下象棋。洞宾与他把棋下，又问哪是上天梯？上天梯子未做下，阎王发牌鬼来催。若非此人大限到，上到天上还嫌低。"

更有曹雪芹《红楼梦》中"好了歌"叹道："世人都晓神仙好，唯有功名忘不了！古今将相在何方？荒冢一堆草没了。世人都晓神仙好，只有金银忘不了！终朝只恨聚无多，及到多时眼闭了。世人都晓神仙好，只有娇妻忘不了！君生日日说恩情，君死又随人去了。世人都晓神仙好，只有儿孙忘不了！痴心父母古来多，孝顺儿孙谁见了？"

贪欲的形式有很多种，不仅是企望得到什么，另外担心失去什么（如担心已有地位、名誉的失去），以及没有占到便宜而失望（如没有购买到打折的便宜货而懊悔），等等，均是人类的贪心在作祟。

现在可以再来谈人之初的问题了。所谓"人之初，性本善"，我们可以理解为：当人尚未进化为人之前，即还是动物之时，其本性是善的，如九色鹿救人和乌鸦报警，又如我们常说的母爱；所谓"人之初，性本恶"，则可以理解为，当人由动物进化为人之时，便开始有了占有财物的贪欲，随后其贪欲不断膨胀，由对财物的过分追求、占有，扩展到对地位、名誉的过分追求、占有，其贪欲的本性便是恶的。

**二、如何抑制贪欲：布施与持戒**

面对人们的贪欲，佛教的修行方法中有两个重要的内容，那就是"六度"中的"布施"与"持戒"。

六度，又称为六波罗蜜，是六种帮助众生从生死苦恼此岸得度到涅槃安乐彼岸的修行方法。即布施、持戒、忍辱、精进、禅定、般若。其中布施能度悭贪，持戒能度毁犯，忍辱能度嗔恚，精进能度懈怠，禅定能度散乱，般若能度愚痴。

布施，就是将已经属于自己的东西施舍出去，是牺牲奉献。本来，人们是想将不属于自己的东西变成自己的，而现在则要把属于自己的变成别人的，因此很不容易。施舍度悭贪，悭是吝啬，自己有的，舍不得给别人，这是人的贪欲病根。如果能做到把自己的东西变成别人的，自然贪欲就会减少许多，因此布施能度悭贪。

布施有财、法、无畏三种。财布施是以财物施舍给贫穷疾病者，或资助慈善团体；法施是为众生宣讲正法，帮助众生破迷开悟、离苦得乐、断烦恼、开智慧；无畏施是帮助众生解脱水火野兽等和人为的逼迫等灾害恐怖，令一切众生身心安稳，没有恐惧。

敦煌壁画中描绘有很多关于布施的画面，如晚唐第9窟南壁《劳度叉斗圣变》中有个画面，叙述古印度舍卫国的大臣须达性情慈善，喜欢布施孤独的人，所以获得过孤独长者之名。壁画描绘他以黄金铺地的重价，购得祇陀太子的园地建立精舍，布施给释迦，使之说法，由是佛教大行于其地（图3-1、图3-2）。宋代第76窟东壁《八塔变》中"第五塔"塔前还书有榜题："遂向舍卫城内／祇陀园中给孤／虔诚铺金买地／建立精舍……"

又如北周第428窟东壁《须达拿太子本生》，描绘古印度叶波国太子须达拏乐善好施，有求必应，他不仅将百战百胜的国宝白象慷慨施与被敌国收买的婆罗门，并且在国王将他驱逐出国后，一路上又陆续将马、车、衣物等施舍给乞讨者，在深山隐居修行时，乘妻子不在，又将自己的两个孩子以绳索捆缚，施舍给了婆罗门为奴仆。最后婆罗门带孩子到叶波国出卖，为国王知悉，将孙儿赎回，并迎太子回国的故事（图4）。

给孤独长者和须达拿的布施行为属于财施，而莫高窟北凉第275窟北壁所描绘的"割肉贸鸽""月光王施头"（图5）"快目王施眼"和北魏第254窟南壁的"舍身饲虎"等布施行为则属于无畏施和法施。

佛教的布施是有回报的，利他的同时也利己。施出的愈多，将获得的也就愈多。如上述须达拿太子慷慨将一切都布施后，便因此感动上天，不仅使太子复获大富，

图3-1　晚唐第9窟南壁 劳度叉斗圣变·金砖铺园

图3-2　晚唐第9窟南壁 劳度叉斗圣变·须达买园建精舍

全家团聚，并且敌国也为之感化，遣使送归宝象，两国结好，太子还由此成了佛。又如北凉第275窟"割肉贸鸽"故事中，尸毗王为了拯救鸽，不惜割取自己身肉，而此行为使天地震动，天神则以神通力，使尸毗王身体复原完好。"快目王施眼"故事中，快目王将自己的双眼挖出，施与敌国间谍后，眼眶里又长出了比以往更加明亮、美丽的眼珠；"月光王施头"故事，月光王将头施与恶人劳度叉后，上

图4　北周第428窟东壁　须达拿太子本生·施象

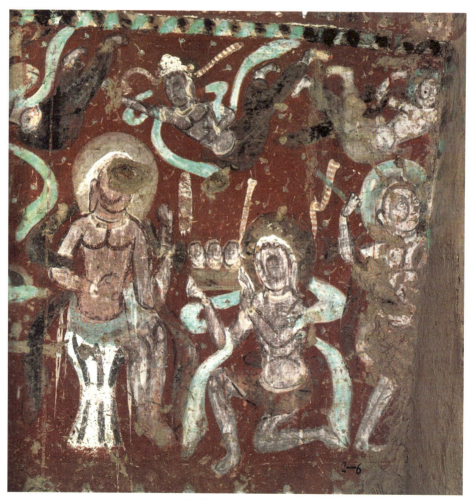

图5　北凉第275窟北壁　月光王施头

天诸神从天而降，同声赞叹："月光大王，以头布施，功德道行，都已圆满。"北魏第 254 窟的"舍身饲虎"故事中，萨埵出游山林，见一母虎带数幼虎，饥渴交迫，行将死去，萨埵便以竹刺喉出血，投崖饲虎，让饿虎舐血啖肉。这一行为不仅立即使层层天神为之感动，为之祈祷赞颂，太子亦因此成佛上天，并且长期以来为世人称叹，成为千古美谈。

有佛经详细谈及布施的回报，如《阿差末菩萨经》中云："以手施人，后为一切道法之首；耳鼻施者，后身具足，无一缺漏；以眼施者，后逮法眼为一切首道法之眼；以头施者，后所生处，三世特尊，独步无侣，诸通敏慧；肌肉施者，后成佛道，人来听经；破骨以髓施者，后得佛身，身如金刚，无能动摇。"[2]

得与失，有得必有所失，有失也会有所得，这是很简单的道理。布施有回报，布施求回报，也是很正常的事。然而今天人们在宣传捐款等善举活动时，却一味地强调捐款者不图回报的高尚行为。本来一些善举行为和广告活动联系在一起，是一举多得的事情，但却遭到舆论的强烈谴责。甚至还出现了许多捐助者不敢宣传或者谈论自己的捐助情况，否则会被人说是会伤害被捐助人的自尊心。简言之，现在关于善举行为不求回报的宣传，违背了善有善报、恶有恶报的有益于社会的道德观念，实际上是一种负能量的宣传。

持戒，是对贪欲的一种自我约束。人生最强大的敌人是"贪嗔痴"烦恼，需要佛法的"戒定慧"三学才能降伏。其中的戒，是指一种有道德的、有规范的、无害他人的生活行为标准，借此斩断因为沾染喜爱外物而生起的执着贪心，即对治过分的贪心。

佛教认为人们应该遵行的最基本戒行主要有五种，即"五戒"，具体为不杀生、不偷盗、不邪淫、不妄语、不饮酒。其中的"不偷盗""不邪淫"与人的贪欲密切相关，偷盗是贪图别人的财物，试图将别人的财物据为己有；邪淫是对色欲、情欲的贪图。"不杀生"也与人的贪欲有一定关系，如杀生或是图财害命，或是贪图美味等等。

敦煌壁画中有不少与持戒有关的画面。如初唐第 323 窟东壁北侧戒律画描绘的内容有：不礼敬婆罗门居士、不听美女音声、不视美妇女色、不食珍馐美味、

---

[2]《阿差末菩萨经》卷 2，《大正藏》第 13 册，第 588 页。

图6　初唐第323窟东壁北侧 戒律图　　　　　　图7　初唐第323窟东壁南侧 戒律图

不嗅诸种香味、不贪触肉欲等（图6）；东壁南侧戒律画描绘的内容有：拒受衣裳、拒受食品、拒受女色、拒受床褥、拒受医药、拒受房屋等，都是针对僧侣的禁令，告诫僧侣要严守清规戒律（图7）。

又如北魏第257窟南壁的《沙弥守戒自杀缘品》，这幅画描绘了一个年轻沙弥不受美貌少女诱惑，以身殉佛教戒律的故事。据佛经说，曾有一个虔诚信佛的长者，送儿子到一位德高众望的高僧门下，受戒为沙弥。平常，这位高僧和弟子的衣食，由本城的一位富有居士供养。有一天，居士外出，留其十六岁的妙龄女儿在家看守，而行前忘记了给僧人送饭。高僧候食不来，就派沙弥到居士家乞食。沙弥来到居士家敲门乞食，少女开门一看，见是一清俊的沙弥，顿时心生爱慕，在沙弥面前牵手拉衣，作诸娇态，倾吐衷情。而沙弥想到师傅教导的三规五戒，"坚摄威仪，颜色不改"，为了保持清白，趁少女不注意之时，持刀自刎而死。少女见沙弥身亡，悲呼哀泣。待居士回到家中，少女述说了真情。印度当时风俗，僧人死在俗人家里，要交纳罚金一千。居士呈报国王，依法交纳罚金赎罪。国王听后，深为感动，为了表彰沙弥以身殉法的高尚行为，命用香木火化沙弥尸体，并起塔供养（图8）。小沙弥是佛教树立的一个榜样，要求僧侣集团的成员哪怕牺

图8　北魏第257窟南壁　沙弥守戒自杀图（局部）

牲自己的生命也要坚守戒律。

布施，是将已经属于自己的东西施舍出去；持戒，是抵御诱惑的一种自我约束，都是抑制贪欲的有效办法。

### 三、对治嗔怒：忍辱与禅定

源于人类自身的贪欲心、嗔怒心和愚痴心，即所谓"三毒"。其中，贪是由对事物的喜好而产生无餍足地追求、占有的心理欲望，嗔是由对众生或事物的厌恶而产生愤恨、恼怒的心理和情绪，痴是因心性迷暗，愚昧无知而做出贪或者嗔的反应。

嗔，又作嗔怒、嗔恚等，指仇视、怨恨和损害他人的心理。《大乘五蕴论》中说："云何为嗔？谓于有情乐作损害为性。"佛教认为对违背自己心愿的他人或他事物生起怨恨之情，会使众生身心产生热恼、不安等精神作用，对佛道之修行是十分有害的。因而佛教把嗔看作是修行的大敌。对佛教修行所言是这样，如果是对他人或社会而言，则嗔的危害更大。因嗔怒他人而起仇恨之心，便会发生争斗，或导致互相残杀，因而《大智度论》卷14中说，嗔恚是三毒中最重的、其咎最深，也是各种心病中最难治的。

佛教认为，忍辱对治嗔怒。认为忍辱不仅要能够忍耐别人对自己所做的加害、嫉妒、毁谤、侮辱、陷害，也要能够忍耐所遭遇的饥渴寒热风雨等困境，顺境时不生贪爱，逆境时不生怨恨，不生嗔恚忧愁，永远保持清净心、平常心。认为布施能修大福报，忍辱能成就大福报。

敦煌壁画中描绘有不少关于忍辱的画面，如中唐第154窟东壁门北的《金刚经变》"说法图"左侧条幅的下部，描绘佛经中所说的"忍辱波罗蜜，即非忍辱波罗蜜，名为忍辱波罗蜜"。据说佛陀曾为忍辱仙人时，被歌利王割截身体，本"应生嗔恨"，但却忍受折磨痛苦，且不生丝毫嗔恨之心。画面中有两人正在揪打一人，而被打之人手捧书卷，泰然处之，岿然不动（图9）。

又如北凉第275窟北壁《毗楞竭梨王本生》《虔阇尼婆梨王本生》，描绘毗楞竭梨王为求妙法，让一个名叫劳度叉的婆罗门在自己身上钉了一千根铁钉（图10）；虔阇尼婆梨王为求妙法，让劳度叉在自己身上剜肉燃千灯（图11）。这些故事强调突出了故事主人翁的崇高——超人的痛苦，超人的忍受力，让我们感受到人类的坚忍、毅力、勇气和大无畏的牺牲精神。

佛教在倡导以忍辱对治嗔恚的同时，也强调以禅定对治嗔恚。所谓"禅定"，即外不着相、内不动心。外不着相叫禅，内不动心叫定。外不着相就是对身外的一切都不执着，内不动心就是少打妄想或不打妄想的意思。着相是就是"挂碍"，是"贪着""沉迷"的意思，"不着相"就是"心无挂碍"。定，是使心坚定在一个境上不散乱，是对

图9　中唐第154窟东壁门北　金刚经变·忍辱

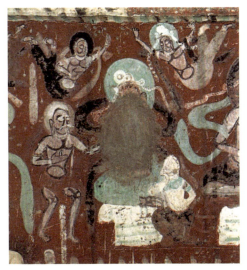

图10　北凉第275窟北壁　毗楞竭梨王本生　　　　图11　北凉第275窟北壁　虔阇尼婆梨王本生

于内心的专注和耐心的培养，因此可以对治过分的暴躁和没有耐心引起的嗔恨。

　　本来，行、住、坐、卧皆可修禅，但在四者之中，以坐姿最为适宜。禅修，是修行者静心、平息愤怒、缓解压力的真正法门。坐禅入定，能调身、调气、静坐息心。

　　敦煌莫高窟的开凿便与禅修有关，如敦煌文献 P.2551《李君莫高窟佛龛碑并序》记载："莫高窟者，厥初秦建元二年（366年）有沙门乐僔，戒行清虚，执心恬静，尝杖锡林野，行至此山，忽见金光，状有千佛，遂架空凿险，造窟一龛。次有法良禅师，从东届此，又于僔师窟侧，更即营造。伽蓝之起，滥觞于二僧。"

　　虽然乐僔、法良最初开凿的洞窟是哪两个，已不可考，但莫高窟现存最早的三个洞窟之一的北凉第268窟，从洞窟的形状来看，其功能则是供僧人坐禅修行无疑。这个洞窟很小，很窄，主室实际上是一条通道，大约1米宽，4米多深，约2米高，正面的西壁龛内塑一身交脚佛像。南北两壁各有两个禅窟，这四个禅窟都很小，每个禅窟的面积大约为一个平方米，高约1.3米，正好供人弯腰进去坐着盘腿修禅（图12）。

　　值得注意的是，这几个禅窟是在一个洞窟内相对开凿，而不是像许多壁画中描绘的禅窟是独立开凿的。独立的一个禅窟和一个洞窟中相对的几个禅窟，在视觉心理上对于修行者会有所不同。坐在独立的禅窟内，修行者面向的是窟外山间

图12　北凉第268窟内景

景色，修行者之间互不干扰；但坐在窟内的禅窟中，则面向着对面的修行者，视
觉中随时会感受到对面修行者的动静。同时，在狭小的通道空间内，如果旁边的
修行者进进出出，视觉心理也可能会受到影响。

西魏第 285 窟的情况还要复杂一些，该窟南北两壁各开凿了四个禅窟，也是相向面对。但该窟较大，中央还保存着一个方形坛的痕迹，可能用于说法或别的活动，这些也可能会对禅窟内的修行者在视觉心理上产生更多的影响（图 13）。

第 285 窟窟顶四披下部描绘有僧人正在山峦间禅修的许多画面。图中以圆券形拱门表示禅窟，内有僧人结跏趺坐在莲座上。窟外有各种野兽和飞鸟的跃动，一派生机勃勃，和窟内坐禅人入定的宁谧肃穆形成强烈的对比（图 14）。北披画面中也有坐在绳床（一种网状软屉坐面椅）上参禅的僧人（图 15）。

敦煌彩塑中也有很多禅定佛的造像，如北魏第 251、254、257、260 等洞窟中心塔柱四周龛内都塑有禅定佛。又如北魏第 259 窟北壁东起第 1 龛内的禅定佛，身穿通肩深红色袈裟，结跏趺坐，微微含笑，深沉恬静（图 16）。

坐禅，有利于心定，心定则平心静气，自然能忍辱，消减愤怒，抑制因为没有耐心引起的嗔恨。

图13　西魏第285窟南壁 禅窟

图14　西魏第285窟窟顶南披　禅僧

图15　西魏第285窟窟顶北披　禅僧

图16　北魏第259窟北壁　禅定佛

## 四、如何对治愚痴：精进与般若

佛教认为，人们之所以贪、嗔，是因为心性迷暗，愚昧无知，即由于愚痴所做出的心理或生理反应。

痴，又作无明，指心性迷暗，愚昧无知。《俱舍论》中说："痴者，所谓愚痴，即是无明。"佛教认为，众生因无始以来所具之无明，致心性愚昧，迷于事理，由此而有"人""我"之分。于是产生我执、法执，人生的种种烦恼，世事之纷纷扰扰，均由此而起。因此痴为一切烦恼所依。《唯识论》卷6中说："于诸理事迷暗为性，能碍无痴，一切杂染所依为业。"又说："诸烦恼生，必由痴故。"

痴既为一切烦恼之所依，因而自然也就成了根本烦恼之一。而且它是随顺其他诸根本烦恼共同起着作用。《瑜伽师地论》卷55又将随烦恼中覆、诳、谄、昏沉、妄念、散乱、不正知等作为痴的具体表现。佛教修行的目的就是要消灭无明，断灭痴愚。

所谓愚痴，是对正道真理，不能理解，即不明事理，如此昏昏然做事就容易发生错误，招来恶果，受苦无穷。

佛教认为，对治贪嗔痴的办法是戒定慧。其中戒是佛法之戒律，禁止造恶，最低须戒杀盗邪淫。定是心中练习安静，一切事不要冲动，要像止水一般。慧是明白事理，丝毫不错。这得多听佛法，多求心静，才能得到。

慧，即智慧，也谓之"般若"，就是明见一切事物和人生之道理。而要获得智慧，便要通过锐意求进，坚持修善法，断恶法，毫不懈怠，努力上进，即精进，就是今天人们常说的"好好学习，天天向上"。

佛法，就是关于一切事物和人生的道理，因此坚持不懈地学习佛法，便能获得智慧，明白事理，减少烦恼。

在敦煌壁画中，描绘有很多关于聆听和学习佛法的画面。如宋代第76窟东壁南侧《八塔变》"第三塔"，此图表现释迦牟尼成道后，在波罗奈过鹿野苑说法，初转法轮。画面中央绘一宝塔，塔中绘三身佛，佛座前绘一法轮。塔前榜题墨书："于是慈云普覆悲 / 智□明应因地之 / 愿心受梵王之启 / 请赴波罗奈国鹿 / 野苑中化昆季之 / 五人始宣扬于四 / 谛此处初转法轮 / 第三塔也。"榜题两侧各画一只卧鹿，表示鹿野苑。塔左侧画文殊来赴法会，右侧画普贤来赴法会。右下画受释迦牟尼教化的昆季五人，左下画五比丘聆听佛法（图17）。相传太子出家时，其父净饭王指派五人相随为侍者，后来在鹿野苑听佛说法，被教化出家，成为最早的五位比丘。

抄写、念诵佛经也是学习佛法的方法，常常抄写和念诵佛经，不仅可以让人心理上有所慰藉，同时也获得智慧，明辨事理。

古代敦煌人很注重抄写佛经，如北魏时期在敦煌担任瓜州刺史的东阳王元荣，除了开窟造像之外，同时热心于抄写佛经。在敦煌藏经洞出土的许多佛经文书后面，便有元荣的抄经题记。据敦煌文献的记载，元荣抄写了《佛说仁王般若波罗蜜经》三百部，《无量寿经》《涅槃经》《法华经》《大云经》《贤愚经》《药师经》《维摩经》《金光明经》《观佛三昧经》各一百部，以及《摩诃衍经》《大智度论》等

图17　宋代第76窟东壁南侧　八塔变之第三塔

各种佛教经论。

　　敦煌壁画中描绘有不少抄写佛经的画面，如榆林窟中唐第25窟北壁《弥勒经变》中，绘绿茵树下，一头戴幞头身穿圆领襕衫的信士坐在案几后，正在用一支黑色毛笔抄写佛经；案几前面有一缕云烟缓缓上升，一人坐在云端，表示此人通过抄写佛经得度升天（图18）。

　　在敦煌藏经洞出土文献中，保存有唐代一位老人在一年之内数次刺血写经的记载，如S.5451《金刚般若波罗蜜经》尾题："天祐三年（906年）丙寅二月二日八十三（岁）老人手自刺血写之。"（图19）S.5669《金刚般若波罗蜜经》尾题："天祐三年（906年）丙寅二月三日八十三（岁）老人□左手中指出血以香墨写此金经，流传信心人，一无所愿，本性□空无有愿乐。"（图20）P.2876《金刚般若波罗蜜经》尾题："天祐三年（906年）岁次丙寅四月五日八十三（岁）老翁刺血和墨手写此经，流布沙州一切信士，国土安宁，法轮常转。以死写之，乞早过世，余无所愿。"（图21）

图18　榆林窟中唐第25窟北壁　抄写佛经

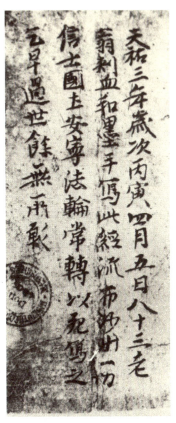

图19　S.5451　　　　　图20　S.5669　　　　　图21　P.2876背

敦煌壁画中也描绘有看经读经的画面，如初唐第321窟南壁《宝雨经变》中，描绘两名居士正在家中学习佛法，左侧一人头戴风帽，左手持经书，右手边指点，正在专心致志地看经书；右侧一人头戴幞头，双手捧经书正在读诵（图22）。

榆林窟中唐第25窟北壁《弥勒经变》中有一幅聆听诵经的画面，山林中一僧人坐在床上，双手展开经卷正在诵读，床前一头戴幞头身穿圆领襕衫的俗人跪地合掌作聆听状（图23）。

图22 初唐第321窟南壁 看经读经图

图23 榆林窟中唐第25窟北壁 聆听诵经

抄写和念诵、聆听佛经都是佛教的修行方式，抄写佛经可以自己抄写，也可以请别人代为抄写。敦煌有专业的写经生、写经法师，寺院设有经坊。念诵佛经也称为"看经""念经"，为赞叹佛德而读，称为"诵经""讽经"；为祈愿而读，成为"转读"。经常抄写和念诵、聆听佛经，坚持不懈地学习佛法，便能从中获得智慧，明白事理，自然能减少贪欲和抑制嗔恚之心。

## 五、小结

以上，笔者从佛教思想角度，初步探讨了敦煌壁画中关于人性"三毒"及其对治方法的一些内容。笔者认为，当人尚未进化为人之前，即还是动物之时，其本性是善的；然而当人由动物进化为人之时，有了占有财物的贪欲，由对财物的过分追求、占有，扩展到对地位、名誉的过分追求、占有，其贪欲的本性便是恶的。

佛教认为，人类的种种苦难主要来源于自身的贪欲心、嗔怒心和愚痴心，即所谓"三毒"。面对人们的贪欲心，佛教的对治方法中是布施与持戒。面对人们的嗔怒心，佛教的对治方法是忍辱与禅定。面对人们的愚痴心，佛教对治的方法是精进与般若。而这些针对"三毒"的对治方法，在敦煌壁画中都有生动形象的描绘，对于引导人们尽可能减少和抑制自己的贪念、嗔怨和愚痴心都会有一定的帮助。

本文只是对敦煌壁画中的佛教有关人性"三毒"及其对治方法进行了粗浅的介绍和探讨，旨在抛砖引玉，期望专家学者们在考证和艺术分析的同时，关注敦煌壁画中所蕴含的佛教思想，对其进行深入全面的研究和探讨。

# 敦煌壁画中的佛教洗浴文化

敦煌壁画内容丰富多彩，不仅是研究我国古代美术史的重要图像资料，也是研究我国古代政治、经济、军事、科技、文化以及民族关系、中外交通等的重要图像资料。

其中，敦煌壁画中保存的有关洗浴的画面以及相关佛经内容，从不同角度反映了佛教的洗浴文化，对于我们今天探讨养生健康问题或许会有所帮助。

## 一、佛教对洗浴与初生儿健康关系的认识

"九龙浴太子"是佛传故事画中的一个重要情节和画面，反映了佛教对洗浴与初生儿健康关系的认识。如北周第290窟人字披东披佛传故事画中绘太子出生后，有九条龙从空中喷水，正洗浴太子（图1）。《普曜经》云："九龙在上而下，洗浴圣尊。洗浴竟已身心清净。"[1] 又有《修行本起经》云，太子出生后，"有龙王兄弟，一名迦罗，二名郁迦罗，左雨温水，右雨冷泉"。[2] "洗浴竟已身心清净"强调了洗浴身心

图1　北周第290窟人字披东披　佛传·九龙浴太子

[1]《大正藏》第3册第494页。
[2]《大正藏》第3册第463页

健康的关系；而"左雨温水，右雨冷泉"，根据现代科学证明，冷、热水交替洗浴，能促进人体血液循环，增强人体抵抗能力。

世俗人家的婴儿出生后，也有洗儿之俗。如敦煌藏经洞出土北宋绢画《报父母恩重经变》中绘有浴儿的情景，画面中产妇在房内就褥，丈夫在一旁陪伴；屋外一妇女跪在地毯上正给高底座的盆中婴儿洗浴，一旁站着一梳双丫髻的侍女，榜题曰："十月将满，产后母子俱显，洗浴时。"（图 2-1、图 2-2）

敦煌文献中也有给初生婴儿洗浴的记载，并介绍了与身体健康的关系。如P.2661v 写卷云："小儿初生时煮虎头骨，取汤洗，至老无病，吉。"虎骨汤确有养生保健之功。[3]

在画面中可以看到，是由其他妇女给婴儿洗浴而非产妇，此时洗浴对于产妇来说是有禁忌的。如敦煌文献中有关于产妇在一定时期内不能洗衣的禁忌，据 P.2661v 写卷记载："妇人产不满百日，不得为夫采衣洗衣，

图2-1　敦煌藏经洞出土北宋绢画　报父母恩重经变·分娩、浴儿

图2-2　敦煌藏经洞出土北宋绢画　报父母恩重经变·浴儿（局部）

---

[3] 据《本草纲目》记载："虎骨并煎汤浴儿，不生疮疥诸病。"

图3　P.2661v（局部）

338

大凶。"（图3）因为妇女产后坐月子时，特别容易受凉，手不能沾水，故不能洗衣。由此推论，产妇如果洗脸洗手洗脚时，也要注意避免接触凉水；即使接触热水，也要注意皮肤沾水后，遇风和遇到空气也很容易变凉。

## 二、佛教对洗浴的重视

莫高窟五代第146窟西壁《劳度叉斗圣变》外道皈依佛教剃度出家的场面，是敦煌壁画中最令人关注的洗浴画面。画面中绘几个外道正各自在束腰高底的圆盆中盥洗，有的正在解发洗头，有的上身裸体，准备擦洗身体，有的正在洗脸（图4）。其中有一人正俯身低头在一高足盥洗器中洗头，形象夸张生动（图5）。

外道皈依佛教时必须洗浴干净，反映了佛教对洗浴的重视。敦煌文献P.3919《佛说温室洗浴众僧经》记载："澡浴之法，当用七物除去七病，得七福报。何谓七物？一者然火，二者净水，三者澡豆，四者苏膏，五者淳灰，六者杨枝，七者内衣，此是澡浴之法。何谓除去七病？一者四大安隐，二者除风病，三者除湿痹，四者除寒冰，五者除热气，六者除垢秽，七者身体轻便、眼目精明，是为除去众僧七病。如是供养，便得七福。何谓七福？一者四大无病，所生常安，勇武丁健，众所敬仰；二者所生清净，面目端正，尘水不着，为人所敬；三者身体常香，衣服洁净，见者欢喜，莫不恭敬；四者肌体濡泽，威光德大，莫不敬叹，独步无双；五者多饶人从，拂拭尘垢，

图4　五代第146窟西壁 劳度叉斗圣变·洗浴

自然受福，常识宿命；
六者口齿香好，方白齐
平，所说教令，莫不肃
用；七者所生之处，自
然衣裳光饰珍宝，见者
悚息。"

　　经文中不仅详细介
绍了洗浴的方法，还介
绍了洗浴与健康的关系：
能除风病、湿痹、寒冰、
热气、垢秽等，令心情
愉悦、身体轻便；另外
还分析了洗浴与人际交
往、社会和谐的关系。

　　有佛经还详细介绍
了"澡浴之法"中所用

图5　五代第146窟西壁 劳度叉斗圣变·洗头（局部）

"七物"的功能，如沙门释慧远撰《温室经义记》云："四大安稳是内衣能，衣蔽形丑故得安隐；除风病者是淳灰能，除湿痹者是苏膏能，除寒水者是燃火能，能除热气者是杨枝能，除秽者是澡豆能，身体轻者是净水能。"[4]梁菩提达摩撰《少室六门》亦谈道："其七法者：一者净戒，洗荡愆非，犹如净水濯诸尘垢；二者智慧，观察内外，犹如燃火能温净水；三者分别，简弃诸恶，犹如澡豆能净垢腻；四者真实，断诸妄想，犹如杨枝能消口气；五者正信，决定无疑，犹如净灰摩身障风；六者柔和，忍辱甘受，犹如苏膏通润皮肤；七者惭愧，悔诸恶业，犹如内衣遮丑形体。"[5]

另外，隋智者大师说、门人灌顶记《方等三昧行法》中还介绍了季节与洗浴环境的关系："秋夏内既热，于洗浴非妨，春冬二时既寒，善须调适。……若有力能办者，当造四间好舍，悉令相连，间间密隔其内差互，皆安小门悉令相通。庄严一间以为道场；其次一间香泥涂地以为净室，拟安上净衣服，及供养灰火；其次一间亦以香泥涂治，拟安香汤火炉；一间作浴室及安次衣。行者若欲入道场时，先于浴室净澡浴，以净板承足，赤体入次净室，入已却闭门。当以香汤洒身已，香烟熏身之足，然后入上净室，入已还却闭门。……若犹不办者，当以净席净缦幕等权时遮障作室……又浴室中安新净鞋履一緉。澡浴已香汤灌之，并须以杨枝净口，着净鞋履，身入次净室。"[6]文中提及的"安香汤火炉""以净板承足""安新净鞋履"等细节考虑颇为周到。

唐义净译《根本说一切有部毗奈耶》"非时洗浴学处第六十"中谈到在一般情况下"半月应为洗浴"，但遇到特殊情况时则应该随时洗浴，如"暑热时彼诸苾刍不数洗故，身体萎黄"，因此天气"热时应洗"；又如"诸苾刍涉道行时，来往疲极委身而卧"，因此"道行时应洗"；又如"苾刍被风吹，时身多尘坌垢秽不净，人见讥笑"，因此"风时应洗"；"又触雨时又风雨时，泥污身体"，因此"若雨时若风雨时，随意应洗"。[7]

唐义净撰《南海寄归内法传》"二十洗浴随时"中还谈到饮食与洗浴的关系："洗

---

[4]《大正藏》，第 39 册 541 页。

[5]《大正藏》第 48 册，第 369 页。

[6]《大正藏》第 46 册，第 945 页。

[7]《大正藏》第 23 册，第 847 页。

浴者并须饥时，浴已方食有其二益：一则身体清虚无诸垢秽，二则痰癖消散能餐饮食"。[8]

由此可见，佛教有关洗浴的方法、意义等的论述都颇为全面。

### 三、防偷窥的心理活动与足浴、药浴、浴池

敦煌壁画中还描绘有妇女面对剃度洗头以及防备偷窥者时的各种心理活动情态，如盛唐第445窟北壁《弥勒经变》中众王妃和宫女们剃度的画面中，在有围屏遮挡的场地内，比丘尼持刀正为王妃落发，被剃发的王妃正襟危坐，侍女在一旁或跪或站捧着器物接取从王妃头上削下的头发，前面地上摆满净瓶、盆盘等盥洗器物；在没有围屏的另一侧，则有比丘尼或宫女手提帷布遮挡。已经剃度的王妃跪拜礼佛，等候剃发的王妃、宫女们聚集在围屏里。其表情各异，或虔诚合十，或窃窃私语，或安详自然，或担心害怕。在围屏外侧，有一男子持棍挑起帷布，

图6-1　盛唐第445窟北壁　弥勒经变·女剃度图

[8]《大正藏》第54册，第220页。

图6-2　盛唐第445窟北壁 弥勒经变·女剃度图

向内窥视剃度的妇女。这些形象生动的画面，从不同角度刻画了王妃、宫女们的
各种心理活动（图6-1、图6-2）。

　　敦煌壁画中还有足浴的画面，如盛唐第31窟南壁《金刚经变》中，有一个
画面描绘释迦牟尼佛内穿僧祗支，外穿袒右肩红色袈裟，坐在须弥座上，左脚盘
起，右脚置一盆中；一个头梳双垂鬘髻、身穿宽袖长裙的中年世俗女子，跪在佛前，
正在给佛洗足（图7）。这是表现佛经中所说的释迦佛"还至本处，饭食讫，收衣钵，

洗足已，敷座而坐"的情景。[9]

图7　盛唐第31窟南壁　金刚经变·洗足

足浴，是现在非常流行的一种养生保健方法。现代医学证实，"人老脚先老"，"寒从脚下起"，"小看脚一双，头上增层霜"，这些俗语说明了脚的健康不仅关系到人的健康，而且和寿命有很大关系。因为脚掌有无数神经末梢，与大脑紧紧相连，同时又密布众多的血管，故有人的"第二心脏"的美称。另外，脚掌远离心脏，血液供应少，表面脂肪薄，温度较低，且与上呼吸道尤其是鼻腔黏膜有密切的神经联系，所以脚掌一旦受寒，就可引起上呼吸道局部体温下降和抵抗力减弱，导致感冒等多种疾病。而足浴作为一种良性刺激，可使植物神经和内分泌系统得到调节，并有益于大脑细胞增生，增强人的记忆力；同时，能使体表血管扩张，血液循得到改善。可见，足浴对人的身心健康是大有裨益的。

敦煌壁画中还有浴池的画面，如隋代第302窟人字披西披《福田经变》中画一围墙内有一浴池，浴池周围植有果树，池中有两人正在洗浴；画面中还绘有通往室外的排水沟（图8）。这是根据《佛说诸德福田经》中的第二种福田"植果园""修浴池"所描绘，反映了佛教以及古代敦煌人对洗浴的重视。

特别值得注意的是，在敦煌文献 P.3230《金光明最胜王经》中还记载了一份"香药洗浴方"。其方为："药洗浴之法……恶星灾变……疫病之苦，斗诤战阵。恶梦鬼神、蛊毒、厌魅、咒术起尸。如是诸恶为障难者，悉令除灭。诸有智者，应作如是洗浴之法，当取香药三十二味。所谓：菖蒲（跋者）、牛黄（瞿虚折娜）、苜蓿香（塞毕力迦）、麝香（莫诃婆伽）、雄黄（末搽眵罗）、合昏［欢］树（尸利洒）、白及（因达罗喝悉哆）、芎䓖（阇莫迦）、苟［枸］杞根（苦弭）、松脂（室

[9] 鸠摩罗什译《金刚般若波罗蜜经》，《大正藏》第8册。第748页。

图8　隋代第302窟人字披西披　福田经变·浴池

利薛瑟得迦）、桂皮（咄者）、香附子（目窜哆）、沉香（恶揭噜）、栴檀（栴檀娜）、零陵香（多揭罗）、丁子（索瞿者）、郁金（茶矩幺）、婆律膏（曷罗娑）、蒌香（捺刺拖）、竹黄（鹘路战娜）、细豆蔻（苏泣迷罗）、甘松（苦弭哆）、藿香（钵坦罗）、茅根香（湿尸罗）、叱脂（萨洛计）. 艾纳（世黎也）、安息香（蒌具罗）、芥子（萨利教跛）、马芹（叶婆你）、龙花须（那咖罗）、白胶（萨折罗婆）、青木（矩瑟佗）。皆等分，以布洒星日，一处捣筛，取其香末。"（图9）

　　该洗浴方所载32味药物，每味药后面括号内是该药物的梵文译音。这些药物大多具有芳香气味，能透表开窍，辟秽化浊，化瘀解毒，除恶杀虫，通络舒经，安静心神。煎汤洗浴，可以防病治病；制成香条点燃，还能驱除蚊蝇，清洁环境，有利于人的身心健康。

**四、清洁牙齿的方法**

　　在佛教洗浴文化中，刷牙也是洗浴中的一种。如《佛说温室洗浴众僧经》中

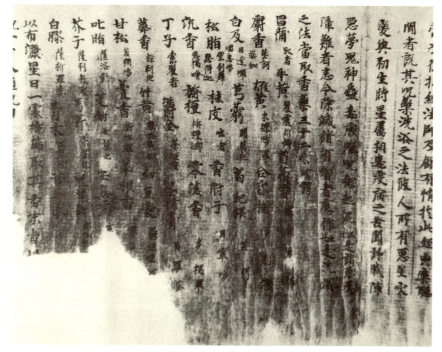

图9　P.3230金光明最胜王经·香药洗浴方

所说的"澡浴之法……六者杨枝……六者口齿香好，方白齐平，所说教令，莫不肃用"，便是说的刷牙。

　　敦煌壁画中保存有唐宋时期的14幅刷牙图，它们主要分布在《弥勒经变》和《劳度叉斗圣经变》中。壁画中的刷牙图，根据刷牙的工具可以分作两类：一类是揩齿图，一类是齿木刷牙图。

　　用手指揩齿是我国古代传统的清洁牙齿的一种方法，所用的药物，主要是盐，有时还加入几味其他药品。有关揩齿的最初记载，首见于南北朝梁代刘峻撰《类苑》一书，有《西岳华山峰碑载治口齿乌髭歌》一首，谓："猪牙皂角及生姜，西国升麻蜀地黄。木律早莲槐角子，细辛荷叶要相当。青盐等分同烧煅烬，研煞将来使更良。揩齿牢牙髭鬓黑，谁知世上有仙方。"[10]

　　敦煌壁画刷牙图中有12幅是用手指揩齿的形象，如中唐第159窟南壁《弥勒经变》中，一人光头，裸上身，脖子上围着围巾，蹲在地上，左手持净瓶，右

[10] 张杲《医说》，中国中医药出版社，2009年，第146页。

图10　中唐第159窟南壁 弥勒经变·揩牙图　　　　图11　五代第146窟西壁 劳度叉斗圣变·齿木刷牙图

手的大拇指微弯，中指、无名指和小指轻握，用食指揩齿。旁边还立有一人，穿红袍，双手捧巾侍候（图10）。刷牙图四周有剃度、洗头、礼拜等画面。此窟建于中唐，因此可以说这是我国最早的一幅有关口腔卫生方面的绘画。

　　用齿木刷牙的图像，如晚唐第9窟《劳度叉斗圣变》中，刷牙者穿袈裟，光头，双手腕戴镯，左手持一净瓶；右手食指上翘，小指和无名指向内弯曲，大拇指和中指捏齿木，正在刷牙。齿木在刷牙者右侧嘴边，右嘴角呈龇咧状，刷牙的表情十分生动逼真。又如第146窟《劳度叉斗圣变》中，一僧人光头，裸上身，双手腕、臂戴镯，仰头，左手执齿木正在洁齿（图11）。

　　齿木是佛家清洁牙齿的方法，是从印度传过来的。最早的记载是公元2世纪时安世高翻译的《佛说温室洗浴众僧法》中讲到沐浴时所需的七种用具，其中有"六者杨枝"之句。就是将杨枝的一端或两端打扁成刷状，形如扫帚，以蘸药刷齿。并且说用杨枝漱齿之后可使"口齿好香，方白齐平"。杨枝即齿木，除用杨柳条外，还可用槐、桃、楮等木，其木条以苦涩辛辣者为佳。《大方广佛华严经》认为："嚼杨枝具十德者：一销宿食，二除痰癊，三解众毒，四去齿垢，五发口香，六能明目，七泽润咽喉，八唇无皱裂，九增益声气，十食不爽味。晨朝食后，皆嚼杨枝。诸苦辛物以为齿木，细心用之，具如是德。"[11]《摩诃僧祇律》云："齿木者，有二

[11]《大正藏》第10册，第712页。

种,一辮（扁）,二团。若比丘口中有热气生疮,医言：'应嚼齿木。'"[12] 不空译《观自在菩萨说普贤陀罗尼经》云：“若患齿痛,加持齿木二十一遍。令嚼即愈。”[13]

嚼齿木是印度的普通风俗习惯。但齿木传入我国后,并没有像印度那样流行,人们还是较多地使用传统的手指揩齿法,敦煌壁画中揩齿的画面明显地多于齿木刷牙的画面就是一个证明。但不管是用手指揩齿,还是用齿木刷牙,都是当时有利于口腔卫生的良好习惯。

## 五、佛教中全面且科学地论述洗浴

从以上介绍可以看到,佛教的洗浴文化非常全面,既注重初生婴儿洗浴与身体健康的关系,也注重产妇的有关禁忌；不仅介绍了洗浴的方法和所需物品、设施等条件,同时尤为注重洗浴与身体健康的关系,并关注洗浴与人际交往的关系,还论及洗浴与季节、气候的关系以及与饮食的关系等等。

特别值得注意的是,佛教有关洗浴的论述不仅全面,同时具有科学道理,可供当代洗浴文化参考借鉴。如嚼杨枝的一些功能便是当今用牙刷蘸牙膏刷牙所不具有的,用牙刷蘸牙膏刷牙虽然也有“去齿垢”“发口香”以及消炎止痛等作用,但其持久性显然不及嚼杨枝的效果,而嚼杨枝的叩齿即健齿固齿以及补肾明目等作用,更是具有其独特的功能。

敦煌壁画中有关洗浴的画面,内容丰富,形象生动,是我国古代洗浴文化的珍贵图像资料。

---

[12]《大正藏》第22册,第357页。

[13]《大正藏》第22册,第20页。

# 敦煌壁画中的佛教如厕文化

　　大小便是每个人都无法回避的身体新陈代谢功能，也是每个人日常生活的重要内容之一，是人类社会生活中不可忽视的一部分。

　　敦煌壁画中描绘有关于大小便的画面，如榆林窟宋代第38窟西壁《弥勒经变》"婚礼图"中，在热闹的婚礼场面旁侧，画有一妇女身穿大袖襦和长裙，双手抱着一裸体婴儿，蹲在距离人群较远的旷野中，为婴儿施尿（图1-1、图1-2）。这个画面具有非常浓厚的生活气息，但古代画家描绘此内容也是有佛经依据的。据西晋竺法护译《佛说弥勒下生经》说在弥勒世界里："彼时男女之类，意欲大小便时，地自然开，事讫之后，地便还合。"[1]

　　已故敦煌学专家史苇湘先生在研究敦煌壁画《弥勒经变》时曾注意到这个问题，他说："如《弥勒下生经》里说的'便利'（如厕）与'寿终'这两大无法避免的生活'弊病'，要画入壁画，艺术想象力是不能回避的，特别是拉屎撒尿，是一个使匠师们犯难的题目，在如此'庄严''神圣'的大经变里描画人们如何如厕，终不是'雅事'，但古代艺术家们却并不为此感到棘手，榆林窟第38窟《弥勒下生经变》里在婚娶图旁边，画着一位青年母亲抱着一个婴儿拉尿。另一幅同题壁画上画了几个小孩在旷野里挺着胖肚子撒尿，大地裂缝承受。"[2]从壁画和相关佛经内容我们可以得知两点：一是古代画工没有回避人们的大小便问题，二是渴望有一个干净卫生的生活环境，幻想用大地裂开再合拢的方法来处理粪便等污物。

　　另外，在莫高窟北周第290窟窟顶东披的佛传故事画中，有一幅"蹲厕"的画面（图2）。图中厕所为一座四阿顶式的建筑，其厕所内蹲着一个正在拉大便的人。拉大便处是用木板锯出方洞，下面是粪坑。这种形式的厕所在当今敦煌农村及南

[1]《大正藏》第14册，第421页。
[2] 史苇湘《论敦煌佛教艺术的想象力》，《敦煌研究》1986年第4期，第18页。

图1-1　榆林窟宋代第38窟西壁　婚礼图（欧阳琳临）

方一些农村还普遍存在（敦煌城里也还有，前些年莫高窟也有）。稍不同的是现在一些厕所内是将平板改为水泥板，方洞变为长条状洞。这幅图虽然是依据佛经故事绘制，表现的是悉达太子降生后出现的三十二种祥瑞之一的"臭处更香"（即臭处变香）[3]，但它非常真实地描绘了近一千五百年前敦煌地区的厕所形象，反映了当时人

[3] 竺大力、康孟祥译《修行本起经》，《大正藏》第3册，第464页。

图1-2　榆林窟宋代第38窟西壁　婚礼图中抱小孩撒尿的妇女（欧阳琳临）

图2　北周第290窟窟顶东披　佛传·厕所

们的环保意识。

佛教对于人们的大小便问题非常重视，有不少佛经都有所论及，如唐义净撰《南海寄归内法传》"十八便利之事"中便专门谈论此事。

文中首先指出如厕之时要"下着洗浴之裙，上披僧脚崎服，次取触瓶添水令满，持将上厕闭户遮身"，即穿着要利于行动方便，同时准备事后洗手的净水，特别是进入厕所后要注意关门遮身，这是一种从雅观角度的考虑，有利于人的心理健康。

另外要在厕所外面准备一些土块："土须二七块在其厕外，于甎石上，或小版上，而安置之。其甎版量，长一肘阔半肘。其土碎之为末，列作两行，一一别聚，更安一块。复将三丸，入于厕内，安在一边，一将拭体，一用洗身。洗身之法，须将左手，先以水洗，后兼土净。余有一丸，粗且一遍，洗其左手。"为何要用土丸"拭体""洗身"，笔者对此不明白。

不仅要准备大便后擦拭粪便的筹片，还要注意使用后的筹片不要乱扔："若有筹片，持入亦佳，如其用罢须掷厕外；必用故纸可弃厕中。"

又谈到事毕之后如何出门关门和洗手："既洗净了，方以右手牵下其衣，瓶安一边，右手拨开傍户，还将右手提瓶而出，或以左臂抱瓶，拳其左手，可用右手闭户而去，就彼土处蹲坐一边。若须坐物随时量处，置瓶左髀之上，可以左臂向下压之，先取近身一七块土，别别洗其左手，后用余七，一一两手俱洗。其砖木上必须净洗。余有一丸，将洗瓶器，次洗臂踹及足，并令清洁，然后随情而去。"

又强调"此瓶之水不合入口唇"，要"重至房中，以净瓶水漱口。若其事至触此瓶者，还须洗手漱口，方可执余器具"。

以上说的是"大便之仪"，如果"小便则一二之土可用洗手洗身，此即清净之先"。

如果不遵行有关事项，则不能从事佛教活动："或人将为小事，律教乃有大呵。

若不洗净，不合坐僧床，亦不应礼三宝。……凡是僧坊。先须净治厕处。"

不过，有些情况可以变通："若卒无水瓶，许用瓷瓦等钵，盛水将入安在一边，右手浇洗亦无伤也。江淮地下瓮厕者多，不可于斯即为洗净，宜应别作洗处，水流通出为善。"[4]

又如《缁门警训》"登厕规式"中有许多细则规定："若登厕不洗净者，不得入大僧数，不得坐禅床，不得登宝殿。""不可将净桶入水槽中水，须将杓盛水入桶中，免污一槽之水。""不可安净桶在水槽上，淋其桶底触水下槽中。""不得将触处笩寻近水槽边，恐不知者误将洗盆。""不可痰吐入厕中。""初蹲身时先须倾少水在槽中，一则解旧粪臭气，则新粪易下不积槽中。""既在厕中，不可语言作声。""厕中不可画壁书字……盖尊重字画，不忍狼藉，况书臭厕中，岂不折福。""若洗净时右手执净桶，旋旋倾之，以左手盛水，将第四指着实洗之七度，切不可就桶中掬水，污于桶内。""常见惜福人用厕筹毕，就净桶洗之，反污桶内，或将手入桶掬水，洗筹亦不可。""洗净须用冷水，则益人用，热汤则生肠风等疾。""若洗手时先用灰擦七度去秽，手背亦然；次用泥擦七度净之，手背亦然；次用皂团或皂角或木屑或二桑叶皆可。""后架手巾须多备三两条，频频洗换，莫令垢染以污净手。人众处五日一洗，人少处十日一洗。""凡拭手时，须将手巾搏而拭之，庶得易干。"其中又有"大智律师入厕垂训"云："折叠衣裳整齐鞋履，省约用筹点滴使水，屏息语言安详进止，当念此身满中盛屎，臭不可闻秽不可视。"[5]其中内容主要与卫生有关，另外在厕中"不可语言作声""不可画壁书字"等则与文明行为有关。

又《释氏要览》中云："不听于伽蓝内处处小便，当聚一屏猥处。若瓦瓶木桶埋地中，以物盖覆，勿令有臭气。……许将小便器入房中，密塞口，房外应满盛水。……伽蓝法界内地漫大小便，五百生堕拔波地狱。""比丘若不洗大小便，得突吉罗罪，亦不得坐僧床座及礼三宝，亦不得受人礼拜。……凡洗净用水以右手执瓶，左手洗之。出外先以灰淬摩手水洗，又用黄土，三度摩擦水洗，又用皂角澡豆，皆洗至肘前。……若不洗者不应绕塔礼佛读经，不礼他不受他礼，不应

---

[4]《大正藏》第54册，第218页。

[5]《大正藏》第48册，第1091、1092页。

噉食坐僧床，不得入众。"[6]其中随地"大小便，五百生堕拔波地狱"，相当于今天一些地方所标示的"此处禁止大小便，违者罚款……"。"灰滓摩手水洗，又用黄土"，让笔者对义净撰《南海寄归内法传》中所说的用土丸"拭体""洗身"有所明白，确实，用干净的柴木灰和黄土清洗手上的油污之类，笔者在20世纪六七十年代常常使用，效果很好。

后汉安世高译《大比丘三千威仪》中规定上厕要注意"二十五事：一者欲大小便，当行时不得道上为上座作礼；二者亦莫受人礼；三者往时当直低头视地；四者往当三弹指；五者已有人弹指不得逼；六者已止住三弹指乃踞；七者正踞中；八者不得一足前一足却；九者不得令身倚；十者敛衣不得使垂圊中；十一者不得大咽使而赤；十二者当直视前不得顾听；十三者不得唾污四壁；十四者不得低头视圊中；十五者不得视阴；十六者不得以手持阴；十七者不得持草画地作字；十八者不得持草画壁作字；十九者用水不得大费；二十者不得污溅；二十一者用水不得使前手着后手；二十二者用土当三过；二十三者当澡豆；二十四者三过水；二十五者设见水草土，尽当语直日主者，若自手取为善。"[7]所规定的注意事项如"已有人弹指不得逼""不得唾污四壁""用水不得大费""不得污溅"等等都值得今人参考。

《毗尼母经》中还指出："诸比丘上厕时……起止已竟，用筹净刮令净，若无筹不得壁上拭令净，不得厕板梁枨上拭令净；不得用石；不得用青草；不听诸比丘土块软木皮软叶奇木，皆不得用。所应用者，木竹苇作筹。"[8]筹，即厕筹，指于厕所中用以代纸拭粪之小木、竹片。又作厕筹、厕橛、厕篦、厕简、厕简子。凡已经使用而污秽之筹，称触筹；未经使用而干净者，称净筹。筹，一般长约数寸。印度夙皆用筹，我国禅僧亦多袭之。有人大便后因为没有带筹片，便用手指擦拭粪便，再将沾满粪便的手指在厕壁上擦拭，这种现象在当代偶尔也会看到。而用竹片作筹片，笔者在20世纪70年代的四川山区农户茅厕中，常常见到。

《禅苑清规》"大小便利"条中的一些细节也很重要："欲上东司（厕所）应须预往，勿致临时内逼仓卒。……右手携瓶诣厕，弃鞋亦须齐整。轻手掩门，低手放瓶，临厕弹指三下……不得涕唾狼藉努气作声、厕筹划地隔门壁共人语笑。

[6]《大正藏》第54册，第300页。

[7]《大正藏》第24册，第925页。

[8]《大正藏》第24册，第838页。

洗净之法，冷水为上，如用热汤引生肠风。……初到厕门，如内有人，不得謦欬弹指及以语言相逼。如先在厕上，觉外有人，即须早出。如上尿寮小解，收衫袖裙衣，近里蹲身。"[9]不要太内急了才仓促找厕所，现代医学证明，常常憋尿容易患肾盂肾炎。为什么上厕所后"洗净之法""如用热汤引生肠风"？值得研究。初到厕门发现里面有人不要相逼，而如果在厕所内知道外面有人等候也要尽快出来，既涉及文明礼貌心理健康问题，也与别人的身体健康有关。"上尿寮小解……近里蹲身"，有利于保持厕所内干净卫生。

唐义净撰《说罪要行法》中还要求："其大小便室，必须别处，各安门扇，并置横串。"即分别设置大便用的蹲坑和小便用的尿槽，也颇为合理。[10]

吴天竺沙门竺律炎共支越译《佛说佛医经》中也谈到如厕与疾病的关系，说"人得病有十因缘"，"七者忍大便，八者忍小便。……止熟者，谓大便小便来时不即时行。"[11]

西晋沙门法立法炬共译《佛说诸德福田经》载，"修福"有"七法"，其中"七者，造作圊厕施便利处……造厕施清净，除秽致轻悦……此德亦如斯，终得升梵天……忍秽修福事，我人所不污，造厕施便利，烦重得轻安，此德除贡高……进登成佛道"[12]，将造厕所的行为赋予积功德的意义，无疑有利于大大促进广大佛教徒环保意识的提高，有利于人们的身体健康。

敦煌壁画中有关大小便的描绘以及许多佛经对如厕问题的论述或规定，不仅反映了佛教的如厕文化，同时也反映了当时人们的环保意识，正如今日环保工作者所认识到的"公共厕所等公共设施产生种种恶臭"，"恶臭是典型的公害之一，目前已引起人们的重视。随着人们生活水平的不断提高，对优美舒适的环境要求也日益迫切，恶臭治理的任务必将越来越重"[13]。在人们生活水平并不高的一千多年前，尤其是在人口稀少并且位于戈壁荒漠的敦煌地区，人们能够高度重视粪便等污物的处理问题，这种思想是难能可贵的；而佛经中有关如厕问题的许多论述和规定，也值得当代社会的人们参考借鉴。

---

[9]《卍新纂续藏经》第63册，第540页。

[10]《大正藏》第45册，第904页。

[11]《大正藏》第17册，第737页。

[12]《大正藏》第16册，第777页。

[13] 张殿印、陈康《环境工程入门》，冶金工业出版社，1999年，第82页。

# 敦煌壁画三兔藻井的源流及其美学特征

本文在前人有关敦煌三兔藻井研究成果的基础上，就莫高窟现存三兔藻井图案的洞窟、造型、构图等基本情况作了统计和分类介绍，深入探讨了三兔共耳图形的源流，分析了三兔藻井的美学特征，并就共用形图像的思想文化基础作了探讨。

## 一、前人对三兔藻井的研究

三兔藻井是敦煌壁画中最引人注目的图案，较早对此进行探讨的有欧阳琳先生 1982 年为 "赴日敦煌壁画展览介绍" 撰写的图版说明，文中比较全面地介绍了隋代第 407 窟三兔飞天藻井的构图、色彩、线描等情况 [1]。在 1983 年全国敦煌学术讨论会中，欧阳琳先生又在《敦煌图案简论》一文中，从线描、色彩、风格角度简单介绍了隋代第 305、420、407 窟的三兔藻井图案 [2]。1983 年，关友惠先生在《莫高窟隋代图案初探》一文中，从纹样和结构角度，在隋代早期的 "藻井图案" 中探讨了第 305 窟的三兔藻井图案，在隋代中期的 "斗四套叠方井藻井" 和 "飞天莲花藻井" 中分别探讨了第 420、406 窟和第 407 窟的三兔藻井图案 [3]。1998 年出版的《敦煌学大辞典》 "三兔莲花藻井图案" 词条中，关友惠先生概括了三兔藻井图案的特点，并叙及莫高窟现存此类藻井图案者有 11 个洞窟，代表作有隋代第 407 窟、初唐第 205 窟 [4]。在 "2004 年石窟研究国际学术会议" 中，英国的苏·安德鲁女士、克里斯·查普曼先生、汤姆·格利沃斯先生提交的论文

---

[1]《敦煌研究》试刊第 2 期，甘肃人民出版社，1983 年，第 39 页。

[2] 欧阳琳《敦煌图案简论》，《1983 年全国敦煌学术讨论会文集·石窟·艺术编下》，甘肃人民出版社，1987 年，第 51、60 页。

[3] 关友惠《莫高窟隋代图案初探》，《敦煌研究》创刊号，甘肃人民出版社，1983 年，第 27—29 页。

[4] 季羡林主编《敦煌学大辞典》，上海辞书出版社，1998 年，第 201 页。

提要《探索连耳三兔神圣的旅程》，介绍了大量 12 世纪末至 16 世纪出现在西亚以及欧洲等地的连耳三兔图形，认为 13 世纪左右是连耳三兔图形流通的主要时期，并认为连耳三兔图形也许是受粟特或萨桑的影响来到莫高窟的，也可能是随着中国的丝织锦通过丝绸之路和东征军 1204 年占领君士坦丁堡后掠夺东方艺术品到了西方。英国的大卫·辛马斯特先生提交的论文提要《三兔、四人、六马和其他》，认为连耳三兔图形在几何学上实际上是一个图像益智游戏，并介绍了 12 世纪至 19 世纪初现在中国、日本、印度和欧洲的一些相关图像。北京协会益智游戏小组余俊雄先生提交的论文提要《敦煌藻井"三兔共耳"图案初探》，认为敦煌藻井图案中的兔子与佛经《一切智光明仙人慈心因缘不食肉经》有关，认为三兔代表三世佛，并初步探讨了三兔共耳图案的源流[5]。

本文试图在讨论三兔共耳图案源流的基础上，从美学角度对三兔藻井的美学特征进行较为全面的探讨。

## 二、莫高窟现存三兔藻井图案的基本情况

据关友惠先生统计，莫高窟现存三兔藻井图案者有 11 个洞窟[6]，而据《敦煌莫高窟内容总录》[7] 和《敦煌石窟内容总录》[8] 统计，则有 14 个洞窟内绘有三兔藻井，为隋代第 383、397、406、407 窟，初唐第 205 窟，中唐第 144、200、237、358、468 窟，晚唐第 127、139、145、147 窟。分别被定名为三兔莲花井心（隋 383、397、406，中唐 468，晚唐 127、139、147）、三兔莲花飞天井心（隋 407）、三兔卷瓣莲花井心（中唐 200、237、358，晚唐 145）、三兔团花井心（中唐 144）、三兔井心（初唐 205）。另外，在隋代第 305、420 窟中绘有三兔藻井，但在《敦煌莫高窟内容总录》和《敦煌石窟内容总录》中，分别被定名为斗四莲花飞天井心和斗四莲花井心，故共有 16 个洞窟中绘有三兔藻井（图 1—图 16）。

如仅依井心中三兔的造型而论，可以按照其旋转的方向分为顺时针（如第

---

[5]《2004 年石窟研究国际学术会议论文提要集》，敦煌研究院 2004 年编印；敦煌研究院编《2004 年石窟研究国际学术会议论文集》（下），上海古籍出版社，2006 年，第 727—737 页。

[6] 季羡林主编《敦煌学大辞典》，上海辞书出版社，1998 年，第 201 页。

[7] 敦煌文物研究所整理《敦煌莫高窟内容总录》，文物出版社，1982 年。

[8] 敦煌研究院编《敦煌莫高窟内容总录》，文物出版社，1996 年。

图1-1　隋305窟藻井

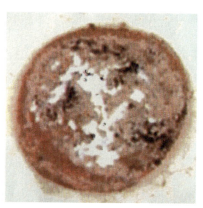

图1-2　隋305藻井（局部）

图1-3　隋305窟藻井线图

图2-1　隋383窟藻井

图2-2　隋383窟藻井（局部）

图3-1　隋397窟藻井

图3-2　隋397窟藻井（局部）

图4-1　隋406窟藻井

图4-2　隋406窟藻井（局部）

图5-1　隋407窟藻井

图5-2　隋407窟藻井（局部）

图6-1　隋420窟藻井

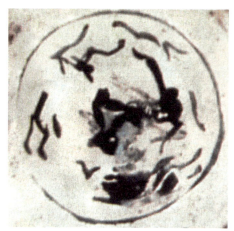

图6-2　隋420窟藻井（局部）

图7-1　初唐205窟藻井

图7-2　初唐205窟藻井（局部）

图8　中唐144窟藻井

图9-1　中唐200窟藻井

图9-2　中唐200窟藻井（局部）

图10　中唐237窟藻井

图11　中唐358窟藻井

图12-1　中唐468窟藻井

图12-2　中唐468窟藻井（局部）

图13　晚唐127窟藻井

图14　晚唐139窟藻井

图15-1　晚唐145窟藻井

图15-2　晚唐145窟藻井（局部）

图16-1　晚唐147窟藻井

图16-2　晚唐147窟藻井（局部）

383窟）和逆时针（如第305窟）两种。因变色等诸多原因影响，其兔形和背景的色彩有所不同，如第305窟中的兔形为白色，而第407窟中的兔形为黑色或赭色，第383窟中的兔形则为灰黑色；又如第305窟中的背景为土黄色，而第407窟中的背景为绿色，第383窟中的背景为赭黑或赭色。

但如果就整个藻井，即井心三兔和周围图案的关系而论，则首先可以分为方井套叠结构（亦称斗四套叠方井或斗四方井套叠）和单一方井两种。前者如第305窟，后者如第383窟。然后前者又可以分为三兔莲花飞天翼兽纹套斗藻井（如第305窟）、三兔莲花火焰纹套斗藻井（如第406窟）等，后者又可以分为三兔莲花缠枝纹藻井（如第383窟）、三兔莲花飞天藻井（如第407窟）、三兔莲花纹藻井（如第205窟）等。而同一类型的藻井图案中，又有许多差异，以后我们会再论及。

### 三、历史上国内外的共用形图像和三兔共耳图像

苏·安德鲁女士等人认为"连耳三兔图形也许是受粟特或萨桑的影响来到莫高窟的"，同时也认为可能是在13世纪左右，随着中国的丝织锦通过丝绸之路和"东征军于1204年占领君士坦丁堡后掠夺东方艺术品到了西方"[9]。余俊雄先生注意到三兔连耳图案"这种画法历史十分悠久。它最早出现在原始彩陶艺术中……商周时代的青铜器上，也有类似的图案。如两只夔龙共用一个身体、两只虎共用一个头等等。汉代墓室的砖雕图案中，则有三鱼共头图案"[10]。遗憾的是余先生未对此进行深入的探讨（另外，余先生将藻井中的兔子理解为佛本生或比喻为月亮，并认为三兔代表三世佛，显然是牵强附会，后面将论及）。

但正如余俊雄先生所云，三兔共耳图案"此种画法并非敦煌壁画画师的独创，乃是吸收了中国古老民间造型艺术手法创新的结果。此种造型手法被称作是适形造型法中的共用形法。它通过形与形之间的相互重合、相互适应、相互因借，从而构成一种新的现象。"[11]所谓共用形，即是在同一个图形中两个或多个造型元素共用同一个元素，构成完整图形的同时又形成单体图形结构的各自完整。共用形

[9]《2004年石窟研究国际学术会议论文提要集》，敦煌研究院2004年编印，第179、180页。

[10] 敦煌研究院编《2004年石窟研究国际学术会议论文集》（下），上海古籍出版社，2006年，第730页。

[11] 敦煌研究院编《2004年石窟研究国际学术会议论文集》（下），上海古籍出版社，2006年，第730页。

图形中，被共用部分元素通常位于图形的中心，或是两个造型元素的中间，这样便于围绕共用。

　　早在浙江省河姆渡新石器文化遗址中（碳素测定年代为距今 6800 年左右），曾出土一件刻有两个"双头鸟"纹的象牙骨匕，其鸟造型似属雉类，两个头相背反向，连体中心的圆形即身体部分为共用部分（图 17）。另一块象牙板上，也刻有一个"双头鸟"纹，其中也是一圆形即身体部分为共用部分，所不同的是两个头相向，两翅正振欲飞（图 18）。另外，今日苗绣保存的"双头鸟"纹样，与两件象牙物上所刻"双头鸟"纹样十分相似（图 19）[12]。这几幅图中的圆形即身体部分均具有共用形特征。

　　甘肃东部分布着许多半坡类型遗址（碳素测定年代为距今 6000 年左右），"在秦安县王家阴洼半坡类型墓葬中，发掘出一件细颈彩陶壶，壶的上腹饰着一圈

图17　河姆渡骨匕　双头鸟纹　新石器时代

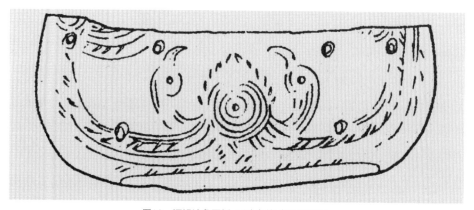

图18　河姆渡象牙板　双头鸟纹　新石器时代

---

[12]孙新周《中国原始艺术符号的文化破译》，中央民族大学出版社，1998 年，图 67、68，第 105、106 页。

图19　苗绣 双头鸟纹 现代

连续的猪面纹，猪的双眼向上突翻，横鼻的鼻孔圆张，显示出一副狰狞猛厉的面貌，给人以强烈的威慑感。连续的每一个猪面纹的图形，都是相同的，画工巧妙地运用了双关纹的装饰手法，将并列的猪面共用一个眼睛，以共用形的重叠构成二方连续的图案。"（图 20）[13] 由此可见，早在距今 6000 多年前，我国先民便有共用或共享意识，并且在当时的生活器具中有大量的艺术表现。

春秋战国时期，越国兵器上的鸟篆"王"字，字体上方的两个鸟头

图20　甘肃省秦安县 猪面纹细颈彩陶壶 半坡文化

---

[13] 张朋川《陇上珍藏》，敦煌文艺出版，2001 年，第 47 页。

图21 古越国兵器 鸟篆
"王"字 春秋时期

图22 合江四号石棺 三鱼共头 东汉

相背反向，其鸟身共为一体，也明显具有共用形特征（图21）[14]。

东汉时期，在四川合江张家沟二号墓四号石棺上刻有一幅构思巧妙的《鱼雀图》，画面一侧的上方有一飞翔的鸟，回头俯视一条三尾鱼（即一个鱼头三条尾）；该画面右侧还有四神异鸟兽（图22）[15]。图中的三尾鱼，采用形与形的部分重合、形与形的相互借用的造型手法，具有非常典型突出的共用形特征，与敦煌的三兔藻井图案颇有异曲同工之感。

北魏时期，大约于公元518—528年间开凿的河南巩县第三、四两窟，其中心柱基座西向面，各浮雕一躯双面人像，一首、两面、三目、鼻、口成双，集一身所出；均怀中抱一小儿（图23、图24）[16]。其中的头部上方、一只眼睛以及身体为共用部分，也具有共用性特征。特别值得注意的是，据网上资料，在"巩县石窟寺一窟西边，原为字湾村的饲养院，村民在此院打窑洞时，在洞底石壁上发现了阴刻七言诗一首，七言诗下边又刻了五头鸟、朱雀与三鱼共头图。刻琢朴素，随手拈来，很可能当时在这里进行什么工程，石工们在壁上刻成的。……根据七言诗的书体和内容，以及线画的艺术风格，确定了它是汉代摩崖刻石。"[17]"洞内墙壁上有几幅简单的线刻画和一方题字，从字体、内容和用词上看，是东汉末年

---

[14] 王士伦《越国鸟图腾和鸟崇拜的若干问题》，《国际百越文化研究》，中国社会科学出版社，1990年，第107页。

[15] 高文编著《四川汉代石棺画像集》，人民美术出版社，1998年，图137。

[16] 河南省文物研究所编《中国石窟·巩县石窟寺》，文物出版社，1989年，图131、175。

[17] 2007年1月10日下载于 http://post.baidu.com/f?kz=159519083。

图23　巩县第3窟　双面人像　北魏

图24　巩县第4窟　双面人像　北魏

的作品。画面上有一只朱雀，昂首伫立，鼓腹翘尾，展翅欲飞，旁边刻有一只五头鸟，形如乌鸦，没有明显的鸟身和尾巴，如同一支五瓣花朵。此外，还刻有一幅一头三尾鱼，共用一头一目。线刻画上的左上方有一首七言诗。"[18] 如果这些摩崖刻画确系汉代所为，便可以推断第3、4窟中所浮雕的一躯双面人像是当地工匠有意识地运用共用形造型手法所为。

　　新疆吐鲁番阿斯塔那古墓出土的唐代麻布画和木版画《伏羲女娲图》中，伏羲、女娲的腰部具有共用形特征（图25、图26）[19]。值得注意的是，汉代画像砖中的伏羲、女娲虽然交尾，但未共体，敦煌西魏第285窟的伏羲、女娲更是各为其体。更有趣的是，同是新疆吐鲁番出土的另一幅唐代绢画《伏羲女娲图》（中国国家博物馆藏），却是伏羲、女娲各以一手抱对方腰部，伏羲的腰部压在女娲的腰部上面，但尚未共体，此图似乎正暗示了向共体的过渡（图27）。

　　新疆和田博物馆藏有一件标明为唐代的青铜器，形似摇钱树，其下面束腰座上的人像形似力士，为四头、四手、四脚。除头以外，其中的手、身体和脚都明显具有共用形

[18] 2007 年 1 月 10 日下载于 http://www.gygd.com/gyx/gyx03/sks_1.asp" http://www.gygd.com/gyx/gyx03/sks_1.asp。

[19]《中国新疆古代艺术宝典 4·绘画卷》，新疆人民出版社，2006 年，第 90、145 页。

图25　吐鲁番阿斯塔那墓麻布画
　　　伏羲女娲图　唐代

图26　吐鲁番阿斯塔那墓木版画　伏羲女娲图　唐代

图27　吐鲁番阿斯塔那墓绢画　伏羲女娲图
　　　唐代

图28　和田博物馆　四头四手四脚人像（局部）　唐代

特征（图28）。

　　在西藏扎达地区的古格王国遗址，所存10世纪壁画中有两幅造型各异的
四联力士图案，均只绘两个人体，正看为两背相靠，换90度看则为两腹紧贴，

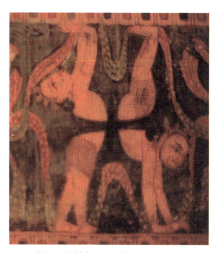

图29　古格红殿　四联力士　10世纪

图30　古格白殿　四联力士　10世纪

即可看成四个人体（图29、图30）[20]。另外藻井中的四联狮图案，正看也是背对背相靠，换90度看也是腹对腹相贴，只绘两个狮体而可看成四个狮体（图31）[21]。其中身体部分均具有共用形特征。值得注意的是，扎达地区北距和田仅约700公里，而东距拉萨却约有1300公里，为此我们能否设想：和田青铜器束腰座上的四头四手四脚人像与古格遗址中的四联力士图案有无关系？

图31　古格红殿　四联狮　10世纪

甚为有趣的是明宪宗朱见深（1448—1487年）所绘的《一团和气图》。此画构图绝妙，粗看之下似一笑面弥勒盘腿而坐，体态浑圆。细看揣摩，却是三人合一。在佛的左耳处，有一老者的发髻，着道教的冠帽，面左侧坐；佛的右耳为戴方巾的老者，作儒家打扮，面右侧坐。此二人团膝相接，侧脸相对，手各持经卷一端。

---

[20]《西藏艺术·绘画卷》，上海人民美术出版社，1991年，图110、113。

[21] 张建林《荒原古堡——西藏古格王国故城探察记》，四川教育出版社，1996年，第128页。

第三人则手持佛珠，手搭在两人肩上，头脸被遮，只露出光光的头顶。此画意在合三人为一体，"蔼一团之和气"。图中主要是头部、脸部为共用体，另外衣饰也具有一定的共用性（图32）。此图可谓共用形造型法的登峰造极之作。

河北武强的清代年画《九九消寒图》，画面中有两个满月圆圈，左边圆圈内，两个儿童一拿荷花，一拿莲蓬，利用两个头脸，四个身子，反转看来是四个儿童在嬉戏。右边圆圈内，初看是三个童子分捧一桃、一石榴、一元宝和珊瑚，环看则是六个童子相连戏耍。其中的头、手和屁股、脚为共用体（图33）[22]。

安徽铜陵市文物管理所馆藏文物中，有一件清代"四喜铜娃"。其造型为：一对活泼可爱的娃娃系着肚兜，一手拿着芭蕉扇，一手紧握金元宝。倘若更换角度观赏，孩童或立或卧，或背或对，相互构成四个完整的孩童，即转化成四童戏耍。其中的头、手和屁股、脚为共用体（图34）。该物件小巧精致，可能是古代男子腰间饰物。

从以上情况可以看出，具有共用形特征

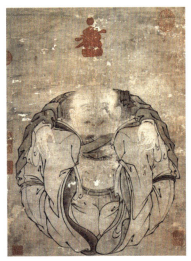

图32　明宪宗绘　一团和气图　明代

图33　河北武强　九九消寒图　清代

[22]《中国美术全集·绘画编21·民间年画》，人民美术出版社，1985年，图65。

的图像在我国源远流长。而这些图像大体可以分为下面几种类型：

1. "Y"型，即两个头部共用一个身体。如河姆渡新石器文化遗址出土象牙器物的"双头鸟"纹样、春秋时期越国兵器上的鸟篆"王"字、阿斯塔那古墓出土的唐代麻布画和木版画《伏羲女娲图》、和田博物馆藏唐代青铜器上的四头四手四脚人像。

2. "W"型，如甘肃省秦安县半坡时期细颈彩陶壶上的猪面纹，

图34　安徽铜陵 四喜铜娃 清代

即"并列的猪面共用一个眼睛，以共用形的重叠构成二方连续的图案"。

3. "Y"型和"W"型的混合型，如河南巩县第三、四两窟北魏时期的双面人像，为两个头部共用一个身体；三只眼睛中间的一只眼睛为两个脸部所共用。

4. "人"型，如四川合江东汉时期石棺上的三尾鱼图像。中间的圆点即鱼头为共用。

5. "冂"型，四角伸出的头、脚为共用部分。如西藏古格10世纪壁画中的四联力士、四联狮图案和河北武强清代年画《九九消寒图》中左边圆圈内的两个儿童，以及安徽铜陵清代"四喜铜娃"。而右边圆圈内的三个儿童，则是该类型的延伸，即由四角形演变为六角形。

6. "⑪"型，也可谓作包容型，即一个图像里面包含两个以上的图像。如明宪宗朱见深所绘的《一团和气图》。

在"2004年石窟研究国际学术会议"中，英国的大卫·辛马斯特先生在宣读论文提要《三兔、四人、六马和其他》时，演示了大量具有共用形特征的图像资料。现将其国外部分整理介绍如下：

公元前1500年的埃及第十八王朝的一只蓝色彩陶碗上，绘有三条鱼共用一个头（图35）。

1至3世纪（高卢-罗马时代）的"三面人雕塑"，三张脸总共只有四只眼睛，

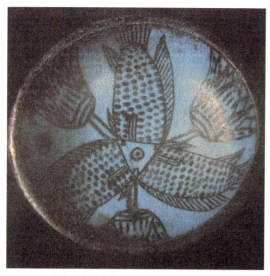

图35　蓝色彩陶碗上的三鱼共头 埃及 公元前1500年

图36　三面雕塑 高卢-罗马时代 1-3世纪

图37　四鹿一头 印度阿旃陀石窟 2-4世纪

图38　六头共享六眼 英国奇切斯特 1230年

其中有两只眼睛为共用（图36）。

2至4世纪印度阿旃陀石窟中，绘有四只鹿共用一个头（图37）。

1230年的英国英格兰南部城市奇切斯特的一件装饰品上，有六头共用六只眼睛（图38）。

1275–1300年的法国鲁昂大教堂书店门口上方雕塑，只有两个人体，正看为两背相靠，换90度看则为两腹紧贴，即可看成四个人体（图39）。

大约1310年出现在彼得伯勒·普萨特尔的图案版本（现收藏于布鲁塞尔），绘有两匹马，正看为两背相靠，换90度看则为两腹紧贴，即可看成四匹马（图40）。

大约1470年的欧洲印刷品，绘两只猩猩骑在一匹马上，这两只猩猩也是正

图39 法国鲁昂大教堂书店门口上方雕塑 1290年

图40 彼得伯勒·普萨特尔 图案版本 1310年

图41 两只猩猩在一匹马上 1470年

图42 雕版图 荷兰 1576年

看为两背相靠，换90度看则为两腹紧贴，即可看成四只猩猩（图41）。

1576年的荷兰雕版图，绘两个人体，正看为两屁股相靠，换角度度看则为两腹紧贴，即可看成四个人体（图42）。

1620年Riza Abbasi的一幅图上，绘两匹马正看为两背相靠，换90度看则为两腹紧贴，即可看成四匹马（图43）。

1710年的印度的一幅图中，绘三个女子，但换角度可看成九个女子（图44）。

大约17世纪波斯的一件皮革垫子套上，绘四匹马，但换角度可看成十二匹马（图45）。

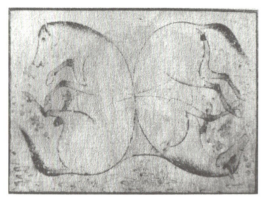

图43 四马 1620年

图44 三头九人 印度 1710年

图45 四头十二马 波斯 17世纪？

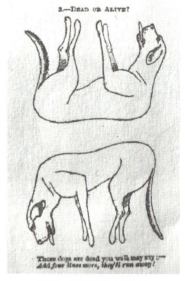

图46 死狗谜题 1849年

出现在1849年的死狗谜题游戏，绘两条狗，但换角度可看成四条狗（图46）。

出现在1871年和1890年的诡计骡子游戏，为活动的两匹马和两个人的画面，换角度拼接，可变成不同姿态的两匹马，即也是将两匹马看成四匹马（图47、48）。

这些图像中，公元前1500年的埃及彩陶碗上所绘三鱼共头，与四川合江东汉时期石棺上的三鱼共头，造型几乎完全相同，即也为"人"型。2至4世纪印度阿旃陀石窟中的四鹿共头图像，是该类型的延伸。

1至3世纪（高卢—罗马时代）的"三面人雕塑"，以及1230年的英国英格兰南部城市奇切斯特的六头六眼图，均与甘肃省秦安县半坡时期细颈彩陶壶上的

图47　诡计骡子　1871年

图48　诡计骡子　1890年

猪面纹类似，属于"W"型。

其他如法国鲁昂大教堂雕塑、彼得伯勒·普萨特尔图案版本乃至诡计骡子游戏中的图像，则均与西藏古格10世纪四联力士、四联狮图案以及河北武强清代年画《九九消寒图》类似，均属于"冖"型，或是该类型的延伸。

在"2004年石窟研究国际学术会议"上，英国苏·安德鲁女士等人提交的论文提要《探索连耳三兔神圣的旅程》、美国张卫女士、雷彼得先生散发的论文提要《佛教中的连耳三兔图像》等资料中，介绍了大量的连耳三兔和四兔图像。现将其中除敦煌之外的资料整理介绍如下：

出现在12世纪伊朗铜盘上的连耳三兔，顺时针奔跑（图49）。

出现在12世纪末印度拉达克阿尔奇苏木泽克寺布料上的连耳三兔，顺时针奔跑（图50）。

出现在12世纪末印度拉达克阿尔奇大佛塔天花板上的连耳三兔，顺时针奔跑（图51）。

出现在1270-1280年《圣经》诗篇中的首字母"T"字图案内的连耳三兔，顺时针奔跑（图52）。

出现在13-15世纪英国教堂屋顶外的浮雕连耳三兔，逆时针奔跑（图53）。

出现在1576年荷兰雕刻板连耳三兔，逆时针奔跑（图54）。

出现在16世纪德国帕德博恩建筑物窗格上的连耳三兔，顺时针奔跑（图55）。

图49　铜盘　伊朗　12世纪

图50　印度拉达克阿尔奇苏木泽克寺　布料　12世纪末

图51　印度拉达克阿尔奇大佛塔天花板　12世纪末

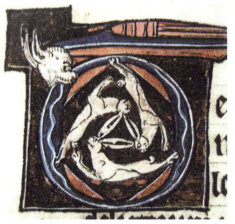

图52　圣经中首字母"T"字图案　1270-1280年

图53　英国教堂屋顶外浮雕　13-15世纪

图54　荷兰　雕刻板　1576年

图55　窗格 德国帕德博恩 16世纪

图56　天花板窗格 德国犹太教堂 1738年

图57　《女孩子的书》 1833年

图58　四兔 西藏古格白殿 10世纪

出现在1738年德国犹太教堂天花板窗格上的连耳三兔，逆时针奔跑（图56）。

出现在1833年美国波士顿出版《女孩子的书》中的连耳三兔，逆时针奔跑（图57）。

另外，在10世纪西藏古格白殿壁画中，绘连耳四兔顺时针奔跑（图58）。

在12世纪末印度拉达克巴斯高寺天花板壁画中，绘连耳四兔顺时针奔跑（图59）。

在13世纪来自西藏的包裹佛经的丝织锦上，绘连耳四兔顺时针奔跑（图60）。

三兔共耳图案，可以简化为"▽"型，四兔共耳图案是该类型的延伸，但我们也可以把它简化为"◇"型。

图59　四兔 印度拉达克巴斯高寺 12世纪末　　　　图60　来自西藏的包裹佛经的丝织锦 13世纪

综合起来，以上所有具有共用形特点的图像大体可以分为"Y"型、"W"型、"Y"型和"W"型的混合型、"人"型、"口"型、"◐"型、"▽"型及其相关的延伸型。而其中最有艺术性并且最为简洁的造型是"▽"型，其次是"人"型、"口"型、"Y"型、"W"型。"◐"型虽然是共用形的登峰造极之作，但观者在欣赏这类作品时需要逻辑分析，颇累。其趣味性超过其艺术性，"口"型亦存在这种情况，难怪到了近现代，大多数共用形作品都演变为趣味益智游戏。

通过上述对国内外共用形图像的介绍，我们可以看到，这类图像在中国源远流长，三兔共耳图像只是其中流行于隋唐时期的一种类型。国外虽然也发现不少共用形图像，但绝大多数都是公元12世纪以后之作品；特别是三兔共耳图像，几乎没有12世纪以前的例子。所以苏·安德鲁女士等人认为"连耳三兔图形也许是受粟特或萨桑的影响来到莫高窟的"的观点，应该说没有任何根据。而其认为可能是在13世纪左右，随着中国的丝织锦通过丝绸之路和"东征军于1204年占领君士坦丁堡后掠夺东方艺术品到了西方"的看法，倒是有一定道理。从10世纪西藏古格有连耳四兔图像，而12世纪邻近的印度拉达克阿尔奇等地寺院及伊朗铜盘上有连耳三兔、四兔图像等情况来看，我们似乎可以认为，晚唐以后，敦煌莫高窟的三兔共耳图案很可能通过青海、新疆到了西藏，然后流传到了印度等地。

值得注意的是12世纪至19世纪这段时期，当三兔共耳图案在西亚以及欧洲等地被广泛运用时，在中国竟销声匿迹、无影无踪了。是由于自然、人为的因素被毁？还是确实不曾存在过？抑或是完全被《一团和气图》和"四喜娃"等偏向于趣味、益智性的图画所取代？

## 四、三兔藻井图案的美学特征

在敦煌莫高窟的藻井图案中，三兔藻井不仅其源流问题引众学者关注，其艺术魅力更是令所有观者赞叹，可谓雅俗共赏。为此，很有必要从美学角度对其进行一番探讨。

### （一）共用性

毫无疑问，三兔藻井图案中最突出和最引人关注的是"在同一个图形中两个或多个造型元素共用同一个元素"的共用形特征。即在藻井中心"画了三只追逐奔跑的兔子。三兔本应有六只耳朵，但画家只画了三只，而我们不论从哪一个角度看，每兔都有两只耳朵，既简洁又明快，巧妙地表现了三兔活跃奔跑时的神态"[23]，也即学者们所说的"三兔共耳"或"连耳三兔"。

我们前面在介绍国内外各种共用形图像时，将三兔共耳图案简化为"▽"型，并认为在所有类型的共用形图像中，最有艺术性并且最为简洁的造型是"▽"型。

例如四兔共耳图案"◇"型是三兔共耳图案"▽"型的延伸，但看起来却显得过于规整，缺乏灵动感。并且中间的"◇"太引人注目，使人很容易将外面的圆圈联系在一起，而联想到外圆内方的钱币。如西藏古格白殿壁画、拉达克巴斯高寺天花板壁画以及丝织锦上的四兔共耳图案。

"Y"型的双头鸟纹、"W"型的猪面纹，"⑪"型的《一团和气图》等，这类图像与"▽"型的三兔共耳图案相比较，很显然缺少运动感。"Y"型与"W"型中的变化也较为简单，而"⑪"型中的变化又过于复杂且需要逻辑分析。

"▽"型看起来很简单，但由于它的三根线是连在一起的，其相连性在视觉上产生的错觉，给人以无限遐想，由简单变得复杂。特别有趣的是，"▽"型在视觉上既有一种往内聚集的向心力、一种统一感，同时也有一种向外宣泄的张力、一种扩张感。

---

[23]《敦煌研究》试刊第 2 期，第 39 页，甘肃人民出版社，1983 年。

所以说，虽然同样具有共用形特征，但"▽"型的三兔共耳图案最富有情趣，也最为简洁明快。

关于共用形的共用性思想基础，我们后面将详细讨论。

（二）节奏与动感

三兔藻井图案中另一个吸引人之处，便是三只兔子看上去在互相追逐奔跑，具有很强的动感。之所以会给观者强烈的动感视觉效果，首先缘于画工所设计的有关图像的形态，然后是相关的排列组合和背景搭配等因素。

我们注意到，三兔藻井图案中的兔子形态，其身体胸部和脸部微微向上仰，呈"✓"形或"＼"形，奔跑时的神态具有很强的方向感；加上三只兔子环绕成一个圆圈，视觉上便产生连续不断的"✓"形或"＼"形，于是由方向感和连续感便产生节奏感，继而产生旋绕奔跑的运动感。如隋代第407窟三兔莲花飞天藻井中，莲花外围翩翩起舞的八身飞天（包括飞行的比丘），与三兔奔跑的方向一致，均呈反时针方向的"＼"形；而内外两层兔子与飞天的顺势一圈的奔跑与飞行，不仅产生有序的节奏，并且造成互相衬托的动势。三兔的背景是碧绿的池水，飞天的背景则是蔚蓝的天空；莲池里碧波荡漾，天空中流云飞花，显然背景有烘托动感的氛围。莲池与天空之间的似为静态的两层莲花，虽然均为八瓣，但内层为单瓣、黄白色（变色），外层则为双瓣，赭黑色；而交替的排列，色彩的变化，重叠的节奏，让观者看起来好像正在渐渐开放的莲花；莲瓣本身呈现由静转动的变化，而与三兔、飞天的搭配，既是一种动静对比衬托，同时其逐渐开放的形态，也从潜意识增添了观者视觉的动感。方向感、节奏感、背景的映衬及动与静的巧妙结合，使隋代第407窟三兔莲花飞天藻井充满了动感，一派生机勃勃景象。

重要的是，这其中的种种动感应该是画工有意识而为。另外，还需要注意的是，并非莫高窟16个三兔藻井的动感效果都是一样的，实际情况也有差异，也有强弱之区别。第407窟所绘三兔藻井是其中动感效果最强者，而其他相对较弱一些。一般说来，井心三兔环绕的动感基本相同，主要是因周围莲花、飞天等纹饰以及背景、色彩的变异而造成整个藻井动感效果的不同。如在初唐第205窟三兔藻井图案中，画师为了使画面具有优雅、平和、安静、轻松的意境，使节奏变换的时间加长，变换的距离加大，将花瓣先编制成较大的单位，然后进行缓慢的反复排列，并灵活运用快与慢相结合的节奏变化，使画面具有极丰富的不同情态和极强的音乐性。整个画面花繁叶茂，三兔游戏其间，环境宁静幽美，如同童话世界一般。

### （三）简约化与整体化

简约化，也可谓作简化，它的最直接的意思就是使其趋于简单，或者说是删繁就简或执简驭繁。即阿恩海姆所说："如果一个物体用尽可能少的结构特征把复杂的材料组织成有秩序的整体时，我们就说这个物体是简化的。"[24] 敦煌壁画中的三兔共耳图案可以说最具有简约化特征，正如我们前面分析的，"▽"型的三兔共耳图案看起来很简单，但由于它的三根线是连在一起的，其相连性在视觉上产生的错觉，给人以无限遐想，由简单变得复杂；在视觉上既有一种往内聚集的向心力、一种统一感，同时也有一种向外宣泄的张力、一种扩张感。

我们也注意到，简约化同过去的经验有密切关系，因为人们在观看三只盘旋追逐的兔子时，首先捕捉兔子最突出的特征——耳朵，而凭经验便判断每只兔子必定都会有两只耳朵，于是很自然地将"▽"中的任意两条线（两只耳朵）与下面的兔头连接在一起了。仅凭三只兔共有的三只耳朵就能够决定对三只兔的认识，并创造出一个完整的三只兔式样，这是人们在头脑中利用过去经验将不完整的图形看成是完整的。

格式塔心理学认为，整体在先，无论在什么情况下，假如不能把握事物的整体或统一结构，就永远也不能创造和欣赏艺术品。画家在创作时要"胸有成竹"，要有一个整体的艺术构思，否则就不可能形成一个统一的、具有完整结构的艺术作品。人们在看壁画时，首先会在视觉上对画面有一个"整体感受"。所谓整体感，就是指画面各视觉要素之间能够形成恰当而优美的联系，各要素不是孤立存在，而是相互依存、互为条件。如隋代第420窟三兔莲花飞天翼兽纹套斗藻井，为方井套叠结构，即在两个交错套叠的方形画面中再安排一个圆形画面，并由此分割出十几个三角形。这些三角形都是相对独立的画面，但这些相对独立的画面又紧紧围绕中间圆形的三兔莲花井心。整个藻井，既有圆形、

---

[24] 鲁道夫·阿恩海姆《艺术与视知觉》，中国社会科学出版社，1984年，第72页。

方形的画面，也有三角形的画面，甚至如处于某种角度，还会有菱形画面的感觉；而中心圆内的三兔、内层方井三角形内的飞天和外层方井三角形内的翼兽均为动态状，三兔外围两个圆圈内的莲瓣和方井边框内的忍冬纹则为静态状，内容可谓丰富、复杂，色彩也绚丽、多彩，但整个藻井给观赏者的视觉感觉却很简洁、了然。整个画面，内外呼应，静中有动，打破了画面沉寂的状态，显得生气勃勃。从画面中我们可以看到各种元素的统一是产生视觉美感的需要，追求简约化、注重整体性、体现秩序感是敦煌壁画的基本美学追求。

### （四）模仿中求异

纵观自隋代至晚唐的 16 个三兔藻井图案，由于在井心中央旋绕奔跑的三兔造型、姿态相似，构图乍一看也都是 "▽" 型，再加上这三只兔子的奇特构图给观者的感觉非常深刻，故观者便多以为这些三兔藻井图案都差不多。中、晚唐时期的敦煌经变画具有很强的模仿性[25]，而三兔共耳这种构思甚为巧妙的图形，在敦煌莫高窟可能源于隋代第 305、383、397、406、407、420 窟中最早的一个洞窟，也可能源于其他更早的但窟顶已毁或被重绘的洞窟。初唐第 205 窟，中唐第144、200、237、358、468 窟，晚唐第 127、139、145、147 窟中的三兔共耳图形则显然均为模仿之作。

值得注意的是，尽管只有隋代某一个洞窟中的三兔共耳图形可能为原创作品，其他洞窟中的三兔共耳图形则均为仿品，但是这并不意味着莫高窟的这 16 个三兔共耳图形是完全相同的，更不能说这 16 个三兔藻井图案是完全相同的。

我们发现，在这 16 个三兔共耳图形中，其旋转方向为顺时针的有 14 个（隋383、397、406、420 窟，初唐 205 窟，中唐 144、200、237、358、468 窟，晚唐 127、139、145、147 窟），逆时针的有两个（隋 305、407 窟）。兔子形体的颜色有三种：白色（隋 305、397、406 窟，中唐 144、200、358、468 窟，晚唐139、145 窟）、黑色或赭色（隋 407、420 窟，初唐 205 窟，中唐 237 窟，晚唐127、147 窟）、灰黑色（隋 383 窟）。背景色彩也有三种：土黄色（隋 305、397、

[25] 胡同庆《论莫高窟中唐时期经变画的模仿性》，《敦煌学与中国史研究论集——纪念孙修身先生逝世一周年》，甘肃人民出版社，2001 年。

420窟，初唐205窟）、绿色（隋407窟，中唐144、200、237、358、468窟，晚唐127、139、145、147窟）、赭黑或赭色（隋383、406窟）。虽然这其中有些颜色是因变色所致，但至少说明兔子形体与其背景的颜色都分别有三种，而由此搭配组合的种类更多。

更主要的是，我们还发现晚唐127窟藻井中三只兔子的三只耳朵不是"▽"型，而是"人"型。因此该图形不能谓作"三兔共耳"，只能叫作"三兔连耳"，因为三只兔子的三只耳朵确实是连在一起的，但这三只耳朵中却没有哪一只耳朵具有共用形特点。所以说晚唐127窟藻井中三只兔子不管怎么看，都只有三只耳朵，而非六只耳朵。

从上述旋转方向、色彩、造型的相异情况，可见敦煌壁画中的三兔共耳图形在模仿制作过程中，显然具有一定的随意性。由此可见"三兔代表三世佛"之类的说法实在是牵强附会，假如说三只兔子代表三世佛，那白兔代表什么？黑兔（或赭兔）代表什么？灰黑兔代表什么？土黄色、绿色、赭黑（或赭色）又分别代表什么？

如果就整个藻井，即井心三兔和周围图案的关系而论，更是有许多差异。从大的结构便可以分为两种：方井套叠，亦称斗四套叠方井或斗四方井套叠（隋305、406、420窟）、单一方井（隋383、397、407窟，初唐205窟，中唐144、200、237、358、468窟，晚唐127、139、145、147窟）。而根据具体图案又可以分为三兔莲花飞天翼兽纹套斗藻井（隋305、420窟）、三兔莲花火焰纹套斗藻井（隋406窟）、三兔莲花缠枝纹藻井（隋383、397窟）、三兔莲花飞天藻井（隋407窟）、三兔莲花纹藻井（初唐205窟，中唐144、200、237、358、468窟，晚唐127、139、145、147窟）等。并且同一种类型之中也有很多差异，如三兔莲花飞天翼兽纹套斗藻井中，第305窟内层方井三角形内绘翼兽、外层方井三角形内绘飞天，而第420窟内层方井三角形内则为飞天、外层方井三角形内则为翼兽，正好相反，其飞天、翼兽以及莲瓣、忍冬纹的造型、色彩也颇有不同。即使是看起来最为相似的第144、145、147窟，其莲瓣的形状、色彩、排列组合等情况亦有很多不同。可以说敦煌壁画中的这16个三兔藻井图案，没有完全相同者，均有所差异。而这些情况，显然是画工有意识所为，即在模仿前人作品的过程中，尽可能制造差异。

### 五、共用形图像的思想文化基础

由于共用形是三兔藻井图案中最引人注目、最核心的内容，所以我们打算深入探讨其思想基础。

我们前面谈到，所谓共用形，即是在同一个图形中两个或多个造型元素共用同一个元素，构成完整图形的同时又形成单体图形结构的各自完整。所以从哲学角度来说，也就是共性与个性的关系，同时也涉及个性与个性之间的关系。对此，我们可以追溯到《庄子·天下》中所记载的春秋战国时期思想家惠施和公孙龙对事物共性与个性关系的讨论，即所谓"辩者二十一事"："卵有毛，鸡三足，郢有天下，犬可以为羊，马有卵，丁子有尾，火不热，山出口，轮不蹑地，目不见，指不至，至不绝；龟长于蛇，矩不方，规不可以为圆，凿不围枘，飞鸟之景未尝动也，镞矢之疾而有不行不止之时，狗非犬，黄马骊牛三，白狗黑，孤驹未尝有母，一尺之捶，日取其半，万世不竭。"[26] 而我们在观察或欣赏三兔藻井等共用形图像时，就好像从光溜溜的蛋卵上面看到未来会生长出来的羽毛，也好像看到鸡除了有两只具体形象的足之外还有一只抽象概念的足；也好像楚国郢都拥有和宇宙一样的空间属性；也好像狗和羊之名称其实可以互换；也好像将一尺之杖，折断一分为二，永无止境。如此等等，人们对事物的认识，随着换位思考或变换角度观察，其认识也就有所不同。由此可见，包含多个造型元素、需要换角度观察、欣赏的共用形图形，其思想源泉大概与先秦哲学和逻辑思想有关。

相关的共用性思想不仅可以从古代思想家那里可以找到，在文人墨客的作品中更是比比皆是，如所谓"双关""顶真""回文"等修辞手法都与共用形思维方式类似。如许多共用形图形亦叫双关图。

双关，即利用语言文字上同音或同义的关系，用词或造句兼含两义。如刘禹锡《竹枝词》："杨柳青青江水平，闻郎江上唱歌声。东边日出西边雨，道是无晴却有晴。"[27] 诗中"晴"谐"情"，即谓自然天气变化之景，亦寓人间男女绵绵之情。又如李商隐《无题》："春蚕到死丝方尽，蜡炬成灰泪始干。"[28] 表为"丝"，里为"思"，

---

[26] 郭庆藩撰、王孝鱼点校《庄子集释》，中华书局，1961 年，第 205、206 页。

[27]《唐诗鉴赏辞典》，上海辞书出版社，1983 年，第 831 页。

[28]《唐诗鉴赏辞典》，上海辞书出版社，1983 年，第 1172 页。

"丝方尽"实为"思方尽","丝""思"表里相关。

顶真是用前一句的结尾做后一句的开头，使相邻的两个句子头尾蝉联、上递下接的一种修辞方式。这种形式很像三兔藻井中的头尾相接，如李白《白云歌送刘十六归山》云："楚山秦山皆白云，白云处处长随君。长随君，君入楚山里，云亦随君渡湘水。湘水上，女萝衣，白云堪卧君早归。"[29] 亦如敦煌文献 S.2717《北使长城》中云："秦世筑长城，长城无极已。"[30] 亦如敦煌文献 P.3418、3724 王梵志诗《你道生胜死》中云："你道生胜死，我道死胜生。生即苦战死，死即无人征。"[31]

回文又叫回环，是利用词语的回环往复造成的一种修辞方式。南北朝前秦苻坚时秦州刺史窦滔之妻苏蕙，曾作《璇玑图》，以 841 个字排列成为横竖均为 29 个字的方图，无论反读，横读，斜读，交互读，退一字读，迭一字读，均可成诗。可以读得三言、四言、五言、六言、七言诗一千多首。敦煌文献 S.3835 亦存唐代回文诗四首（亦作"离合字诗图"），皆竖写成串菱形图式（图 61）。每句首字离之为二，合之为一，一形作三字。如："昌"离为"日""日"，读作"日""日""昌"三字；"泉"离为"白""水"，读作"白""水""泉"三字。依此法读之，得"日日昌楼望……""白水泉当路……""非衣裴醋（措）大……""且之（但知）是不善……"四首诗[32]。S.5644 唐五言诗"方角书"（图 62），亦是用回文形式抄写，共四十字，内纵横各六行，行六字，外围四角分别写"静""阳""关""灭"四字，从中心"江"字起，依次用横线连接，组成方角"回"字形图案[33]。S.5648 唐五言诗"四角诗图"（图 63），图中一小方框内书一"霜"字，其上下左右依次写"出门逢白""水照先人""望

图61　S.3835离合字诗图（局部）

[29]《唐诗鉴赏辞典》，上海辞书出版社，1983 年，第 267 页。

[30] 胡大浚、王志鹏《敦煌边塞诗歌校注》，甘肃人民出版社，1999 年，第 3 页。

[31] 胡大浚、王志鹏《敦煌边塞诗歌校注》，甘肃人民出版社，1999 年，第 9 页。

[32] 季羡林《敦煌学大辞典》，上海辞书出版社，1998 年，第 556 页。

[33] 季羡林《敦煌学大辞典》，上海辞书出版社，1998 年，第 556 页。

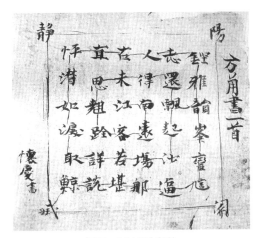

图62　S.5644方角书

图63　S.5648四角诗图

女景来""路结边为"等十六字，外画一大方框。可读为"出门逢白霜……"或"出门逢白雨……"等[34]。敦煌文献中出现如此多的回文诗，绝非偶然，回文诗与敦煌壁画藻井中三只兔子循环互相追逐奔跑的形式，特别与三兔共耳的形式，颇有异曲同工之感，体现了当时敦煌的民众均喜爱具有趣味性的文学与艺术作品。

与共用形相关的共用性思想随处都可感受到，如成语"举一反三""一举几得""一语双关""一箭双雕""一刀两断""一本万利""一树百获"，又如歇后语"房子上的冬瓜——两边滚""快刀切豆腐——两面光"，亦如建筑图案中的"一整二破"，形式逻辑中的"交叉关系"，经济合作中的"共享""双赢"，哲学概念中的"一分为二""合二为一"等等。由此可见敦煌三兔藻井中所蕴含的共用性思想源远流长，是中国文化中一个非常值得关注的内容。

## 六、小结

综上所述，我们首先介绍了前人有关敦煌三兔藻井的研究成果；然后就莫高窟现存三兔藻井图案的洞窟、造型、构图等基本情况作了统计和分类介绍；详尽

[34] 季羡林《敦煌学大辞典》，上海辞书出版社，1998年，第556页。

介绍、分析了历史上国内外的共用形图像和三兔共耳图像，即深入探讨了三兔共耳图形的源流；从美学角度分析了三兔藻井的共用性、节奏与动感、简约化与整体化、模仿中求异等美学特征；最后特别就共用形图像的思想文化基础作了全面探讨。

　　注：本章图 17、19 引自孙新周《中国原始艺术符号的文化破译》，图 18、21 引自王士伦《越国鸟图腾和鸟崇拜的若干问题》，图 22 引自高文《四川汉代石棺画像集》，图 23、图 24 引自《中国石窟·巩县石窟寺》，图 25、26、27 引自《中国新疆古代艺术宝典 4·绘画卷》，图 29、30 引自《西藏艺术·绘画卷》，图 31 引自张建林《荒原古堡·西藏古格王国故城探察记》，图 33 引自《中国美术全集·绘画编 21·民间年画》。图 35 至图 48 均引自"2004 年石窟研究国际学术会议"中，英国大卫·辛马斯特先生宣读论文提要《三兔、四人、六马和其他》时散发的资料。图 49 至图 60 均引自"2004 年石窟研究国际学术会议"中，英国苏·安德鲁女士等人提交的论文提要《探索连耳三兔神圣的旅程》、美国张卫女士、雷彼得先生散发的论文提要《佛教中的连耳三兔图像》等资料。

# 敦煌壁画中的杖具——锡杖

　　杖，是人们常见的一种日常用具。在我国古代社会，杖既是一种助人行走的生活工具，也是一种助人休息和省力的生产工具，而且还与政治、伦理、法律乃至宗教、体育等都有密切的关系。敦煌壁画内容丰富，描绘了自十六国以来长达 1600 多年的社会生活场面，里面保存了不少当时使用的真实形象的杖具资料，弥足珍贵。本文首先就敦煌壁画中的锡杖图像进行考察。

## 一、敦煌各时期壁画中的锡杖图像

　　据《李克让修莫高窟佛龛碑》记载："莫高窟者，厥初秦建元二年（366 年），有沙门乐僔，戒行清虚，执心恬静，尝杖锡林野，行至此山。"这是莫高窟与锡杖有关的最早记载。乐僔是最早在莫高窟崖壁上凿窟的人，也是莫高窟史料记载中最早持锡杖的人。虽然不能肯定公元 366 年乐僔和尚到莫高窟时，是否真的随身带有锡杖，但武周圣历元年（698 年），即该碑的刻立时间，人们尊崇锡杖却是可以确定的。

　　从初步调查情况来看，莫高窟最早的锡杖图像见于初唐第 322 窟。在该窟东壁门南，绘药师佛身着通肩红色袈裟，右手执六环锡杖，左手托药钵立于莲台上；两侧为胁侍日光和月光菩萨。该锡杖的尺寸，假设药师佛身高为 170 厘米，则锡杖通长大约 65 厘米，其中杖柄约 45 厘米，杖头约 20 厘米；杖头上的圆形大环直径约 16 厘米，圆形小环直径约 5 厘米。所描绘的锡杖，实际上并未执于右手之中，杖柄只是呈 45 度斜位于右手的大拇指和食指的指尖下面；柄下端正好位于左手所托药钵的上方，杖头顶端则在右肩上与眉平齐。杖头大环下端与柄头连接处回曲绕成两个小环，且将六个小环分割两侧，左右各三个；大环中间有一宝瓶或宝塔状装饰，大环上面即杖头顶端饰四层（粒）宝珠；杖头与杖柄之间有锌

图1-1 莫高窟初唐第322窟东壁门南 药师佛

图1-2 莫高窟初唐第322窟东壁门南 药师佛（局部）

管（图1-1、图1-2）。

　　盛唐第199窟西壁盝顶帐形龛四披绘十余身药师佛，均左手托药钵，右手执锡杖。所绘制的锡杖造型为：假设药师佛身高为170厘米，则锡杖通长大约100厘米至130厘米不等；杖头顶端在右肩上与眼平齐，柄下端位于左膝盖上方或下方。杖柄一直穿通杖头顶端；顶端未饰宝珠，但两侧饰卷云纹；杖头大环均为桃形状，环中有卷云纹装饰；大环下部两侧各套三个小环，即亦是六环锡杖；构图的线条比较简单，属于示意性质（图2）。相较而论，第322窟所绘制的锡杖形象颇为具体，立体感较强。

　　盛唐第205窟南壁绘药师、观音、地藏三尊，药师佛居中，左手托药钵，右手持八环锡杖。该锡杖之长度与药师佛身高相等，杖头顶端在右肩上超过头顶，柄下端位于左脚背处；杖头大环为桃形，尖顶似一宝珠，环中一串饰物似糖葫芦状（可能是宝珠）上下连接，大环桃形底部回曲，两侧各套四个小环；杖头底部连接镈管；镈管下连接杖柄。杖柄为白色，表示木质；镈管与杖头均为赭色（变色），应表示金属色。杖头加镈管的长度相等于锡杖总长度的约五分之一（图3）。

图2 莫高窟盛唐第199窟西壁龛内南披 药师佛

图3 莫高窟盛唐第205窟南壁 药师三尊

图4 莫高窟盛唐第446窟西壁
龛外北侧 药师佛

盛唐第446窟西壁龛外北侧药师佛，左手持玻璃药钵，右手握十二环锡杖。锡杖造型与前面几种又有所不同，杖头大环为桃形，顶端饰下大上下五层宝珠，恰似佛经所云的呈塔婆形；大环中也有一串似糖葫芦状的饰物（可能是宝珠），但未连通顶端；大环底部未回曲，只是两侧各套六个小环；底部连接镦管；镦管下部不见杖柄，不知是当时未绘还是后代颜色掉落；杖头顶端在右肩上与鼻齐，假设药师佛身高为170厘米，杖头加镦管约40厘米长（图4）。

初、盛唐时期锡杖主要出现在药师佛手中，中唐时期除此以外，还出现在地藏菩萨手中以及迦叶和舍利弗手中。药师佛手中所执锡杖的造型略有变化，如榆林窟中唐第25窟东壁北侧的药师佛，左手托药钵，右手所握持锡杖依靠于右肩上。锡杖长度与药师佛身高约接近，其杖头形状与第322窟锡杖类似，但杖头下端连接有一段镦管后再连接杖柄，而柄下端又安有尖锐的铁纂。镦管和铁纂都用涂以白色，杖头和杖柄则涂以赭色，色彩分明，颇具有装饰意味和立体感（图5）。

榆林窟中唐第15窟前室甬道南壁《六道轮回图》中的地藏菩萨，头戴帷帽，左手所拈六环锡杖，位于左肩之上，杖头顶端超过头部约两个头之高。杖头大环近似桃形，下端卷曲处两侧各套三个小环，大环中有一宝塔状装饰，顶端所饰亦似宝塔（图6）。

《弥勒经变》描绘迦叶献袈

图5　榆林窟中唐第25窟东壁北侧　药师佛

图6 榆林窟中唐第15窟前室甬道南壁 地藏菩萨

裟给弥勒佛后，又展示神力，莫高窟中唐第186窟窟顶东披和榆林窟中唐第25窟北壁，均绘迦叶做飞行状，用右手将一锡杖向空中掷去。锡杖位于迦叶的右前上方，斜上约为45度，长度大约与迦叶身长接近；第186窟所绘锡杖的柄底端为尖锐的白色铁纂（图7）。

中唐第231、237窟西壁龛内绘舍利弗及毗沙门决海，绘毗沙门天王和舍利弗各拿长戟和锡杖决湖，使其干涸建城。舍利弗身穿袈裟，高举锡杖，左手正握住杖柄底端，右手握杖高过头部；杖头或超出画面，或以漫漶，但晚唐第9窟相同画面中的杖头却非常清晰。

晚唐第9窟甬道顶部所绘的舍利弗及毗沙门决海中，舍利弗双手所持握的锡杖很长，假如舍利弗的身高为170厘米，那锡杖就可能有近300厘米长。其杖头大环为桃形，顶端细长无装饰，大环中有宝塔状装饰，杖头下端两侧各套三个小环，即为六环锡杖；杖柄底端有尖锐的铁纂。杖头和铁纂为蓝色，杖柄为赭色（图8）。

晚唐第85窟南壁《报恩经变》之"序品"中，画阿难清晨入王舍城托钵求食，见一婆罗门子背负其母沿街乞食，被婆罗门外道奚落。图中阿难左手持钵，右手持锡杖。该锡杖很短，以阿难身高相比较，仅约 1 米许；杖头大环近似桃形，顶端和大环之中有似宝塔状装饰，未见小环，似为色彩脱落所致（图 9）。

晚唐第 141 窟北壁《药师经变》中的药师佛作说法印，而药师佛左侧有一供养菩萨捧钵，右侧有一供养菩萨执锡杖，如此构图布局颇有新意。此图中的锡杖也有所不同，其杖头大环犹似两个圈交叉而成，形状如常见的灯笼骨架，亦即《得道梯橙锡杖经》中所说的四钻（股）[1]；大环之中饰以宝塔；杖头顶端饰有三层莲座，顶尖饰莲花或宝珠；杖头下部连接有錞管。供养菩萨为坐姿，双手于胸前平举锡杖，其长度约有一半超过头顶；假设菩萨身高为 170 厘米，锡杖长度约 150 厘米（图 10）。

五代、宋时期锡杖大多出现在地藏菩萨手中，如第 6、375、384、390 等窟甬道顶部地藏与十王厅壁画中，均绘被帽地藏菩萨，左手上举托宝珠，右手拈锡杖。地藏均为坐姿，锡杖位于右肩，高过头部，假如地藏站立身高为 170 厘米，锡杖长度约 150 厘米。杖头大多色彩脱落，从其轮廓可以看出大环为桃形，环中与顶端多有饰物，所套小环数量不清；錞管与杖头相连，

图7　莫高窟中唐第186窟窟顶东披　弥勒经变·迦叶掷杖

图8　莫高窟晚唐第9窟甬道顶　舍利弗及毗沙门决海

图9　莫高窟晚唐第85窟南壁　报恩经变·阿难乞食

[1]《大正藏》第 17 册，第 725 页。

图10 莫高窟晚唐第141窟北壁 药师佛　　图11 榆林窟五代第12窟西壁门上 地藏菩萨

色彩相同，也多脱落。但榆林窟第33、12窟门上所绘地藏手中的锡杖，则很清楚，均为六环，尤其是榆林窟第12窟所绘的锡杖，其錞管与杖柄套接处的管头和铆钉都画出来了，非常有研究价值；该杖柄底端也有尖锐的铁纂，但色彩和杖柄接近（图11）。

　　这一时期锡杖也出现在密教所绘的观音像手中，如第76窟北壁宋代所绘十一面观音，身有八臂，其中腰间一右手执锡杖，相对的一左手执三叉戟。该锡杖很短，仅相当于观音脸部长度的三倍；其中杖头占三分之一略多，錞管及杖柄仅占三分之二略少。杖头大环近似桃形，环中饰以宝塔；顶端亦似宝塔；下端各套三个小环。錞管与杖柄连接处系一根飘带。杖头为石青色，飘带为赭黑色（变色），杖柄为赭色（图12）。

　　锡杖出现在弟子手中的情况也有所增加，如五代第6窟西壁龛内正壁绘观世音菩萨，两侧绘释迦的十大弟子，其中观音右侧的第一位，榜题为"大目犍连神通第一"的弟子双手持锡杖。假设目犍连身高为170厘米，锡杖长度约120厘米。杖柄为赭色，杖头和錞管为白色（褪落所致）；杖头形状不清楚（图13）。另外在五代第146窟西壁劳度叉斗圣变的右上角，绘一乘云比丘手抛锡杖。又如宋代第

图12　莫高窟第76窟北壁　宋代绘十一面观音

图13　莫高窟五代第6窟西壁龛内正壁　目犍连

图14　莫高窟五代第72窟西壁龛内　萨埵本生·释迦行乞

454窟甬道顶部和榆林窟五代第32窟甬道南壁所绘舍利弗及毗沙门决海中，舍利弗都手持锡杖。

　　锡杖也出现在释迦手中，如五代第72窟西壁龛内《萨埵太子本生》第一屏中，绘释迦前世救盗窃母子的故事，其中绘释迦左手托钵行乞，右手持锡杖扛于肩上。该锡杖长度与释迦身高相等；杖头大环为桃形，顶端也有桃形装饰，大环下端两侧各套三个小环（图14）。一般认为释迦用四股十二环锡杖，但这里释迦用的是二股六环锡杖。

　　这一时期所绘的药师佛也依然左手托药钵，右手拈锡杖，如五代第6窟北壁的药师佛坐像和五代第72窟龛顶东披的药师佛立像。锡杖长度与药师佛相比较，或略短（第6窟），或稍长（第72窟）；第6窟的杖头已模糊，第72窟中的杖头大环为葫芦形，环中和顶端有类似宝塔的装饰，下端两侧各套三个小环；杖柄底端有尖锐的铁纂（图15）。

　　回鹘、西夏时期所绘的锡杖，出现在药师佛手中的，如回鹘第245窟西壁龛外南、北两侧各绘药师佛一身，均左手执锡杖，右手托钵。以前所见都是右手执杖，这里是左手执杖，颇为特殊。假如药师佛身高为 170 厘米，锡杖长度约 200 厘米。杖头大环为葫芦形，环中和顶端有形似宝珠或宝塔的装饰；大环底部弯曲为卷云纹，两侧各套四个小环；南侧杖头下有锌管，锌管下连接杖柄；北侧杖柄底端有尖锐的铁纂。杖头为紫灰色，锌管为白色，杖柄和铁纂为赭色（图 16）。又如第

图15　莫高窟五代第72窟龛顶东披　药师佛

图16　莫高窟回鹘第245窟西壁南、北侧　药师佛

图17　莫高窟第310窟西壁龛外北侧
　　　西夏绘　药师佛

310窟西壁龛外南、北两侧西夏绘药师佛各一身，但均右手执锡杖，左手托钵。长度、造型与245窟所绘类似，但保存得非常完好，杖头大环中装饰的宝塔、顶端的宝珠类装饰，大环上、下端的云纹状卷曲，两侧各套的四个小环，杖头下端连接的錞管、杖柄等都非常清晰；杖头和錞管为青白色，杖柄为赭色（图17）。坐姿的药师佛手中所执的锡杖，依然较短，如第400窟北壁西夏所绘的坐姿药师佛，假设身高为170厘米，锡杖长度约140厘米。

另外，东千佛洞西夏第2窟后甬道西壁南、北两侧所绘的药师佛立像，南侧为左手执杖，右手托钵，北侧为右手执杖，左手托钵。假如药师佛身高为170厘米，锡杖长度约220厘米。值得注意的是，杖头大环为腰圆形，环中所饰宝塔也能分辨，且大环下端和杖头顶端都装饰有数颗蓝宝石和红宝石；大环下端两侧各套六个小环；錞管和铁纂也能分辨。杖头色彩漫漶，杖柄为赭色（图18、图19）。

榆林窟西夏第3窟西壁门北《文殊变》中，文殊右下侧绘一梵僧，右手持锡杖于肩上，左手托钵。该梵僧为半蹲姿势，锡杖高过头部约50厘米。杖头大环为葫芦形，环内有莲花宝珠装饰，顶端饰两层（粒）宝珠，大环下端两侧各套四个小环；杖头与杖柄之间有錞管连接（图20）。该窟东壁南侧绘制的千手千眼观音手中也持有锡杖，但杖柄很短。另外有学者认为该窟东壁北侧的《玄奘取经图》中孙悟空"右手握金环锡杖"，又云东千佛洞第2窟后甬道的《玄奘取经图》中孙悟空"一手持金环锡杖"[2]，但是仔细观看有关图像，孙悟空所持

图18　东千佛洞西夏第2窟后甬道西壁南侧　药师佛

图19　东千佛洞西夏第2窟后甬道西壁北侧　药师佛

只是一般棍杖而非锡杖，因为图中未见构成杖头的大、小环等部件。

## 二、锡杖的造型与制作

从以上调查情况可以看到，在敦煌壁画中，锡杖主要出现在药师佛手中，其次出现在地藏菩萨手中，再其次出现在迦叶、舍利弗、阿难、目犍连等弟子手中，也出现在一般供养菩萨手中，还出现在释迦佛和梵僧以及密教观音手中。大多为右手执持并依傍于右肩，偶尔也有左手执持依傍于左肩的；也有用力掷、举的情况。

壁画中锡杖的造型，其长度假如执

图20　榆林窟西夏第3窟西壁门北　文殊变·梵僧

杖人身高为 170 厘米，锡杖总长度或约为 65、100、120、130、140、150 厘米，或与执杖人身高相等，或约为 200、220、300 厘米。杖头大环或为圆形，或为桃形、葫芦形、腰圆形、灯笼形等等，其中除第 141 窟的灯笼形为四股外，其余皆为二股（按：二股即所谓"单轮"，四股即所谓"双轮"）；杖头尖端多装饰数层（粒）宝珠，也有宝塔状或卷云状装饰的；大环中间有宝塔状装饰，或宝瓶、宝珠、莲花等装饰；大环底部多曲绕成卷云状，两侧各套三个或四个、六个小环。大环直径约 8—16 厘米，小环直径约 5—10 厘米；杖头长约 20—25 厘米。杖头与杖柄之间多有镎管连接，镎管长约 3—12 厘米；有的镎管下部有铆钉。杖柄长度多为与肩齐，短者约 40 厘米，长者约 240 厘米；粗细约 3 厘米左右。杖柄底端多有尖锐的铁纂，铁纂长约 5—10 厘米。以上尺寸均参照人体身高估计。

壁画中锡杖的材质，从色彩上看，杖柄一般为赭色，镎管和铁纂多为青白色，杖头或赭或白或青；相互间也有变换，有意识进行区别，根据文献资料，杖柄应是木质，杖头、镎管和铁纂或铜或铁。

关于锡杖的造型与制作，义净《南海寄归内法传》卷四云："西方所持锡杖，头上唯有一股铁卷，可容三、二寸。安其镎管，长四、五指。其竿用木，粗细随时，高与肩齐。下安铁纂，可二寸许。其镮或圆或扁，屈合中间可容大指。或六或八，穿安股上，铜铁任情。"[3] 据玄奘《大唐西域记》卷二记载，北印度那揭罗曷国存有"如来锡杖，白铁作镮，旃檀为笴，宝筒盛之"。[4] 杨衒之《洛阳伽蓝记》卷五亦云："那迦罗阿国……复有佛锡杖，长丈七，以水筒盛之，金箔其上。此杖轻重不定，值有重百人不举，值有轻时二人胜之。"[5] 敦煌壁画中所绘锡杖，与文献记载基本符合，但也略有差异。

### 三、与绢画、石刻、金铜器和实物的比较

下面与绢画、石刻、金铜器以及实物等进行比较。

与藏经洞出土绢画比较，锡杖造型基本相同，但绢画所绘细节更为丰富，色

---

[3]《大正藏》第 54 册，第 230 页。

[4] 季羡林校注《大唐西域记》，中华书局，1985 年，第 229 页。

[5]《大正藏》第 51 册，第 1021 页。

图21　法国吉美博物馆收藏第23078号　唐代　　　图22　法国卢浮宫旧藏第3644号　五代　地藏菩萨
　　　药师佛

彩更为鲜艳。如法国吉美博物馆收藏第 23078 号唐代药师如来像（9 世纪后半叶），图中药师佛左手托钵，右手执锡杖靠于肩上。假如药师佛身高 170 厘米，该锡杖长度约 190 厘米。杖头大环为葫芦形，环中和顶端饰有莲花和宝珠或宝塔；重要的是环边饰有数粒珠状物，可能是铜铃；大环下端两侧各套三个小环；杖头与杖柄间有镈管连接。锡杖通体为金色，但多已脱落，脱落后显示的白色依然醒目（图 21）。

　　又如法国卢浮宫旧藏第 3644 号五代《十一面观音·被帽地藏菩萨十王图》（10 世纪），图中地藏菩萨左手托火焰宝珠，右手持锡杖。杖头大环为桃形，环中和顶端有卷云纹装饰，下端两侧各套三个小环。杖头和镈管为金色；杖柄为黑色，黑底上有明显的白色花纹，富有装饰意味（图 22）。

　　又如法国吉美博物馆收藏第 17794 号北宋《被帽地藏菩萨十王图》（10 世纪后半叶），图中地藏菩萨左手托水晶宝珠，右手拈锡杖。锡杖通体为金色，杖头大环为葫芦形，环中和顶端饰圆状物，下端两侧各套五个小环。十环锡杖非常罕见，故值得关注（图 23）。

　　又如法国吉美博物馆收藏第 17659 号北宋太平兴国六年（981 年）的《千手千眼观音图》，画面中千手千眼观音手持各种物件，其中右侧一只手持有锡杖。

图23　法国吉美博物馆收藏第17794号　北宋
　　　地藏菩萨

图24　法国吉美博物馆收藏第17659号　北宋　千手千眼观音

杖头大环为桃形，环边似有几颗铜铃，环上、下端卷曲为卷云状，顶端和环中有宝塔状装饰，下端两侧各套三个小环；杖头与杖柄之间的锌管很清晰，锌管下系有红缨带（图24）。

藏经洞出土绢画中有一幅唐代《迦理尊者图》，迦理尊者坐在蒲团上，右手持一钵，左手作印。蒲团左侧有一根锡杖插在地上，杖顶端高于坐姿尊者头部约20厘米。杖头大环为桃形，环中和顶端由环曲绕成塔婆状；下端两侧各套三个小环；杖头与杖柄之间有锌管连接，锌管下端右侧有一弯勾，弯勾上悬挂一挂包；杖柄底端有一锋锐的铁纂，纂尖插入地下（图25）。锌管下端的弯勾和插入地下的铁纂，都为其他画面未见，值得关注。

还有一幅叶昌炽旧藏的五代时期于阗公主供养的地藏菩萨像（现藏于美国华盛顿弗利尔美术馆），画面中被帽地藏菩萨做说法状，没有持锡杖，但地藏菩萨左侧却有一武将人物双手握举锡杖，旁边有榜题"五道将军"。锡杖很长，假如五道将军身高为170厘米，锡杖长度则约320厘米。杖头大环为桃形，环边似饰有数颗铜铃，环中和顶端饰有宝塔；下端两侧各套三个小环（图26）。这幅绢画让五道将军执握锡杖，颇有新意。五道将军，十王之眷属，阿谟伽三藏撰《焰罗

图25 藏经洞绢画 唐代 迦理尊者图

图26 叶昌炽旧藏 五代 地藏菩萨像

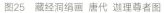

王供行法次第》曰："可别供焰罗王五道将军,即得削死籍付生籍。"[6] 敦煌变文《大目乾连冥间救母变文并图一卷》中记叙,目连到地狱寻母时,阎罗王对他说:"和尚共童子相随问五道将军,应知去处。"后目连"至五道将军坐所,问阿娘消息处",见那"五道将军性令恶,金甲明晶剑光交错。左右百万余人,总是接飞手脚。叫喊似雷惊振动,怒目得电光耀鹤,或有劈腹开心,或有面皮生剥"[7]。或许,这幅绢画的绘制,和敦煌变文有关系。

与石刻艺术比较,由于石刻很难表现细节,并且容易毁坏,所以石刻中的锡杖大多比较笨拙、粗大。如大足宝顶《地狱变》中地藏左侧侍者(图27)、北山第147、279龛中药师佛右侧侍者(图28、图29)、第158、161龛中地藏右侧侍者(图30、图31)、第177窟中地藏左侧侍者(图32)、第241龛和第279龛龛外左侧自上而下的四个小龛以及石门山1号龛中的地藏等人物手中所执的锡杖(图33、图34、图35),杖柄都很粗壮,杖头或比较大,或造型简洁,且都是正面,

[6]《大正藏》第21册,第376页。

[7] 王重民等《敦煌变文集》(下),人民文学出版社,1957年,第721—724页。

图27　大足宝顶《地狱变》地藏左　　　　图28　大足北山第147号龛　药师佛右侧侍者
　　　侧侍者

图29　大足北山第279号龛　药师佛右侧侍者　　　　图30　大足北山第158号龛　地藏右侧侍者

图31　大足北山第161号龛　地藏右侧侍者　　　　图32　大足北山第177号窟
　　　　　　　　　　　　　　　　　　　　　　　地藏左侧侍者

图33　大足北山第241号龛　地藏

图34　大足北山第279号龛龛外左侧　地藏

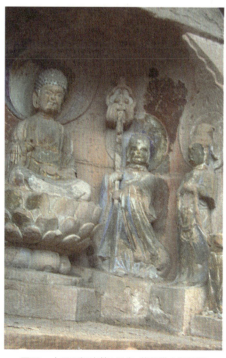

图35　大足石门山第1号龛　药师佛左侧地藏

图36　炳灵寺文保所藏　明代　鎏金铜弟子像

立体感不强；一般大环都是桃形或葫芦形，两侧套三个小环。其中第177窟的大环饰有宝瓶或宝塔，石门山1号龛的大环中饰有三颗大宝珠，较为特殊。

再与金铜器造像中的锡杖进行比较。炳灵寺文物保护研究所藏有一尊明代鎏金铜弟子像，此弟子容貌端正、五官清秀，可能是释迦的弟子阿难。人物形象为光头，身着祖右藏式袈裟，下系宽大裙裤，赤足立于莲座上；左手平置腹前，右手持四环锡杖。假如该弟子高170厘米（实际像高为18厘米），锡杖长度则约200厘米。杖头大环为灯笼形，即四股，每股套有一个小环；杖头顶端较长，装饰小喇嘛塔；杖柄底端与铁纂连接处有一套管状物件，铁纂触地（图36）。值得注意的是，一般认为只有佛祖才能持四股锡杖，但这里弟子也持四股锡杖。

再看看出土的锡杖实物。1987年4月，法门寺地宫中出土有三枚实物锡杖。最小的一枚"纯金单轮十二环锡杖"，通体以纯金铸成，桃形轮杖首，轮心杖端，一结跏趺佛坐于莲座上；轮两侧各套有环径2.2厘米、厚0.2厘米的六枚小环，轮顶托一枚智慧珠；杖杆呈细圆柱状，上部和底部饰两道凸棱；杖樽为宝珠形。通长27.6厘米，杖杆长25厘米，最大直径0.6厘米，重量为211克（图37）。又一枚"鎏金单轮六环铜锡杖"，由轮首、执手、杖樽组成，原与木杖套接，木杖已朽坏，总长度不明。桃形轮杖首，轮两侧各套环径11.7厘米的三枚小环。桃形轮和小环的剖面均呈菱形。轮顶饰智慧珠，执手为八棱柱状，杖樽底部做成圆球形。轮高31厘米，宽27厘米；执手长31.7毫米，直径2.2厘米；杖樽长31.2

图37　法门寺纯金单轮十二环锡杖

图38　法门寺鎏金单轮六环铜锡杖

厘米。上端柄上錾刻有铭文四行四十一字（图38）。最大的一枚"鎏金银金花双轮十二环锡杖"，通体鎏金刻花，长196厘米，重2390克。杖首有垂直相交盘屈的两个桃形外轮，故称"双轮"。轮顶为仰莲束腰座，上托智慧珠；轮高34.5厘米；轮四面各套雕花金环三枚，总计十二环；杖侧錾有铭文八十四字；双轮内有两重仰莲束腰座，莲座间有五股金刚杵相接。杖杆圆形，细长，中空；通体錾刻纹饰，上部錾饰蜀葵、山岳、团花等纹样；中部錾刻十二缘觉僧，身披袈裟，手执法铃、法螺、如意等，立于仰莲台上；下部錾刻团花、流云纹等（图39）。此锡杖打造时间为咸通十四年（873年）三月二十三日[8]。

---

[8] 法门寺锡杖的介绍参见吴立民、韩金科《法门寺地宫唐密曼荼罗之研究》，中国佛教文化出版有限公司，1998年，第426—431页。其中"轮"即"大环"，"单轮"即"二股"，"双轮"即"四股"；"杖樽"即"铁纂"。

图39　法门寺鎏金银金花双轮十二
　　　环锡杖

法门寺鎏金银金花双轮十二环
锡杖（局部）

## 四、锡杖的功能用途

现在，结合法门寺锡杖可以讨论锡杖的功能用途了。据吴立民、韩金科先生研究，"纯金单轮十二环锡杖"可能是"唐懿宗在迎送佛指舍利做法会时，献给智慧轮大阿阇黎或大兴善寺其他主法大阿阇黎所使用的"，这枚"小金锡杖为修法时所用"，"东密台密于法会时，用短柄锡杖，振之以唱梵呗，其呗亦称锡杖。锡杖即是修法时在梵音之后，唱手执锡杖偈，而振锡杖也"[9]。而"鎏金单轮六环铜锡杖"则是僧人海云、义真等人"代表青龙寺参与了法门寺舍利供养法会的活动"供奉的铜锡杖，即也是做法会时所用的法器[10]。"鎏金银金花双轮十二环锡杖"有铭文记载是文思院为迎真身奉敕打造的供品，也是做法会时用的法器。但这三件锡杖，其功能用途更多的是属于礼品性质，这是值得注意的。

敦煌壁画以及其他绘画和雕刻中的锡杖，却不具备礼品性质，都是随相关的内容和人物而有其不同的功能用途。敦煌晚唐第85窟《报恩经变》中阿难所持锡杖，和五代第72窟《萨埵太子本生》中释迦所持锡杖，即是锡杖最初的功能用途——乞食。据《根本说一切有部毗奈耶杂事》卷三十四记载，为了避免比丘乞食时与人们产生误会、发生矛盾，佛祖要求比丘到信家乞食时，"不

---

[9] 吴立民、韩金科《法门寺地宫唐密曼荼罗之研究》，中国佛教文化出版有限公司，1998年，第427页。

[10] 吴立民、韩金科《法门寺地宫唐密曼荼罗之研究》，中国佛教文化出版有限公司，1998年，第429页。

应呵呵作声入他人舍"，"不应打门"，也"不应以杖打狗"，可制一锡杖，"杖头安镮圆如盏口，安小镮子摇动作声而为警觉"；"至不信家"，"不应多时摇动，可二三度摇，无人问时，即须行去"；有狗"出吠"，"不应以杖打狗，应举怖之"。[11]即一是叫门用，二是防犬用。正如义净《南海寄归内法传》卷四云："锡杖者，梵云'吃弃罗'，即是鸣声之义。古人译为'锡'者，意取锡锡作声鸣……原斯制意，为乞食时，防其牛犬。"[12]

莫高窟第186、9、6等窟迦叶、舍利弗、目犍连等弟子手中的锡杖，如迦叶以神力掷向空中的锡杖，舍利弗决湖时用的锡杖，均是展示神通、具有威力的武器，其中也有点劳动工具的意味。目犍连手中的锡杖，更是除八难三灾、杀鬼神、开地狱门的武器，敦煌变文《大目乾连冥间救母变文并图一卷并序》中记载："世尊唤言大目连：'且莫悲哀泣……，火急将吾锡杖与，能除八难及三关，但知勤念吾名字，地狱应当为汝开。'……目连……拭泪空中摇锡杖，鬼神当即倒如麻。……狱主启言：'和尚缘何事开地狱门？'报言：'贫道不开阿谁开？世尊寄物来开。'狱主问言：'寄甚物来开？'目连启狱主：'寄十二环锡杖来开。'"[13]

榆林窟第3窟壁画梵僧、藏经洞藏绢画《迦理尊者图》和炳灵寺藏鎏金铜弟子像手中所执持的锡杖，其用途或许也有武器兼乞食的作用，但很有可能属于比丘随身携带的道具，即《敕修百丈清规》中所云："将入丛林，先办道具。《中阿含经》云：'所蓄物可资身者，即是增长善法之具。'《菩萨戒经》云：'资生顺道之具。'"[14]即钵、拂子、数珠、净瓶、滤水囊、戒刀、装包一类的物品，绢画《迦理尊者图》中锡杖上附有挂包则是佐证。僧人之所以要携带锡杖，从修行角度讲，如《得道梯橙锡杖经》云："所言锡杖者，锡者轻也，依倚是杖，得除烦恼，出于三界，故曰轻也。锡者明也，持杖之人，得智慧明，故曰明也。锡言不回，持是杖者，能出三有，不复染着，故曰不回。锡言醒也，持是杖者，醒悟苦空三界结使，明了四谛十二缘起，故曰醒也。锡言不慢，持是杖者，除断慢业，故曰不慢。锡者言疏，持此杖者，与五欲疏，断贪爱结，散坏诸阴，远离五盖，志趣涅槃，

[11]《大正藏》第24册，第375页。

[12]《大正藏》第54册，第230页。

[13] 王重民等《敦煌变文集》（下），人民文学出版社，1957年，第730—732页。

[14]《大正藏》第48册，第1139页。

疏有为业，故曰疎也。锡言采取，持是杖者，采取诸佛戒定慧宝，获得解脱，故曰采取。锡者成也，持是杖者，成就诸佛法藏，如说修行，不令缺减，悉具成就，故曰成也。"[15] 但从实际需要讲，应有驱赶毒虫等之用途，如《毗尼母经》云："尔时世尊在王舍城，有比丘尼檀林中夜阇行，心生怖畏，毒蛇虫螫诸恶兽等，因此白佛。佛言：'听诸比丘夜怖畏处，动锡杖作声，令诸恶毒虫远去。'"[16] 亦如《四分律》云："诸比丘道行见蛇蝎蜈蚣百足，未离欲比丘见皆怖白佛。佛言：'听捉锡杖摇，若筒盛碎石摇令作声，若摇破竹作声。'"[17] 又如《翻译名义集》云："持锡有多事。能警恶虫毒兽等。"[18]

敦煌尊像画中的药师佛造型，除少数在说法图式中为结跏趺坐姿外，大量的药师三尊像和独尊像为立姿说法像，基本特征是左手托钵，内盛药丸，右手持锡杖或施无畏印。从药师佛手执的法器上考察，很明显地与施药救济众生诸病苦、除"九横死"厄难、施予战胜病魔无畏的精神力量有密切的关系。如《药师琉璃光王七佛本愿功德经念诵仪轨供养法》云："世尊药师琉璃光，执持最胜妙法藏，利乐众生如日月，光明最胜我赞礼，受持经律论藏教，手执钵盂锡杖等。"[19] 从其姿态上考察，药师佛多以立姿像为主，表现出步行前来救济世人的姿态，这或许比坐像更能使人有接近佛的亲切感，更能体现药师佛利益现世众生的主题思想。关于地藏菩萨手持锡杖的记载，不空译《地藏仪轨》云：地藏菩萨"内秘菩萨行，外现比丘相，左手持宝珠，右手执锡杖，安住千叶青莲花"[20]。《宋高僧传》卷二十亦载："释地藏……落发涉海，舍舟而徒，振锡观方，避迩至池阳，睹九子山焉。"[21] 敦煌遗书 S.3092《道明还魂记》亦云："道明……见一禅僧，目比青莲，面如满月，宝莲承足，璎珞庄严，锡振金环，衲裁云水。菩萨问道明：'汝识吾否？'道明曰：'耳目犯贱，不识尊容。'曰：'汝熟视之，吾是地藏也。彼处形容与此不同。……汝仔细观我……，短长一一分明，传之于世。'"地藏手持摩尼

[15]《大正藏》第17册，第724页。
[16]《大正藏》第24册，第826页。
[17]《大正藏》第22册，第954页。
[18]《大正藏》第54册，第1169页。
[19]《大正藏》第19册 第47页。
[20]《大正藏》图像卷五，第129页。
[21]《大正藏》第50册，第838页。

宝珠，表示满足众生之愿望；手执锡杖的目的，在于承释迦之殷勤嘱咐，振环作声，以声振刚强难化之众生，使其醒悟，遍益于六道众生，拔苦与乐，从而六度圆满，完成本誓。

关于锡杖股数、环数与持杖人的关系，《得道梯橙锡杖经》云："有杖是同，若用不同，或有四钴，或有二钴，环数无别。但我今日四钴十二环用是之教，二钴者迦叶如来之所制立。"[22]"钴"即"股"，二股即所谓单轮的一个大环，四股即所谓双轮的两个相交的大环。实际上，从图像上看不出必须是佛祖持四股十二环锡杖，迦叶佛持二股十二环锡杖。相反，炳灵寺文保所藏明代鎏金铜弟子像和莫高窟晚唐第 141 窟药师佛右侧供养菩萨手中所持锡杖均为四股（似为八环），而莫高窟五代第 72 窟释迦所执锡杖仅是二股六环。由此可以看出佛教艺术中的绘塑、雕刻并不拘泥于佛经。

### 五、携带锡杖的注意事项

佛经中还有许多关于携带锡杖的注意事项，如《得道梯橙锡杖经》云："持此杖法：贲天挟地，着左胁下，以小指句之，使两头平正，不令高下。鸣则常鸣，不令声绝，其声均细调和。……若檀越不出，近至三家，远满七家。……若限内得食。持杖悬之树上，勿令着地；若无树着地，就地平处一不令倾侧。眠时安杖与身相顺，置之床后。……持行路止息时，头常向日，勿令倒逆违背。"又云："持锡杖有二十五事者：一者为蛇虫故；二者为年老故；三者为分卫故；四者为出入见佛像不得使头有声；五者不得持杖入众；六者中后不得复杖出；七者不得担着肩上以手悬两头；八者不得横着膝上以悬两头；九者不得手掉前后；十者不得持至舍后；十一者不得复持在三师前后，已杖出不得复杖随；十二者若四人俱行，一人已持。不得复持随；十三者若至檀越家，不得舍杖离身；十四者至人门户时，当三抖擞不出应当更至余家；十五者主人出应当杖着左肘挟之；十六者若至室中，不得使着地；十七者当持自近卧床；十八者当数取拭之；十九者不使头有生；二十者欲行当从沙弥若白衣受；二十一者至病人家宿应得暮杖；二十二者欲远送过去者应

---

[22]《大正藏》第 17 册，第 725 页。

得暮杖；二十三者远请行宿应得暮杖；二十四者远迎来者应得暮杖；二十五者常当自近不得指人若画地作字。"[23] 这些事项多为与人交往时需要注意的礼节，很值得研究伦理道德者关注。

另外，据《大唐西域记》卷二记载："如来锡杖，白铁作镮，旃檀为笴，宝筒盛之。"[24]《十诵律》卷五十六亦云："杖囊法者，佛听以络囊盛杖，为爱护故，莫令破失。"[25] 杖头部分似乎是可以拆下来放于袋中的。但这些情况在敦煌壁画中未见描绘，有待进一步考察。

综上所述，本文在对敦煌壁画中锡杖图像进行全面考察的基础上，同时与绢画、石刻、金铜器中的锡杖图像以及法门寺出土的锡杖实物等进行了比较，并结合佛教经典就锡杖的造型、制作、功用以及与持杖人的关系等方面进行了考证。

[23]《大正藏》第 17 册，第 725 页。

[24] 季羡林校注《大唐西域记》，中华书局，1985 年，第 229 页。

[25]《大正藏》第 23 册，第 416 页。

# 敦煌壁画中的杖具——拐杖

所谓杖具，顾名思义，拄杖即走路时支撑身体用的杖，权杖即表示或象征某种权力时使用的杖，哀杖即表示哀思心情时使用的杖。因这三种杖的造型都比较接近，即多为人们常说的拐杖，且功能用途也常常交叉，故在此一并探讨。

## 一、敦煌各时期壁画中的拐杖图像

盛唐第 217 窟南壁《法华经变》"得医图"中，院落内，一妇女坐在胡床上，身前一侍女怀抱婴儿；室外阶下，一侍女正引着一位头戴幞头，身穿长袍，右手拄一拐杖的医生往屋内走去，后面跟一抱药箱的随从。医生手拄的拐杖，杖首为"T"形，两侧略向上翘；假如该医生的身高为 170 厘米，拐杖长度约 110 厘米；全杖为白色。从医生走路和拄杖的姿势来看，这根拐杖的功用为走路时支撑身体用的拄杖（图 1-1、图 1-2）。

盛唐第 130 窟的甬道北壁《晋昌郡太守礼佛图》中，太守后面的侍从（儿孙）群中，一人高举一赭黑色拐杖。假如该人身高为 170 厘米，那杖首顶端高过持杖

图1-1　盛唐第217窟南壁　得医图

图1-2　盛唐第217窟南壁　得医图（线描）

人头部约 40 厘米，下端被人遮挡，但从杖的粗细比例推测以及参考第 17、144 窟所绘之杖，估计该杖长度有 210 厘米左右；杖首为"T"形，犹似雄鹰展翅，亦似飞翔的海鸥，或许是鸠杖的变形（图 2）。图中太守本人未持杖，而由后面的侍从（儿孙）持杖，并且有意识举得很高、很突出，且太守是身体健康、精神抖擞的中年人形象，因此我们可以认为这根拐杖的功用不是助老人或病人行走的工具，而是某种权力和身份的象征，即所谓权杖。

　　盛唐第 148 窟南壁龛顶西披绘火天神坐于莲叶上，秃顶长须，裸上身，有四臂，其中左上臂斜握一杖。这根杖高过坐姿的火天神约 20 厘米，参考人体比例估算，杖的长度约 110 厘米；杖首无拐，杖身有曲节，似是由一根树枝随意砍削而成，但并非如史苇湘先生所说的"竹杖"[1]；杖体原为绿色，现多已褪色（图 3-1、图 3-2）。这根杖属于老人使用的拄杖。

图2　盛唐第130窟甬道北壁　晋昌郡太守礼佛图

---

[1] 季羡林主编《敦煌学大辞典》，上海辞书出版社，1998 年，第 173 页。

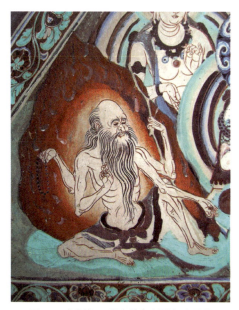

图3-1　盛唐第148窟南壁龛内西披　火天神　　　　图3-2　盛唐第148窟南壁龛内西披　火天神（线描）

盛唐第 148 窟西壁《涅槃经变》"停棺致哀图"中，棺右侧有三位老者弯腰挂杖作哀悼状，均为右手握杖首，左手握杖身中部。参考人体比例，杖的长度约100 厘米；杖首因被手握住，不知是否有拐；杖身较粗；杖体均为土黄色（图4）。五代第 61 窟北壁佛传屏风画的"火化图"中也有类似画面，但三位老人手中之杖多已漫漶（图5）。图中老人手中之杖，虽然明显有支撑身体的功用，但不知是否也属于哀杖？反映了当时的一种丧葬风俗？

中唐第 158 窟南壁《涅槃经变》"迦叶奔丧图"中，迦叶左手拄一杖，匆忙赶路。假如迦叶身高 155 厘米，此杖长度约 170 厘米；杖直无拐，应该说是一根细长的棍子；杖体为赭色。这是一根简单、方便、实用的拄杖（图6）。

中唐第 449 窟北壁《弥勒经变》"老人入墓图"中，老人头戴披风，在家人的陪同下，正拄杖步入茔域。参考人体比例，杖的长度约 100 厘米；杖首有拐，杖身较粗，均为赭色。这显然是一根支撑身体、协助行走的拄杖（图7）。

榆林窟中唐第 25 窟北壁《弥勒经变》"老人入墓图"中，一老人在家人的陪送下，安详坐在墓穴床榻上。老人头戴透额罗帽，着圆领白袍服，右手拄一拐杖。参考人体比例，杖的长度约 100 厘米；杖首为"T"形，两侧向上弯翘；杖身镂空或编织而成，其形状像一条一条的小鱼串起来的，造型别致、精细，有学者认为这

图4　盛唐第148窟西壁　停棺致哀

图5　五代第61窟北壁　火化图

图6　中唐第158窟南壁　迦叶奔丧

是一根藤杖[2]；全杖为赭黑色。这也是一根协助老人走路的拄杖（图8）。

　　晚唐第17窟北壁洪辩西侧近侍女右手持一长长的拐杖。假设近侍女身高为160厘米，杖的长度约210厘米；杖首为向右侧往下弯曲呈半圆形，和现在常见

_____

[2] 李其琼《论吐蕃时期的敦煌壁画艺术》，《敦煌研究》1998 年第 2 期。

图7　中唐第449窟北壁　老人入墓

的简易拐杖形状一样；杖身较粗；均为赭红色。结合其主人的身份和坐姿来看，这应该是一根象征权力和身份的权杖（图9）。

晚唐第144窟东壁门上的索家供养像中，南侧的男主人身后有侍从二人，其中穿黑袍者，左手提小罐，右手持一长长的拐杖。参考人体比例，杖的长度超过200厘米；杖首为向左侧往下弯曲呈半圆状；杖身较粗，均为浅红色。这显然也是一根象征主人身份和权力的权杖（图10）。

图8　榆林窟中唐第25窟北壁　老人入墓

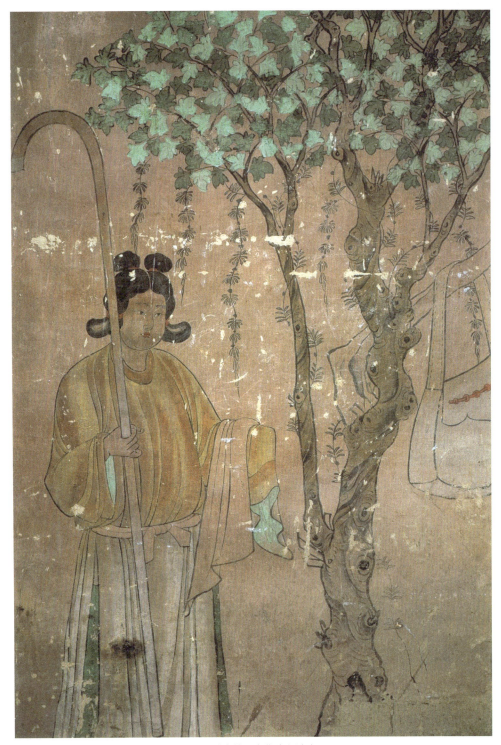

图9　晚唐第17窟北壁　近事女

晚唐第14窟主室南壁《千手千眼观音变》右下侧的婆薮仙为一老人形象,坐姿,右手持一拐杖。参考人体比例,杖的长度约150厘米;杖首为"T"形,两侧略向下弯曲,形似海鸥;杖身为赭红色(图11)。同窟同壁《不空羂索观音变》右下侧婆薮仙左手所持拐杖的造型、色彩等与此基本相同,只是杖的长度略短,推算约130厘米(图12)。

榆林窟五代第19窟西壁门南《文殊变》中,文殊所化现的老人头戴白帽子,身着白衣、白裤,右手拄拐杖。假如老人身高为155厘米,杖的长度约120厘米;杖首

图10　晚唐第144窟东壁门上　索家供养像

图11　晚唐第14窟南壁千手千眼观音变　婆薮仙

图12　晚唐第14窟南壁　不空羂索观音变

为"T"形，杖体较粗，均为黑色。这也是一根支撑身体、协助行走的拄杖（图13）。

五代第61窟西壁《五台山图》中，佛陀波利第一次遇见的文殊老人为左手拄拐杖，参照人体比例，杖的长度约110厘米；因色彩褪落，造型已看不清楚（图14）。但这幅《五台山图》的另一个画面，即佛陀波利从印度带来佛经后，在山上再次遇上文殊化现的老人。该老人右手握拐杖坐于石头上作讲话状。参照人体比例，杖的长度约170厘米；杖首为"T"形，两侧上翘，颇像一只鸟的形状，或许这是一根鸠杖；杖体为赭黑色，但杖身色彩多已脱落（图15）。鸠杖是权杖与拄杖的结合。

宋代第454窟北壁《梵网经变》中绘有一群扶老携幼的贫民，其中一老翁步履蹒跚，右手拄一拐杖。杖与老翁的胸齐，推测长度约100厘米；杖首为"T"形；杖体为赭黑色。这显然也是一根支撑身体、协助行走的拄杖（图16）。

宋代第454窟窟顶东披《弥勒经变》"老人入墓图"中，一儿童搀扶老人，老人右手拄着拐杖缓慢向坟墓走去，后有二人跟随。茔域下方亦有一老人右手拄杖，在家人的搀扶和陪同下向墓地走去。参考人体比例，这两根杖的长度均约100厘米；也均为走路时支撑身体的拄杖，但画面模糊，具体造型不清晰（图17）。

西夏第97窟南壁上排西起第一铺的罗汉双手持握一杖。杖的长度高过坐姿的罗汉头部，推算约120厘米；杖首很像一只鸟，画有鸟嘴微张，也画有鸟的尾

图13　榆林窟五代第19窟西壁门南　文殊变

图14　五代第61窟西壁　五台山图·文殊化老人

图15　五代第61窟西壁　五台山图·文殊化老人

图16　宋代第454窟北壁　梵网经变

图17　宋代第454窟顶东披　老人入墓

巴，这是敦煌壁画中比较典型的鸠杖；杖身弯弯曲曲，有许多纹路，表示由树干制作而成；杖体为土红色；以黑线勾画鸟嘴、尾及树干的纹路等（图18）。

元代第95窟南壁西侧长眉罗汉双手持握一拐杖。参照人体比例，杖的长度约170厘米；杖首似一鸟形，系根据树干枝杈加工修琢而成，属于鸠杖的变形；杖体为赭色（图19）。

**二、拐杖的功能与造型**

从以上调查情况可以看到，在敦煌壁画中，拄杖主要出现在老人手中，如第217窟"得医图"中医生、第158窟"迦叶奔丧图"中的迦叶、第449、454等窟"老人入墓图"中的老人手中所持；显然的权杖主要出现在有较高地位、身份的主人的侍从手中，如第130窟晋昌郡太守的侍从和第17窟洪辩的近侍女手中所持；鸠杖兼有权杖和拄杖的作用，但敦煌壁画中的鸠杖偏向于权杖，主要出现在有一定身份的罗汉和文殊化现的老人手中，另外第14窟婆薮仙手中的拐杖也可能属

图18　西夏第97窟南壁西侧 罗汉 　　　　图19　元代第95窟南壁西侧 罗汉

于权杖或鸠杖；哀杖只出现在哀悼场面中的老人手中，但第148窟"停棺致哀图"中三位老人所拄之杖尚不能断定为哀杖。

　　壁画中，拄杖的造型，参考人体比例，其长度大多约100—110厘米；杖首一般有拐，多为"T"形，两侧略向上翘，但也有无拐的简单的直棍；杖身多为直条状，也有保留树枝原有弯曲状的，还有似用藤枝编织成几何图案状的。权杖的造型，参考人体比例，其长度大多约200—210厘米；杖首一般有拐，或为"T"形，似雄鹰展翅，或为向一侧往下弯曲呈半圆形；杖身长直且较粗。偏向于权杖类型的鸠杖的造型，参照人体比例，杖的长度约120、130、150、170厘米不等；杖首似一鸟形或是其变形；杖身或为直条状，或是由自然弯曲的树枝加工修琢而成。哀杖的造型与拄杖相同，但壁画中所绘是否哀杖，存疑。

　　杖体多为赭色、赭红色、赭黑色，也有土红色、石绿色。多为木质，也似有由藤枝编织而成的。

图20　玉门市清泉乡火烧沟墓葬　石杖头

**三、与相关古代文物的比较**

下面介绍相关古代文物中的拐杖造型。

甘肃省博物馆收藏有一根四坝文化时期（距今3900—3500年）的石杖头，为玉门市清泉乡火烧沟墓葬之物，出土时置于墓主人手中，原有木杖已朽；杖头近似圆球形，直径为6.5厘米（图20）。有关专家考证这是一根权杖，并认为"这应是与中亚文化接触和交流的结果"[3]。这种形式的杖头在敦煌壁画中尚未发现，即未受此影响。

甘肃省博物馆收藏有数根汉代木鸠杖，如武威磨嘴子13号汉墓出土的木鸠杖一根，18号汉墓出土的木鸠杖两根，1971年武威旱滩坡出土的木鸠杖一根等[4]。其中1984年武威韩佐乡五坝山23号汉墓出土的一根木鸠杖最为完整，该杖为松木质，长2.1米，制作精细，杖身光滑，杖端安装雕鸠，形象逼真。鸠以松木雕刻，并施白、黑二彩装饰；杖用杉木刮制，素面无纹；杖与鸠是用榫卯套合（图21-1、图21-2）[5]。另外，甘肃省博物馆还收藏有汉代青铜鸠杖首一件，该鸠杖首上部立一鸠鸟，鸟尖啄圆眼，有羽翼，尾部上翘；下部为安装杖柄的方銎，方銎四面中间及四边侧均有凸棱，每面的底部都有一个用于加固杖柄的圆孔（图22）[6]。不过这些杖首的鸟形都很逼真，敦煌壁画中几乎未见，看来不曾受此影响。

1988年秋，甘肃省靖远县北滩乡发现一枚大约为公元3—5世纪的东罗马银盘，银盘中央浮雕一青年男子，上身全裸，肩扛一权杖，倚坐在一雄狮之背上。据专家考证，该青年男子是希腊神话中的酒神狄俄尼索斯[7]。根据人体比例推测，这根权杖的长度约150厘米，杖首和杖尾均饰花蕾（图23）。值得注意的是，这枚银盘虽然发掘于丝绸之路上，但敦煌及河西一带所发现的杖的造型似乎均未受

[3] 甘肃省博物馆《丝绸之路甘肃文物精华》图40，1994年8月编印。

[4] 祝中熹《青铜器》，敦煌文艺出版社，2004年，第207页。

[5] 祝中熹《早期秦史》，敦煌文艺出版社，2004年，第16页。

[6] 祝中熹《青铜器》，敦煌文艺出版社，2004年，彩图36。

[7] 杨重琦主编《陇上珍藏》，敦煌文艺出版社，2001年，第247页。

图21-2　武威韩佐乡五坝山23号汉墓　鸠杖首

图22　甘博藏汉代青铜鸠杖首

图21-1　武威韩佐乡五坝山23号汉墓鸠杖

图23　靖远北滩乡　东罗马银盘（局部）

图24 酒泉西沟魏晋墓 坞舍

图25 克孜尔第8窟 主室券顶右侧 梵豫王施谷缘

此影响。

　　酒泉西沟魏晋墓砖上画一老人拄一杖，向坞舍走去。老人手拄之杖，参考人体比例，长度约130厘米；杖头削尖无拐，杖身有弯曲，形似一根普通的树枝（图24）[8]。盛唐第148窟火天神和盛唐第158窟迦叶手中所执之杖与此略有相似。

　　克孜尔第8窟（约5—7世纪）主室券顶右侧壁画《梵豫王施谷缘》中绘一老婆罗门右手上举，左手拄一杖。参考人体比例，该杖长度约110厘米；杖头漫漶，似无拐，杖身较直，似树棍，与盛唐第148窟火天神、盛唐第158窟迦叶以及酒泉魏晋墓砖画老人手中所执之杖略有相似（图25）。

---

[8]《中国石窟精华丛书·甘肃酒泉西沟魏晋墓彩绘砖》，重庆出版社，2000年，第61页。

图26　克孜尔第97窟主室正壁　降服六师外道　　　图27　法国卢浮宫旧藏第1138号　携虎行脚僧图

　　克孜尔第97窟（约5—7世纪）主室正壁《降服六师外道图》中，绘一老婆罗门坐在地上，双手拄一杖。参考人体比例，该杖长度约100厘米；杖头首为"T"形，两侧呈向上弧形，与盛唐第217窟医生手中所执之杖略有相似（图26）。

　　法国卢浮宫旧藏第1138号唐代（9世纪）敦煌绢画《携虎行脚僧图》，画面上僧人身负重载，左手持杖，右手捻念珠。其手中之杖，参考人体比例，长度约150厘米；杖首为"T"形，两侧呈向下弧形，形似海鸥，与晚唐第14窟婆薮仙手中之杖类似；但杖身弯曲形似树枝（图27）。

　　法国吉美博物馆藏第1411号敦煌绢画《携虎行脚僧图》，画面上僧人身负重载，右手持杖，左手握麈尾。其手中之杖，参考人体比例，长度约170厘米；杖首为一盘曲的龙头，甚为罕见，敦煌壁画中无此造型（图28）。

　　法国吉美博物馆藏第17775号五代天福八年（943年）《千手千眼观音菩萨图》，观音左侧绘一婆薮仙，单腿跪莲花座上，左手上举仰望观音，右手执一杖。参考人体比例，其杖长度约150厘米；杖首模糊，似有拐，亦似鸟状；杖身上部略有弯曲，下部长直（图29）。

图28　法国吉美第1411号　携虎行脚僧图

图29　法国吉美第17775号　千手千眼观音图
　　　婆薮仙

图30　P.4649白描图　五代新样文殊和文殊化老人

敦煌藏经洞出土的 P.4649 白描图，为五代时期"新样文殊"和"文殊化老人"的草图，图中佛陀波利胸前怀抱一杖，文殊老人左手执一杖。参考人体比例，这两根杖的长度均约 120 厘米；杖首呈"弓"形，犹似一条引颈伸舌的蛇，甚为特殊，壁画中未见；杖身略有弯曲，形似自然的树枝（图 30）。

敦煌藏经洞出土的五代绢画《地藏十王图》，画面下方右边的供养人中，高僧后面一比丘右手所执之杖，根据人体比例推算，长度约 200 厘米；杖首形似一鸟形（或是由半圆状漫漶所致），整个布局与盛唐第 130 窟、晚唐第 17、144 窟之侍从执杖几乎完全相同，故推测这也应是一根权杖（图 31）。

敦煌藏经洞出土的绢画《出游四门·遇见老人图》，图中老人所执之杖，根据人体比例推算，长度约 100 厘米；杖首为"T"形，两侧略向上翘，与盛唐第 217 窟医生手中所执之杖造型相似；杖身略有弯曲，形似自然的树枝（图 32）。

大足北山五代第 273 号龛右壁近门处雕刻一婆薮仙，高鼻深目，长髯瘦身，左手在胸前持一弯头拐杖，右手握数珠串于腹间。根据人体比例推算，该波

图31　五代绢画《地藏十王图》中比丘执杖

图32　藏经洞绢画　出游四门·遇老人　　　图33　大足北山五代273号龛右壁
　　　　　　　　　　　　　　　　　　　　　　　婆薮仙

斯仙手中之杖长度约170厘米；杖首顶端残，似为"？"形；杖身粗直。该杖与晚唐第17窟近侍女与晚唐第144窟侍从所执之杖相似。这根杖既似协助老人行走的拄杖，也似是象征某种身份和权力的权杖（图33）。

　　甘肃省清水县白沙电峡金墓砖雕孝女故事"曹娥哭江"，砖上雕一女子身着孝服，右手拄一杖，杖间横置一骷髅（图34）。《后汉书·列女传》曰："孝女曹娥者，会稽上虞人也。父盱，能弦歌，为巫祝。汉安二年五月五日，于县江溯涛（迎）婆娑神，溺死，不得尸骸。娥年十四，乃沿江号哭，昼夜不绝声，旬有七日，遂投江而死。"[9]画面表现曹娥沿江号哭的情节，杖上刻骷髅大概表示其父已死[10]。曹娥为孝女，其所执之杖应是哀杖，而图中曹娥的披戴和手中之杖，与盛唐第148窟"停棺致哀图"、五代第61窟"火化图"中三位老人的披戴和手中之杖，颇为相似，

[9]《后汉书》，中华书局，1965年，第2794页。

[10] 魏文斌等《甘肃宋金墓"二十四孝"图与敦煌遗书〈孝子传〉》，《敦煌研究》1998年第3期。

故推测三位老人所执之杖确为哀杖。

1977 年出土于甘肃省武威县西郊林场西夏二号墓室的彩绘木版画《蒿里老人图》，画中的"蒿里老人"细胡须，峨冠，身着交领宽袖长衫，腰束带，拄竹杖。参考人体比例，这根竹杖长度约 160 厘米；杖首之拐，系由竹节烧烤弯折而成；杖身长直，绘有竹节；杖体赭黑色（图 35）[11]。这似是一根拄杖，但也有权杖和变形鸠杖的意味。这种造型的竹杖在敦煌壁画中尚未见到。

1985 年 4 月，瓜州县东千佛洞一座远离窟区的北岸小窟内发现了一根八仙拐杖。拐杖为柘子木质，长 112、直径 2.5 厘米；杖首之拐似由树枝自然弯折而成；拐杖由上而下依次雕刻拄杖老寿星，手持拂尘、身背宝剑的吕洞宾，骑小毛驴的张果老，右手擎酒葫芦、左手拄拐杖的铁拐李，吹笛的韩湘子，拿笏板的曹国舅，拿荷花何仙姑，提竹篮的蓝采和，持扇的汉钟离，最下端雕刻刘海持钱戏金蟾，人物雕刻栩栩如生，在人物和动物图案的空白处穿插雕刻花卉，并巧妙地利用柘子木结疤，雕刻成石榴和花朵的形象。这既是一根可供走路支撑身体、具有实用意义的拄杖，也是一件可供赏

图34　清水县金墓砖雕　曹娥哭江（线图）

图35　武威西夏墓室木版画　蒿里老人

[11] 引自史金波、白滨、吴峰云编著《西夏文物》，文物出版社，1988 年，图88。

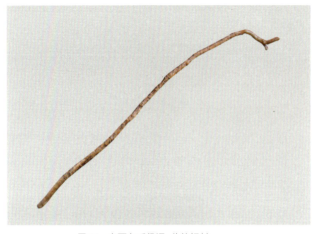

图36　安西东千佛洞　八仙拐杖

玩的精致的木雕艺术品（图36）[12]。这种精雕细琢的拐杖在敦煌壁画中尚未发现。

古代文物中的拐杖图像及实物很多，以上主要介绍甘肃河西地区及部分石窟的情况。从中可以看到，敦煌壁画中的拐杖造型，与四坝文化时期石杖头、汉代鸠杖、东千佛洞八仙拐杖和东罗马银盘、西夏木版画中的造型不同，但与酒泉魏晋墓砖画、清水金墓砖雕、克孜尔壁画、大足石刻中的造型有相似之处，而与藏经洞遗画大多相同，但也有壁画中未见的造型。

**四、结合相关文献的探讨**

现在结合相关文献进行探讨。

敦煌壁画是宣传佛教思想的绘画，所以我们先探讨佛经中有关拄杖的记载。据《根本说一切有部毗奈耶杂事》卷六云："佛在王舍城鹫峰山中，有老苾刍登山上下脚跌倒地。佛言：'应畜拄杖。'闻佛许已，六众即便以金银等并杂彩物，雕饰其杖，俗旅见已，共生嫌贱，苾刍白佛。佛言：'苾刍有二种缘，应畜拄杖。一谓老瘦无力，二谓病苦婴身。'"[13] 因为有一位老比丘在登山时跌倒了，佛就听许诸比丘中的老弱无力或病苦缠身者持用拄杖，而有人借此用"金银等并杂彩物，雕饰其杖"，将杖变为奢侈品，则遭到人们"共生嫌贱"，也被佛祖及时制止。这里谈到拄杖的用途缘于生活的需要，而造型样式也必须简朴、实用。

汉代刘向《杖铭》亦曰："历危乘险，匪杖不行；年耆力竭，匪杖不强；有杖不任，颠跌谁怨；有士不用，害何足言。都蔗虽甘，殆不可杖，佞人悦己，亦不可相。

---

[12] 安西县文物旅游局、安西县对外文化交流协会编《安西胜迹》，甘肃人民美术出版社，1994年，第59、60页。

[13]《大正藏》第24册，第229页。

杖必取便，不必用昧；士必任贤，何必取贵。"[14]也谈及拄杖用途和取材、造型样式应适应生活的需要，即主要为"历危乘险"或"年耆力竭"时所用，避免"颠跌"；杖的取材要结实，不能用"都蔗"之类，造型样式一定"取便"，即以方便为本。

敦煌僧诗中也谈及拄杖为辅助老人行动的工具，如 S.5648《老僧诗》云："清风引入慧休房，独座衰容对旭阳。百八水精安臂在，一条藜杖倚门傍。黄金铮骨连腰细，白发眉毛覆眼长。自小持斋今已老，见人无力下禅床。"[15] 藜杖，或云藜茎所作之杖。但藜，与耆相通，即老也，藜人即老人，藜杖亦即老年人所拄之杖。又 S.6631《九相观诗·衰老相第四》云："形消魂屡怯，气弱魄增微。杖策身难举，心行足不随。烦怨坐空室，悲叹泪沾衣。"[16]P.4660《禅门苦老吟》亦云："悲苦老来怨恨多……，病容策杖无人侍，禅房空有小沙弥。"[17]S.1339《少老问答诗》亦云："少年问老曰：余因游赏往西东，陌上春游逢一翁。其翁皓首颜无色，策杖微微怨无力。"[18]

敦煌变文中也有记载，如 S.5511《降魔变文一卷》中叙述首陀天变作老人后，"面上红颜千道皱，眼中冷泪状如泉。手拄千年灵寿杖，战棹来迎太子前。"[19] 关于灵寿杖，据《艺文类聚》记载，"王粲《灵寿杖颂》曰：'兹杖灵木，以介眉寿，奇干贞正，不待矫鞣，据贞斯直，杖之爰茂。'……后汉李尤《灵寿杖铭》曰：'亭亭奇干，实曰灵寿，甘泉润根，清露流茎，乃制为杖，扶危定倾，既凭其实，亦贵其名。'"[20]

敦煌壁画中的拄杖，其功能用途与文献记载基本吻合，主要为辅助老人行动的工具。

权杖，早期发现的实物除玉门市火烧沟出土的四坝文化时期（距今 3900—3500 年）的石杖头外，"1987 年夏，在发掘酒泉干骨崖墓地时，在 44 号墓内随葬一件玉石权杖。此前，在玉门火烧沟墓地也曾出土过铜四羊首权杖头和玉石权

[14] 欧阳询撰，汪绍楹校《艺文类聚》（三）卷六十九·服饰部上，中华书局，1965 年，第 1209-1211 页。

[15] 汪泛舟《敦煌石窟僧诗校释》，香港和平图书出版有限公司，2002 年，第 170 页。

[16] 汪泛舟《敦煌石窟僧诗校释》，香港和平图书出版有限公司，2002 年，第 171 页。

[17] 汪泛舟《敦煌石窟僧诗校释》，香港和平图书出版有限公司，2002 年，第 178 页。

[18] 汪泛舟《敦煌石窟僧诗校释》，香港和平图书出版有限公司，2002 年，第 195 页。

[19] 王重民等《敦煌变文集》（上），人民文学出版社，1957 年，第 369 页。

[20] 欧阳询撰，汪绍楹校《艺文类聚》（三），中华书局，1965 年，第 1209-1211 页。

杖头。同类遗物曾先后在甘肃西河县宁家庄、秦安县大地湾、广河县齐家坪、甘谷县毛家坪遗址及陕西省宝鸡市竹园沟墓地、扶风县伯冬墓被发现，其质地包括有彩陶、玉石、和青铜等，时代从距今 5000 年以前的仰韶文化到后来的齐家文化、四坝文化、沙井文化（？），最晚为距今 3000 年以降的西周时期。"[21] 另外，在江浙一带的史前良渚文化的大墓中，有仪仗玉质附件出土，"包括玉戚、玉冒、玉镦。……秘体的质地大部分为木柄，因年久腐烂失存。……考古工作者对戚、冒、镦与柄进行了装接复原"，即成一件有柄首饰和柄尾饰的完整玉器，"这些特殊的玉器是墓主人生前用以显示自己地位的权杖。"[22] 最著名的是四川省三星堆出土的商代时期的黄金手杖，金杖长 142 厘米，直径 2.3 厘米。它的芯部用木棍制成，外面包卷一层纯金皮，金皮纯重 480 克。"对于这柄金杖，学者们多认为是权杖，是古蜀国王或巫师象征王权或神权的权杖（法杖）。"[23]

有关早期权杖的文字记载不多，明确的记载应是汉代有关鸠杖的内容。鸠杖，杖头雕刻有鸠形的拐杖。虽然鸠杖与绝对意义的权杖有区别，确切地说，它是权杖和拄杖的结合体，它既是代表某种身份和权利的凭证，也是辅助老人行动的工具。关于鸠杖的来历，据王先谦集解引惠栋曰："《风俗通》云：'汉高祖与项籍战京索间，遁丛薄中。时有鸠鸣其上，追者不疑，遂得脱。及即位，异此鸟，故作鸠杖，赐老人也。'"[24]《后汉书》"礼仪中"则记载："仲秋之月，县道皆案户比民。年始七十者，授之以王杖，餔之糜粥。八十九十，礼有加赐。王杖长 [九] 尺，端以鸠鸟为饰。鸠者，不噎之鸟也，欲老人不噎。"[25] "王杖"，在《辞海》中作"玉杖"[26]。

王杖是朝廷授予七十岁以上老人的一种权利性凭证，鸠鸟是一种敬老尊老的象征物。早在周代就有献鸠敬老的风俗，如《周礼·罗氏》中记载："罗氏掌罗乌鸟，蜡则作罗襦，中春罗春鸟，献鸠以养国老。"

---

[21] 李水城先生在《权杖头：古丝绸之路早期文化交流的重要见证》，载《中国社会科学院古代文明研究中心通讯》第 4 期。

[22] 古方《天地之灵·中国古玉漫谈》，四川教育出版社，1996 年，第 31—34 页。

[23] 屈小强《三星伴明月·古蜀文明探源》，四川教育出版社，1996 年，第 43、44 页。

[24]《辞海》（缩印本），上海辞书出版社，1980 年，第 1773 页。

[25]《后汉书》，中华书局，1965 年，第 3124 页。

[26]《辞海》（缩印本），上海辞书出版社，1980 年，第 1773 页。

鸠杖的源起，可追溯到图腾信仰。将崇拜物形象雕立为石质或木质的图腾柱，置于生活环境中最醒目的位置，祈求它能保佑族群的平安，这是许多原始民族之共习；而将崇拜物形象装饰于柱顶或杖端，让图腾与日常生活用物相结合，则为图腾柱古俗的衍生现象。也就是说，带鸟形标志的图腾柱，衍生为部落首领及氏族长、家族长一类人物的权杖，再普及为老者手扶之拐杖。在此基础上，汉代朝廷颁行赐杖之制，以法定形式，将"养国老"的鸠鸟形象与杖相结合，明确定为尊老重孝的标志物。

汉代授予老年人王杖之制度的详细情况，史书上的记载很简略，此类文书以1981年武威磨嘴子出土的《王杖诏书令》最为完整，最有价值。全文近600字，用27枚木简抄成，内容广泛、具体，例如对于"年七十以上"的老人，如果不是主谋或亲手杀人、伤人，"毋告劾，它毋所告"，即一般不起诉、不判刑。对于"年六十以上"无子女的鳏、寡老人，如果经商，免除一切苛捐杂税。对于"夫妻俱毋子男"的"独寡"家庭，种田、经商不收赋税，同时还允许经营特种行业，在市场卖"酒醪"。特别强调关怀"耆老"，给高龄者"赐王杖"；在杖头饰鸠鸟，以方便百姓远远能"望见之"。鸠杖与朝廷使用的符节一样，是一种重要的凭证和地位的标志。持鸠杖的老者，可"出入官府节第，行驰道中"；经商不收税；有吏民"敢骂欧詈辱者"，按大"逆不道"之罪论处。还明确规定"年七十以上"的老人才能被授予"王杖"，持杖者的地位与"六百石"的官吏相同，"入官府不趋，吏民有敢欧辱者，逆不道，弃市"。[27] 由此可见鸠杖确实是象征某种身份和权力的权杖。不过，它与早期部落首领及氏族长、家族长手中代表至高无上权力的权杖相比，应该是有所区别的。

敦煌壁画中的权杖，一般出现在有较高地位、身份的主人的侍从手中，另外出现在有一定身份的罗汉、文殊化现老人和婆薮仙手中。

哀杖，又叫哭丧棒。《幼学琼林·疾病死丧》曰："孝子之杖曰哀杖，为扶哀痛之躯。"[28] 故孝子居丧期所执之杖便称之为哀杖。此俗文字记载最早见于周代。《礼记·问丧》曰："或问曰：'杖者何也？'曰：'竹、桐一也。故为父苴杖，苴

---

[27] 何双全《简牍》，敦煌文艺出版社，2004年，第59—63页。

[28] 郭超、夏于全主编《传世名著百部》（第32卷），蓝天出版社，1998年，第31页。

杖，竹也；为母削杖，削杖，桐也。' 或问曰：'杖者以何为也？' 曰：'孝子丧亲，哭泣无数，服勤三年，身病体羸，以杖扶病也。'"[29]《仪礼·丧服》曰："苴杖，竹也；削杖，桐也。杖各齐其心，皆下本。杖者何？爵也。无爵而杖者何？担主也。非主而杖者何？辅病也。童子何以不杖？不能病也。妇人何以不杖，亦不能病也。"[30] 东汉班固《白虎通·丧服》曰："所以杖竹桐何？取其名也。竹者蹙也，桐者痛也。父以竹，母以桐何？竹者阳也，桐者阴也。竹何以为阳，竹断而用之质，故为阳。桐削而用之加人功文，故为阴也。"[31]

敦煌藏经洞出土的文献中也有关于哀杖的记载，如 S.1725《大唐吉凶书仪》中云：孝子"柱（拄）苴杖，所以扶病。杖无长短，各齐其竹，节在外。男子柱（主）外事，是用竹；为母杖桐者，节在内。妇人主内事，是以用桐杖"。父丧拄苴杖，母丧为桐杖，这和中原的丧制是相同的，但敦煌流行的书仪是"杖无长短"，而《仪礼·丧服》则是"杖各齐其心"，《仪礼·丧服》疏曰："杖各齐其心者，杖所以扶病，病从心起，故杖之高下以心为断也。"[32] 可见敦煌在一些具体问题上亦自有变易之处，不像中原那样严格。

敦煌壁画中的哀杖图像见于盛唐第 148 窟和五代第 61 窟的丧葬场面中。


## 五、小结

综上所述，本文在对敦煌壁画中拐杖（拄杖、权杖、哀杖）图像进行全面考察的基础上，同时与甘肃省玉门市火烧沟石杖头、武威汉代鸠杖、东千佛洞八仙拐杖等实物以及靖远县东罗马银盘、酒泉市魏晋墓砖画、克孜尔壁画、敦煌绢画与纸画、大足石刻、清水县金墓砖雕、西夏木版画等文物中的相关造型进行了比较，并结合相关文献进行了探讨。

---

[29] 吴树平等点校《十三经全文标点本》，北京燕山出版社，1991 年，第 926、926 页。

[30]《仪礼》（二），《丛书集成初编》，中华书局，1985 年，第 159 页。

[31] 班固《白虎通》（二），《丛书集成初编》，中华书局，1985 年，第 280 页。

[32]《仪礼注疏》卷 28。

# 敦煌壁画中的杖具——笞杖、球杖

笔者曾对敦煌壁画中的杖具——锡杖、拐杖（拄杖、权杖、丧杖）进行了探讨[1]，现在探讨敦煌壁画中有关笞杖、球杖的图像。

## 一、对敦煌壁画笞杖图像及相关情景的考证

首先介绍有关笞杖的画面，敦煌莫高窟中唐第 154 窟东壁门北绘《金刚经变》，该图中南侧条幅下部绘两人正在揪打一坐在床上的读书人，其中下方一人左手出掌，右手握拳；上方一人则左手前伸，右手高高挥舞一根棍棒（图 1）。这是根据《金刚般若波罗蜜经》中经文"忍辱波罗蜜"所绘。图中所绘的棍棒显然是抽打人所用，所以我们可以将其谓作笞杖。

莫高窟中唐第 468 窟北壁《药师经变》（五代绘）中有一幅古代学堂体罚学生的画面，图中绘一老师端坐于正房，院落内一助教右手高高举起一长木条，正准备抽打一学郎，该学郎赤着脚，衣袖和裤腿都被卷起露出皮肉，臀部微微翘起，无奈地回头望着助教，正痛苦地被抽打；后面厢房内有几个学郎坐在桌旁，案上摊着课本，面面相觑，一副愤愤不平的样子。

图1　中唐第154窟东壁门北　金刚经变局部

---

[1] 参见拙文：《敦煌壁画中的杖具——锡杖考》，《敦煌研究》2007 年第 4 期；《敦煌壁画中的杖具——拐杖（拄杖、权杖、哀杖）考》，《历史文物》（台湾）2008 年第 9 期（总 182 期）。

图2　第468窟北壁五代绘药师经变（局部）

这是古代敦煌学童被体罚情景的真实写照，图中助教挥动的长木条我们也可以将其谓作笞杖（图2）。

酒泉市西沟村魏晋墓出土的彩绘砖中，有一幅"行刑图"，图中左侧绘两人匍匐长跪，头戴进贤冠，身穿黑色交领长衫，手捧笏板；后面站立两人，头戴红帽，右手各持一棍（图3）。

因为这是行刑的场面，两人手中所拿的棍棒即是笞杖，则是毫无疑问的[2]。

杖，《说文解字注》曰："杖，持也。……凡可持及人持之皆曰杖。丧杖、齿杖、兵杖皆是也。"实际上，杖是人手的延伸之物，也就是手之功能的延长和扩展。从字面上看，杖由"木"与"丈"组成，"丈"表示较长的长度单位，即较长的木条便可谓作杖。笞，《说文解字注》曰："笞，击也。……击人为笞也。"这里的"击"，也就是"打"的意思。所谓笞杖，也就是打人的工具，即使人之手击打人的距离由近变远并增大力度。上面三幅图中所描绘的棍棒或木条均具有这种特点。

笞杖是一种打人的工具，更与当时社会法律制度有关，既是一种刑罚，又是一种刑具。笞刑，是"用小荆条或小竹板敲打臀、腿或背的刑罚。隋代定为五刑之一，沿用至清代"[3]。杖刑，是"用大荆条、大竹板或棍拷打臀、腿或背的刑罚。隋代定为五刑之一，沿用至清代"[4]。实际上，汉代已经流行笞刑的处罚。《汉书》卷二十三《刑法志》载：文帝十三年，"定律曰：……当劓者，笞三百；当斩左止者，

[2] 马建华《甘肃酒泉西沟魏晋墓彩绘砖》，重庆出版社，2000年，第35页。

[3] 辞海编辑委员会编《辞海》（缩印本），上海辞书出版社，1980年，第1883页。

[4] 辞海编辑委员会编《辞海》（缩印本），上海辞书出版社，1980年，第1256页。

图3　酒泉西沟魏晋墓 行刑图

图4　河南南阳汉画像砖 施笞图

笞五百"[5]。河南省南阳市出土的汉画像砖中也绘有"施笞图",图中受刑者跪伏于地,臀部微翘;其后施刑者挥右手,左手执杖,正准备对跪伏者施笞刑(图4)[6]。

隋唐时期,笞刑以十为一等,分五等,即从十到五十下。杖刑以十为一等,

[5]《汉书》,中华书局,1962年,第1099页。

[6] 常任侠主编,中国美术全集编辑委员会编《中国美术全集·绘画编18·画像石画像砖》,上海人民美术出版社,1988年,第48页图139。

分五等，即从六十到一百下。"至隋始定为：笞刑五，自十至于五十；杖刑五，自六十至于百。"[7]《唐律疏议》卷13《户婚》："百姓当户，应输课税，依期不充，即笞四十。"《唐律疏议》卷21《斗讼》载："诸斗殴人者，笞四十。伤及以他物殴人者，杖六十。"《唐律疏议》卷27《杂律》载："议曰：杂犯轻罪，触类宏多，金科玉条，包罗难尽。……情轻者，笞四十；事理重者，杖八十。"《唐律疏议》卷28《捕亡》载："非避事逃亡，而流宕他所者，十日笞十，二十日加一等，一百九十日罪止杖一百。"《唐律疏议》卷30《断狱》规定："里正、坊正、村正等唯掌追呼催督不合辄加笞杖。""依'狱官令'：'杖罪以下，县决之。徒以上，县断定，送州复审讫，徒罪及流应决杖、笞若应赎者，即决醒征赎。'"[8]其中五十以下为"笞"，六十以上为"杖"，并且要由不同级别的地方官吏来判决。

但唐五代时期的敦煌地区，并没有将"笞刑"与"杖刑"严格区别，而大多谓之"杖"。如敦煌文献S.371《戊子年十月一日净土寺试部帖》载："集众后到及全不来，看临时，大者罚酒半瓮，少者决丈（杖）十五。"[9]又如S.527《后周显德六年（959年）正月三日女人社再立条件》载："若要出社之者，各人快（决）杖叁棒后，罚醴局席一筵。"[10]又如S.6537《立社条件（样式）》载："不守严条，非理作闹……少者决仗（杖）十三。""席上喧拳，不听上下，众社各决丈（杖）卅棒。"[11]敦煌文物研究所藏《庚戌年十二月八日夜□□□社人遍窟燃灯分配窟龛名数》："如有阙然及秽不尽（净）者，匠人罚布一疋，充为工廨匠下之人，痛决尻杖十五，的无容免。"[12]P.2877《乙丑年正月十六日行人转帖》："限今月十七日卯时，于北门外取齐，捉二人后到，决丈（杖）七下，全不来，官有重责。"[13]这中间所处罚的数词叁、七、十三、十五、卅，均以"杖"言之，而未以"笞"言之。反映了民间百姓对法律的灵活理解和运用，并未死搬硬套官府的法律条文。作为刑具的笞杖，其长短、粗细也是有明文规定的，否则不仅使用时可能不方便，

[7]《新唐书》，中华书局，1975年，第1408页。

[8] 长孙无忌等编修《唐律疏议》。

[9] 唐耕耦、陆宏基编《敦煌社会经济文献真迹释录》（四），全国图书馆文献缩微复制中心，1990年，第130页。

[10] 唐耕耦、陆宏基编《敦煌社会经济文献真迹释录》（一），全国图书馆文献缩微复制中心，1986年，第274页。

[11] 唐耕耦、陆宏基编《敦煌社会经济文献真迹释录》（一），全国图书馆文献缩微复制中心，1986年，第282、294页。

[12] 唐耕耦、陆宏基编《敦煌社会经济文献真迹释录》（一），全国图书馆文献缩微复制中心，1986年，第393页。

[13] 唐耕耦、陆宏基编《敦煌社会经济文献真迹释录》（一），全国图书馆文献缩微复制中心，1986年，第412页。

重要的是力度很难掌握，太轻达不到惩罚的目的，太重可能致残甚至致死。因此，汉代规定："笞者，箠长五尺，其本大一寸，其竹也，末薄半寸，皆平其节。当笞者笞臀。毋得更人，毕一罪乃更人。"[14] 唐代规定："凡杖，皆长三尺五寸，削去节目。讯杖，大头径三分二厘，小头二分二厘。常行杖，大头二分七厘，小头一分七厘。笞杖，大头二分，小头一分有半。"[15] 汉代的一尺相当于现在的23.1厘米，唐代的一尺相当于现在的30厘米或36厘米（有小、大尺之分），故汉代笞杖的长度大约为115厘米，唐代笞杖的长度大约为105—126厘米，如取其中间数，亦为115厘米；粗细则大约在1厘米左右。

我们再来看敦煌壁画中所绘的笞杖，莫高窟中唐第154窟《金刚经变》图中上方之人右手挥舞的棍棒大约长60厘米、粗约2—2.5厘米（参照人物比例），因为这是一般笞打人之杖，和刑罚无关，故与法律条文不吻合。莫高窟第468窟《药师经变》图中助教手中所执的木条，粗大约1厘米（参照人物比例），画面有些漫漶，长度估计约有100厘米，这与刑法规定比较接近，虽然这里并不是真正的官府用刑场面，但学堂的老师熟知律文，由此可见一斑。

酒泉市西沟村魏晋墓彩绘砖"行刑图"中戴红帽二人手中所持之棍，长度约110—120厘米，粗约0.8—1.5厘米（参照人物比例），其形状略有些弯曲，颇像荆条，均与汉唐史书所载情况非常接近。看来当时的画工也熟知相关律文。

河南省南阳市汉画像砖"施笞图"中施刑者所执之杖，长度大约110—120厘米，粗大约2厘米（参照人物比例），与汉代史书记载基本接近，只是该杖显得较粗了一些，可能这是由于雕刻不如绘画细腻的原因所致。

从以上图像和文献资料可以看到，笞杖作为一种打人的工具，其长度和粗细在一般情况下具有随意性，如第154窟《金刚经变》中所绘；而作为一种刑具，其长度和粗细则具有严格的规定，如第468窟北壁《药师经变》、酒泉西沟魏晋墓彩绘砖"行刑图"和河南南阳汉画像砖"施笞图"中所绘。由此可见汉唐时期的刑法之细则具有很强的可操作性，同时我们还可以看到当时的法律条文已经深入到民间，学堂的师生以及画工等老百姓都有较强的法律意识。

---

[14]《汉书》，中华书局，1962年，第1100页。

[15]《新唐书》，中华书局，1975年，第1411页。

## 二、对敦煌壁画球杖图像及相关情景的考证

有关球杖的画面，最早见于莫高窟五代第 100 窟西龛下部的《曹议金出行图》和《回鹘公主出行图》中，即在西龛下部中线两侧各绘有一身执球杖供奉官。图中的供奉官头戴展脚幞头，身穿圆领宽袖缺袴衫；双手所捧的球杖，参照人物比例，长度大约 60 厘米（画面漫漶），杖杆粗约 1.5 厘米，其杖头为弯弧形，状如一勾新月（图 5）。

莫高窟五代第 61 窟东壁的《维摩诘经变》中，也绘有两身执球杖供奉官。图中的供奉官头戴翘脚幞头，身穿圆领长袍，下摆系在腰带内，右手在胸前握举一球杖。参照人物比例，该球杖长度大约 120 厘米，杖杆粗约 2 厘米，其杖头为弯弧形，状如一勾新月，前端宽扁，亦如蛇头（图 6）。

关于执球杖供奉官，据《宋史》卷 145《志》第 98《仪卫》3 记载："景祐五年，贾昌朝言仪卫三事：一曰南郊卤薄，车驾出宫诣郊庙日，执球杖供奉官于导驾官前分别迎引，至于斋宫。夫球杖非古，盖唐世尚之，以资玩乐。其执之者皆褒服，锦绣珠玉，过于侈丽，既不足以昭文物，又不可以备军容。常时豫游，或宜施用。

图5　五代第100窟西龛下部 曹议金出行图·执球杖供奉官

方今夙夜斋戒，亲奉大祀，端冕颙昂，鼓吹不作，而乃陈戏赏之具，参簪绅之列，导迎法驾，入于祠宫。稽诸典仪，未为允称。况导驾官两省员悉备，何烦更有此色供奉官，谓宜撤去球杖，俟礼毕还宫，鼓吹振作，即复使就列。"[16]"卤薄"，指皇帝的车驾、侍卫和仪仗；"郊庙"，指古帝王祭天地的郊宫和祭祖先的宗庙。这段记载说明，宋朝之时，皇帝出行前往祭天地的郊宫和祭祖先的宗庙时，有执球杖供奉官在车驾、侍卫和仪仗队伍的前面"分列迎引"；并强调球杖为唐朝流行的一种"以资玩乐"的游艺活动。打马球是当时流行的一种运动，陕西省西安市李贤墓壁画中便有非常形象生动的马球图。该墓道西壁所绘的马球图中，共描绘了二十多名骑士参与打马球的活动，其中着重描绘了几名骑士紧张夺球的瞬间（图7），最前一人乘枣红马，手持月牙形球杖，作反身击球状（图8），后面几人则纵马迎击（图9）；随后，有大队人马簇拥着竞相争来；远处，落伍的数名骑士，穿行于山峦之间。整幅画面情趣盎然。

图6　五代第61窟东壁　维摩诘经变·执球杖供奉官

唐宋时期敦煌地区也流行打马球运动，据敦煌文献记载：（1）当地设有球场，如敦煌研究院0001号载："（四月）十九日支十乡里正纳球场酒半瓮（三斗）。"（2）用马球招待天使及来往官员，如《张淮深变文》："（天使）安下既毕，日置歌筵，球乐宴赏，无日不有。"（3）当地名士多善击球，如P.3556："（张议潭）每参凤驾，

---

[16]《宋史》，中华书局，1985年，第3402页。

图7　唐李贤墓　墓道西壁马球图

图8　唐李贤墓　墓道西壁马球图

图9　唐李贤墓　墓道西壁马球图

接对龙舆，球乐御场，马上奏策。"（4）有邀请打球的书状，如 S.5636《打球会》：
"数日言会，群众悉集……，便请降至。"[17]（5）有纳球杖的账目，如 S.1366《庚
辰（980年）至壬午年（982年）归义军衙内面油破历》："支孔法律纳球仗（杖）
面一斗，油一升。"[18]

　　敦煌文献中还有关于球场上比赛情景的描写，如 S. 2049、P. 2544《杖前飞·马
球》："青一队，红一队，轲背铃（玲）笼（珑）得人爱。前回断当不盈（赢）输，

[17] 季羡林主编《敦煌学大辞典》，上海辞书出版社，1998年，第600页。

[18] 郝春文、金滢坤编著《英藏敦煌社会历史文献释录》，社会科学文献出版社，2006年，第416页。

此度若输后须赛。脱绯紫，著锦衣，银镫金鞍耀日晖。场里尘非（飞）马后去，空中球势杖前飞。求（球）四（似）星，仗（杖）如月，骤马随风直充（冲）穴。人衣湿，马汗流，传声相问且须休。或为马乏人力尽，还须连夜结残筹。"[19] 真可谓生动形象。又如 P.3697、S.5439、S.5441《捉季布传文》亦云："试交（教）骑马捻球杖，忽然击拂便过人。"[20]

颇为有趣的是，敦煌还有骑驴击球的，如 S.5637《祭驴文》就称"教汝托生之处……，莫生军将家，打球力虽（须）摊"[21] 便反映了当时骑驴击球的情景。

敦煌的击球运动除骑马、骑驴持杖击打之外，还有以步行方式持杖击球的，也就是唐宋时期流行的步打球，也叫捶丸，如榆林窟五代第 15 窟南壁中，可见一儿童伏跪在莲花座上，左手持一圆球，右手挥举一偃月形的球杖。这应该是一幅步打球的图像（图 10）。

从研究杖具的角度出发，我们更关注球杖的形状、长短等具体形象特征。"仗（杖）如月"，即为描写球杖之语。《金史》卷 35《礼志》8"拜天"条云："已而击球，

图10　榆林窟五代第15窟南壁　童子击球

---

[19] 谭蝉雪《敦煌马文化》，《敦煌研究》1996 年第 1 期，第 119 页。

[20] 王重民等《敦煌变文集》（上），人民文学出版社，1957 年，第 63 页。

[21] 谭蝉雪《祭文》，颜廷亮主编《敦煌文学》，甘肃人民出版社，1989 年，第 129 页。

各乘所常习马，持鞠杖。杖长数尺，其端如偃月。"[22] 另外，社会上也有专门以精制球杖为生的人。如《唐摭言》卷3《慈恩寺题名游赏赋咏杂记》云："苏校书者，好酒，唱《望江南》。善制球杖，外混于众，内潜修真，每有所阙，即以球杖干于人，得所酬之金以易酒。"[23]

随着马球的广泛开展，马球器具也得到发展。拿球杖来说，就有木制的、藤制的，如敦煌文献 P.3410《沙州僧崇恩处分遗物凭据》记载："藤裹（球）杖壹，绢扇壹柄。"[24] 而且还有做工考究的白牦皮球杖，如《金史》卷100《列传》35 "术虎筹寿" 条记载："术虎筹寿，贞佑间为器物局直长，迁副使。贞佑三年七月，工部下开封市白牦取皮治御用鞠仗（杖）。筹寿以其家所有鞠仗（杖）以进，因奏曰：'中都食尽，远弃庙社，陛下当坐薪悬胆之日，奈何以球鞠细物动摇民间，使屠宰耕牛以供不急之用？非所以示百姓也。'宣宗不怿，掷杖笼中。明日，出筹寿为桥西提控。"[25]

当时的球杖还注重装饰性，如《宋史》卷148《仪卫志》载："球杖，金涂银裹，以供奉官骑执之，分左右前导。"[26]

河北省张家口市宣化区下八里村第二区2号辽墓东南壁有一幅"服侍打球图"，图中描绘了服侍主人准备打马球的场景，画面右侧有一男侍，裹巾，挽袖，左手持一杖，右手牵着一匹鞍鞯齐备的彪悍骏马；马的里侧有一髡发少年，手持两种颜色不同的偃月形球杖，似乎在等候主人的到来（图11）。图中所绘的球杖形状清晰，黄、白颜色分明，颇具有《宋史》所述特色。莫高窟五代第61窟东壁《维摩诘经变》中供奉官所执球杖，与辽墓"服侍打球图"中所绘球杖比较，其长短、粗细以及杖头形状都几乎完全相同，只是敦煌壁画中杖头颜色为赭黑色，但这是千百年来颜色变化后的现状，有可能曾经便是金黄色。

敦煌壁画以及唐李贤墓、宣化辽墓壁画所绘球杖的长度均在120厘米左右，形状也均为月牙形或偃月形，也基本具有装饰性（唐李贤墓中的颜色不够分明），均与史书所载"杖长数尺，其端如偃月""金涂银裹"等特点基本吻合。榆林窟

[22]《金史》，中华书局，1975年，第827页。
[23]杜光庭《录异记》，《古今图书集成》卷802《博物汇编·艺术典·蹴鞠部外编》，中华书局影印本，487册。
[24]唐耕耦、陆宏基编《敦煌社会经济文献真迹释录》（二），全国图书馆文献缩微复制中心，1990年，第150页。
[25]《金史》，中华书局，1975年，第2214页。
[26]《宋史》，中华书局，1985年，第3470页。

图11　河北宣化下八里第二区2号墓东南壁　服侍打球图

五代第15窟所绘童子手中之杖,长度约60厘米(参照人物比例),有专家认为"从球杖的长度可判断为当时步打球所持的球杖"。[27]

从敦煌壁画以及唐李贤墓、宣化辽墓壁画所绘球杖的长度来看,正好是人骑在马上俯身击球时最佳的用力距离,太短了够不着球,太长了力量不够强劲。显然壁画颇为写实,画工具有丰富的生活经验。杖柄是人之手臂的延伸,而弯曲的犹似月牙形或偃月形的杖头,实际上是人之手掌的仿制品(另外如意杖之杖头与人之手掌更为相似),其形状有利于击球的稳定性和准确性。由此可见,球杖虽小,但它凝聚了古代人民的聪明才智,其制作思路或许对当今或未来的发明创造会有所启发。

## 三、小结

以上我们结合敦煌文献和相关图像及有关史料,一、首先对敦煌壁画中的笞

---

[27] 李重申《敦煌古代体育文化》,甘肃人民出版社,2000年,第64页。

杖图像及相关情景进行了考证，发现古代笞杖作为一种打人的工具，其长度和粗细在一般情况下具有随意性，但作为一种刑具，其长度和粗细则具有严格的规定，并与当时的法典记载吻合。不仅可见汉唐时期的刑法具有很强的可操作性，同时还可以看到当时的法律条文已经深入到民间，学堂的师生以及画工等老百姓都有较强的法律意识。二、在对敦煌壁画中球杖图像的考证中，发现其形状、长短等具体形象特征，均与唐李贤墓、宣化辽墓壁画中所绘相同，并与史料记载吻合。同时注意到各地的壁画都颇为写实，画工具有丰富的生活经验。还指出杖柄是人之手臂的延伸，而弯曲的杖头实际上是人之手掌的仿制品，其形状有利于击球的稳定性和准确性，凝聚了古代人民的聪明才智。

# 敦煌壁画中的水井图像考

中华民族是古老的文明之国，创造了许多物质文明，凿井就是其中之一。水井在古时与人们的生活息息相关，先秦的《击壤歌》唱道："日出而作，日入而息。凿井而饮，耕田而食。"[1]地处戈壁沙漠的敦煌也不例外，敦煌壁画中就绘有当时的水井图像及相关情景。

莫高窟北周第 296 窟窟顶北披东段绘《福田经变》，依据佛经画了"立佛塔""植果园""施医药""修桥""造井"等场面。在"造井"画面中绘一方形的水井，突出地面的井台高约 100 厘米、宽约 35—40 厘米（以旁边站立人为参照）。井台后方两侧绘二人，其右侧着浅驼色长袍之人双手高举拉绳，正在用桔槔提水；左侧着黑色长袍人则站立井边观看，其身旁右侧绘一骆驼卧地。井的左侧绘有一大水槽，三匹马在水槽中埋头饮水，水槽后面绘一人似在照顾马匹饮水。水槽左侧即三匹马的屁股后方，绘两人正在设法往一只骆驼嘴里喂水（图 1-1、图 1-2）。此画是根据西晋沙门法立、法矩共译的《佛说诸德福田经》"广施七法"之一的

图1-1　北周第296窟窟顶北披　福田经变（局部）

---

[1] 刘勰著，范文澜注《文心雕龙注》（下），人民文学出版社，1958 年，第 676 页。

图1-2　北周第296窟窟顶北披 福田经变（局部）（欧阳琳描）

第六法"近道作井，渴乏得饮"而绘制，但它表现了在干旱地区长途跋涉的商队，正当人畜感渴之际，途遇水井，得以畅饮的情况。这是敦煌壁画中最早的水井图像。

莫高窟隋代第302窟人字披西披绘《福田经变》，从北到南依次画了"立佛塔""植果园""施医药""船渡""修桥""造井""建厕"等七个场面。在"造井"画面中，绘一方形水井，突出地面的井台高约100厘米、宽约80厘米；井旁边有一高约230厘米的木杈，上架一长约260厘米的横杆（以旁边站立人为参照），杆的尾部悬挂一石块，有两人正用桔槔提水。井的一侧，有一匹马正埋头在水槽里痛饮，另一侧有人提着水罐递给求水喝的行旅人。画面气氛轻松愉悦，表现出在干旱的西北古道，尤其是在那些河流不到之地，人们遇见水井时的喜悦心情和活跃场面（图2）。

莫高窟隋代第419窟窟顶东披所绘《须达拿本生》故事画中也绘有一水井，绘一妇女正在井边汲水，另有二人站在井的另一边。水井用白石砌井台，井台上边有较高的围栏，井栏虽不规则，但干净整洁。井台高约25厘米，井栏高约35—45厘米、宽大约35—60厘米（以旁边站立人为参照）。井旁边有一高约250厘米的木杈，上架一长约260厘米的横杆，杆的尾部悬挂一石块。这幅图非常清楚地表现出是用桔槔提水（图3）。

桔槔，俗称"吊杆"，是利用杠杆原理以减轻劳动强度的提水机械，是一种原始的井上汲水工具。它是在一根竖立的架子上加上一根细长的杠杆，当中是支点，末端悬挂一个重物，前段悬挂水桶。一起一落，汲水可以省力。当人把水桶放入水中打满水以后，由于杠杆末端的重力作用，便能轻易把水提拉至所需处。桔槔早在春秋战国时期就相当普遍，而且延续了几千年。这种简单的汲水工具虽简单，但它使人们的劳动强度得以减轻，比手工抱瓮汲水要提高百倍功效，至今

图2 隋代第302窟人字披西披 福田经变（局部）

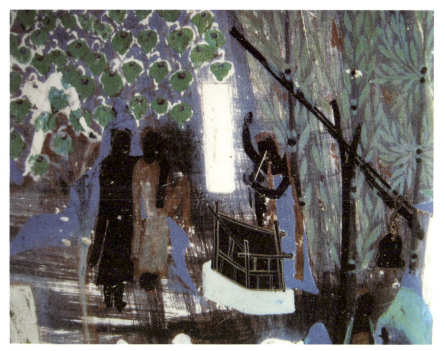

图3 隋代第419窟窟顶东披 须达拿本生（局部）

尚在一些农村中使用。

关于这种桔槔，战国时期的大哲学家庄子为阐发自己的哲学思想，曾举其为例，留下了珍贵的史料。《庄子·天地》说："子贡南游于楚，反于晋，过汉阴，见一丈人方将为圃畦，凿隧而入井，抱瓮而出灌，搰搰然用力甚多而见功寡。子贡曰：'有械于此，一日浸百畦，用力甚寡而见功多，夫子不欲乎？'为圃者仰而视之曰：'奈何？'曰：'凿木为机，后重前轻，挈水若抽，数如泆汤，其名为槔。'"[2]文中描述的是用桔槔提水的情形。成书于西汉的《说苑·反质》中也记载："卫有五丈夫，俱负缶而入井，灌韭，终日一区。邓析过，下车为教之曰：'为机，重其后，轻其前，命曰桥。终日溉韭百区，不倦。'"[3]文中"桥"即"桔""槔"两字的合音。

桔槔在汉代已经普及，山东省嘉祥县武氏祠东汉画像石中有一幅桔槔图，图中绘一圆形水井，圆形井台为束腰状，高约65厘米，底部直径约65厘米，井口直径约50厘米，中间细部直径约35厘米；水井右侧有一高约250厘米的木架，上架一长约280厘米的横杆（以旁边站立人为参照），杆的尾部上方放一石块，石块上面站立一只鸟，杆前部系一条长绳，下面挂一小水桶，正放在井口边沿上。井台旁边有两人正在合力用手拉绳提水，其中有一人还提了一个大水桶放在井台上。另外井架旁边有一人正在杀狗。这是目前所见最早的桔槔的具体形状及相关场景（图4）。敦煌壁画与此相比较，所绘井台是方形，画像石上则是圆形且束腰；井口大小差不多，但敦煌壁画中所绘的井台总的来看要稍高一些；作为桔槔而竖立的木架，在敦煌壁画中是很简便的一根树杈，在画像石上则用木条、木桩制作而成；木架的高度与横杆的长度，壁画与画像石都基本一样；横杆后面的重物，敦煌壁画中是用悬挂的方式，在画像上中则采取在上面放置的方式，并且有一似鸠鸟的装饰物。确切地说，汉画像石中所绘图像较为注重装饰性，而敦煌壁画中所绘图像则更注重实用性，这种情况大概与画像石位于中原地区、敦煌壁画位于边远地区有关。

不过，这种桔槔提水的方式，只适用于浅井、低岸，为了在深井、高岸取水方便，人民发明了辘轳。辘轳是一种可以转动的轴，在轴上绞缠绳索以牵引盛水工具上升，《齐民要术·种葵》说："井深用辘轳，井浅用桔槔。"[4]然而，据笔者所掌握的资料，却尚未发现敦煌壁画中绘有用辘轳提水的图像。但值得注意的是，这种辘轳在魏晋时期的河西一带已经普遍应用。

魏晋时期，河西已普遍凿井，主要作为人畜饮用水源，在当时的墓葬壁画中便绘有相关图像，如嘉峪关新城魏晋1号墓前室东壁南侧有一幅彩绘砖画，图中

[2] 曹础基《庄子浅注》，中华书局，1982年，第175页。

[3] 刘向撰，向宗鲁校证《说苑校证》，中华书局，1987年，第513、514页。

[4] 贾思勰《齐民要术》，华龄出版社，2002年，第58页。

图4　山东省嘉祥县武氏祠东汉画像石　桔槔图

图5　嘉峪关新城魏晋墓1号墓东壁南侧　汲水图

绘二女抬一木架，上置一水罐，正前往一水井。该水井的井台参照旁边人物高度，高约65、宽约40厘米；井台之上置一高约75厘米的井架，井架中间安装一辘轳，用绳系一弯钩（图5）。由此可以看到，井与当时人们的生活已经密切相关。

在井上架设栏架，架中央置一滑轮状的辘轳，井绳穿过辘轳，井人用手拉绳子，随着辘轳转动，挂在井绳弯钩上的水桶，就把水从井下提升上来。这种汲水方法，较之用双手拉绳取水的办法又前进了一步。这种汲水法，既加快了汲水速度，又比较安全。又如该墓前室北壁西侧的另一幅彩绘砖画，图中绘一人正牵拉井绳转动辘轳从井中汲水。井左右有槽，分别有两头牛、两匹马正在饮槽中之水，还有三只鸡也尾随在后面；上方有一排树。该水井的井台参照旁边人物高度（该图中的人物比例绘得较矮小），高约 100 厘米、宽约 70—80 厘米；井台之上置一高约 100 厘米的井架，井架中间安装一辘轳，用绳系一弯钩；井架上方左侧有朱红色"井饮"二字（图 6）。

问题在于，在地质及气候环境等条件相似、地理位置相对较近的敦煌和嘉峪关，敦煌壁画中只有用桔槔提水的图像，而嘉峪关墓室砖画中则只有用辘轳提水的图像。这种情况，是当时社会现实生活场景的真实反映（由于两地的井的深度不同或技术传播等原因所致）？还是并非真实场景而只是受画工个人的情趣爱好、生活环境、知识面等因素所影响？或是两地都还有更多的其他资料图像尚未发现？如此等等，都有待进一步深入探讨。

敦煌壁画中的水井图像，还有一个值得注意的情况，就是在早期的壁画中除了绘有井台外，同时还绘有用桔槔提水的方式，但中晚期的壁画中只绘有井台，相对颇为简单，似乎是直接用手提水。例如莫高窟晚唐第 9 窟甬道顶，绘佛陀在

图6　嘉峪关新城魏晋墓1号墓北壁西侧　汲水图

图7　晚唐第9窟甬道顶
纯陀汲水

图8　五代第98窟甬道顶　纯陀汲水

涅槃前最后接受拘夷城长者纯陀供养时的情景。据《长阿含经》《大般泥洹经》等载，佛陀涅槃前的晚上自行乞食到纯陀家，纯陀取井水和食物招待佛陀晚膳，饭后佛陀为其说法，当天半夜佛陀入灭。画面中绘有一人（即纯陀）右手扶住井栏（井台），身体前倾，左手正伸进井里舀水。该水井为正方形，以旁边站立人为参照，突出地面的井台高约 100 厘米、宽约 90 厘米（图 7）。同样画面也见于莫高窟五代第 98 窟甬道顶部，画面也很简单，一方形井栏（井台）后面站立一人（纯陀），双手似提有一桶。该水井为正方形，以旁边站立人为参照，突出地面的井台高约 50 厘米、宽大约 100 厘米（图 8）。同时值得注意的是，这两幅图中的井台是用木框制作而成，即上沿以及四角边都是木条，其间可能装嵌的是木板，这与早期井台用石块或砖砌完全不同。

相同形式的井台也见于莫高窟宋代第 76 窟壁画，该窟东壁北侧绘《八塔变》，在"第七塔"画面中，依据《贤愚经》卷 12《师质子摩头罗世质品》描绘了"猕猴献蜜的故事"，其中绘一猕猴两腿微屈，双手持钵向佛作奉献状；其下方绘一猕猴作手舞足蹈状，其左侧绘一猕猴头朝下作落井之状（只露出屁股和两腿）；该画面有榜

图9 宋代第76窟东壁北侧
八塔变·猕猴献蜜

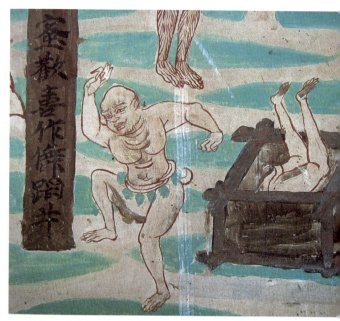

图10 宋代第76窟东壁北侧 八塔变·猕猴献蜜（局部）

题："猕猴戏蜜欢喜作舞蹈井。"（图9）图中的水井也只有井台而无桔槔之类的提水设施，该水井为正方形，以旁边站立人为参照，突出地面的井台高约50厘米，宽约90—100厘米，亦为木制框架中嵌木板（图10）。

早期敦煌壁画中的水井图像除了井台外，还有附属的提水设施桔槔，中晚期敦煌壁画中水井图像则只有井台，这种现象究竟是实际生活情景的反映，还是画工主观的原因？问题在于，如果壁画内容是当时现实生活的反映，而桔槔是一种相对先进的省力的提水设施，为何北周和隋代时期的敦煌使用了相对先进的桔槔提水，到了晚唐和五代、宋，反而退回使用原始的人工提水方式？根据一般逻辑会认为这是不可思议的，不过笔者根据自己的生活经验来分析则认为其中有合理的因素。

笔者自20世纪60年代至今，在四川许多地方所见到的从水井中提水的方式主要有两种，一是用绳索系着木桶，然后拉着绳索把木桶往井下放，再用巧力抖动绳索，使木桶装上水，再慢慢拉着绳索提上来；二是用一根竹竿的一端用绳索系在木桶上，然后把系有木桶的竹竿慢慢往井下放，使木桶装上水，再慢慢拉着竹竿提上来。总之，都是用比较费力的人工提水方式。有趣的是，在四川省乐山市叮咚街有一口在唐代就著名于世的水井（图11），其井口还保留着用于安装辘轳的石头支架（据专家考证，安装辘轳的石头支架至少在距今两百多年前的嘉庆年间就已存在）[5]，但 20 世纪 60—80 年代，笔者亲眼所见这里的人们并未用辘轳提水，而是用竹竿提水。也就是说，这里的人们放弃了两百多年前还流行的用辘轳提水的方式，改用原始的人工提水方式。换句话说，晚唐、五代、宋代时期

图11　四川省乐山市　叮咚井

的敦煌人民放弃北周、隋代时期广泛使用的用桔槔提水的方式，改用人工提水的方式是完全可能的。

那么，为什么人们会放弃相对先进的省力的用桔槔和辘轳提水的方式呢？其实，只要真正使用过这几种方式提水的人就会知道，使用绳索和竹竿人工直接提水虽然费力，但相对方便、简单、快捷；而用桔槔和辘轳提水虽然省力，但相对麻烦、较慢，并且还将增加设施的建造和维修成本。

敦煌壁画所描绘的水井图像及相关情景，真实反映了当时社会是根据需要来决定提水的方式。正如《庄子·天地》《说苑·反质》等书中所记载，最初桔槔之所以得到推广发展，主要是为了"一日浸百畦"和"终日溉韭百区"，即大量的灌溉需要大量的人力，而社会发展的变化，农业灌溉方式也有了很大的发展变化。例如唐宋时期的敦煌地区，已经建设了大量灌溉农田的水渠，并且有详细的管理办法。如据敦煌文献 P.2592 等卷的不完全记载，唐天宝六年（747 年）敦煌有一条平渠"浇地 624 亩"[6]；据 S.514 的不完全记载，唐大历四年（769 年）有一条瓜渠"浇地 555 亩"[7]。还有 P.3560《唐沙州敦煌县水令》记载了唐永徽五年（654 年）敦煌县"东河、阳开、都乡、宜秋、北府等五支水系的八十四条干、支、子渠及全年六轮浇水之规定"[8]。既然有了如此庞大的农田水利设施，为了灌溉而发

[5]《乐山市文物资料选编》，乐山市文化局编印，1986 年，第 25 页。

[6] 李正宇《唐宋时代敦煌县河渠泉泽简志》(一)，《敦煌研究》1988 年第 4 期，第 94 页。

[7] 李正宇《唐宋时代敦煌县河渠泉泽简志》(二)，《敦煌研究》1989 年第 1 期，第 56 页。

[8] 季羡林《敦煌学大辞典》，上海辞书出版社，1998 年，第 319 页。

展的用桔槔从井中提水的方式，自然也就渐渐失去了它存在的价值。因为这时候人们从水井中提水的主要目的，不是为了灌溉田地，而只是为了满足日常生活中煮饭、洗菜、洗衣等需要。这时候一个家庭每天的用水量一般只需要数桶就够了，而浇地一天至少需要几百桶。确切地说，如果一天只用几桶水，用绳索和竹竿人工直接提水更方便、简单、快捷，经济上也更合算。这便是中晚期敦煌壁画的水井图像只有井台而没有附属提水设施桔槔的主要原因。

虽然有无桔槔这种提水设施是早期与中晚期敦煌壁画之间的很大差异，但两者之间却有一个非常重要的共同特点，就是都有较高的井台。其井台最高有100厘米，最低也有50厘米（隋代第419窟《须达拿本生》故事画中所绘的井台虽然只有25厘米，但加上35厘米的井栏，则高有60厘米）。问题在于，有许多地区的水井几乎没有井台，或井台很低。笔者在四川许多地方见到的水井便是这种情况，如前面所提到的乐山市的叮咚井，只有大约高不足10厘米，宽不足20厘米（即一块砖的厚度和宽度）的井沿，并且一侧还有约60厘米的人为制造的缺口（为了方便搁放从井中提上来的水桶）。这些地方的水井之所以没有井台或井台非常低，主要原因是在用竹竿或绳索人工直接提水时可以减少高度，同时方便放置水桶，相对省力一些。井口周边砌一圈几厘米高的井沿则只是为了防止污水流进水井中。又如浙江省桐庐县双井坞村有一处唐代双眼井，两眼井的井口均为圆形，但均无井台，只是井口外沿一圈稍低凹，以便污水不会流入井里（图12）[9]。

图12　浙江省桐庐县双井坞村　唐代双眼井

相较而论，敦煌壁画及嘉峪关砖画中所绘水井的井台之所以很高，大概有三个作用。一、保持井水清洁卫生。从环境保护学和卫生学的角度来说，从挖掘井到修筑井台，无疑是一个飞跃。有了较高的

[9] 引用自 http://www.zjww.gov.cn/news/2008−09−25/149469600.shtml" http://www.zjww.gov.cn/news/2008−09−25/149469600.shtml

井台，就能防止污水流到水井中；西北地区风大，敦煌位于丝绸之路的交通要道，交通道旁的水井人畜共用，如果井台太低，牲畜粪便有可能吹落进去。二、防止水井被填塞。由于风沙大，如果井台太低，沙尘乃至一些小石块容易被吹到井中，导致水井很快被填塞。三、相对较为安全，尽可能防止儿童戏耍时掉到井中。显然，古代敦煌地区所挖掘修筑的水井具有因地制宜的合理因素。

古代敦煌人民非常注重井水的质量，还可以从一千多年前的敦煌文献中看到。如 P.3870《敦煌廿咏·凿壁井咏》："尝闻凿壁井，兹水最为灵。色带三春绿，芳传一味清。"[10] 又如距离莫高窟东 10 多公里处有一口观音井，据民国六年（1917 年）重修碑记云："城东 40 里有千佛洞……东又 30 里有观音古庙……庙前石井，水澄味甘，是菩萨修真养性之处……故名观音井也。"[11] 现在也经常有人到观音井去取水喝，并带上一、二瓶回家。笔者也曾去取过一瓶带回莫高窟，口感确实很好。现在敦煌的人们在谈话中也常使用"苦水"与"甜水"的概念，另外敦煌现在还有"苦水井""甜水井"的地名。这是因为敦煌位于戈壁地区，大部分地方都是盐碱地，所以非常关注井水的质量。

水井在古代敦煌人民心目中的重要地位，我们还可以从当地的有关凿井的一些神话传说和壁画中了解到。如 P.2005《沙州都督府图经》载："汉遣破羌将军辛武贤讨昆弥，至敦煌，遣使者按行，悉穿大井，因号其泽曰大井泽。"即云古代沙州城北 15 里的大井泽的得名缘由 [12]。又有 P.2488、P.2712《贰师泉赋》中记载，汉代贰师将军李广利西伐大宛回到敦煌龙勒山一带，"三军告渴……拔刀兮叱咤而前，想耿恭之拜井……刺崖面雳霹，随刀势而流泉"。[13] 虽然这里实际上说的是泽、泉，但其寻找水源的缘由和水源的出现与凿井情况完全相同。敦煌壁画中也有类似的故事，如莫高窟晚唐第 126 窟甬道顶部，绘有地下涌出的泉水像一座峥嵘的山峰，拔地而起，这形象化的创作，表示用车轴凿地时大量泉水涌出地面的一刹那情景（图 13）。此画是据《大唐西域记·摩揭陀国》内容所绘，说是印度东北部摩揭陀国"南门内有大井，昔佛在世，有大商侣热渴逼迫，来至佛

[10] 马德《〈敦煌廿咏〉写作年代初探》，《敦煌研究》创刊号，甘肃人民出版社，1983 年，第 186 页。

[11] 李正宇《唐宋时代敦煌县河渠泉泽简志》（二），《敦煌研究》1989 年第 1 期，第 60 页。

[12] 郑炳林《敦煌地理文书汇辑校注》，甘肃教育出版社，1989 年，第 8 页。

[13] 郑炳林《敦煌地理文书汇辑校注》，甘肃教育出版社，1989 年，第 24 页。

图13　晚唐第126窟甬道顶 商主以车轴筑地得水

所，世尊指其地以可得水。商主乃以车轴筑地，地既为陷，水遂泉涌。饮已闻法，皆悟圣果"。[14]敦煌壁画榜题中也有相关的文字记载，如莫高窟五代第61窟佛传故事画中第20扇屏风画有榜题说悉达太子射铁瓮、铁猪时，"其箭落地，至于黄泉，其箭所穿入地之处，即成一井，于今人民常称箭井"。[15]虽然这些内容并不可信，但它们反映了水井在戈壁沙漠中的重要性，以及在人们心目中的重要地位。

综上所述，一、本文首先介绍了莫高窟北周和隋代时期壁画中的水井图像，并将其提水方式桔槔与山东省嘉祥县武氏祠东汉画像石中的桔槔图进行了比较，认为汉画像石中所绘图像较为注重装饰性，而敦煌壁画中所绘图像则更注重实用性。二、笔者注意到，在地质及气候环境等条件相似、地理位置相对较近的敦煌和嘉峪关，敦煌壁画中只有用桔槔提水的图像，而嘉峪关墓室砖画中则只有用辘轳提水的图像，认为这种情况有必要深入探讨。三、通过分析比较，特别是通过调查敦煌古代文献，认为敦煌壁画所描绘的水井图像真实反映了当时社会的需要，由于唐宋时期敦煌地区已经有了庞大的农田水利设施，因此早期敦煌壁画中的提水设施桔槔，到了中晚期敦煌壁画中便渐渐失去了它存在的价值。四、敦煌壁画中的井台都比较高，主要有三个作用：（一）保持井水清洁卫生；（二）防止水井被填塞；（三）相对安全。五、通过文献了解到古代敦煌人民非常注重井水的质量。六、从当地的一些传说和壁画中可知水井在古代敦煌人民心目中具有非常重要的地位。

[14] 玄奘、辩机著，季羡林等校注《大唐西域记校注》，中华书局，1985年，第761、762页。

[15] 万庚育《敦煌莫高窟第61窟壁画〈佛传〉之研究》，《1983年全国敦煌学术讨论会文集·石窟艺术编》（上），甘肃人民出版社，1985年，第138页。

# 古代角抵、相扑活动的表演性和娱乐性

　　古代的角抵、相扑活动是现代摔跤活动的前身，都是人与人之间双方对抗性力量的直接较量，属于同一类竞力活动。

　　人与人之间直接的竞力方式最初是角抵，角抵也叫角力，《礼记·月令》记载："孟冬之月……天子乃命将帅讲武，习射御、角力。"[1]秦汉时期，人们把皇帝战蚩尤的传说引进角力活动，据南朝梁·任昉《述异记》记载："秦汉间说蚩尤氏耳有鬓如剑戟，头有角，与轩辕斗，以角抵人，人不能向。今冀州有乐，名蚩尤戏，其民三三两两，头戴牛角而相抵，汉造角抵戏，盖其遗制也。"[2]秦时的宫殿中还将角抵和俳优等其他伎艺表演并列在一起，如《史记·李斯列传》记载："是时二世在甘泉，方作觳抵优俳之观。"[3]文中集解："应劭曰：'战国之时，稍增讲武之礼，以为戏乐，用相夸示，而秦更名曰角抵。角者，角材也。抵者，相抵触也。'文颖曰：'案：秦名此乐为角抵，两两相当，角力，角伎艺射御，故曰角抵也。'骃案：觳抵即角抵也。"[4]1975年湖北江陵凤凰山秦墓出土的一只木篦，篦背漆画绘有三人，其中两人正在交手相搏，旁立一人似在充当裁判；篦背上方还绘悬有帷幕的飘带，示意这场比赛是在供观赏的台上进行的（图1、图2）。从文献记载和实物图像均可见角抵活动在战国之时便具有很强的表演性和娱乐性，对于参与角抵活动的人来说，他们是在表演；而对观看表演的人来说，则是一种娱乐活动。

　　到了汉代，角抵活动已经由宫廷向民间普及，成了经常性的一种表演竞赛活动，据《汉书·武帝纪》记载："（元封）三年春，作角抵戏，三百里内皆来观。"[5]"（元

[1] 吴树平等点校《十三经全文标点本》（上），北京燕山出版社，1991年，第742、743页。

[2] 转引自刘梦溪主编《中华文化通志·艺文典》，廖奔撰《戏曲志》，上海人民出版社，1998年，第18页。

[3]《史记·李斯列传》，中华书局，1982年，第2559页。

[4]《史记·李斯列传》，中华书局，1982年，第2560页。

[5]《汉书·武帝纪》，中华书局，1962年，第194页。

图1　湖北江陵凤凰山出土　秦代木篦　角抵图

图2　湖北江陵凤凰山出土　秦代木篦　角抵图（线图）

图3　河南密县打虎亭2号东汉
　　　墓壁画　角抵图

图4　河南密县打虎亭2号东汉墓壁画　角抵图（刘健洲摹）

封六年）夏，京师民观角抵于上林平乐馆。"[6] 当时的角抵戏规模宏大，轰动京城，老百姓们甚至宁愿跑几百里的路去观看，可见当时老百姓对于角抵戏的喜爱，也可见角抵戏的娱乐性质。河南密县打虎亭 2 号东汉墓壁画中"角抵图"便生动形

[6]《汉书·武帝纪》，中华书局，1962 年，第 198 页。

象地描绘了有关情景，图中二人的比赛也似是在供观赏的台上进行的（图3、图4）。既然是在供观赏的台上进行比赛，在台上的活动自然具有表演性，而对于台下观看的人来说，自然也就是一种娱乐活动。

张衡（78—139年）《西京赋》记录了东汉年间一次角抵大会的盛况："大驾幸乎平乐，张甲乙而袭翠被。攒珍宝之玩好，纷瑰丽以奓（奢）靡。临迥望之广场，程角抵之妙戏。乌获扛鼎，都卢寻橦，冲狭燕濯，胸突铦锋。跳丸剑之挥霍，走索上而相逢。"[7] 丰富多彩的百戏节目，更是展示了角抵戏的表演性和娱乐性。

相扑源于角抵，如王隐《晋书》卷11记载："颍川、襄城二郡班宣相会，累欲作乐。谓角抵戏。襄城太守责功曹刘子笃曰：'卿郡人不如颍川人相扑。'笃曰：'相扑下技，不足以别两国优劣。'"[8] 文中不仅有"相扑"一词，其注"谓角抵戏"则指出了角抵戏与相扑的关系；"累欲作乐"也说明当时的相扑活动具有表演性和娱乐性。

莫高窟北周第290窟人字披西披《佛传》故事画中绘有相扑活动的画面，该故事画所依据的《修行本起经》，为后汉（东汉）西域三藏竺大力与康孟详共译，而翻译该经的时间为建安二年（197年）。经文中记载："王敕群臣：'当出戏场观诸技术。'王语优陀：'汝告太子，为尔娶妻，当现奇艺。'优陀受教往告太子：'王为娶妻，令试礼乐，宜就戏场。'太子即与优陀难陀调达阿难等五百人，执持礼乐射艺之具……王告难陀：'汝与调达二人相扑。'难陀受教即扑，调达顿蹶闷绝，以水灌之，有顷乃苏。王复问言：'谁为胜者。'其仆答言：'难陀得胜。'王告难陀：'与太子决。'难陀白王：'兄如须弥，难陀如芥子，实非其类。'拜谢而退。……复有力人王，最于后来，壮健非常，勇猛绝世，谓调达难陀，为不足击，当与太子共决技耳。……时力人王，蹴地勇起，奋臂举手，前撮太子，太子应时，接扑着地，地为大动。……太子殊胜，椎锺击鼓，弹琴歌颂，骑乘还宫。"[9] 画面中梳双童髻、穿犊鼻裤的难陀或太子，正将全身赤裸的调达或力人王扑翻在地（图

[7] 张启成《汉赋今译》，贵州人民出版社，2001年，第112页。

[8]《晋书》卷11，《九家旧晋书辑本》，汤球辑、杨朝明校补，中州古籍出版社，1991年，第303页。

[9]《大正藏》第3册，第465页。

图5 北周第290窟人字披西披 相扑

5）。结合经文内容和画面形象，笔者认为可以将这幅画定名为相扑图[10]。经文中的"当出戏场观诸技术""令试礼乐，宜就戏场""礼乐射艺之具"等内容也说明其相扑活动具有表演性和娱乐性。

另外，从文中"受教即扑"的"扑"字来看，"相扑"的"相"显然有"互相"的意思，可见这里"相扑"一词的含义应该是"互相扑击"的意思。

由此可见，"相扑"一词在东汉建安二年（197年）便已经出现，所表达的内容与现代相扑运动也大致相同。

经查阅，发现许多佛经中都有"相扑"一词，如北凉天竺三藏昙无谶译《大般涅槃经》记载："譬如王家有大力士，其人眉间有金刚珠，与余力士较力相扑。而彼力士以头抵触其额上，珠寻没肤中都不自知是珠所在，其处有疮即命良医欲自疗治。"[11]从文中的"以头抵触其额"，可以看到此时的相扑还保留有原始角抵活动的痕迹。元魏婆罗门瞿昙般若流支译《正法念处经》卷十九记载："见此众生，因节会日，相扑射戏，樗蒲围棋，种种博戏。因此事故，行不净施，无心无思，亦无福田，是人身坏，堕于恶道，生游戏行阿修罗中。"[12]后秦北印度三藏弗若多罗译《十诵律》卷五记载："轮行人若伎人、歌舞人、踯绝人、相打人、相扑人、俳笑人，以麄轮载财物，细轮载妻子，游行诸国营轮住宿。"[13]另外，宋天竺三藏求那跋陀罗译《过去现在因果经》、隋天竺三藏阇那崛多译《佛本行集经》等等佛经中都有"相扑"一词，其含义也都是"互相扑击"的意思。

敦煌壁画中依据佛经所描绘的相扑画面还有不少，如莫高窟五代第61窟西

[10] 李重申先生和李金梅女士的论著中将此图定名为"摔跤图"或"角抵比赛"。李重申、李金梅《忘忧清乐：敦煌的体育》，甘肃教育出版社，2007年，第32、33页；李金梅、李重申《丝绸之路体育图录》，甘肃教育出版社，2008年，第118、119页。

[11]《大正藏》第12册，第407页。

[12]《大正藏》第17册，第113页。

[13]《大正藏》第23册，第32页。

图6 五代第61窟西壁南起第十二扇屏风画 相扑

壁南起第12扇屏风画，依据《佛本行集经·角术争婚品》绘悉达多太子与诸释子竞技争婚的故事，经云："是时太子却坐一面，其诸释种一切童子，双双而出，各各相扑……次阿难陀忽前着来，对于太子，欲共相扑……而彼不禁，即便倒地。其后次至提婆达多童子前行，以贡高心我慢之心，不曾比数，悉达太子，欲共太子角竞威力，欲共太子一种齐等，挺身起出，巡彼戏场，面向太子，疾走而来，欲扑太子。""尔时太子，不急不缓，安详用心，右手执持提婆达多童子而行，擎举其身，足不着地，三绕试场，三于空旋，为欲降伏其贡高故，不生害心，起于慈悲，安徐而扑，卧于地上，使其身体不损不伤。"[14] 该壁画中还存有榜题："……来对于太子欲共相扑……不禁即便倒……太子一种齐等……不急不缓……"画面中分别绘诸释子之间相扑（图6）、太子与提婆达多相扑（图7），形象颇为生动。重要的是这段经文中比较详细地描述了相扑过程中的一些具体动作，如"擎举其身，足不着地，三绕试场，三于空旋"等，还将赛场谓之"戏场"，由此也可见当时相扑活动的表演性和娱乐性。

藏经洞出土的敦煌文献 P.2002 写卷背面有一幅白描相扑图，写卷内有"辛巳

---

[14]《佛本行集经·角术争婚品》，《大正藏》第3册，第710、711页。

图7　五代第61窟西壁南起第十二扇屏风画 相扑

图8　敦煌文献P.2002 相扑图

年五月"的字样，有学者推断可能是唐末五代时期所绘。画面中，两名赤身裸体者的腰间均系一布带兜裆，头发扎成髻，并饰有两角；两人正扭抱成一团，一人抓住对方腰带，另一人则抱住对方的腿，双方重心都很低，正在奋力相搏，伺机取胜对方（图8）。不过，由于这幅图系白描画稿，没有相关背景，所以很难分析其是否具有表演性和娱乐性。敦煌文献 дх 02822 号西夏文书《杂集时要用字》"音乐部第九"，其录文为"龙笛 凤管 蓁筝 琵琶 弦管 声律 双韵 嵇琴 苹篥 云箫 箜篌 七星 影戏 杂剧 傀儡 舞绾 柘枝 官商 丈鼓 水盏 相扑 曲破 把色 笙簧 散唱 遏云 合格 角徵 欣悦 和众 雅奏 八佾 拍板 三弦六弦 勒波 笛子"。[15] 这里将"相

[15]《俄藏敦煌文献》（第 10 册），上海古籍出版社，1998 年。

扑"一词与"影戏""杂剧""傀儡""舞绾"等并列在一个类别中，说明这时的相扑活动仍然具有很强的表演性和娱乐性。

敦煌文献 S.1366《庚辰（980 年）至壬午年（982 年）归义军衙内面油破历》中记载："准旧相扑汉儿面五斗。"[16] 意思大概是按照以往惯例给参加相扑活动的汉子五斗面，可见唐五代时期敦煌地区的相扑活动也颇为盛行，并且得到官府的支持。而既然是官府组织的大型活动，由此推测也应该具有表演性和娱乐性。

敦煌壁画中的相扑图像虽然不少，但有些看起来很像相扑活动的画面，在定名时需要慎重。如莫高窟晚唐第 14 窟主室南壁《十一面神咒心经变》，画面中绘一人坐在床座上持卷颂咒，身前身后各有一个仅腰间系布带兜裆的赤身裸体的罗刹鬼作挥拳状，意欲加害；但咒力使鬼魅不能近身，下面是两个罗刹鬼无可奈何地离去（图 9）。据经文说，如果有人"每晨朝时"，念诵十一面观音神咒"一百八遍，若能如是，现身获得十种胜利……六者蛊毒鬼魅不能中伤"。[17] 所以画面上表现的是鬼魅前来侵扰，被咒力驱走的情景，并非李重申先生和李金梅女士所说的相扑活动[18]。

又如晚唐第 85 窟窟顶南披《法华经变》中，其中"观世音菩萨普门品"的画面中绘有"脱火难""脱海难"和"脱囚难"等情节。画面上部绘"脱火难"、"脱海难"等，下部绘"脱囚难"等。在"脱海难"中的海船旁，绘两身赤裸上身的罗刹鬼，正挥舞两臂（图 10）。显然这是表现经文："若有百千万亿众生，为求金银琉璃车磲马瑙珊瑚虎珀真珠等宝，入于大海。假使黑风吹其船舫，飘堕罗刹鬼国，其中若有乃至一人，称观世音菩萨名者，是诸人等，皆得解脱罗刹之难。"[19] 敦煌壁画中这类图像非常多，一般在《妙法莲华经变》"观世音菩萨普门品"的"脱海难"情节中都有，所描绘的形象大同小异，如晚唐第 196 窟南壁《法华经变》中也有相同的画面，只是"脱囚难"绘于画面上部，而"脱海难"绘于画面下部，画面中四身手舞足蹈的罗刹鬼描绘得更为生动（图 11），而这些画面所描绘的内容并不是表示双方对抗性的竞力较量；不存在表演者或观赏者，既没有表演性，

[16] 郝春文、金滢坤编著《英藏敦煌社会历史文献释录》（第 5 卷），社会科学文献出版社，2006 年，第 416 页。

[17]《十一面神咒心经》，《大正藏》第 20 册，第 152 页。

[18] 李重申、李金梅《忘忧清乐：敦煌的体育》，甘肃教育出版社，2007 年，第 31 页图 46。李金梅、李重申《丝绸之路体育图录》，甘肃教育出版社，2008 年，第 122 页图 197，均将此图定名为"相扑图"。

[19]《妙法莲华经·观世音菩萨普门品》，《大正藏》第 9 册，第 56 页。

图9　晚唐第14窟主室南壁　十一面神咒心经变

图10　晚唐第85窟窟顶南披　法华经变·观音普门品

也没有娱乐性，毫无疑问都不能谓作角抵活动或相扑活动。

又如莫高窟初唐第 321 窟南壁《宝雨经变》中，有一组表现"拳打手搏刀杖损害""恶口骂詈""粗言会责"等内容的场面（图 12），画面上部房侧有一男一女在争吵，房内主人在责骂臂擎猎鹰的猎人，画面下部有二人在相搏打斗，旁边一妇女似乎在劝阻，另外还有牵狗的扛提猎物的等等 [20]。其中正在相搏打斗的二人显然不是在进行比赛性质的相扑活动，更不能将其谓作摔跤活动 [21]。

图11　晚唐第196窟南壁西侧　法华经变·观音普门品

---

[20]　梁尉英《敦煌石窟艺术·莫高窟第 321、329、335 窟（初唐）》，江苏美术出版社，1996 年，第 227 页。

[21]　李金梅、李重申《丝绸之路体育图录》，甘肃教育出版社，2008 年，第 121 页图 194，将此图定名为"摔跤图"。

图12　初唐第321窟主室南壁　宝雨经变（局部）

　　摔跤，虽然源于古代的角抵、相扑活动，但真正出现是在明清以后，其"摔跤"名称是近现代的概念。所以我们在探讨或介绍古代的角抵、相扑活动时，虽然可以运用现代思维方式说它们都是摔跤活动，但在具有考古性质地对有关文物图像定名时，应该根据当时的历史背景和文献资料对其进行恰当的定名。例如我们根据佛经完全可以把北周第290窟和五代第61窟佛传故事画中争婚竞技的角力场面定名为相扑图，而不必再将其定名为角抵图或摔跤图[22]。

　　最为重要的是，在同一著作或同一文章中，应该确定相关概念是否同一，是否相异。在李重申先生和李金梅女士的著作和文章中，同时既有角抵的概念，又有相扑的概念，也有摔跤的概念，似乎有所区别，如在《忘忧清乐：敦煌的体育》《丝绸之路体育图录》中，将北周第290窟佛传故事画中的角力场面和初唐第321窟、晚唐第9窟中的一些画面定名为"摔跤图"，而将五代第61窟佛传故事画的角力场面和盛唐第175窟的一些画面定名为"角抵图"，同时又将西魏第288窟、北周第428窟中心柱塔座药叉图和晚唐第14窟、第85窟中的一些画面定名为"相

[22] 李重申、李金梅《忘忧清乐：敦煌的体育》，甘肃教育出版社，2007年，第28页图41、第32页图47；李金梅、李重申《丝绸之路体育图录》，甘肃教育出版社，2008年，第119页图192和第123页图199、图200，将北周第290窟和五代第61窟中的相关画面分别定名为"摔跤图"和"角抵图"。

扑图"，另外还将新疆库木吐拉石窟的一些壁画定名为"角力图"，并在文中还述说："敦煌的儒、释、道文化也对当时盛行的角抵、相扑、摔跤等产生了积极的影响。……文献记载、石窟壁画展现角抵、相扑、摔跤等欢乐竞技场面，可知人们以此来满足生理快感和身体享受，同时也表现出汉唐人对角抵、相扑、摔跤等竞技运动的炫耀。"似乎"摔跤""角抵""相扑""角力"是汉唐乃至五代宋时期并存的几种不同的运动，然而仔细观看这些书中的画面和研读相关文字，却无法分辨"摔跤""角抵""相扑""角力"几者之间究竟有什么差异？[23]。

另外，对于同一幅画面，其定名也混乱，如李重申、李金梅《忘忧清乐：敦煌的体育》《丝绸之路体育图录》中，有关西魏第288窟的图版说明是"相扑"，但文中叙述为"摔跤"；这两本书将五代第61窟佛传故事画的角力画面定名为"角抵图"，而在《敦煌古代体育文化》一书中则叙述为"摔跤比赛"。[24]

特别需要指出的是，"摔跤"是现代体育运动概念，我们虽然可以运用现代思维方式，从摔跤发展史的角度去分析古代的"角抵""相扑"等角力活动，但不能用"摔跤"概念代替"角抵""相扑"等概念。而"角抵"与"相扑"的概念虽然有时可以互换，但在特定的历史条件下也不能换用，如西汉以前的角力活动只能谓之"角抵"，不能谓之"相扑"；又，在同一论著中，也要注意尽可能使用同一概念，以免读者误以为"角抵"是一种活动，而"相扑"是另一种活动。例如现代的"摔跤"和"相扑"概念，便是两种差异颇大的体育运动。

综上所述，笔者认为古代角抵、相扑活动具有很强的表演性和娱乐性，认为在对一些看起来像相扑活动的画面定名时需要慎重，不能简单地将一些打斗场面定名为"角抵图"或"相扑图"；同时认为在探讨或介绍古代的角抵、相扑活动时，虽然可以运用现代思维方式说它们都是摔跤活动，但对有关文物图像定名时，应该根据当时的历史背景和文献资料对其进行恰当的定名；不要随意同时使用"摔跤""角抵""相扑"概念，以免读者误以为这是古代社会同时存在的几种不同内容的体育活动。

---

[23] 李重申、李金梅《忘忧清乐：敦煌的体育》，甘肃教育出版社，2007年，第27—34页；李金梅、李重申《丝绸之路体育图录》，甘肃教育出版社，2008年，第118—125页。

[24] 李重申《敦煌古代体育文化》，甘肃人民出版社，2000年，第32页。

# 古代举重活动的表演性和娱乐性

举重是最能体现人的力量的活动，而力量则是古代的生产和战争中最重要的因素。在以人力和畜力为动力的生产活动中，谁的力量大，谁就能生产出更多的农作物。在战争中，尤其是在冷兵器时代的战争中，力量的大小往往起着决定性的胜负作用。

古代评价或赞颂一个人，经常说其能够力举什么重物。如《史记·项羽本纪》中记载项羽自为诗曰"力拔山兮气盖世"，感叹自己有一身神力能拔举起一座大山，却竟落得"虞兮虞兮奈若何"的凄惨境况[1]。甚至连儒家之祖孔子也是力大无比，据《列子·说符》记载："孔子之劲能拓国门之关，而不肯以力闻。"[2]"拓"，举也，说孔子的力气大得可以举起重逾千斤的城门大闩。《左传·襄公十年》也记载，"偪阳人启门，诸侯之士门焉，县门发，聊人纥抉之，以出门者。"[3]说孔子的父亲叔梁纥也是一个大力士，在鲁国军队攻打偪阳城的一次战斗中，用双手奋力托起沉重的悬门（城闩），使已经入城被围的鲁军安全撤出。由此也可以看到举重在古代战争中的重要意义。

换一个角度来看，举鼎、举石狮等活动则是古代最具有表演性的项目之一。《史记·项羽本纪》上便说"籍长八尺余，力能扛鼎"。[4]"扛"即"举"，"扛鼎"就是"举鼎"。按《说文》的解释，扛鼎就是"横关对举"，即是在两个鼎耳之间穿一根杠子，两个人把它抬起来；而一个人扛鼎，就是手提横杠把鼎举起来。举鼎虽然也是一种锻炼臂力的运动方式，但实际上是一种表演形式，其目的是通过举重物展示自己的力量。据《史记·秦本纪》记载："武王有力好戏，力士任鄙、乌获、孟说

---

[1]《史记·项羽本纪》，中华书局，1982年，第331页。

[2] 杨伯峻《列子集释》，中华书局，1979年，第252页。

[3] 吴树平等点校《十三经全文标点本》（下），北京燕山出版社，1991年，第1313页。

[4]《史记·项羽本纪》，中华书局，1982年，第296页。

皆至大官。王与孟说举鼎，绝膑。八月，武王死。族孟说。"[5] 说的是春秋战国时期的秦武王举鼎成癖，其手下的大力士都因此而做了大官。一次，他与大力士孟说比赛举鼎，不料被鼎掉下来砸断了膝盖骨，并因此而死，孟说全家也为此遭诛杀。秦武王与手下的官员练习和比赛举鼎，显然具有表演和娱乐的成分。

汉代的百戏中，也有举重的项目，如张衡《西京赋》记载："大驾幸乎乎乐，张甲乙而袭翠被。攒珍宝之玩好，纷瑰丽以参（奢）靡。临迴望之广场，程角抵之妙戏。乌获扛鼎，都卢寻橦，冲狭燕濯，胸突铦锋。跳丸剑之挥霍，走索上而相逢。"[6] "扛鼎"与"角抵""寻橦""跳丸""走索"等项目并列于丰富多彩的百戏节目之中，更是体现了举重活动的表演性和娱乐性。

举鼎是秦汉时期主要的举重方式，因为鼎是当时最常用的器物，虽然沉重但容易抓握，适合训练也最能显示举者的能力。另一种常用的举重物则是前面提到的关城门用的又大又重的门闩。在古代，人们把这种举重活动称为"翘关"或"拓关""举关"。武则天时期，还将"翘关"列为武举的考试项目，如《新唐书·选举志》记载："长安二年（702 年），始置武举。其制，有长垛、马射、步射、平射、筒射，又有马枪、翘关、负重、身材之选。翘关，长丈七尺，径三寸半，凡十举后，手持关距，出处无过一尺；负重者，负米五斛，行二十步，皆为中第，亦以乡饮酒礼送兵部。"[7] 唐以后，举重的内容越来越多样化。到了宋代，出现了石制的举重器械和新的举重形式，如举石球、石狮、石担、石锁和掇石墩等。明、清两代进行武举的力量科目考试时，便用掇石墩替代了唐代的翘关。掇石墩时用的石制器具两端有扣手，并分别有 200 斤、250 斤和 300 斤三种重量，对举石的规定是"石必离地一尺"，"自膝至腹及负石以走"[8]。

最早的举重形象可见于 1999 年在陕西西安秦始皇陵出土的百戏俑，这批陶俑有的像持竿者，有的像摔跤者，其中有一身像扛鼎者。其中像扛鼎者的 3 号俑头部缺失，俑为站立状，上身裸露，下着短裙，左脚前迈，左臂下垂，左手紧扣于腰带上，右臂上举，挺胸鼓肚（图 1）。另外，从同一个坑中还出土了一件大

---

[5]《史记·秦本纪》，中华书局，1982 年，第 209 页。

[6] 张启成《汉赋今译》，贵州人民出版社，2001 年，第 112 页。

[7]《新唐书·选举志》，中华书局，1975 年，第 1170 页。

[8] 徐永昌《中国古代体育》，北京师范大学出版社，1983 年，第 90 页。

图1　秦陵百戏俑坑出土　举鼎俑　　　　图2　江苏徐州洪楼村汉画像石　举鼎者

铜鼎，有专家认为"此鼎是有意放在百戏俑坑棚木层以上的填土中……作为扛鼎的象征"，由此推测这是一身举鼎的力士。尤为重要的是，这身陶俑和其他从事寻橦、丸剑等杂技活动的百戏俑在一起，可见当时的举鼎活动确实具有表演和娱乐性质，与张衡《西京赋》中的记载也完全吻合[9]。

另外，现藏徐州博物馆的一块汉画像石"七力士图"，图像中共绘有七人，左二人手持兵器共同搏虎；第三人弓步蹲身作拔树状；第四人手握一只死兽的尾巴，把庞大的兽背在身上；第五人双手执鼎耳，把鼎翻举过头顶；第六人双手抱一幼鹿；第七人手中持一环状物。其中第五人为举鼎者，是毫无疑问的（图2）。这幅图我们虽然不能确定其娱乐性，但从展示力量的角度来看，其表演性还是存在的。

---

[9] 袁仲一《关于秦陵百戏俑几个问题的探讨》，《文博》2000年第4期。

敦煌壁画中的举重图像最早见于莫高窟北周第 290 窟，该窟人字披西披《佛传》故事画中依据佛经绘悉达多太子竞技娶妻的故事，说是净饭王得知太子比赛得胜，令侍者驱白象出城迎接太子，失败的提婆达多在城门处将白象打死，故意堵塞于城门；难陀将死象拖离城门七步远处，太子见此情景，担心此死象"于后坏烂，臭熏此城"，便"左手举象，以右手承，从于空中，掷置城外，越七重墙，度七重堑，既掷过已，离城可有一拘卢奢。而象坠地，即成大坑。……尔时无量无边百千诸众生等，一时唱言：'希有希有，如是之事，甚大可怪。'各各皆唱：'善哉善哉，大人大士，希有希奇，未曾闻见'"。悉达多太子竞技是在"戏场"，并且"时彼场内所有人民，观看之者，悉唱呼呼叫唤之声，或出种种诸异音声"[10]，画面中太子梳双丫髻，穿双襟大袖襦服，着履，挽袖；两脚分开，正轻松地用右手将一只大象高高举起（图 3）。从经文记载和画面形象均可看到太子举象具有表演性和娱乐性。

莫高窟五代第 61 窟西壁南起第 6 扇屏风画《佛传》故事画绘太子习武的故事，其中也有举象的画面。据佛经说，净饭王集聚群臣议言，请老师忍天教太子各种武艺，"凡有二十九种……，所谓腾象跨车，跳坎越马，射妙走疾……捉象搭钩，巧解安施，掷象羂索，又工将养，饮饲畜生"等[11]。图中大象形体庞大，太子的单手举象动作也颇为夸张，有游戏表演的意味（图 4）；画面中还对比性地绘其他释子在旁边无法举动大象的可笑情景。因为据佛经记载，太子曾对老师忍天说："汝教其余诸释种子，我自解此，不须更学。"[12]故图中要展示太子比其他诸释子更为高超的技艺。在太子举象的左侧还有一幅太子举钟图，太子亦是轻松地单手擎巨钟，而另一释子则用足力气也无法移动大钟（图 5）。该壁画中还绘有榜题："尔时太子于师忍天前共诸释种腾跳白象乃至车马擎钟扑象诸如是等于一切处皆得成就最第一智。"[13]

第 61 窟西壁南起第 5 扇屏风画也绘太子习武的情景，画面中太子站立于奔

[10]《佛本行集经·角术争婚品》，《大正藏》卷 3，第 711、712 页。

[11]《佛本行集经·习学技艺品》，《大正藏》第 3 册，第 704 页。

[12]《佛本行集经·习学技艺品》，《大正藏》第 3 册，第 705 页。

[13] 万庚育《敦煌莫高窟第 61 窟壁画〈佛传〉之研究》，敦煌文物研究所编《1983 年敦煌学术讨论会文集·石窟艺术编》（上），甘肃人民出版社，1985 年，第 133 页。

图3　北周第290窟人字披西披 太子习武·举象　　图4　五代第61窟西壁南起第6扇 太子习武·举象

图5　五代第61窟西壁南起第6扇 太子习武·举钟

驰的马背上，左手高举一块看上去又长又厚重的铁排，正在表演技艺（图6）；前后也有释子在马上举铁排或表演马技。据佛经说，悉达多太子在和诸释子竞技争婚时，在象背和马背上"或手执持麁大铁棒，或执铁轮，或执铁排，或执载槊，或执长刀"，并且还"左执右掷，右执左掷"，"诸释种族"的技艺与太子比较都远远不及。以上太子习武的地点也是在"戏场"，在习武的同时，还"或试音声，或试歌舞，或试相嘲，或试漫话戏谑言谈，或试染衣，或造珍宝及真珠等，或画草叶，和合杂香，博弈挎蒱，围棋双六，握槊投壶，掷绝跳坑，种种诸技，皆悉备现。如是技能，所试之者，而一切处，太子皆胜"。[14]壁画中把争婚的一些情景移植到习武的画面中，这些我们可以姑且不论，重要的是这些举重场面中显然包含有很多的游戏娱乐内容，可见有关活动都具有表演性和娱乐性。

像这种具有表演性的举重活动在汉画像石还有不少，如山东嘉祥武氏祠汉画像石中，便可以看到表演百戏的伎人正双手将另一伎人高高举起，并表演各种动作，展示力量的同时也展示技巧（图7）。又如《北梦琐言》逸文卷二记载了唐乾符时期，四川绵竹地区一个姓王的俳优，"有巨力，每遇府中犒军宴客，先呈百戏，王生腰背一船，船中载

图6　五代第61窟西壁南起第5扇　太子习武·举铁排

[14]《佛本行集经·角术争婚品》，《大正藏》第3册，第711页。

图7　山东嘉祥武氏祠汉画像石 举人伎　　　　图8　炳灵寺北魏第132窟北壁 举菩萨力士

十二人，舞《河传》一曲，略无困乏"[15]。汉唐时期，这类展示力量且具有表演娱乐性的杂技艺人与节目，应当不在少数。

　　不过，需要注意的是，有些看上去很像举重活动的画面[16]，其实反映的是其他内涵，对这些画面的定名应该慎重。如甘肃永靖炳灵寺石窟北魏第132窟北壁主尊交脚菩萨脚下，一身力士双手托举菩萨的双脚，如果只看力士和菩萨的双脚，似乎有举重的意味（图8），但综观整幅图像，庄严肃穆的菩萨作为高大的主体端坐于台座，小小的力士在下面轻轻托举菩萨的双脚，只是一个起陪衬烘托作用的侍者角色（图9）。在举重活动中，举重者是主体，重物是被举重者控制掌握的对象，可以说是被举重者戏耍的道具。孰主孰次，是判断是否举重活动的标准。如莫高窟初唐第322窟西壁龛内的壁画《夜半逾城》，主体是骑马的悉达多太子，

---

[15] 孙光宪《北梦琐言》逸文卷二。

[16] 李金梅、李重申著《丝绸之路体育图录》，甘肃教育出版社，2008年，第192-196页，将炳灵寺北魏第132窟北壁主尊交脚菩萨脚下的力士、莫高窟初唐第322窟西壁龛内《夜半逾城》中手捧马脚的四名力士以及礼县出土编钟中的侍女都谓之举重者。

图9　炳灵寺北魏第132窟北壁　举菩萨力士　　　　图10　初唐第322窟西壁　夜半逾城

图11　礼县永兴乡出土春秋时期铜编钟　礼县博物馆藏

手捧马脚的四名力士不过是起烘托作用的小小护卫而已，他们既不是举重者，马和太子更不是他们所托举的重物（图 10）。更重要的是，炳灵寺第 132 窟北壁的主尊菩萨和莫高窟第 322 窟西壁的悉达多太子都不可能是被力士所控制掌握的对象，更不可能是被力士戏耍的道具。另外如甘肃礼县出土的青铜器中的顶举编钟横梁的铜人侍女像，从其姿态神情来看，也没有举重的意味，并不是展示铜人侍女的力量，侍女只是具有服务性意味的奴婢和具有装饰性效果的立柱而已。其中的编钟横梁，也不是被铜人侍女所控制掌握的对象和戏耍的道具（图 11）。

综上所述，笔者通过大量文献和图像资料论证了古代举重活动的表演性和娱乐性，然后在此基础上对一些看上去很像举重活动的画面进行了分析，认为对这些画面的定名应该慎重。

# 古代敦煌的竞智型游戏

竞智型游戏的产生、发展，与人类社会进一步发展过程中的政治、军事、经济活动的需要有密切关系。政治集团之间的尔虞我诈、军事战争中的用兵作战、商业经济中的利害得失等等都在很大程度上促进了竞智型游戏的发展。

竞智型游戏有利于开启人们的智慧之门，帮助人们的头脑更加聪明。古代的竞智游戏内容非常丰富，不仅有六博、围棋、象棋、双陆等棋类游戏，还有七巧板、九连环等拼拆游戏，以及酒令、猜谜、回文等文字游戏。

竞智型游戏在敦煌壁画和敦煌文献中，主要保存有围棋、双陆、樗蒲、藏钩等活动以及方角书、四角诗图、谜语、药名诗等文字游戏的图像画面或文字记载。本文结合历史文献和相关图像资料，将其中有关围棋、双陆、樗蒲、藏钩的内容介绍于下：

## 一、围棋

围棋，是一种比赛智力和毅力的娱乐活动，由于其变幻多端，高深莫测，因此其竞赛性和趣味性极强。对弈者用黑子或白子围困对方，以围地多少定胜负，故称围棋。

围棋在我国起源甚早，古有尧造围棋之传说，晋张华《博物志》云："尧造围棋，以教子丹朱。"[1]《左传·襄公二十五年》《论语·阳货》《孟子·告子》等典籍中都提到弈棋，汉扬雄《方言》云："围棋谓之弈。"[2] 汉许慎《说文解字》云："弈，围棋也。"

围棋的发展，与频繁的战争可能有一定关系。汉桓谭《新论》就曾指出："世有

---

[1] 张华《博物志》，《丛书集成初编》，中华书局，1985年，第73页。

[2] 扬雄《方言》，《丛书集成初编》，中华书局，1985年，第53页。

围棋之戏,或言是兵法之类。"[3] 东汉马融《围棋赋》进一步阐述说:"略观围棋兮,法于用兵;三尺之局兮,为战斗场;陈聚士卒兮,两敌相当;拙者无功兮,弱者先亡。"古代许多著名军事家都是下围棋的高手,如三国时的曹操、孙策、诸葛瑾、陆逊等,孙策曾经诏弈棋名手吕范对弈,至今仍保留有二人对弈的四十六着棋谱。[4]

历代帝王中也有许多爱好围棋的,并重视围棋的发展。如南朝宋文帝刘义隆、宋明帝刘彧、齐武帝萧赜、梁武帝萧衍、唐玄宗李隆基等,在宫中设置"棋待诏",这些"待诏"号称"国手",专门与帝王对弈。据《南史》卷4记载,齐高帝萧道成"尝与直阁将军周复、给事中褚思庄共棋,累局不倦"[5]。又《南史》卷70记载,宋明帝刘彧"好围棋,甚拙",但偏要同当时的高手王抗对弈,王抗只好故意让他,并奉承他说:"皇帝飞棋,臣抗不能断。"明帝刘彧信以为真,因此"好之愈笃"。[6]另外,梁武帝萧衍还命柳恽编著《棋品》,从而建立起围棋的品级制度。

唐宋时期,上自皇帝大官,下至一般文人和平民百姓,都不乏围棋爱好者。据《旧唐书》卷57记载,唐高祖李渊,早年担任隋朝太原留守时,就嗜好围棋,他经常同晋阳宫副监裴寂下棋,有时竟通宵达旦,云:"高祖留守太原,与寂有旧,时加亲礼,每延之宴语,间以博弈,至于通宵连日,情忘厌倦。"[7] 又据唐段成式《酉阳杂俎》卷1记载,唐玄宗好围棋,在与亲王对弈时,玄宗将输,于是"贵妃放康国猧子于坐侧,猧子乃上局,局子乱,上大悦"。[8]

唐宋时期,由于帝王们的喜爱以及其他种种原因,对弈之风遍及全国,甚至把围棋作为宴请外国宾客的娱乐项目之一,如据《旧唐书》卷18记载,唐宣宗时,"日本国王子入朝贡方物。王子善棋,帝令待诏顾师言与之对手。"[9]

大臣喜好围棋的,如《旧唐书》卷94记载,武则天的左拾遗卢藏用"工篆隶,好琴棋,当时称为多能之士。"[10] 又据唐冯贽《云仙杂记》卷6记载,唐玄宗时的翰林院棋待诏王积薪,"每出游,必携围棋短具,画纸为局,与棋子并盛竹筒中,

---

[3] 转引自李毓珍《〈棋经十三篇〉校注》,蜀蓉棋艺出版社,1988年,第53页。

[4] 转引自麻国钧、麻淑云《中国传统游戏大全》,农村读物出版社,1990年,第97页。

[5]《南史》,中华书局,1975年,第113页。

[6]《南史》,中华书局,1975年,第1710页。

[7]《旧唐书》,中华书局,1975年,第2285、2286页。

[8] 段成式《酉阳杂俎》卷1,《丛书集成初编》,中华书局,1985年,第2页。

[9]《旧唐书》,中华书局,1975年,第620页。

[10]《旧唐书》,中华书局,1975年,第3004页。

系于车辕马鬣之间。道上虽遇匹夫，亦与对手"[11]。宋钱易《南部新书》中也记载了唐代宗时一位叫李讷的官员"仆射，性卞急，酷尚弈棋，每下子安详，极于宽缓。往往躁怒作，家人辈则密以弈具陈于前，讷睹，便忻然改容，取其子布弄，忘其恚矣"[12]。

唐代文人中更是盛行下围棋，至今在《全唐诗》中仍保留着大量文人描写当时弈棋活动的诗句，如杜甫《江村》："老妻画纸为棋局，稚子敲针作钓钩。"[13]又《别房太尉墓》："对棋陪谢傅，把剑觅徐君。"[14]白居易《孟夏思渭村旧居寄舍弟》："兴发饮数杯，闷来棋一局。"[15]又《池上二绝》："山僧对棋坐，局上竹阴清。"[16]另外诗人刘禹锡、张籍、杜牧、温庭筠等都有弈棋的诗篇。唐冯贽《云仙杂记》卷2记载"王勃围棋，率下四子成一首诗"[17]，可见王勃作诗下棋皆为高手。又，晚唐诗人皮日休还写了一篇关于围棋的理论性文章《原弈》，他以围棋"有害、诈、争、伪之道"，否定"尧造围棋"的传说而认定围棋起源于战国时期。

民间弈棋也很兴盛，妇女和少年儿童中也有很多弈棋高手，如唐·薛用弱《集异记》卷1记载了翰林院棋待诏王积薪随唐玄宗逃亡四川途中，一夜"寓宿于山中孤姥之家"，向一姑妇学弈棋的故事[18]。唐代诗人中有不少咏妇女弈棋的诗篇，如王建《夜看美人宫棋》云："宫棋布局不依经，黑白分明子数停。巡拾玉沙天汉晓，犹残织女两三星。"[19]张籍《美人宫棋》云："红烛台前出翠娥，海沙铺局巧相和。趁行移手巡收尽，数数看谁得最多。"[20]

南北朝时，少年儿童中便已有弈棋高手，如《南史》卷36记载："吴郡褚胤，年七岁便入高品。"[21]《陈书》卷30记载，梁武帝时的陆琼，8岁能"于客前覆局，

[11] 冯贽《云仙杂记》，《丛书集成初编》，中华书局，1985年，第44页。

[12] 钱易《南部新书》，《丛书集成初编》，中华书局，1985年，第68页。

[13]《全唐诗》第226卷，第15首。

[14]《全唐诗》第228卷，第30首。

[15]《全唐诗》第433卷，第54首。

[16]《全唐诗》第455卷，第52首。

[17] 冯贽《云仙杂记》，《丛书集成初编》，中华书局，1985年，第14页。

[18] 转引自王永平《唐代游艺》，西北大学出版社，1995年，第94页。

[19]《全唐诗》第301卷，第46首。

[20]《全唐诗》第386卷，第25首。

[21]《南史》，中华书局，1975年，第934页。

由是京师号曰'神童'"[22]。又据五代孙光宪《北梦琐言》卷10记载，唐僖宗时，"翰林待诏滑能，棋品甚高，少逢敌手。有一张小子，年仅十四，来谒觅棋，请饶一路。滑生棋思甚迟，沉吟良久，方下一子，张生随手应之，都不介意。"[23]这位民间少年棋手与国手对弈，竟全不假思索。又，清雍、乾年间，施定庵、范西屏二人弈术威震全国，弈界言必施、范，然而这两位"国手"却都曾败在不知名的小孩子身上。据清李斗《扬州画舫录》卷11记载："二君渡江来扬时，尝于村塾中宿，定庵戏与馆中童子弈，不能胜；西屏更之，亦不能胜。"[24]

从以上文献记载可以看到，古代的围棋活动主要具有斗智性，即弈棋者双方之间的斗智。而其娱乐性，主要是弈棋者自娱自乐；其次如有围观者，则围观者也能从中获得娱乐。表演性则或有或无，只有两人对弈时，一般没有表演性，但有旁观者，则可能具有表演性。

从一些图像资料也可以看到古代围棋活动的具体情景，如新疆吐鲁番阿斯塔那第187号古墓出土的唐代绢画《贵妇弈棋图》中，一位贵妇发束高髻、阔眉、额间描心形花钿，手戴镯，身穿绯色大袖裙襦，右手纤细的食指和中指正夹住一粒棋子正准备放在棋盘上，神情凝重，苦思冥想，举棋不定。古代女子下围棋的记载，也由此得以形象的证明（图1）。

陕西宝鸡市扶风法门寺的地宫出土的一件唐代银茶具上面，也刻绘了一幅弈棋图，画面中有一大大的棋盘，两侧各坐有一弈棋者，另外后侧有一旁观者（或许是裁判）。该图中的棋盘上纵横各刻有七八条线，与新疆阿斯塔那唐代绢画《贵妇弈棋图》中棋盘刻17条线相比，显然绢画所绘具有写实性，而茶具所绘为象征性，即大体相似（图2）。

敦煌壁画中也绘有不少反映当时围棋活动情景的画面，如莫高窟五代第61窟西壁佛传故事屏风画中，根据《佛本行集经·角术争婚品》"博弈樗蒲，围碁双六，握槊投壶，掷绝跳坑，种种诸技，皆悉备现。如是技能，所试之者，而一切处，太子皆胜"[25]的内容绘悉达多太子弈棋图，画面中绘太子与一释子下围棋，

[22]《陈书》，中华书局，1972年，第396页。

[23]孙光宪《北梦琐言》，《丛书集成初编》，中华书局，1985年，第84页。

[24]转引自麻国钧、麻淑云《中国传统游戏大全》，农村读物出版社，1990年，第101页。

[25]《大正藏》第3册，第711页。

图1　新疆阿斯塔那　唐墓出土　贵妇弈棋图

图2　法门寺出土唐代银茶具　弈棋图

图3　莫高窟五代第61窟西壁　佛传·弈棋

另有几位释子在旁侧观看（图3）。不过这幅图由于壁画漫漶，所绘棋盘看不清楚，但其他壁画所绘棋盘明显为象征性，如榆林窟五代第32窟北壁《维摩诘经变》中有一幅对弈图，画面中绘一长条状棋盘，棋盘中纵刻有11条线，横刻有17条线，显然非完全写实。棋盘两侧各有一弈棋者，有一人正举手走棋，另一人则凝神观局；棋盘后方有一旁观者（或许是裁判）（图4）。又如莫高窟宋代第454窟东壁《维摩诘经变》中，绘一矮桌上布棋盘，棋盘上纵横均只有9条线，显然亦非完全写实；矮桌两侧各坐一人，均以右手正欲布子，显示双方正在激烈鏖战；画面右侧绘维摩居士旁观（图5）。第454窟中心佛坛上的清代绘的屏风画内，也有一幅对弈图，画面中绘一长桌，桌上放一棋盘，棋盘横有14条线，纵有12条线，亦非完全写实；长桌两侧各有一老者作对弈状，另有一人伏在桌旁观看，颇为生动（图6）。

以上所介绍的古墓绢画以及壁画中所绘棋盘中的黑白子的数量与布局均非写实。壁画中所绘棋盘是否完全写实，涉及一些壁画的定名。如莫高窟中唐第7窟

图4　榆林窟五代第32窟北壁　维摩诘经变·弈棋

图5　莫高窟宋代第454窟东壁　维摩诘经变·弈棋

《维摩诘经变》中的弈棋图，长期以来，有学者一直将其定名为"双陆图"，理由便是认为该图中"棋盘左右各六路，乃双陆博戏"。但结合上述榆林窟五代第32窟北壁、莫高窟宋代第454窟东壁等洞窟《维摩诘经变》中的弈棋图来看，莫高窟中唐第7窟《维摩诘经变》中的弈棋图绝不是"双陆图"，而是"围棋图"。

图6　莫高窟第454窟佛坛上清代绘制屏风画　弈棋

图7　莫高窟中唐第7窟东壁　维摩诘经变·弈棋

该画面中绘一矮桌上布棋盘，矮桌两侧各坐一人正作对弈状，矮桌后侧中央有一观棋者（图7）。经笔者仔细辨认，棋盘上横有9—11条线，纵有14条线，并非所谓的"左右各六路"。

敦煌石窟除了壁画中保存有当时围棋活动的图像资料外，藏经洞出土文献中还有不少反映当时围棋活动的记载。如S.5725《失名类书》云："玉女降，帝与之围棋甚娱。"S.102《梵网经佛说菩萨心地戒品》中云："善佛子……不得樗蒲、围棋、波罗塞戏、弹棋、六博、拍鞠、掷石、投壶。"P.2718《王梵志诗一卷》云："双陆智人戏，围棋出专能。解时终不恶，久后与仙通。"

不过，敦煌文献中最重要的是S.5574号《棋经一卷》（图8），该写卷作者不详，"棋经一卷"是其尾题，卷首约残三、五行，实存159行，2400余字。正文第一篇篇名已佚，其余为《诱证［篇］第二》《势用篇第三》《象名［篇］第四》《释图势篇第五》《棋制篇第六》和《部帙篇第七》。附录有三篇：《棋病法》《棋法》（原佚篇名）和梁武帝萧衍的《棋评要略》。根据文中忌讳，有学者认为此书原成于北周，是中国现存最早的围棋理论著作；不过其抄写年代尚未确定。

据《新唐书》卷40记载："沙州敦煌郡……土贡：棋子。"[26]敦煌市博物馆藏

---

[26]《新唐书》，中华书局，1975年，第1045页。

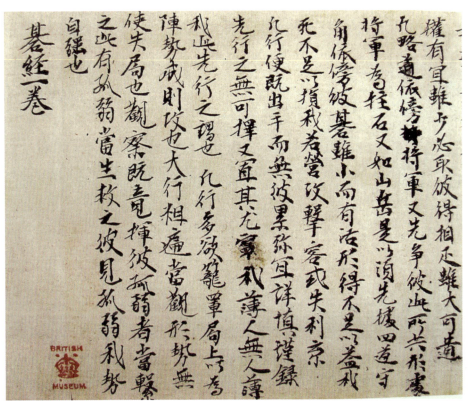

图8　藏经洞出土S.5574 棋经（局部）

《天宝年间地志残卷》亦载："敦煌沙州：贡棋子。"并于1980年在敦煌的寿昌古城址北门处，出土一批围棋子，另外有大量半成品和毛坯。棋子呈圆饼状，中间两面突起；直径约1.2厘米，中厚约0.75厘米，重12克左右，为玉石或花岗石质地，磨制精细，外形美观，光泽宜人（图9）。由此可知古代敦煌不仅盛行围棋活动，同时也是围棋子的重要产地。

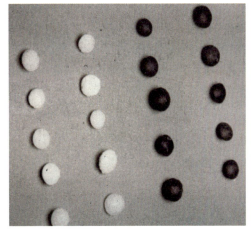

图9　寿昌城遗址出土的棋子 敦煌市博物馆藏

## 二、双陆

双陆是博戏中的一种，它原非我国所创，而是舶来之品。关于双陆的来源，有多种说法，据宋高承撰《事物纪原》卷9"博弈嬉戏"记载，三国时曹魏"陈思王曹子建制双陆，置投子二"[27]，明俞弁撰《山樵暇语》则认为"双陆出天竺（今印度）……，其流入中国则自曹植始之也"[28]，虽然这两种看法在双陆的起源上相异，但均认为双陆出现在汉魏之际。明谢肇淛《五杂俎》卷6"人部"则云："双陆一名握槊，本胡戏也……，曰握槊者，象形也；曰双陆者，子随骰行，若得双六则无不胜也。又名'长行'，又名'波罗塞戏'。"[29]

关于握槊，据《魏书·术艺传》记载："赵国李幼序、洛阳丘何奴并工握槊。此盖胡戏，近入中国，云胡王有弟一人遇罪，将杀之，弟从狱中为此戏以上之，意言'孤则易死也'。"[30]

关于波罗塞戏，隋章安顶法师撰、唐天台沙门湛然再治《大般涅槃经疏》卷14云："波罗塞者，梁武云：'是双陆此起近代，牵道是夹食，八道行成是塞戏。'"[31]又，唐法藏撰《梵网经菩萨戒本疏》云："不得下博戏戒。于中有九种戏，第三波罗塞戏，是西国兵戏法。谓二人各执二十余小玉，乘象或马，于局道所争得要路以为胜也。……五言六博者有二种释，一云即双六是也，一云别数六种博戏。"[32]

不过，双陆与握槊、长行多少是有一些区别的，否则唐人李肇《唐国史补》卷下不会说长行之法"生于握槊，变于双陆"。清周亮工《书影》卷5也云："李易安《打马图》序云：长行、叶子、博塞、弹棋世无传焉。若云双陆即长行，则易安之时，已无传矣。岂双陆于当时，易安独未之见；或不行于当时，反盛于今日也！则长行非双陆明矣。"[33]

双陆之棋具一般有枰（棋盘）、马（棋子）和骰子三种，棋盘为长方形，左

[27] 高承撰《事物纪原》，《丛书集成初编》，中华书局，1985年，第348页。

[28] 转引自崔乐泉《体育史话》，中国大百科全书出版社，2000年，第111页。

[29] 谢肇淛撰、郭熙途校点《五杂俎》，辽宁教育出版社，2001年，第123页。

[30]《魏书·术艺传》，中华书局，1974年，第1972页。

[31]《大正藏》第38册，第123页。

[32]《大正藏》第40册，第649页。

[33] 转引自麻国均等《中华传统游戏大全》，农村读物出版社，1990年，第151页。

右各刻有一个半月形门，门的两边各刻六个圆点，标志着十二路，又称梁，宋代洪遵的《谱双》说："双陆，率以六为限，其法左右各十二路，号曰梁。"[34] 日本现存的《双陆锦囊钞》中记述了双陆棋的棋具和基本玩法，云："棋盘上下各 12 道，棋子黑白各 15 枚。黑棋自上左向右行，再由下右向左行。白棋自下左向右行，再由上右向左行。比赛时，二人对坐，相互掷骰子行棋。共有骰子两个。如掷得二与三，掷者任选自己的棋子，一子行二，一子行三。首先把全部棋子走进最后六条刻线以内的，即或全胜。"[35]

唐宋乃至元代时期，都盛行双陆博戏，如唐代王建《宫词一百首》中云："分朋闲坐赌樱桃，收却投壶玉腕劳。各把沉香双陆子，局中斗累阿谁高。"[36] 温庭筠《南歌子》词中云："井底点灯深烛伊，共郎长行莫围棋。玲珑骰子安红豆，入骨相思知不知。"[37] 李贞白《咏罂粟子》云："倒排双陆子，希插碧牙筹。既似牺牛乳，又如铃马兜。鼓捶并瀑箭，直是有来由。"[38] 元代关汉卿《一枝花·不伏老》中云："我也会围棋，会蹴鞠，会打围，会插科；会歌舞，会吹弹，会咽作，会吟诗，会双陆。你便是落了我牙，歪了我嘴，瘸了我腿，折了我手，天赐与我这几般儿歹症候，尚兀自不肯休！"[39]

台北故宫博物院藏有一幅"内人双陆图"，画中两个贵妇相对而坐，正在下着双陆棋，旁边立着另外两个女子，出神地盯着棋盘。画中的双陆棋盘设计精巧而实用，制作十分精美。两层的底座将棋盘托到合适的高度，中间的横档既可使整个结构更牢靠，上面也可以搁置杯盏杂物，十分方便。画中的这一局似乎才开始不久，因为两个妇人的棋子还都在己方的内外格中。从姿态与神色看，正在对局的两个人应该是此中熟手（图 10）。

宋末元初人陈元靓《事林广记》中也刻有当时流行的"打双陆图"，对双陆的棋具、格式、布局以及场景等，都有形象生动的描绘（图 11）。

1973 年，新疆吐鲁番阿斯塔那唐墓中出土了一件双陆棋盘，为长 20.8、宽

[34] 洪遵《谱双》卷 5，《丛书集成初编》，中华书局，1991 年，第 37 页。

[35] 转引自毕世明《体育志》，上海人民出版社，1998 年，第 171 页。

[36]《全唐诗》第 302 卷，第 1 首。

[37]《全唐诗》第 583 卷，第 58 首。

[38]《全唐诗》第 870 卷，第 67 首。

[39] 朱东润主编《中国历代文学作品选》（下编第 1 册），上海古籍出版社，1980 年，第 93 页。

图10 台北故宫博物院藏《内人双陆图》

图11 元陈元靓《事林广记》中的"打双陆图"

图12 新疆阿斯塔那唐墓中的双陆棋盘

10、高 7.5 厘米。长方形的棋盘上，用螺钿镶成的花眼来标示棋格，每边的左右各有六个；棋盘长边的中央有月牙形的门，棋盘正中央则隔出一块区域，装饰有花枝飞鸟等图案。制作精细，属明器精品（图12）。

1974 年，辽宁法库县叶茂台 7 号辽墓中出土了一副双陆棋具。其棋盘长 52.8、宽 25.4 厘米，左右两个长边各以骨片嵌制了 12 个圆形的"路"标和一个新月形的"门"标；棋子为尖顶平底中有束腰，高 4.6、底径 2.5 厘米，共 30 枚，一半为白子，一半施黑漆为黑子；两枚骰子出土时已朽。这是迄今为止国内发现最为完整的一套双陆棋具，与宋代洪遵《谱双》中的"北双陆"棋盘的纹样相一致（图13-1、图13-2）。

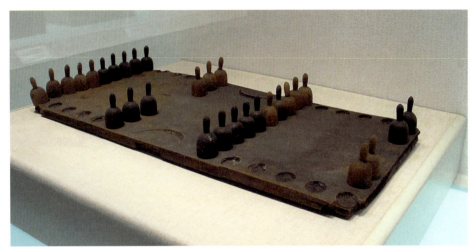

图13-1　辽宁法库县叶茂台7号辽墓出土 双陆棋具 辽宁省博物馆藏

　　1980 年，甘肃省武威市南营乡青嘴湾弘化公主墓出土了 21 枚唐代双陆棋子，这些棋子为象牙质，底径约1.6、高约 1.7 厘米，重约 80 克；形状为半球体，底部圆平，顶部另嵌圆球形短柄，状如截柿；表面浅雕各色花朵、飞鸟、蝴蝶等图案，部分棋面涂红彩（图 14）。

图13-2　辽宁法库县叶茂台7号辽墓出土 双陆棋具中的骰子 辽宁省博物馆藏

　　敦煌藏经洞出土文献中也有反映当时双陆博戏活动的描写。如 P.2999《太子成道经》记载："是时净饭大王，为宫中无太子，优（忧）闷寻常不乐，或于一日，作一梦，［梦见］双陆频输者，明日，［即］问大臣是何意旨？大臣答曰：'陛下梦见双陆频输者，为宫中无太子，所以频输。'"[40] 又，P.3883《孔子项托相问书》记载："夫子曰：'吾车中有双陆局，共汝博戏如何？'小儿答曰：'吾不博戏也。天子好博，风雨无期；诸侯好博，国事不治；吏人好博，文案稽迟；农人好博，耕种失时；学生好博，忘读书诗；小儿好博，笞挞及之。此是无益之事，何用学之！'"[41] 又，P.2718《王梵志诗一卷》

[40] 王重民等《敦煌变文集》（上），人民文学出版社，1957 年，第 287 页。

[41] 王重民等《敦煌变文集》（上），人民文学出版社，1957 年，第 232 页。

图14　武威南营乡青嘴湾弘化公主墓出土　唐代象牙双陆棋子

云："双陆智人戏，围棋出专能。解时终不恶，久后与仙通。"

不过，到目前为止，敦煌壁画中尚未发现有关双陆博戏活动的图像描绘。有些专家学者的论著中，反复将莫高窟中唐第7窟《维摩诘经变》中的弈棋图，定名为"双陆图"[42]。然而，这幅莫高窟中唐第7窟《维摩诘经变》中的弈棋图绝不是"双陆图"，结合榆林窟五代第32窟北壁、莫高窟宋代第454窟东壁等洞窟《维摩诘经变》中的弈棋图来看，这幅图中的棋盘应该是围棋棋盘，榆林窟第32窟北壁所绘棋盘中纵刻有11条线，横刻有17条线；莫高窟第454窟东壁中所绘棋盘上纵横均只有9条线，虽然与实际的围棋棋盘情况不吻合，但结合盘中的棋子布局可以判断为围棋棋盘无疑，而莫高窟中唐第7窟《维摩诘经变》中的弈棋图与这两幅图所绘几乎完全相同。更重要的是，经笔者仔细辨认，这幅图中的棋盘上横有9—11条线，纵有14条线，并非所谓的"左右各六路"。问题在于，即使棋盘上确实是左右各六路，我们也不能因此断定其为"双陆图"，因为该棋盘与前面所述阿斯塔那唐墓、法库县叶茂台辽墓以及《事林广记》中"打双陆图"和

[42] 谭蝉雪编《敦煌石窟全集·民俗画卷》，商务印书馆（香港），1999年，第52页。李重申、李金梅著《忘忧清乐——敦煌的体育》，甘肃教育出版社，2007年，第95、94页。

台北故宫博物院藏"内人双陆图"中的双陆棋盘，其形状、格式等都相距甚大，尤其是没有其中最具特征的月牙形门标。为此，望读者注意鉴别。

### 三、樗蒲

樗蒲，也是一种棋类游戏。唐李翱撰、元革注《五木经》云："樗蒲，古戏，其投有五，故白呼为'五木'。"[43] 即因所投掷骰子为五枚一组，故樗蒲又称为"五木"。

由相关的史料记载可知，樗蒲之戏大体可分为行棋的和不行棋的两种：不行棋的樗蒲，就是纯粹以掷五木看得采情况来判别胜负。所谓"五木"，即是五枚用木头斫成的掷具，都是两头圆锐，中间平广，像压扁的杏仁。每一枚掷具都有正反两面，一面涂黑，一面涂白，黑面上画有牛犊，白面上画有野鸡。行赌时，将五枚掷具同时掷出，任其转跃后躺倒，然后看其由朝天一面配成的不同的排列组合，即所谓"采"。其中五枚全黑，称"卢"，是最高的采，四黑一白为"雉"，是仅次于"卢"的好采，俗称赌博为"呼卢喝雉"，出典就在这里。以下如三黑二白、二黑三白、一黑四白，乃至五枚全白等，皆有名称，全白为恶采。根据得采情况来判别胜负，其原理就如同掷骰子。

行棋的樗蒲之戏，其棋具则含枰、杯、矢、马四种：盘是棋盘；杯即后世骰盆的前身；矢即五木，乃骰子前身；马就是棋子。玩时，人们手执五木，掷在杯中，按所掷采数，执马行棋，相互追逐，也可吃掉对方之子，谁先走到尽头便是胜利者。这种行棋的樗蒲之戏，与六博、双陆等博戏类似。

关于樗蒲的起源，据东汉马融《樗蒲赋》记载："伯阳入戎，以斯消忧。"[44] 说老子（字伯阳）西出函谷，在远离故乡的日子里，常以此戏排遣惆怅。晋张华《博物志》中亦云："老子入西戎，造樗蒲。"[45] 为此，有人猜测樗蒲原先流行在西域地区，大约自西汉时期随着中西交流而传入中原。由于来自西方，于是出现老子入西戎而制樗蒲的传说。但是也有人认为樗蒲是从六博演变而来，所谓"老子

---

[43] 李翱撰、元革注《五木经》，《丛书集成初编》，中华书局，1985年，第1页。

[44] 欧阳询编《艺文类聚》（三），中华书局，1965年，第1278页。

[45] 张华《博物志》，《丛书集成初编》，中华书局，1985年，第73页。

入西戎，造樗蒲"，只是为抬高博戏身价而已。又，《晋书》卷 66 云："樗蒲者，牧猪奴戏耳。"[46] 牧猪奴是对西域游牧胡族的蔑称。

佛经中也有不少关于樗蒲博戏的记载，如后汉昙果、康孟详合译《中本起经》云："有婆罗门……走出祇洹，见二人樗蒲，心自念言：'此必智者，能解我疑。'"[47] 又，三国吴支谦译《菩萨本缘经》云："世间恶子多诸过患，饮酒樗蒲贪色费用。"[48] 又，东晋竺昙无兰译《寂志果经》云："若有沙门梵志，受人信施食，行樗蒲博戏，所住非法，其行不一。"[49] 又，北凉昙无谶译《优婆塞戒经》云："如法护国远七种恶：一者不乐樗蒲围棋六博，二者不乐射猎，三者不乐饮酒，四者不乐欲心，五者不乐恶口，六者不乐两舌，七者不乐非法取财。"[50] 又，北魏吉迦夜、昙曜合译《杂宝藏经》云："时有夜叉鬼……，担如意珠，现作贾客，往诣迦尸国，至于王边共王樗蒲，赌如意珠。王以国土库藏比图酖等，复作一分，以对其珠。"[51]

唐代时期流行樗蒲之戏，如岑参《送费子归武昌》诗云："知君开馆常爱客，樗蒲百金每一掷。"[52] 又如韦应物《逢杨开府》诗云："身作里中横，家藏亡命儿。朝持樗蒲局，暮窃东邻姬。"[53] 李群玉《湘妃庙》诗云："相约杏花坛上去，画栏红紫斗樗蒲。"[54] 李远《友人下第因以赠之》诗云："刘毅虽然不掷卢，谁人不道解樗蒲。黄金百万终须得，只有接莎更一呼。"[55] 和凝《宫词》诗云："锦褥花明满殿铺，宫娥分坐学樗蒲。欲教官马冲关过，咒愿纤纤早掷卢。"[56]

敦煌文献中也有不少关于樗蒲的记载，如 S.610《启颜录》中有"可不闻樗蒲人云：'三个秃不敌一个卢'"之语，三个秃指三个白子，当然比不上全部是黑子的"卢"。又如 P.2418《父母恩重经讲经文》云："贪欢逐乐无时歇，打论樗蒲更不休。"（图 15）可见有许多敦煌儿童迷恋此博戏。但家长对此持反对态

---

[46]《晋书》，中华书局，1974 年，第 1774 页。

[47]《大正藏》第 4 册，第 159 页。

[48]《大正藏》第 3 册，第 58 页。

[49]《大正藏》第 1 册，第 273 页。

[50]《大藏经》第 24 册，第 1046 页。

[51]《大正藏》第 4 册，第 487 页。

[52]《全唐诗》第 199 卷，第 16 首。

[53]《全唐诗》第 190 卷，第 65 首。

[54]《全唐诗》第 570 卷，第 85 首。

[55]《全唐诗》第 519 卷，第 32 首。

[56]《全唐诗》第 735 卷，第 1 首。

度，更担心孩子会学坏，故 P.2418《父母恩重经讲经文》又云："伴恶人，为恶迹，饮酒樗蒲难劝激；常遣慈亲血泪垂，每令骨肉怀愁戚。"S.525《搜神记一卷》亦叙及人们在田间地头进行樗蒲博戏："管辂……语颜子曰：'卿昨日刈麦处南头大桑树下，有三人樗蒲博戏，卿今将酒脯前头，自取食之。若即问卿时，但向拜之，慎勿言，其中有一人救卿，吾心在卿耳。'颜子用管辂之言，即将酒脯往桑树下，有三人樗蒲博戏，前后甚有骑从。颜子遂酌酒与之，其人把酒即饮。博戏向毕，北边坐人举头见颜子……"[57] 又，P. 3266《王梵志诗残卷》诗云："男年十七八，莫遣倚街衢，若不行奸盗，相构即樗蒲。""饮酒妨生计，樗蒲必破家。但看此等色，不久作穷查。"[58] 谈及樗蒲与赌博的关系。如此等等，真实反映了唐宋时期敦煌地区流行樗蒲博戏的情况。

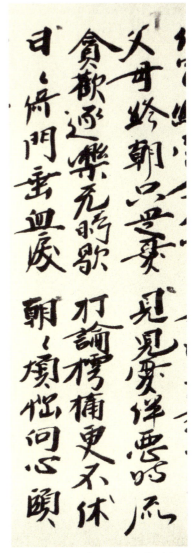

图15　P.2418《父母恩重经讲经文》
（局部）

## 四、藏钩

藏钩是古代民间的一种集体游戏，也是一种博戏，参与的人男女老少均可。游戏时以一枚弰环，即妇女所用的顶针之类为道具，参加者分为两队，大家把手拳起，其中有一人手中藏有弰环，名曰把钩者；另外由一人去猜度寻找，名曰钩母，猜中者为胜。在猜的过程中，出现种种逗引的情态，弄得满堂欢声笑语，娱乐性很强。

相传藏钩游戏起自汉代宫廷，南朝梁宗懔《荆楚岁时记》云："岁前，又为

[57] 郝春文编著《英藏敦煌社会历史文献释录》，社会科学文献出版社，2003年，第5、6页。

[58] 张锡厚校辑《王梵志诗校辑》，中华书局，1983年，第118、120页。

藏彄之戏，始于钩弋夫人。"[59] 钩弋夫人即汉昭帝母，武帝后，姓赵氏。初入宫时，为婕妤，据说她从生下来就两手攥拳，从不伸开。汉武帝为之分开，在手中得一钩。后人因而作藏钩游戏，以效赵婕妤。尔后，藏钩游戏在宫中、在民间流传不绝。

关于藏钩的玩法，据晋周处《风土记》记载："义阳腊日祭后，叟妪儿童，为藏钩之戏，分为二曹，以较胜负。若人偶则敌对，人奇则奇人为游附；或属上曹，或属下曹，名为'飞鸟'，以齐二曹人数。一钩藏在数手中，曹人当射知所在，一藏为一'筹'，三筹为一'都'。"[60] 由此可知这是分伙玩的游戏，若单数时，有一人游弋于两伙人之间，名曰"飞鸟"；"钩"是一种以玉或金属制作的环状物，藏在甲伙某一人的手中，让乙伙人猜，猜中则赢一筹，不中则输一筹，以三筹为一都。一都，即今天所说的"一轮"。

晋人庾阐写有一篇《藏钩赋》，生动描写了当时人们玩藏钩游戏的情景："叹近夜之藏钩，复一时之戏望。以道生为元帅，以子仁为佐相。思朦胧而不启，目炯冷而不畅。多取决于公长，乃不咨于大匠。钩运掌而潜流，手乘虚而密放。示微迹于可嫌，露疑似之情状。辄争材以先叩，各锐志于所向。意有往而必乖，策靡陈而不丧。退怨叹于独见，慨相顾于惆怅。夜景焕烂，流光西驿。同朋海其夙退，对者催其连射。忽攘袂以发奇，探意外而求迹。奇未发而妙待，意愈求而累僻。疑空拳之可取，手含珍而不摘。督猛炬而增明，从因朗而心隔。壮颜变成衰容，神材比为愚策。"[61]

大凡古人善于藏钩的，都善于心理分析，察对方之言，观对方之色，以断定钩所藏处，因此藏钩游戏实际上是一种智力和心理比赛。唐段成式《酉阳杂俎》卷6记曰："举人高映善意彄，成式尝于荆州藏钩，每曹五十余人，十中其九，同曹钩亦知其处，当时疑有他术，访之。映言：'但意举止辞色，若察囚视盗也'。"[62] 高映善于观察对方的"举止辞色"，因而每猜必中。

唐代盛行藏钩游戏，文人诗词中有很多描写。如李白《宫中行乐词》诗云：

[59] 宗懔《荆楚岁时记》，《丛书集成初编》，中华书局，1991年，第16页。

[60] 欧阳询《艺文类聚》（三），中华书局，1965年，第1280页。

[61] 欧阳询编《艺文类聚》（三），中华书局，1965年，第1281页。

[62] 段成式《酉阳杂俎》卷6，《丛书集成初编》，中华书局，1985年，第49页。

"更怜花月夜,宫女笑藏钩。"[63] 岑参《敦煌太守后庭歌》诗云:"醉坐藏钩红烛前,不知钩在若个边。"[64] 皮日休《登初阳楼寄怀北平郎中》诗云:"投钩列坐围华烛,格簺分朋占靓妆。"[65] "投钩"即为藏钩。白居易《放言五首》诗云:"祸福回还车转毂,荣枯反覆手藏钩。……不信君看弈棋者,输赢须待局终头。"[66] 张说《赠崔二安平公乐世词》亦云:"十五红妆侍绮楼,朝承握槊夜藏钩。"[67] 除了藏钩,握槊也是当时流行于宫廷的一种博戏。花蕊夫人《宫词》:"管弦声急满龙池,宫女藏钩夜宴时。好是圣人亲捉得,便将浓墨扫双眉。"[68] 输了用墨画花脸,奖罚方式具有趣味性。路德延《小儿诗》则描绘了当时儿童玩藏钩游戏的情景:"抛果忙开口,藏钩乱出拳。"[69] 敦煌文献中保存有不少关于藏钩游戏的记载,如 S.6171《唐宫词》云:"欲得藏钩语少多,嫔妃宫女任相和。每朋一百人为定,遣赌三千疋练罗。两朋高语任争筹,夜半君王与打钩。恐欲天明催促漏,赢朋先起舞缠头。"一次藏钩游戏参与者达二百人之多,每队一百人,胜者每人可得到三十疋练罗。帝王同戏,通宵达旦,由此可见唐代宫中的藏钩游戏规模之大。

又如 S.4474《释门杂文》云:"藏钩:公等设名两扇,列位分朋,看上下以探筹,睹(赌)争胜负。或长行而远眺,望绝迹以无纵(踪);远近劳藏,或度貌而难恻(测)。钩母怕情而战战,把钩者胆碎以兢兢,恐意度心,直擒断行。或因言而□(失)马,或因笑以输筹,或含笑而命钩,或缅鲜(腼腆)而落节。连翩九胜,踯躅十强,叫动天崩,声遥海沸,定强弱于两朋,建清斋于一会。"(图16)此文对参与游戏人的状貌情态作了具体描写,既言"公等",当为男性,分作两队,手藏彄环的人名曰"把钩者",去猜度藏钩的人名曰"钩母",猜中者为胜,反之为负。比较特别的是此游戏之文却归入《释门杂文》之列,并把游戏与斋会联系起来,"定强弱于两朋,建清斋于一会,"可见佛教的渗透力涉及社会生活的各个方面。

又如 S.2049、P.2544《藏钩》诗云:"初年万物尽迎春,携手□高望早春。

---

[63]《全唐诗》第28卷,第42首。

[64]《全唐诗》第199卷,第23首。

[65]《全唐诗》第613卷,第63首。

[66]《全唐诗》第438卷,第80首。

[67]《全唐诗》第86卷,第71首。

[68]《全唐诗》第798卷,第1首。

[69]《全唐诗》第719卷,第3首。

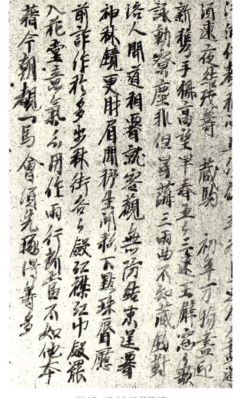

图16　S.4474释门杂文藏钩　　　　　图17　S.2049藏钩诗

五五三三连玉辟，窗窗歌咏动寮尘。非但□□三两曲，不知藏钩对洛人。闻道相腰（邀）就容观，无防结束逞腰神。林（临）镜更时眉间柳，生开粉下点珠唇。厅前诈作于多步，林（临）街各各敛红襟。红巾敛罢入花堂，意气分朋作两行。断当不如他本藉，今朝睹（赌）一马，会须先琢得筹多。"（图17）该诗咏初春时节女子相邀玩藏钩游戏的情景。又，京河字12号《父母恩重经讲经文》云："几度亲情命看花，数遍藏钩夜欢笑。"也生动形象地描写了当时敦煌民间盛行藏钩游戏的活动场景。

以上结合历史文献和相关图像资料，分别介绍了敦煌壁画和敦煌文献中保存的围棋、双陆、樗蒲、藏钩等古代游戏活动的图像画面或文字记载，这些画面和文献弥足珍贵，对于进一步全面探讨古代人们的游戏娱乐活动很有帮助，同时也为当代儿童和青少年教育以及各年龄段人们的精神文化生活提供了一些或许可以借鉴的材料和思路。

# 中国汉唐时期的魔术艺术

魔术是以变化为主的杂技艺术，在古代又叫作"幻术"或"戏法"。它以奇妙莫测的景象，集中突出地表现人类卓绝的智慧和美好愿望，同时给观者一种艺术上的享受。下面，笔者结合古代史书、佛典、诗文等文字记载和汉画像石（砖）、敦煌壁画等图像资料，对中国汉唐时期的幻术活动及其特点做初步的探讨。

## 一、源远流长、历史悠久的中国古代魔术

魔术在我国源远流长，历史悠久，如《列子·周穆王篇》中记载："周穆王时，西极有化人（原注：化幻人也），入水火，贯金石，反山川，移城邑；乘虚不坠，触实不硋。千变万化，不可穷极。"[1]幻人能自由出入于水火，随意贯穿金石；能倾覆山川，搬移城池；能悬在空中掉不下来，碰到障碍也挡不住。千变万化，无尽无休。写得具体、夸张，变化多端。

汉武帝时期，西域的幻术传到了中原。如《汉书》卷61记载："大宛诸国发使随汉使来，观汉广大，以大鸟卵及犛靬眩人献于汉，天子大说。"师古注曰："眩读与幻同，即今吞刀吐火，植瓜种树，屠人截马之术皆是也。"[2]

东汉张衡《西京赋》中对当时的幻术活动有具体生动的描写："巨兽百寻，是为蔓延，神山崔巍，欻从背见。熊虎升而拏攫，猿狖超而高援。怪兽陆梁，大雀踆踆。白象行孕，垂鼻辚囷。海鳞变而成龙，状蜿蜿以蝹蝹。含利颭颭，化为仙车。骊驾四鹿，芝盖九葩。蟾蜍与龟，水人弄蛇。奇幻倏忽，易貌分形。吞刀吐火，云雾杳冥。画地成川，流渭通泾。"[3]

---

[1] 杨伯峻撰《列子集释》，中华书局，1979年，第90页。

[2]《汉书》，中华书局，1962年，第2696页。

[3] 张启成《汉赋今译》，贵州人民出版社，2001年，第118页。

魏晋时期，幻术得到进一步发展，如晋葛洪《西京杂记》卷3记载："余所知有鞠道龙善为幻术，向余说古时事：有东海人黄公，少时为术，能制蛇御虎，佩赤金刀，以绛缯束发，立兴云雾，坐成山河。及衰老，气力羸惫，饮酒过度，不能复行其术。秦末，有白虎见于东海，黄公乃以赤刀往厌之。术既不行，遂为虎所杀。三辅人俗用以为戏，汉帝亦取以为角抵之戏焉。"[4] 又，北魏杨衒之撰《洛阳伽蓝记·景乐寺》中描写了当时善男信女在庙会上观看幻术表演的情景："召诸音乐，逞伎寺内。奇禽怪兽，舞抃殿庭。飞空幻惑，世所未睹。异端奇术，总萃其中。剥驴投井，植枣种瓜，须臾之间，皆得食之。士女观者，目乱睛迷。"又，"四月四日此像常出，辟邪师子导引其前。吞刀吐火，腾骧一面。彩幢上索，诡谲不常。奇伎异服，冠于都市。像停之处，观者如堵，迭相践跃，常有死人。"[5]

隋唐时期，幻术尤盛。如《隋书》卷15《音乐志》记载："及大业二年，突厥染干来朝，炀帝欲夸之，总追四方散乐，大集东都。初于芳华苑积翠池侧，帝帷宫女观之。有舍利先来，戏于场内，须臾跳跃，激水满衢，黿鼍龟鳖，水人虫鱼，遍覆于地。又有大鲸鱼，喷雾翳日，倏忽化成黄龙，长七八丈，耸踊而出，名曰《黄龙变》。……又有神鳌负山，幻人吐火，千变万化，旷古莫俦。染干大骇之。"[6]

又如唐苏鹗撰《杜阳杂编》中记载当时的艺人米宾能用灯法表演幻术："公主始有疾，召术士米宾为灯法，乃以香蜡烛遗之。米氏之邻人觉香气异常，或诣门诘其故，宾具以事对。其烛方二寸，上被五色文，卷而爇之，竟夕不尽，郁烈之气可闻于百步。余烟出其上，即成楼阁台殿之状。"即在粗二寸的蜡烛上，施五色光，燃亮后竟夜不灭，其袅袅烟雾中呈现楼、阁、台、殿等形状。[7]

又如唐杜佑撰《通典》卷193记载："有幻人，能额上为炎烬，手中作江湖，举足而珠玉自堕，开口则幡毦乱出。"[8]

又如唐平洌《开元字舞赋》中记载："匿迹于往来之际，更衣于倏忽之中，始纤朱而曳紫，旋布绿而攒红。"[9]

[4] 葛洪《西京杂记》，中华书局，1985年，第16页。

[5] 杨衒之著，周祖谟校释《洛阳伽蓝记校释》，中华书局，1963年，第58—59页。

[6]《隋书》卷15《音乐志》，中华书局，1973年，第380—381页。

[7] 苏鹗《杜阳杂编》，《丛书集成初编》，中华书局，1985年，第27页。

[8] 杜佑《通典》，中华书局，1984年，第1041页。

[9] 平洌《开元字舞赋》，《全唐文》第5部，卷406。

唐高宗时，还有一种"自断手足，刳剔肠胃"的幻术，是汉代从天竺传来的，古老节目，但"高宗恶其惊俗，敕西域关令不令入中国"。[10]

另外，《旧唐书》卷29《音乐志》中还颇为详细地记载了自汉以来幻术以及百戏的发展情况，此处不再引述。

## 二、幻术与佛教的东进

因为幻术多是随佛教东传而来，故佛教经典中相关记载甚多。有认为幻术是虚妄不实的假象，如竺佛念译《菩萨处胎经》卷7记载："此沙门瞿昙，犯于淫欲实不得道，自称言得道，所作变化皆是幻术，非真实道。"[11] 又如昙摩蜜多译《佛说转女身经》中记载："幻师以幻术，于四衢道中，化作男女像，兵众共斗战，皆共相侵害，其事非真实。"[12]

也有认为幻术实际是人力所为，如释道世撰《法苑珠林》卷4记载："如世有祝师及诸幻术，犹能履火蹈刃种瓜移井，倏忽之间千变万化。人力所为尚能如此，何妨神通感应不可思量。"[13]

也有抨击幻术是一种"诳惑世人"的骗术，如瞿昙僧伽提婆译《增壹阿含经》卷20记载："此秃头沙门善于幻术，诳惑世人，无有正行。"[14] 又如昙无谶译《大般涅盘经》卷30记载："以幻术故诳惑众生，愚者信受，智者舍之。"[15]

也有述及幻术的奇异功能，如实叉难陀译《大方广佛华严经》卷42记载："阿修罗王……，以幻术力，将诸军众，同时走入藕丝孔中。"[16] 又如义净译《金光明最胜王经》卷5记载："譬如幻师及幻弟子，善解幻术，于四衢道，取诸沙土草木叶等，聚在一处作诸幻术，使人睹见象众马众车兵等众，七宝之聚种种仓库。"[17]

也有记载幻术在中国的发展过程，并详细描述其具体内容和表演情景的，如

---

[10]《旧唐书》卷29《音乐志》，中华书局，1997年，第1072-1073页。

[11]《大正藏》第12册，第1056页。

[12]《大正藏》第14册，第920页。

[13]《大正藏》第53册，第296页。

[14]《大正藏》第2册，第647页。

[15]《大正藏》第12册，第541页。

[16]《大正藏》第10册，第219页。

[17]《大正藏》第16册，第425页。

道世撰《法苑珠林》卷 76 记载："汉明帝时，有檀国蛮夷，善闲幻术，能徙易牛马头上，与群臣共观之以为笑乐。及三国时吴有徐光者，不知何许人也，常行幻化之术，于市廛内，从人乞苽，其主弗与，便从索子，掘地而种。顾眄之间苽生，俄而蔓延生华，俄而成实，百姓咸瞩目焉。子成乃取而食之，因以赐观者，向之鬻苽者。反视所赍皆耗矣，橘柚枣栗之属亦如，其幻化皆此类也。"又记载："晋永嘉年中，有天竺国人，来度江南……，其人有数术，能截舌续断，吐火变化。所在士女聚共观试，其将截舌先吐以示宾客，然后刀截，流血覆地，乃取置器中，传以示人。视之舌头，观其口内唯半舌在，既而还取含之。有顷吐已示人，舌还如故。其续断绢布与人，各执一头，对剪断已而取两段，合持祝之，则复还连，与旧无异。时人多疑以为幻作，阴而试之，犹是己绢。其吐火者，先有药在器中，取一片与黍糠含之，再三吹吁而张口火出，因就热处取以爇之，则便火炽也。又书纸及绳缕之属投火中，众详共视，见其烧然，消磨了尽，乃拨灰中，举而出之，故是向物。如此幻术作者非一。"又记载："大唐贞观二十年，西国有五婆罗门，来到京师，善能音乐祝术杂戏，截舌抽肠走绳续断。又至显庆已来，王玄策等数有使人向五印度，西国天王为汉使设乐，或有腾空走索屐绳行，男女相避歌戏如常；或有女人手弄三仗、刀稍枪等，掷空手接绳走不落；或有截舌自缚，解伏依旧不劳人功，如是幻戏种种难述。"[18]

史书中关于幻术的记载，除"高宗恶其惊俗，敕西域关令不令入中国"外，其他大多都是持肯定态度，主要从世俗的享受角度介绍其娱乐性质。而佛典中关于幻术的记载，则大多持否定态度，主要从宗教信仰的角度指责幻术是虚妄不实的假象，抨击幻术是"诳惑世人"的一种骗术。

### 三、汉画像石、敦煌壁画中的魔幻画面

虽然史书和佛典中关于幻术的文字记载很多，但历史上保存下来的图像数据却不多。汉画像石（砖）中有一些反映百戏活动的画面，其中也有描绘幻术活动的画面，如沂南汉画像石中有一幅百戏图，画面中央，一条巨龙在前，一条大鱼

---

[18]《大正藏》第 53 册，第 859 页。

图1-1 山东沂南汉画像石 鱼龙之戏

图1-2 山东沂南汉画像石 鱼龙之戏（局部）

图1-3 山东沂南汉画像石 鱼龙之戏（局部）

在后；巨龙的前后各有一人手持戗鼓和利剑等物作引导和驱赶状，龙背上有一喇叭状物，其上站立一小人正挥舞手中的一根长幢；大鱼的头部下方有一人单腿跪地作引导状，鱼的背部上方有两人手持戗鼓作吆喝状（图1-1、图1-2、图1-3）。这可能即是张衡《西京赋》中所说的"海鳞变而成龙"，或是《隋书》卷15《音乐志》中记载的"又有大鲸鱼，喷雾翳日，倏忽化成黄龙"。

又，山东嘉祥县刘村洪福院汉画像石有一吐火、施鞭图，画面上有四人，右端一人蹲在地上，双手前伸，口中吐火；当中二人，一人直立，右手持一长鞭，另一人屈膝跪地；最左边一人作回顾状（图2）。

又，河南新野县樊集出土的汉画像石中，有一幅胡人吐火、结绳图。画面中一胡人头戴尖顶帽，深目高鼻，虬髯连鬓，身穿长袍；两臂前伸，似正将一根绳打结，口中吐火（图3）。这幅图有可能表演两个幻术：首先表现胡人用口中吐出的火将绳烧断，表示火是真实的；然后又表演能将断绳完好如初地接上。

又，在山东长清孝堂山出土的汉画像石中，有一幅表现能用木棍穿透人心胸

图2　山东嘉祥县刘村洪福院汉画像石　吐火、施鞭图

图3　河南新野县汉画像砖　胡人表演吐火、接绳　新野县汉画像砖博物馆藏

图4　山东长清孝堂山汉画像石　穿心人

的画面。画面中有两组人物，分别有两个人用一根细长棍穿透另一个人的心胸，然后抬在肩上往前走（图4）。这个幻术情景相当于现代魔术中刀插活人之类的节目。

敦煌壁画中也保存了一些反映当时幻术活动的画面，在一定程度上生动形象地再现了当时的幻术活动情景。

由于敦煌壁画本质上是一种佛教艺术，所以其中所描绘的幻术活动，是为宣传相关的佛教思想所服务。因此有的画面是试图通过介绍幻术的虚妄不实属性，达到宣扬世界上一切事物空幻不实之目的；有的画面则是试图通过介绍一些佛教人物的神异功能，来宣传佛教法力的强大；而其展示的神异功能，实际上也是一种幻术表演。

如莫高窟初唐第 323 窟北壁《佛图澄神异故事》中，描绘了十六国时期高僧佛图澄的"洗肠""幽州灭火""听铃音断吉凶"三个故事。

在"洗肠"的画面中，有一人赤祖上身，坐于一长方形的毡毯之上，两臂屈置于胸前，其前方画有溪水一条。其人两手捉拿一长条状物，放在前面的溪流之中，作摆洗之状（图 5）。据《晋书》卷 95 记载："佛图澄，天竺人也。本姓帛氏。少学道，妙通玄术。永嘉四年，来适洛阳，自云百有余岁，常服气自养，能积日不食。善诵神咒，能役使鬼神。腹旁有一孔，常以絮塞之，每夜读书，则拔絮，孔中出光，照于一室。又尝斋时，平旦至流水侧，从腹旁孔中引出五藏六腑洗之，讫，还内腹中。"[19] 又，梁慧皎撰《高僧传》卷 9 也记载："澄左乳傍，先有一孔，围四五寸，通彻腹内。有时肠从中出，或以絮塞孔，夜欲读书，辄拔絮则一室洞明。又斋日辄至水边，引肠洗之，还复内中。"[20] 从史书和佛典记载来看，

图5　初唐第323窟北壁　佛图澄神异故事　洗肠

---

[19]《晋书》卷 95，中华书局，1974 年，第 2485 页。

[20]《大正藏》第 50 册，第 386 页。

该画面描绘的是高僧佛图澄在斋日期间于河边抽洗肚肠时的情景。而实际上，不管是其腹孔放光也好，还是抽洗肚肠也好，都与当时天竺传来的"吞刀吐火""刳剔肠胃""截舌抽肠"等属于同一类幻术。

"幽州灭火"画面中，有一身穿交领宽袖长袍的王者，坐于一几案之后的低榻上，举手侧视；其身后有一人执掌华盖。王者周围有臣僚多人，均举手侧身，或好奇，或惊讶，或双手抱持于胸前做祈祷之态。王者几案侧还有低榻一个，空置无人。在王者和诸臣僚的前方，有高僧一人，光头，身穿袈裟，左臂屈置胸前，右手伸出平举，手中似有一物。高僧的手掌上端，有乌云一朵飞起而至于西上角；浓云滚滚，覆罩在一座颇具规模的城池上空，有雨点倾之而下；城内大火熊熊，火苗呼呼，烟雾腾腾（图6）。据梁慧皎撰《高僧传》卷9记载："澄又尝与虎共升中堂，澄忽惊曰：'变！变！幽州当火灾。'乃取酒洒之。久而笑曰：'救已得矣。'虎遣验幽州，云：'尔日火从四门起，西南有黑云来骤雨灭之，雨亦颇有酒气。'"[21]《晋书》卷95也有相同记载。由此可知画面所绘内容为佛图澄与石虎共升中台时，

图6　初唐第323窟北壁　佛图澄神异故事　幽州灭火

[21]《大正藏》第50册，第385页。

佛图澄突然感知幽州火起，立刻取酒作法灭火时的情景。显然，这也是佛图澄玩弄的一个幻术，很可能是在预知幽州天气情况的前提下，事先安排人在幽州放火，并在下雨时随处浇洒一些酒水。

预知，实际上是在掌握一定知识的基础上，对未来所作出的判断。"听铃音断吉凶"的故事便是介绍佛图澄"又能听铃音以言吉凶，莫不悬验"[22]，具有占卜预知的特异功能，曾根据铃声预言擒拿段末波和刘曜，并预言石勒之死。该画面中绘挂有悬铃的大塔一座，大塔左侧有高僧一人，其对面绘王者及臣僚三人，正作交谈状；另外高僧身后有一侍从，大塔右侧有一人将右手举至耳旁，作谛听之状（图7）。占卜预知与幻术相结合，可以相得益彰，对当时推广佛教应该是很有帮助的。

由此可见，最初随佛教进入中国的幻术，是以协助推广弘扬佛教为目的，主要是展示佛教僧人的神通，正如《晋书》卷95所记载："佛图澄，天竺人也。本姓帛氏。少学道，妙通玄术。永嘉四年，来适洛阳，自云百有余岁，常服气自养，能积日不食。善诵神咒，能役使鬼神。"[23]据梁慧皎撰《高僧传》卷9记载，佛图澄为了"以道化勒"，当石勒问他"佛道有何灵验"时，"即取应器盛水烧香咒之，须臾生青莲花，光色曜目。勒由此信服"。[24]因此从壁画和文献都可以清楚地看到，佛图澄等佛教僧人所从事的幻术活动，和中国传统幻术的性质有很大不同，前者具有很强的"展示性"和"功利性"，企图通过展示自己的特异能力而让观者敬服，借此达到某种目的；后者即中国传统幻术主要具有"表演性"和"娱乐性"，是想通过表演让观者愉悦，在宫廷中表演的幻术尤是如此。

不过，在敦煌壁画中，有一些描绘橦技活动（即顶竿）的画面，同时也是幻术活动的画面，这些画面则反映了中国传统形式的幻术表演情景。如莫高窟中唐第361窟《金刚经变》中，绘一个三角形帷帐中间，有一形体较小的伎人头顶一长竿，长竿顶端有一人正做倒立表演；帷帐左侧有一乐伎在吹横笛，右侧有一人双手伸向帷帐中间，似乎在表演魔术，作指挥导引状（图8）。又，晚唐第85窟窟顶东披《楞伽经变》中，也绘一个三角形帷帐中间，有一伎人头顶一长竿，一

[22]《晋书》卷95，中华书局，1974年，第2485页。

[23]《晋书》，中华书局，1974年，第2485页。

[24]《大正藏》第50册，第383页。

图7  初唐第323窟北壁 佛图澄神异故事 听铃声辨凶吉

小孩单腿站立在长竿顶端作表演状；帷帐右侧有两个乐伎似手持乐器作演奏状，左侧有一人双手似乎在作魔术表演状；帷帐前有三人坐在地上，可能是观众（图9）。在一般人看来，这些画面只是一个幢技表演场景，但如果结合相关经文仔细考证，就会发现这些画面实际上是描绘的幻术表演场景，里面的幢技活动应该是幻术表演中的一个项目而已。中唐第361窟《金刚经变》试图通过幻术画面向观者阐述：世上的一切事物就像这幻术表演出来的东西一样，都是虚幻不实的，即鸠摩罗什译《金刚般若波罗蜜经》中云："一切有为法，如梦幻泡影，如露亦如电，应作如是观。"[25] 晚唐第85窟《楞伽经变》也试图通过幻术画面向观者阐述：世界万有皆由心所造，万物虚幻不实，即第85窟相关榜题和佛经所记载："大慧，譬如幻师以幻术力，依草木瓦石幻作众生若干色像，令其见者种种分别，皆无真

[25]《大正藏》第8册，第752页。

图8　中唐第361窟南壁 金刚经变 幻术

实。大慧，此亦如是。"[26]

　　另外，晚唐第9窟、五代第61窟、宋代第55窟、宋代第454窟等洞窟的《楞伽经变》中都有表现幻术活动场景的画面。这些画面所描绘的幻术表演场景，最重要的一个特点是都有一个三角形帷帐，这是其他如晚唐第156窟北壁《宋国夫人出行图》、五代第72窟南壁《刘萨诃因缘变》中橦技活动场景画面所没有的（这两幅壁画中以橦技为

图9　晚唐第85窟窟顶东披 楞伽经变 幻术

[26] 实叉难陀译《大乘入楞伽经》卷2,《大正藏》第16册,
第596页。

图10 宋代第55窟窟顶东披 楞伽经变 幻术

主的百戏表演是为庆典活动助兴，和幻术无关），而帷帐很可能是幻术表演的遮挡性道具；第二个特点是帷帐中的顶竿者或大或小，或有或无（如第361窟中的很小，第61窟、第55窟及第454窟中没有），这可能是幻术表演所为，正常的顶竿表演下面肯定必须有顶竿者；第三个特点是第55窟和第454窟所绘帷帐内的长竿两侧各有一人，均只露现上半身，手姿不同，有点类似现代魔术中的"大变活人"之类的节目场景（图10）；第四个特点是都有乐伎伴奏，有指挥者或幻术表演者；第五个特点是部分场景中有观众。如此等等，都充分显示其表演性和娱乐性，而这与佛图澄所表演的幻术有很大的差别，而与中国史书中所记载的传统幻术场景较为接近。

敦煌壁画中也有幻术比赛的画面，在晚唐第9窟、第196窟等洞窟的《劳度叉斗圣变》中，所描绘的六师外道代表人物劳度叉与佛教代表人物舍利弗斗法的场面，实际上也就是一场规模宏大的幻术比赛。据慧觉等译《贤愚经》卷10记载："六师众中，有一弟子，名劳度差，善知幻术"，而"舍利弗，便以神力"应之。[27]壁画基本依据敦煌文献《降魔变文》所绘，画面上绘劳度叉"忽然化出宝山，高数由旬"，舍利弗则"化出金刚。……手执宝杵，杵上火焰冲天；一拟邪山，登时粉碎"（图11）；劳度叉"忽于众里，化出一头水牛，其牛乃莹角惊天"，舍利弗则"化出师子……，水牛见之，亡魂跪地"（图12-1、图12-2）；劳度叉又于"众里化出水池"，舍利弗便"化出白象之王。……直入池中……，已（以）鼻吸水，水便干枯"（图13）；劳度叉又"化出毒龙，口吐烟云"，舍利弗便"化出金翅鸟王……，遥见毒龙……其鸟乃先啅眼睛，后嚼四竖，两回动嘴，兼骨不残"（图14-1、图14-2）；劳度叉又"忽于众中，化出二鬼。形容丑恶"，舍利弗便化出"毗沙门（天王）。……二鬼一见，乞命连绵处"（图15）；劳度叉又"急于众中化出大树"，

[27] 慧觉等译《贤愚经》卷10，《大正藏》第4册，第419-420页。

图11　P.4524 降魔变文画卷　金刚击石

图12-1　晚唐9窟南壁　劳度叉斗圣变　狮牛斗

图12-2　P.4524 降魔变文画卷 狮牛斗

图13　P.4524 降魔变文画卷 白象吸水

舍利弗便"忽于众里化出风神……，解袋即吹，于时地卷如绵，石同尘碎，枝条进散他方，茎干莫知所在。"[28] 佛经中说劳度叉使用的是幻术，舍利弗用的是神力，其实都是幻术，于"众里""众中"化出各种事物，这相当于一些现代魔术事先在人群中有所布置安排。

---

[28] 王重民等《敦煌变文集》（上），人民文学出版社，1957 年，第 382-388 页。

图14-1　晚唐9窟南壁 劳度叉斗圣变 金翅鸟斗龙

图14-2　P.4524 降魔变文画卷 金翅鸟斗龙

图15　P.4524降魔变文画卷 毗沙门天王斗鬼

## 四、中国古代幻术的五大特点

综上所述，中国汉唐时期的魔术艺术，即中国古代幻术，具有以下特点：

一、史书中所记载的本土幻术，大多具有浓郁的生活气息，如"制蛇御虎""奇禽怪兽，舞抃殿庭""鼋鼍龟鳖，水人虫鱼，遍覆于地""鱼化成龙"等都与当时的狩猎生产方式有关，"植瓜种树""剥驴投井，植枣种瓜"等则与当时的农牧生产方式有关，而"立兴云雾，坐成山河""入水火，贯金石，反山川，移城邑；乘虚不坠，触实不破"等则反映了当时人们渴望征服自然的愿望，"余烟出其上，即成楼阁台殿之状"等显然反映了人们对生活住宅的需求和理想。

不过，佛教经典中记载的幻术（包括史书中记载从天竺传来的幻术），一方面满足人们的生活愿望，如显现"七宝之聚种种仓库"，许多或较为恐怖，如"自断手足，刳剔肠胃""截舌抽肠"，或与战争有关，如"化作男女像，兵众共斗战，皆共相侵害""以幻术力，将诸军众""使人睹见象众马众车兵等众"等，这应该与佛教的厌世、反对战争、劝人为善等思想有关，也是当时现实生活的一种真实反映。

二、服务对象广泛，既有上层的帝王贵族，如"以大鸟卵及犛轩眩人献于汉，天子大说""突厥染干来朝，炀帝欲夸之，总追四方散乐，大集东都""公主始有疾，召术士米寶为灯法""群臣共观之以为笑乐"等；也有普通百姓，如"士女观者，目乱睛迷""百姓咸瞩目焉""所在士女聚共观试"等。可谓不分贵贱，不分男女老少，雅俗共赏。其为之表演的目的或是出于政治，或是为了外交，或是出于军事，或是为了宗教，或是为了钱财，或只是为了博得观者一笑。

三、有一定的故事情节，具有戏剧性，趣味性。如敦煌壁画中佛图澄夜晚借腹孔中发出的光亮读书和在河边洗肠、遥感幽州火起后用酒灭火以及听铃声预测吉凶等内容，均有一定的故事情节和具有戏剧性和趣味性；劳度叉与舍利弗斗法的故事，一个接一个的斗法情节，环环相扣，层层递进，扣人心弦，惊心动魄，更是具有戏剧性和趣味性。另外公主召术士米寶为灯法，也具有一定的故事性、戏剧性和趣味性。

四、和其他百戏（杂技）艺术搭配，有一定的系统性。如张衡《西京赋》中，首先是"乌获扛鼎，都卢寻橦，冲狭燕濯，胸突铦锋。跳丸剑之挥霍，走索上而相逢"等杂技表演，接着是"白虎鼓瑟，苍龙吹篪。女娥坐而长歌，声清畅而蜲蛇"等乐舞表演，然后是"海鳞变而成龙，状蜿蜿以蜦蜦。含利颬颬，化为仙车。骊驾四鹿，芝盖九葩。蟾蜍与龟，水人弄蛇。奇幻倏忽，易貌分形。吞刀吐火，云雾杳冥。画地成川，流渭通泾"等幻术表演；而且还有"华岳峨峨，冈峦参差。神木灵草，朱实离离""云起雪飞。初若飘飘，后遂霏霏。复陆重阁，转石成雷。礔养激而增响，磅硠象乎天威"等景物和音响背景。搭配合理，同时组成一个有机的系统。

五、近距离与观者接触，互动性强，更具有真实感。如"三国时吴有徐光者……常行幻化之术，于市廛内，从人乞芢，其主弗与，便从索子，掘地而种。顾眄之间芢生，俄而蔓延生华，俄而成实，百姓咸瞩目焉"；又如"晋永嘉年中，有天竺国人……，能截舌续断……，所在士女聚共观试，其将截舌先吐以示宾客，然后刀截，流血覆地，乃取置器中，传以示人。……有顷吐已示人，舌还如故"。与古代幻术相比，现代魔术与观众的距离愈来愈远，绝大多数的人们一般只能在电视节目中看到魔术表演，平常很难看到真实的魔术表演，更不容易有近距离欣赏和接触的机会。

总之，认真探讨中国古代传统魔术艺术，摈弃其糟粕，继承其精华，对于我们进一步发扬光大现代魔术艺术，丰富人们的精神文化生活，肯定是大有裨益的。

# 敦煌壁画中的《斗鸡图》

敦煌莫高窟西魏第 285 窟南壁《五百强盗成佛图》中，保存了一幅色彩鲜艳、形象生动的《斗鸡图》，对于这幅敦煌壁画中的精品画作，长期以来虽然关注的人很多，但多为一般性的简单介绍，为此本文试图结合相关的历史文献和图像资料，对其进行较为全面的探讨。

## 一、关于斗鸡的文献记载

斗鸡是一种竞力性游戏,也是一种角抵类游戏,其游戏性表现在一个"斗"字,即把两只雄鸡放入场中，使之互相啄斗，区分胜负。

在中国，斗鸡的文字记载始见于春秋时代,《春秋左传·鲁昭公二十五年》云："季、郈之鸡斗。季氏介其鸡，郈氏为之金距。平子怒，益宫于郈氏，且让之。"[1] 季平子、郈昭伯都是春秋末期鲁国的贵族，这次因斗鸡而闹翻了，季平子以势压人，侵占郈昭伯的土地以扩建房舍。斗鸡时，季氏"介鸡"，郈氏"金距"，都把雄鸡"武装到了牙齿"。所谓"介鸡"，有两种说法，一种是把芥子捣为细粉，播散于鸡翅上。芥粉味辣，两鸡争斗时，鼓动双翼，芥粉飞扬出去，对方的鸡因呛痛无心恋战，不上三五个回合，就败下阵去。另一种说法，把"介"字解释为铠甲，古时"介""甲"通用。斗鸡时，头部是双方啄咬的部位，因此，制小铠甲，以保护鸡头。两种作法，可能古代都实行过。

金距也是一种外加的武器。《汉书·五行志》师古注曰："距，鸡附足骨，斗时所用刺之。"[2] 就是雄鸡跗跖骨后方所生的尖突部分，内有坚骨，外披角质鞘，

---

[1] 吴树平等点校《十三经全文标点本》（下），北京燕山出版社，1991 年，第 1534 页。
[2]《汉书·五行志》，中华书局，1962 年，第 1371 页。

是鸡在啄斗时的武器，金距，是嫌鸡距不够尖硬而用金属制成假距，套在鸡距上，以利于战。

关于斗鸡，《战国策·齐策》也记载："临淄甚富而实，其民无不吹竽鼓瑟、击筑弹琴、斗鸡走犬、六博蹋鞠者。"[3] 司马迁《史记·袁盎传》亦曰："袁盎病免居家，与闾里浮沉，相随行，斗鸡走狗。"[4]

曹魏宫廷中曾盛行斗鸡，曹植《斗鸡诗》云："游目极妙伎，清听厌宫商。主人寂无为，众宾进乐方。长筵坐戏客，斗鸡间观房。群雄正翕赫，双翅自飞扬。挥羽激流风，悍目发朱光。觜落轻毛散，严距往往伤。长鸣入青云，扇翼独翱翔。愿蒙狸膏助，常得擅此场。"[5]

魏晋时代的《列子·黄帝篇》中记载了一段纪渻子为周宣王驯养斗鸡的故事："纪渻子为周宣王养斗鸡，十日而问：'鸡可斗已乎？'曰：'未也；方虚骄而恃气。'十日又问。曰：'未也；犹应影响。'十日又问。曰：'未也；犹疾视而盛气。'十日又问。曰：'几矣，虽有鸣者，已无变矣。'望之似木鸡矣。其德全矣。异鸡无敢应者，反走耳。"[6] 可见当时对于驯养斗鸡的经验已经十分丰富，一只训练有素的斗鸡，要经过几十天的调教，使它没有虚骄之气，不受外界的影响，不盛气凌人，就像一只木鸡一样，这时才能真正具有顽强的竞斗能力。

梁朝简文帝《斗鸡诗》云："玉冠初警敌，芥羽忽猜俦。"刘孝威《斗鸡诗》亦云："丹鸡翠翼张，妒敌得专场。翅中含芥粉，距外曜金芒。"诗中都特别提到斗鸡时使用芥粉，更有利于获胜[7]。

晋朝傅玄《斗鸡赋》生动描写了斗鸡的场面："或踯躅踟蹰，嗫喋容与，或杷地俯仰，或抚翼未举，或狼顾鸱视，或鸾翔鹄舞，或佯背而引敌，或毕命于强御，于是纷纭翕赫，雷合电击，争奋身而相戴分，竞隼鸷而雕睨，得势者凌九天，失据者沦九地。"[8]

唐代斗鸡活动更是十分盛行，上至帝王将相、下至庶民百姓都热衷这种游戏。

[3] 诸祖耿《战国策集注汇考》（中），江苏古籍出版社，1985 年，第 520 页。

[4] 《史记》卷 101，中华书局，1982 年，第 2744 页。

[5] 欧阳询编《艺文类聚》（四），中华书局，1965 年，第 1585 页。

[6] 杨伯峻《列子集释》，中华书局，1979 年，第 86、87 页。

[7] 欧阳询编《艺文类聚》（四），中华书局，1965 年，第 1585-1586 页。

[8] 欧阳询编《艺文类聚》（四），中华书局，1965 年，第 1586 页。

如《太平广记》中详细记载道："（贾）昌生七岁，矫捷过人，能搏柱乘梁，善应对，解鸟语音。玄宗在藩邸时，乐民间清明节斗鸡戏。及即位，治鸡坊于两宫间。索长安雄鸡，金毫铁距，高冠昂尾千数，养于鸡坊，选六军小儿五百人，使驯扰教饲。上之好之，民风尤甚。诸王世家，外戚家，贵主家，侯家，倾帑破产市鸡，以偿鸡值。都中男女以弄鸡为事；贫者弄假鸡。帝出游，见昌弄木鸡于云龙门道旁，召入为鸡坊小儿，衣食右龙武军。三尺童子入鸡群，如狎群小，壮者弱者，勇者怯者，水谷之时，疾病之候，悉能知之。举二鸡，鸡畏而驯，使令如人。护鸡坊中谒者王承恩言于玄宗，召试殿庭，皆中玄宗意，即日为五百小儿长。加之以忠厚谨密，天子甚爱幸之。金帛之赐，日至其家。开元十三年，笼鸡三百，从封东岳。……十四年三月，衣斗鸡服，会玄宗于温泉。当时天下号为'神鸡童'。时人为之语曰：'生儿不用识文字，斗鸡走马胜读书。贾家小儿年十三，富贵荣华代不如。能令金距期胜负，白罗绣衫随软舆。'……昭成皇后之在相王府，诞圣于八月五日。中兴之后，制为千秋节。……每至是日，万乐具举，六宫毕从。……导群鸡，叙立于广场，顾眄如神，指挥风生。树毛振翼，砺吻磨距，抑怒待胜，进退有朝，随鞭指低昂，不失昌度。胜负既决，强者前，弱者后，随昌雁行，归于鸡坊。角抵万夫，跳剑寻橦，蹴球踏绳，舞于竿颠者，索气沮色，逡巡不敢入。……上生于乙酉鸡辰，使人朝服斗鸡。"[9]

唐代诗文中也有许多关于斗鸡的记载，如杜淹《咏寒食斗鸡应秦王教》中写道"寒食东郊道，扬鞲竞出笼。花冠初照日，芥羽正生风。顾敌知心勇，先鸣觉气雄。长翘频扫阵，利爪屡通中。飞毛遍绿野，洒血渍芳丛。虽然百战胜，会自不论功。"[10] 如李白的《古风》中也写道："路逢斗鸡者，冠盖何辉赫。鼻息干虹霓，行人皆怵惕。"[11]"斗鸡金宫里，蹴鞠瑶台边。举动摇白日，指挥回青天。"[12]

斗鸡游戏在宋、元、明、清各朝，都不曾止歇。南宋时，临安有一蒋苑，"不过二亩，而花木匼匝，亭榭奇巧"，春时"立标竿射垛及秋千、梭门、斗鸡、蹴

---

[9] 李昉等编《太平广记》卷485《东城老父传》，中华书局，1961年，第10册第3992、3993页。

[10]《全唐诗》卷30，中华书局，1960年，第2册第435页。

[11]《全唐诗》卷161，中华书局，1960年，第5册第1674页。

[12]《全唐诗》卷161，中华书局，1960年，第5册第1677页。

鞠诸戏事，以娱宾客。"[13] 明人臧懋循《咏寒食斗鸡诗》记述："寒食东郊散晓晴，笼鸡竞出斗纵横。飘花照日冠相映，细草寒风翼共轻。各自争能判百战，还谁顾敌定先鸣。归来验取黄金距，应笑周家养未成。"诗中的"黄金距"，就是金属爪子。清人李声振《斗鸡》诗，赞扬了一种叫九斤黄的鸡骁勇善斗："红冠空解斗千场，金距谁堪冠五坊？怪道木鸡都不识，近人只爱九斤黄。"[14]

敦煌壁画《斗鸡图》位于莫高窟第 285 窟南壁，其绘制时代为西魏，从上引文献来看，正是上承汉、下启唐的魏晋时代。而从曹植《斗鸡诗》《列子·黄帝篇》梁朝简文帝和刘孝威的《斗鸡诗》以及晋朝傅玄《斗鸡赋》等文献所反映的情况来看，当时确实流行斗鸡活动，因此我们有理由认为敦煌壁画《斗鸡图》是当时现实社会生活的真实写照。

## 二、汉画像石、敦煌壁画中的斗鸡图

汉画像砖中刻画有不少当时斗鸡活动的生动情景，如河南郑州汉代画像砖中的《斗鸡图》，画面正中刻两只雄鸡，高足长尾，羽翅张扬，引颈昂首，正交颈啄斗；两侧各立一人，皆戴冠，着长衣，仰首挥臂，似在吆喝助威（图 1）。又如江苏沛县龙固出土的汉代画像石中，有一幅《斗鸡图》，画面上一贵妇挂着拐杖，正聚精会神地看着两只雄鸡相斗；两鸡则正相对作伺机进攻状；另有一犬在旁侧蹲着，作回首观看状，颇为有趣。

又如河南南阳市英庄出土的东汉画像石，也有一幅《斗鸡图》，画面中央有一伞，伞盖下置二樽、二盘，盘内堆放着品；两侧各有一只雄鸡，正昂首怒目跃跃欲斗；其后各有一持兵械者唆斗，另各

图1　河南郑州汉画像砖　斗鸡

[13] 周密《武林旧事》卷 3 "放春"，载《东京梦华录》(外四种)，古典文学出版社，1956 年，第 377 页。
[14] 乐其麟编著《中国传统节日择吉大通书》，气象出版社，2001 年，第 62 页。

图2-1　河南南阳市英庄东汉画像石　斗鸡

图2-2　河南南阳市英庄东汉画像石　斗鸡

有随从侍卫一人，场面颇为壮观（图2-1、图2-2）。

又如山东省枣庄市山亭区山亭镇出土的画像石中也有一幅《斗鸡图》，画面中两只雄鸡怒目相对，跃跃欲斗，在两只雄鸡后面各站立一名儿童，正挥臂驱使雄鸡相互争斗，左侧有一人跨步舞臂助兴。右侧还有一只雄鸡，虽然只残存头部，但从昂扬的姿态看，更为雄健。

成都石羊乡出土的一件东汉时期陶罐上，也有一幅《斗鸡图》。画面中有两只斗鸡喙相对，均羽丰体满，长颈、长尾、长脚；但神态各异，右侧斗鸡收腹团身，右爪在前，左爪在后，并略高于右爪，尾上翘，尾未自然下垂，长颈平直，喙平直向前做进攻状。左侧斗鸡微微下蹲，微收腹，左爪略前伸，颈略向上，头、喙微向下，鸡尾自然下垂作应战状。两只斗鸡之后均立有一斗鸡手。二位斗鸡手均作赶鸡吆喝状，这幅《斗鸡图》，既有两鸡相斗一方进攻，一方防守，似乎胜败就要见分晓，也有斗鸡手为自己的斗鸡加油助威的场景。另外左侧还有一坐者和一站立者，可能是裁判和观众，场面也非常生动形象（图3）。

在距敦煌不远的酒泉丁家闸十六国5号墓北壁，也有一幅《斗鸡图》。画面中的坞壁前，有两只公鸡正在相斗，其下方另有一只公鸡在扬翅高啼（图4）。又，坞壁下方绘桑树三株，树间立五个采桑女，腰系裙，手提篮，姿态各异；坞壁东侧树丛中有鸡圈，鸡圈西侧立一鸡架，鸡窝筑于架上，很有生活情趣。

敦煌壁画中的斗鸡图，位于莫高窟西魏第285窟南壁《五百强盗成佛图》中，

图3 成都石羊乡出土东汉陶罐 斗鸡图（摹本）

图4 酒泉丁家闸十六国5号墓北壁 斗鸡图

图5 西魏第285窟南壁 斗鸡图

画面上两只雄鸡树毛振翼，悍目发光，引颈昂首，尖嘴利爪，正相对作伺机进攻状，站立于屋顶，两只斗鸡的神态乃至力量感都栩栩如生地表现出来了（图5）。

从汉画像石到酒泉丁家闸十六国墓室和敦煌壁画中的《斗鸡图》，其表现的主题和构图形式都有很大的变化。汉画像石中的斗鸡图大多以"斗鸡"为主题，表现当时社会流行的斗鸡活动，其中鸡是构图中的形象主体，绝对不能缺少；酒泉丁家闸十六国墓室壁画则是以表现当时丰富多彩的农家生活为主题，斗鸡是其中"养鸡"活动的一个场面，画面中如果将鸡圈、鸡窝去掉，那么鸡的形象也可以去掉；莫高窟西魏第285窟南壁《五百强盗成佛图》全图分为六个画面，《斗鸡图》只是第二个画面"五百强盗被俘，被国王审讯、判刑"中宫殿屋顶上的小小点缀物，乍一看，似乎与壁画主题无关，鸡的形象似乎也可有可无（图6）。

不管是保存在汉画像石中的《斗鸡图》，还是保存在酒泉丁家闸墓室和敦煌石窟壁画中的《斗鸡图》，都非常形象生动地反映了当时社会生活的一个侧面，是非常珍贵的图像资料，而由于汉代画像石中的《斗鸡图》相对较多，因此酒泉丁家闸墓室和敦煌石窟壁画中的《斗鸡图》便显得更为珍贵。

图6　西魏第285窟南壁　五百强盗成佛图之二

### 三、敦煌斗鸡图反映的佛教思想

上面我们谈到莫高窟西魏第 285 窟南壁的《斗鸡图》，只是壁画《五百强盗成佛图》第二个画面中宫殿屋顶上的小小点缀物，乍一看，似乎与壁画主题无关，鸡的形象似乎也可有可无。但当我们从壁画所反映的佛教思想来看，就会发现这幅表现斗鸡活动的画面，虽然与故事内容没有直接关系，但却暗喻强盗与官军之间的相残争斗，起着烘托气氛的作用。

佛经中有不少关于斗鸡的记载，其相关内容都是反对人与人、动物与动物之间的相残争斗。如后秦佛陀耶舍共竺佛念译《佛说长阿含经》卷 13《阿摩昼经第一》云："如余沙门、婆罗门食他信施，但习战阵斗诤之事，或习刀杖、弓矢之事，或斗鸡犬、猪羊、象马、牛驼诸畜，或斗男女，及作众声、贝声、鼙声、歌声、舞声、缘幢倒绝，种种伎戏。入我法者，无如此事。"[15] 又如后秦凉州沙门竺佛念译《出曜经》卷第 11《诽谤品第九》中云："戏笑为恶者，善恶之行皆有轻重，身口意造非独一类，或依己身戏笑为恶触娆众生不安其所，或以瓦石刀器共相伤害，或合会彼此由致斗讼，犹如世人好喜斗羊斗鸡斗驼斗牛斗人斗象，或

[15]《大正藏》第 1 册，第 84 页。

以骂詈来往，见以欢喜不能自胜，若其寿终啼哭受苦。是故说戏笑为恶已作身行号泣受报随行罪至也。"[16] 又如竺佛念等译《鼻奈耶》卷第5《僧残法之三破僧戒》记载弑父得无救罪的"阿阇世有幼子，在外斗鸡戏。王阿阇世问夫人幼子所在，答'在外斗鸡戏'。王语夫人：'呼来共食。'时幼子即抱鸡入而不肯食。"[17]

佛经中将斗鸡活动与"习战阵斗诤之事，或习刀杖、弓矢之事"以及"斗驼斗牛斗人斗象"等并论，可见其相残争斗的性质；同时又将斗鸡活动与"歌声、舞声、缘幢倒绝，种种伎戏"并论，由此又可见其游戏娱乐性质。

不过，莫高窟西魏第285窟南壁的这幅《斗鸡图》，显然是强调其相残争斗的性质，暗喻强盗与官军之间的激烈战斗是相残争斗，同时具有渲染和烘托气氛的作用。相对而言，汉画像石、汉陶罐以及酒泉丁家闸墓室中的《斗鸡图》，则以游戏娱乐的成分为主。

## 四、敦煌斗鸡图的艺术特点

从艺术角度来看，西魏第285窟南壁的这幅《斗鸡图》大致有以下几个特点：

一、合理的构图布局。张彦远曾云："经营位置，则画之总要。"[18] 经营位置即构图布局，第285窟南壁的《斗鸡图》，位于故事画《五百强盗成佛图》第二个画面中右上侧的宫殿屋顶上方。因为该故事情节是"五百强盗被俘，被国王审讯、判刑"，故主体人物是国王、强盗和官兵，故作为陪衬性质的斗鸡场面显然不能安排在画面的中心位置，也不能安排在宫殿前或山峦中的人物之间，而安排右上侧的房顶上，既不影响主题，也符合现实生活中的情景，同时在房顶上也具有装饰性效果，由此可见该《斗鸡图》在整幅故事画中的构图布局非常合理。

二、精妙的传神。观看这幅《斗鸡图》，首先会被两只斗鸡的眼睛所吸引，给人留下深刻的印象。这两只鸡的眼睛处理非常之妙，只画了两个紧紧相对的圆圈，表现圆睁的怒目，而在紧紧相对的两侧各点上一点，使其相互紧紧地盯视着，确是精到的点睛之笔，使整个神态全凝聚到这传神之处。从这里我们可以看

---

[16]《大正藏》第4册，第671页。

[17]《大正藏》第24册，第870页。

[18] 张彦远《历代名画记》，人民美术出版社，1963年，第14页。

到中国绘画所注重强调的以形写神，形神兼备的优秀传统的最广泛、最生动的运用。据《世说新语·巧艺》载：东晋画家顾恺之，字长康，擅长画人物。他画人像，有时画了几年都不点眼睛，别人问他为什么，他指着眼睛回答道："四体妍蚩，本无关于妙处，传神写照，正在阿堵中。"[19] 顾恺之所说的"传神"，本来是对人物画而言，但敦煌的画工将其应用到刻画斗鸡的神态中，可以说是最为成功的创造性运用和发展。

三、简洁的线描，夸张的形象。敦煌壁画的画工，对斗鸡神态的敏锐和细致的观察，很成功地捕捉住两只鸡决斗前相持的一刹那：头颈压低，两眼盯视对方，伺机进攻，毛张背拱，尾巴高竖的绝妙神态，只寥寥数笔，就极其生动地跃然于壁上。用笔高度简约、凝练，对斗鸡全身华丽的羽毛，也没有作具体的、真实的描绘，只用几根流畅、自由、飞动的线条去表现怒张、倒竖的颈毛和高高翘起的尾巴，再用粗壮的几大笔表现高高拱起的背梁和下伸的翅膀，形象颇为夸张，但却充分显示出斗鸡内在的、积蓄的力量。

四、于对称中追求不对称。在敦煌壁画中，古代画工在制造对称的时候，同时也在努力制造差异，即于对称中追求不对称。第 285 窟南壁《五百强盗成佛图》中建筑屋顶上的斗鸡，乍看左右两只几乎完全相同，并相向呈对称状，但仔细观察，就会发现西侧一只的头部比东侧一只的头部稍低，而尾部稍高且比东侧疏散，脖子上的竖毛比东侧更为紧密，后脚爪则比东侧的稍高。尽管这幅《斗鸡图》的装饰意味很浓，但由于形象上的一些细小差异，将两只斗鸡的神态乃至力量感都栩栩如生地表现出来了。

五、有机结合的动感和稳定感。在这幅《斗鸡图》中，两鸡相对而立，处于相对僵持状态，而两只鸡的外轮廓图形，正好是一个很平稳的等腰梯形，而每只鸡本身的外形却好似一个重心向前倾的很不平稳富有动势的倒立三角形，将二图联系在一起，则成为外形平稳，内形很不平稳的形体，巧妙地造成了寓动于静的效果，令人预感在这紧张的相持中，却孕育着一场一触即发的激烈生死角斗。

六、一花一叶，亦有章法。在这幅《斗鸡图》中两只斗鸡之间的上下方和上方两侧，似不经意地点缀着几丛小草，右下侧还绘有一只小鸟站在草丛间，像观

---

[19] 王建设译注《〈世说新语〉选译新注》，社会科学文献出版社，2004 年，第 194 页。

众似的正望着两只斗鸡。本来斗鸡是站在房顶上的，但几丛小草给人感觉是在斗鸡的空间环境又好似在平地草丛间；飘曳的小草与斗鸡竖立的尾巴、颈毛相呼应，与鸡决斗前内在力量的积蓄和震颤形成共振，为斗鸡场面增加了强烈的动感；而右下侧做观望状的小鸟，不仅使斗鸡场面更为丰富，同时也让人感觉到斗鸡活动原本的游戏娱乐性质。整个画面正如清·邹一桂在《小山画谱》所云："布置得法，多不厌满，少不嫌稀。大势既定，一花一叶，亦有章法。"[20]

七、鲜艳、和谐的色彩。敦煌壁画中的这幅《斗鸡图》，不仅形象最为生动，尤为突出的是其鲜艳的色彩，这是汉画像石、汉陶罐以及酒泉丁家闸十六国墓室《斗鸡图》都无法相比的。黑色的身躯和羽毛，为其主色调，显示出一种稳重而结实的力量感；土红色线描勾勒的嘴喙、脚爪和翅膀，呈现一种进攻性的张力；黑色竖毛和尾巴中的少许赭色，为其增添了立体感和真实感；深红色的鸡冠，则使整个形象更为活泼；白圈黑珠的眼睛，炯炯有神；青绿和枯黄的小草，也给画面增加了生机。《斗鸡图》的黑色主色调，也与整幅故事画中国王等人物穿的黑色长袍遥相呼应，所有的色彩都搭配得非常和谐协调。

## 五、小结

综上所述，笔者首先介绍了历史上有关斗鸡活动的文献记载，认为敦煌莫高窟西魏第 285 窟南壁《斗鸡图》是当时现实社会生活的真实写照；二、从考古文物角度介绍了保存在汉画像石、汉陶罐以及酒泉丁家闸墓室和敦煌石窟壁画中的《斗鸡图》，认为从保存数量上看，酒泉丁家闸墓室和敦煌石窟壁画中的《斗鸡图》更为珍贵；三、结合壁画内容所反映的佛教思想，并根据佛经中关于斗鸡的记载，认为第 285 窟南壁《五百强盗成佛图》中的《斗鸡图》，虽然与故事内容没有直接关系，但却暗喻强盗与官军之间的相残争斗，起着烘托气氛的作用；四、从艺术角度进行分析，认为第 285 窟《斗鸡图》具有合理的构图布局、精妙的传神、简洁的线描和夸张的形象、于对称中追求不对称、有机结合的动感和稳定感、一花一叶亦有章法、色彩鲜艳且搭配和谐等艺术特点。

---

[20] 邹一桂《小山画谱》，中华书局，1985 年，第 1 页。

# 敦煌壁画中的"拨浪鼓"

"拨浪鼓"是近代的一种儿童玩具，属于鼓类。但其样式与一般的鼓略有不同，它那两面蒙有皮革的圆形鼓身中间竖贯有一长柄，鼓身两侧各固定有一短绳，绳端系缀小珠，当转摇竖柄时，鼓身两侧的绳珠便反复甩动击打鼓面而发出声响，颇有情趣。因此拨浪鼓常常成为母亲哄逗婴幼儿的用具或儿童自娱自乐的玩具。

鼓是人类发明的最早乐器之一，据考古发现，距今六千年前的华夏社会彩陶文化时期就已经有了鼓，在商代殷墟甲骨卜卦中更是多见"鼓"字。而拨浪鼓，古代叫鼗鼓，在上古时写作"鞉鼓"或"鼗牢"。"拨浪鼓"由来已久，远在《诗经·周颂》中即有"应田县（悬）鼓，鞉磬柷圉"的记载[1]。《周礼·春官》中有"掌教鼓鼗……"语[2]，汉郑玄注："鼗，如鼓而小，持其柄摇之，旁耳还自击。"[3]

拨浪鼓在远古部族时期就已经被制造出来使用于战场上。据宋高承《事物纪原·乐舞声歌部·鼗》："《吕氏春秋》曰：帝喾使垂作鼗。《通历》曰：帝喾平共工之乱，作鼗。"[4]《握奇经》中也记述了"鼗（鞉）"在远古战场对阵中所起到的作用："加四角音者，全师进西；加五角音者，全师进北。鞉音不止者，行伍不整。"晋马隆述赞《鞉鼓》："红尘战深，白刃相临；胜负未决，人怀惧心。乍奔乍背，或擒或纵，行伍交错，整在鞉音。"[5] 从记载中可以看出：在两军白刃格杀的激战中，咚咚拨浪鼓声不但能够鼓舞士气，更重要的是调度军队阵列的变化，"拨浪鼓"俨然显示着一副大将气派。如酒泉丁家闸十六国墓南壁壁画中，墓主人前有一个头戴黑帻的男子，一手高摇"拨浪鼓"，一手执一细棒，正在指挥后侧的乐

---

[1] 袁愈《诗经全译》，贵州人民出版社，1981年，第504页。

[2]《十三经注疏》上册，中华书局，1980年，第620页。

[3]《十三经注疏》上册，中华书局，1980年，第797页。

[4] 高承《事物纪原》，中华书局，1989年，第104页。

[5] 风后《握奇经》，上海古籍出版社，1990年，第4页。

图1　酒泉丁家闸十六国墓南壁　乐队指挥

图2　酒泉西沟村魏晋墓西壁　鼓史

队为墓主人演奏（图1）。又如酒泉西沟村魏晋画像砖墓墓室西壁的一块画像砖上，前画一戴白帻、骑灰马、手持长矛的骑卒，后一人骑白花马，一手举"拨浪鼓"摇动，一手执鼓槌敲击置于腰腹间的扁平圆鼓，身旁题有"鼓史"二字（图2）。可见，这种边摇"拨浪鼓"边击圆鼓的骑马乐工当时被称为"鼓史"。

敦煌壁画所绘"拨浪鼓"甚多，最早出现在北周第290窟东壁，有一身飞天左手举摇"拨浪鼓"，所持"拨浪鼓"构造简单，杆上只有一面小鼓，杆顶端飘着缨穗（图3）。

图3　北周第290窟东壁　飞天

这一形状和现在我们所见到的"拨浪鼓"基本接近，只是现在的"拨浪鼓"杆顶上没有飘着缨穗。

"拨浪鼓"在敦煌壁画中多表现在乐舞场面中作为伴奏乐器出现，在演奏方式上，"拨浪鼓"一般与鸡娄鼓配合使用，具体为左手举摇"拨浪鼓"，左臂夹鸡娄鼓，右手持槌敲击，如莫高窟盛唐第45窟北壁《观无量寿经变》中，坐在方毯上演奏的乐伎便是左手举摇拨浪鼓，左臂夹鸡娄鼓，右手持槌敲击。所持"拨浪鼓"均为二枚小鼓，柄上端的小鼓面向外，下端的小鼓是鼓身在外，二鼓一凹一凸，鼓面上的绳都清晰地显露在外。此图非常清楚地展示了古代拨浪鼓和鸡娄鼓并奏的情形（图4）。又如莫高窟盛唐第148窟东壁北侧《药师经变》中一乐伎左手举摇"拨浪鼓"，左臂夹鸡娄鼓伴奏，右手持槌敲击。其中"拨浪鼓"均为二枚小鼓，柄上端的小鼓面向外，鼓面一圈由黑点装饰，由橘黄色作底，鼓的内圆是白色的。下端的小鼓是鼓身在外，二鼓一凹一凸，非常精致（图5）。也有右手举"拨浪鼓"，右臂夹鸡娄鼓，左手持槌敲击的，如莫高窟盛唐第172窟南壁《观无量寿经变》中乐队左侧的一乐伎右手举摇"拨浪鼓"，右臂夹鸡娄鼓，左手持槌敲击伴奏。"拨浪鼓"均为二枚小鼓，柄上端的小鼓鼓身向外，下端的

图4　盛唐第45窟北壁　乐伎

图5　盛唐第148窟东壁北侧　乐伎

图6　盛唐第172窟北壁　不鼓自鸣

小鼓是鼓面向外。

　　也有无人演奏的，如盛唐第172窟北壁，"拨浪鼓"形似一黑灰色的葫芦，两小鼓间有飘带作装饰，柄为赭红色。不鼓自鸣的"拨浪鼓"和鸡娄鼓，同时出现在空中飘飞（图6）。

　　值得注意的，是莫高窟中唐第112窟北壁西侧《报恩经变》和南壁东侧《观无量寿经变》中，均有乐伎左手举摇"拨浪鼓"，左臂夹鸡娄鼓伴奏，用右手击鼓发音。但北壁西侧《报恩经变》中的乐伎左手握一由两小鼓组成的"拨浪鼓"，上一小鼓鼓身向外，且装饰有黑色花纹，下一小鼓鼓面向外，鼓面呈赭红色，两个小鼓上各有双耳弹丸，柄为黑色，两小鼓呈垂直状，看上去非常精致。右手似握鼓槌状，而南壁东侧《观无量寿经变》中的乐伎右手却五指张开作拍击状（图7）。

　　"拨浪鼓"同时也出现在出行图中，如莫高窟晚唐第156窟北壁《宋国夫人出行图》中的乐队中就有持"拨浪鼓"的。在五代第100窟北壁，回鹘公主出行图中的马上乐队中也有持"拨浪鼓"的。由此说明"拨浪鼓"在当时不但流行于宫廷乐舞也流行于贵族官员出行时的乐队中（经变画中的乐舞图实际上反映的是一种宫廷生活），是一种必不可少的伴奏乐器。

　　拨浪鼓也较多地出现在天空中的飞天行列中，如前述莫高窟北周第290窟东壁有一身左手举摇"拨浪鼓"的飞天，又如榆林窟宋代第15窟窟顶南披的一

图7　中唐第112窟南壁东侧　乐伎

身飞天乐伎高髻宝冠，面丰身长，高鼻细眼，其双手共持一个"拨浪鼓"，柄上小鼓一大一小两面并列，采用线描的形式把"拨浪鼓"画得十分夸张，鼓身造型似腰鼓，上饰有云纹（图8）。又如莫高窟西夏第353窟窟顶北披的一身飞天乐伎具有党项民族相貌，面丰圆，宽额大腮，长眉细眼。在波状卷云纹衬托下，飞天乐伎在空中飘飞，右手持"拨浪鼓"，由大小相等的二鼓组成，鼓身为肉色，均绘有图案，鼓面为黑色，大概是变色所致。

持拨浪鼓的形式除了只用左手或右手持摇外，也有左、右手各持摇一个"拨浪鼓"的，如榆林窟西夏第3

图8　榆林窟宋代第15窟窟顶南披　乐伎

图9　榆林窟西夏第3窟南壁　乐伎

图10-1　五瑞图

窟南壁《西方净土变》中，舞伎右侧前方的一位乐伎便左、右手各持摇一个"拨浪鼓"，均由三小鼓组成，上下两鼓均为鼓身向外，中间的小鼓鼓面向外，鼓上的弹丸清晰可见，三面小鼓，摇动时一起发声。可想，摇之发声，高低错落，叮咚悦耳。而此处的"拨浪鼓"还是作为乐器伴奏在画面中出现的（图9）。

图10-2　五瑞图（局部）

在南宋苏汉臣所作《五瑞图》中，童子手中的拨浪鼓应是以玩具的形式出现在此。五童子或戴面具，或涂面，聚集行大傩舞，其中一人双手各持一个拨浪鼓。右手持鼓举至额头左指；左手持鼓自胸前右指。两只拨浪鼓相同，都是两层鼓。上面的小鼓扁而圆，下面的鼓长而类似腰鼓。鼓面彩绘花纹；长鼓的鼓身镶有小花，非常精致美观（图10-1、图10-2）。

另外，在榆林窟西夏第3窟《千手千眼观音变》中，其观音的一只手中也持有一个"拨浪鼓"，由三个小鼓组成，上下两小鼓均为鼓身向外，中一小鼓鼓面向外，鼓的造型长似腰鼓，鼓身绘有花纹，鼓柄上装饰有飘带，这些装饰，增加了拨浪鼓的审美特色，从视觉效果上强化了这种乐器具有玩具的娱乐特征（图11）。《千手千眼观音变》是最能反映人们生活需要的壁画，由此可见"拨浪鼓"在当时社会生活中的重要性。

在南宋李嵩的《货郎图》中可以看到两种类型的拨浪鼓，画中的拨浪鼓，一种鼓形如罐，鼓柄做成葫芦把，双耳类似皮条，持柄摇之，皮条抽打鼓面发声（图12）。还有一种"四层拨浪鼓"，由四个由小渐大的小鼓，逐个叠摞在一起，相间转向90度。每个鼓各有双耳弹丸，鼓下为光滑适握的葫芦状手柄（图13）。一般而言，鼓面越大，发音越低沉，反之发音越高亢；这里四面小鼓由小渐大，大小不同，摇动时便会发出高低错落的音响。

三国东吴僧人康僧会编译的《六度集经》中也记有民间儿童持"拨浪鼓"玩耍："侧有一儿，播鼗踊戏，商人复笑之……播鼗儿者本是牛。牛死，灵魂还为主作子，家以牛皮用贯此鼗。儿今播弄踊跃戏舞，不识此皮是其故体，故笑之耳。"[6]唐代僧人慧琳编撰的《一切经音义》对这则小故事里的"鼗"释义为："徒高反。鼗如鼓而小，持其柄摇之者也，旁还自击。"[7]

在新疆克孜尔第8窟主室券顶西侧菱格因缘故事画中，绘有一小儿播鼗踊戏

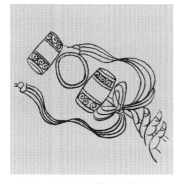

图11　榆林窟西夏第3窟《千手千眼观音变》持鼗鼓手

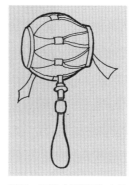

图12　李嵩《货郎图》中的拨浪鼓

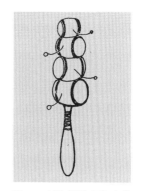

图13　李嵩《货郎图》中的四层拨浪鼓

[6]《大正藏》，第3册，第37页。

[7] 释慧琳《一切经音义》，上海古籍出版社，1986年，第1册，第1323页。

图14　克孜尔第8窟主室券顶西侧 小儿播鼗踊戏

的生动画面：图中佛右侧跪一裸体小儿，小儿左手举摇"拨浪鼓"，掖夹鸡娄鼓，右手作击打鼓状，佛右手指向小儿，似在解说过去的因缘（图14）。在克孜尔第186窟主室正壁因缘故事画中，佛左侧立一小儿，小儿左手上举"拨浪鼓"，右手击打左腋下的鸡娄鼓。

克孜尔壁画中的两幅小儿播鼗踊戏图，很有可能描绘的便是《六度集经》中所记载的"侧有一儿，播鼗踊戏"的故事，小儿手中的拨浪鼓在这里的功能应是儿童的玩具。

现在，拨浪鼓的功能主要是儿童玩具，它们在历史上虽然也曾作过儿童的玩具，但更多的是使用于军事战场和乐舞活动中。

综上所述，拨浪鼓，不管它是乐器还是玩具，其演变过程中，形态没有发生什么变化。历代绘画、壁画、图案中的拨浪鼓，与今天的拨浪鼓都大同小异。它之所以得以广泛流传，主要是它的音响效果与娱乐效果共同发挥了作用。拨浪鼓可奏出富于变化的响动，能吸引注意力；造型特点又增强了观赏性，使儿童能在一种欢快、轻松与优美的环境中成长，所以深受儿童喜爱。

# 敦煌西晋画像砖中的娃娃鱼图像

1995 年，在距敦煌莫高窟十余公里的佛爷庙湾的汉唐墓地里，人们惊奇地发现了在这茫茫戈壁的西晋墓画像砖上，居然生动形象地彩绘了一条当代列为国家二级保护动物的珍稀鱼类动物——娃娃鱼。

在这块距今一千六百多年的西晋墓画像砖上，一个婴儿的头部，高高昂扬，连接在一条肥壮的带鳞的鱼身前部，鱼身后部是一段似乎正在摇摆的鱼尾，加上鱼身上身几片动感很强的鱼翅，仅用十几根简洁的弧线和直线便将一条娃娃鱼的形象栩栩如生地展现在人们的面前（图 1-1）。

娃娃鱼又叫大鲵，虽然是日渐稀少的国家保护动物，但在几十年以前，四川

图1-1　敦煌佛爷庙M133西晋画像砖 娃娃鱼

图1-2　敦煌佛爷庙M133西晋画像砖 娃娃鱼（线描）

等地的山涧溪河中经常能见到，现在也偶尔有发现。奇怪的是，干旱缺水的戈壁滩地区，如今人们所见到的鱼类大都是从外地由火车运到敦煌的，古代路途遥远，古代敦煌人民怎么会将自己不熟悉的娃娃鱼描绘进戈壁滩中的墓室中呢？是凭他们的想象还是他们听来往行旅之人的叙述？（图 1-2）

然而，从当地和附近出土的其他画像砖所绘内容来看，几乎都和当时墓主人的生活状况有关，各种生产场面，如耕地、采桑、放牧和各种动物形象，如鸡、兔、

牛、猪，以及各种生活场面，如杀鸡、杀猪、蒸馒头、宴饮等等，都是当时的现实生活情景，难道这娃娃鱼偏偏是例外？

例外是有的，如画像砖中龙凤等神兽以及雷公电母等形象，便是人们根据想象而描绘的，但这娃娃鱼的形象却很有可能来自当时的现实生活环境。

沧海桑田，说起来现在的人们都感觉那都是千万年前的历史，离自己很远，但当我们想到敦煌地区曾经也有如今一般在南方山涧溪河才能见到的娃娃鱼时，禁不住感叹万分。

假如这西晋墓中的娃娃鱼形象，确系当时敦煌人根据当时生活环境所描绘，那这环境生态的变化，也太令人可怕了。

但想想也有可能，数十年前，长江、黄河到处可见到渔船、渔网和垂钓，人们餐桌上的鱼，基本上都来自河里的捕获。如今在黄河、长江几乎见不到渔船、渔网和垂钓，虽然主要原因是禁捕，但即使不禁，江河里的鱼也没有几条供人捕获。与几十年以前相比，大多数鱼类，不是已经绝种，就是成了珍稀动物。事实上，这大多和环境污染有关。

敦煌地区如今很难见到本地河流中的鱼，可能和环境污染关系不大，但和环境变化却是有很大关系的。其实，古代敦煌等地区的环境，应该是有鱼生存的，附近的山溪中也可能有过娃娃鱼。如据《甘肃风物志》中记载："娃娃鱼学名大鲵，是我国现存两栖类动物中体型最大的一种。在天水、武都地区的溪流中，曾发现体长一米半、重七十斤左右的大鲵。……它头部宽阔而扁平，躯体粗而扁，尾以下部分侧扁。吻长而圆，眼位于头背。四肢短而粗壮，前肢各有四趾，后肢各有五趾。体色呈棕褐，背上有黑色斑块。……现在大鲵也数量稀少，被列为国家保护的动物之列。"[1] 敦煌佛爷庙西晋画像砖上所描绘的娃娃鱼与该记载中的娃娃鱼特征很接近。虽然天水、武都属于甘肃东部地区，气候较湿润，但问题是这些地区"现在大鲵也数量稀少"，更重要的是，敦煌等地区在一两千年前，其气候、环境也可能适合大鲵生长。

甘肃曾是娃娃鱼的主产地之一，在甘肃省甘谷县西坪出土的新石器时代石岭下类型（距今约 5200 年）彩陶瓶的腹部上（图 2），"绘着鲵鱼的单独纹样。鲵

---

[1] 吴月、王会绍、王明庸、余贤杰《甘肃风物志》，甘肃人民出版社，1985 年，第 266 页。

图2　甘谷县西坪新石器时代彩陶瓶 娃娃鱼

鱼纹的头部似正面人脸，脸下部有用直线绘出的像胡须的纹样，头顶有一对节肢状的鳃。身子向右侧折曲，尾翘而接近头部，好像鲵鱼爬行时摆动身子的姿态。只画了一对上肢，肢端为四指，与鲵鱼上肢着四肢的特征是相符的。由于鲵鱼的面部与人面相似，并且长着胡须，身上还有鱼鳞纹"，"类似的石岭下类型鲵鱼纹彩陶瓶在武山县傅家门也曾发现过，高约18厘米，瓶腹上变体鲵鱼纹的单独纹样，以弧形造型，身子被概括成弯月形……，图纹将鲵鱼四足增为八足"[2]。

根据古生物专家研究，远古敦煌地区附近，"肃北在欧亚古路——丝绸之路甘肃段的最西端，除了县政府所在地党河湾外大部分地区是荒凉无比、不毛之地的大漠戈壁。可是，谁会想到这些大漠戈壁在亿万年前是一望无际的绿洲沃野，是恐龙生活的乐园呢？　1992年，中日考察队在这里发现的鸟龙类恐龙种类较多，除已记述的马鬃山鹦鹉嘴龙外还有棱齿龙、禽龙、新角龙类等"[3]。其中棱齿龙"可能是一种会爬树的恐龙"[4]，而禽龙类的化石"经常发现在低地、沼泽或者河口地段，好像它们是生活在水分比较充足的低地"[5]，新角龙化石的产地"位于马鬃山区居民点西北2公里处……，从地层层序分析是一种河道——泛滥平原沉积相带……，恐龙生存时可能为略干旱的多水域河湖景观"[6]。另外，发现

[2] 张行《文物上的动物形象考述》，《丝绸之路·文论》2005年下半年版，总第12期。

[3] 张行《古生物与古环境》，敦煌文艺出版社，2004年，第115页。

[4] 同上，第116页。

[5] 同上，第118页。

[6] 同上，第121页。

盘足龙牙齿的嘉峪关戈壁滩，曾经也是湖泊 [7]。由此看来，敦煌地区曾有娃娃鱼生长是完全有可能的。

另外，据报道，北京大学高克勤教授和美国芝加哥大学尼尔·舒宾教授，曾在我国内蒙古自治区宁城县发现 200 件真螈类动物化石，据此认为"娃娃鱼的祖先类型早在 1.65 亿年前就曾生活在我国内蒙古自治区东部的宁城县一带" [8]。

又据报道，宁夏"沙湖中第一次捕到娃娃鱼是在 1992 年 9 月……，身长只有 89 厘米，体重还不到 5 公斤……，另两条娃娃鱼分别是 1994 年和 1998 年捕获的……，身长都超过了 1 米，体重也分别达到 17 公斤和 8 公斤" [9]。内蒙古与宁夏的地理和气候环境与敦煌地区接近，由此推想在一千六百年前，敦煌地区有娃娃鱼生存是完全可能的。

在敦煌现在已看不见娃娃鱼的踪影，但其他鱼类还是偶尔能见到（人工饲养的除外），如在著名的月牙泉，20 世纪 80 年代能看到一种小小的"铁背鱼"，在泉里成群地游来游去；到了 90 年代，泉水下降，鱼儿越来越少，现在也很不容易见到了。没有人考证这种"铁背鱼"在月牙泉内的历史究竟有多长，但最少也有好几十年。主要的是它提醒我们：20 世纪 80 年代在敦煌月牙泉里成群地游来游去的铁背鱼，到今天已寥寥无几，或许若干年、若干十年以后，便会在月牙泉绝迹。

敦煌佛爷庙湾西晋墓画像砖上所描绘的娃娃鱼，应该便是一千六百年前敦煌生态环境的真实写照——但敦煌现已绝迹！

---

[7] 同 [3]，第 128 页。

[8]《文汇报》2003 年 4 月 10 日。

[9]《光明日报》2004 年 10 月 20 日。

# 莫高窟第 285 窟"十二时兽"质疑

梁尉英先生曾在《十二时兽更次教化——试说莫高窟第 285 窟等壁画山林动物》一文中（以下简称梁文）[1]，将莫高窟第 285 窟"四披下端"正在静卧或走动的"各种动物"解释为十二时兽。这是一个引人深思的新论，但其中许多说法令人费解，今择出其一二谨向梁尉英先生求教。

据梁先生说在莫高窟第 285 窟主室四披下端，可以看到有"结草为庐"的圆券形敞口之庐，"草庐周侧有各种动物狮、虎、猪、羊、狼、马、兔、牛、狐、鹿等"（图 1—图 4）。梁文对十二时兽的讨论正是以这些动物为着眼点的。

众所周知，这些动物在莫高窟的壁画中都是很常见的，习称"山林动物"。梁尉英先生批评说，学术界以前认为这些动物是"山林动物"的看法"仅是指明了画面形象，即直观的画面内容，而对此类题材壁画的佛学意蕴则没有揭示出来"。前人的缺陷在梁文中得以弥补。梁先生独出心裁，将之与"十二时兽"结合起来，实不失为一种新说。

梁文云："十二时兽，是指十一兽龙、狮子（或虎）、牛、鼠、猪、犬、猴、羊、马、蛇和一禽鸡。"他根据《大方等大集经》中关于十二时兽住处和修持事等记载，指出敦煌早期壁画中的"山林动物"与十二时兽有关。得出如下结论："莫高窟早期洞窟中所绘……禅僧和静卧行走的各种动物并见的画面是表现十二时兽更次巡游阎浮提教化同类。"但通读梁文，不难发现文中他引述的证据却与他所论述的十二时兽概念是自相矛盾的。

依梁文所云，第 285 窟窟顶草庐周侧所绘的动物仅有 10 种（其实不止这些，有一些可能因无关宏旨而被略去了），而且其中的狼、狐、鹿与梁文所说的十二时兽毫无关系。在剩余的 7 种中，狮虎并存。梁文前已指出，在十二时兽中，狮、

---

[1] 梁尉英《十二时兽更次教化——试说莫高窟第 285 窟等壁画山林动物》，《敦煌研究》1999 年第 2 期。

图1　西魏第285窟窟顶东披下部 禅窟间的动物

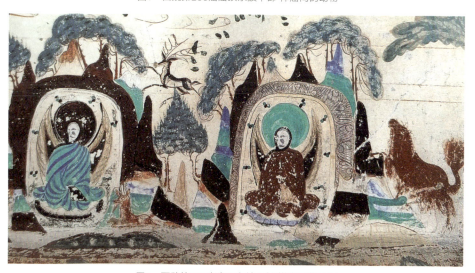

图2　西魏第285窟窟顶东披下部 禅窟间的动物

虎只能存其一。所以，这 10 种动物中与十二时兽有关者实际上只余下 6 种。

　　在这 6 种动物中，猪、牛是否属于十二时兽，梁先生自己还别有一番看法。他针对画面中出现的猪、牛被猎杀、被屠宰的场景，提出了如下颇具意味的新论："这些画面中间或绘有狩猎、屠宰的场面，笔者初步探究后认为是戒律画的

图3 西魏第285窟窟顶南披下部 禅窟旁的驴　　图4 西魏第285窟窟顶南披 禅窟旁的鹿

一种，旨在表现不律仪。"既然狩猎、屠宰的场面属于戒律画，而非表示更次巡游的十二时兽，那么，其中杀野猪、射野牛等画面就应理解为戒律画。如是，则十二时兽中的猪、牛便不复存在矣。至此，与十二时兽有关者已所剩无几，仅有狮（或虎）、羊、马、兔4种了。

若仅凭这4种动物便将莫高窟第285窟的山林动物定名为十二时兽，恐过于牵强附会，我们不知梁先生在考证时是否曾对自己的结论推敲过。

假如画面中没有绘狼、狐、鹿这三种动物，且狮与虎也只绘出其中一种，梁先生根据狮（或虎）、羊、马、兔都同属于十二时兽，继而推测画面中所绘动物可能是十二时兽，在逻辑上或许勉强可以说得过去。不巧的是，画面上偏偏多出了狼、狐、鹿，且十二时兽中不可能出现的狮虎并存的局面也赫然出现在同一画面上。面对这些伤脑筋的问题，梁先生是这样来解决的。他说："不在十二兽之列的是鹿，而且多见。佛在鹿野苑初转四谛法轮，于是佛门以鹿为转法轮的三昧耶形，鹿象征着转法轮，亦即说法教化。"至于狼、狐的出现和狮与虎的共存，由于梁先生未做任何解释，我们在此不便妄加推测，这里只能请教梁先生关于鹿的问题：敦煌壁画中所有的鹿的形象都是象征转法轮吗？凡是象征转法轮，亦即说法教化的动物便是十二时兽吗？

更令人疑惑的是，梁文中用了大量的篇幅介绍十二时兽 "巡游阎浮提行教化的时间"，说是 "一日一夜令一兽游行教化"，"七月一日鼠初游行，以声闻乘教化一切鼠身"，以及 "十二兽从七月始，每十二日交替司辰游行教化" 等等。梁文同时将十二时兽与我国传统的十二属相中的时间概念作了许多比较，如文中说："我国古代以地支子丑寅卯辰巳午未申酉戌亥纪时纪年，就又把十二辰与十二属相结合，遂有十二辰兽之说，此之 '十二辰' 是一昼夜分作的十二时段，'一时' 仅为两个小时。佛典《大集经》所说十二时兽之 '十二时' 是指十二日，'一时' 为一 '日'。"

梁先生所引经文本身并无什么错，只是我们通过梁文却无法弄明白莫高窟第 285 窟窟顶四披中各种动物在画面上是如何表示这 "十二时" 的时间概念的。不管这 "十二时" 表示的是年还是日或是 "时"，相关的画面应该按照一定的顺序来排列。遗憾的是，梁文未对此做出任何解释，也闭口不谈各种动物的形象、姿态和具体情景，给人以有意回避之嫌。

通过梁先生所列举的所有画面和所有论述，我们看不到任何表现 "时" 的内容，也不知道动物之间是如何 "更次" 巡游阎浮提的，更不明白梁先生所谓莫高窟第 285 窟以及其他 "早期洞窟中所绘……各种动物并见的画面是表现十二时兽更次巡游阎浮提教化同类" 的这一结论是如何得出来的？

"更次"，在梁先生看来，是 "更换" 或 "演变" "演化" 的意思。于是在梁文中，十二时兽中的一些动物如鼠、龙、蛇、猴、鸡便躲藏起来了，抑或 "更换" 或 "演变" "演化" 成了狼、狐、鹿之属，亦未可知。

文中自相矛盾的地方还有很多，并非一篇短文所能一一列举，只能留待今后再作进一步的探讨了。

# 参考文献

蔡丰明：《游戏史》，上海文艺出版社，1997年。

陈昌怡、谭华编著：《古代体育寻踪》，人民体育出版社，1990年。

段文杰：《段文杰敦煌石窟艺术论文集》，甘肃人民出版社，1994年。

敦煌市文化馆编：《敦煌曲子戏》，甘肃人民美术出版社，2010年。

敦煌文物研究所编：《中国石窟·敦煌莫高窟》（1～5卷），文物出版社，1982—1987年。

敦煌研究院编：《1987年敦煌石窟研究国际讨论会文集》（石窟艺术）（石窟考古），辽宁美术出版社，
 1990年。

敦煌研究院编：《1990年敦煌学国际研讨会文集》（石窟艺术编）（石窟考古编）（石窟史地、语文编），
 辽宁美术出版社，1995年。

敦煌研究院编：《2004年石窟研究国际学术会议论文集》（上、下），上海古籍出版社，2006年。

敦煌研究院编：《敦煌：纪念敦煌藏经洞发现一百周年》，朝华出版社，2000年。

樊锦诗主编：《莫高窟史话》，江苏美术出版社，2009年。

傅起凤、傅腾龙：《中国杂技》，天津科学技术出版社，1983年。

傅起凤、傅腾龙：《中国杂技史》，上海人民出版社，2004年。

高国藩：《敦煌民俗学》，上海文艺出版社，1989年。

高启安：《唐五代敦煌饮食文化研究》，民族出版社，2004年。

胡同庆、罗华庆：《解密敦煌》，甘肃人民美术出版社，2010年。

胡同庆、王义芝：《本色敦煌——壁画背后那些鲜为人知的事》，中国旅游出版社，2014年。

胡同庆、王义芝：《敦煌古代游戏》，甘肃少年儿童出版社，2012年。

胡同庆：《品味敦煌》，中国旅游出版社，2008年。

季羡林主编：《敦煌学大辞典》，上海辞书出版社，1998年。

李金梅、李重申：《丝绸之路体育图录》，甘肃教育出版社，2008年。

李忠武：《天下第一说敦煌》，敦煌文艺出版社，1998年。

麻国均、麻淑云：《中华传统游戏大全》，农村读物出版社，1990年。

马德：《敦煌工匠史料》，甘肃人民出版社，1997年。

马德主编：《敦煌石窟全集26·交通画卷》，香港商务印书馆，2000年。

马继兴主编：《敦煌古医籍考释》，江西科学技术出版社，1988年。

欧阳琳：《敦煌壁画解读》，甘肃文化出版社，2006年。

上海古籍出版社等编：《法藏敦煌西域文献》第1～34册，上海古籍出版社，1995年～2005年。

孙毅华、孙儒僩：《解读敦煌：中世纪建筑画》，华东师范大学出版社，2010年。

谭蝉雪：《敦煌民俗——丝路明珠传风情》，甘肃教育出版社，2006年。

谭蝉雪：《中世纪的敦煌》，上海人民出版社，2007年。

王尚寿等编著：《丝绸之路文化大辞典》，红旗出版社，1995年。

王重民等著：《敦煌变文集》（上、下），人民文学出版社，1957年。

乌丙安：《中国民俗学》，辽宁大学出版社，1985年。

萧默：《敦煌建筑研究》，文物出版社，1989年。

信立祥：《汉代画像石综合研究》，文物出版社，2000年。

徐永昌编著：《中国古代体育》，北京师范大学出版社，1983年。

薛宝琨、鲍震培：《曲艺杂技志》，上海人民出版社，1998年。

张弓主编：《敦煌典籍与唐五代历史文化》，中国社会科学出版社，2006年。

张侬：《敦煌石窟秘方与灸经图》，甘肃文化出版社，1995年。

周峰：《中国古代服装参考资料》（隋唐五代部分），北京燕山出版社，1987年。

曾昭燏等著：《沂南古画像石墓发掘报告》，文化部文物管理局，1956年。

中国社会科学院历史研究所等编：《英藏敦煌文献》第1～15册，四川人民出版社，1990～2009年。

《中国画像砖全集》编辑委员会编：《中国画像砖全集·河南画像砖》，四川美术出版社，2006年。